Maria Ludovica

Obbligazioni
e
Contratti

pe

Primiceri Editore

2017-2018 Tutti i diritti riservati.
Finito di stampare nel mese di aprile 2018
presso Printbee.it – Noventa Padovana (PD)
per conto di Primiceri Editore Srls
Via Savonarola 217, 35137 Padova
Seconda Edizione
ISBN 978-88-3300-058-9
www.primicerieditore.it

a mia mamma

CAPITOLO I

STRUTTURA E CARATTERI DELL'OBBLIGAZIONE

SOMMARIO: 1. L'obbligazione: nozione ed elementi. –1.1 Il vincolo giuridico e i rapporti di cortesia. –1.2 Il duplice soggetto. –1.3 La prestazione. –1.4 L'interesse. –2. La relatività delle obbligazioni. –3. Le obbligazioni naturali. –4. Le fonti delle obbligazioni. –4.1 La teoria del contatto sociale – 5. Il dovere di buona fede. –5.1 teoria valutativa. –5.2 teoria precettiva. – 5.2.1 buona fede integrativa. –5.2.2 La buona fede come limite funzionale all'esercizio del diritto: l'abuso del diritto. –5.2.3 (*segue*) L'*exceptio doli*.

1. L'obbligazione: nozione ed elementi.

Rifuggendo dall'addentrarsi in una disputa schiettamente dogmatica, il legislatore del '42 rinuncia a definire la nozione di obbligazione. Il *Corpus iuris civilis iustinianei* ce ne tramanda invece, attraverso i secoli, una definizione storica, sul cui paradigma si sviluppa ancora oggi la moderna teoria generale delle obbligazioni: "*obligatio est iuris vinculum, quo necessitate adstringimur alicuius solvendae rei secundum nostrae civitatis iura*"[1]. L'obbligazione consiste dunque in un **vincolo giuridico** in forza del quale siamo costretti a tenere una determinata prestazione, per il soddisfacimento di un interesse altrui, giuridicamente tutelato[2]. Il *nomen* coglie dunque la sostanza del fenomeno, perché l'obbligazione è *ob-ligatio*, un *legame verso* qualcuno: in una parola, un vincolo.

Dalla definizione giustinianea discende che gli **elementi costitutivi dell'obbligazione** sono: il vincolo giuridico, il duplice soggetto e l'oggetto (o prestazione); ad essi si affianca, come meglio si avrà modo di vedere in seguito, l'interesse [§1.4].

I primi tre sono elementi strutturali dell'obbligazione; il quarto ne costituisce un elemento genetico e funzionale.

1.1 Il vincolo giuridico e i rapporti di cortesia.

Il **vincolo giuridico** è il legame che avvince la persona dell'obbligato, tenuto ad una prestazione, e quella del creditore, titolare della correlativa prete-

---

[1]La definizione ebbe una fortuna storica enorme, dominando tutta la giurisprudenza dell'Eurpa continentale, dai glossatori del XII secolo ai giorni nostri (Pugliese, istituzioni di diritto romano, Torino 1990, p 507). V., ex multis, M. Talamanca, voce Obbligazioni (dir. rom.), in Enc. dir., XXIX, Milano, 1978, 18-20; G. Falcone, 'Obligatio est iuris vinculum', Palermo, 2003.; R. Cardilli, Damnatio e oportere nell'obbligazione, Napoli, 2016, 304 ss.
[2]C. M. Bianca definisce l'obbligazione quale "vincolo imposto ad un soggetto per il soddisfacimento di un interesse altrui, giuridicamente tutelato" (Diritto Civile, Le obbligazioni, Milano, 2003, pag. 25).

sa. Riguardato dal punto di vista del debitore, il vincolo è quindi una limitazione; riguardato dal punto di vista del creditore, esso è lo strumento che gli garantisce un vantaggio, ma solo trascendendo la particolarità di tali punti di vista, emerge come il *proprium* del vincolo giuridico risieda nella sua *funzione*: il vincolo pone infatti un obbligo in funzione di una pretesa, ed è in tale funzionalizzazione che hanno radice, come si avrà modo di vedere, i primi e più cogenti limiti entro i quali l'ordinamento giuridico accorda tutela alle pretese creditorie e consente limitazioni alla sfera giuridica del debitore (si pensi al divieto di abuso del diritto, Cap. IX, § 5.1.4).

Il vincolo che lega le parti del rapporto obbligatorio presenta – come si è detto – l'**attributo della giuridicità** (*iuris vinculum*), perché connotato dalla cogenza (*necessitate adstringimur*) che l'ordinamento giuridico gli attribuisce, col prevedere l'assoggettamento del debitore inadempiente all'azione esecutiva e all'obbligo di risarcire il danno.

La giuridicità va dunque indagata al fine di distinguere l'obbligo giuridico dai meri **rapporti di cortesia**, sprovvisti di coazione normativa e assistiti da sanzioni di carattere esclusivamente morale, sociale o religioso. Ad esempio: colui che s'impegni con il proprio vicino ad accompagnarlo al lavoro, inviti a pranzo alcuni amici o dia un passaggio ad un autostoppista, assume un impegno giuridicamente rilevante o s'impegna solo alla stregua della morale sociale e delle regole della cortesia? La distinzione rileva perché nel primo caso, la condotta di chi venga meno agli impegni assunti integra un vero e proprio inadempimento, con le relative conseguenze in punto di diritto, mentre nel secondo caso essa si porrà in violazione di una norma morale o sociale, ma non comporterà conseguenze risarcitorie, né l'obbligo assunto sarà in alcun caso coercibile.

Si è posta quindi agli interpreti la necessità di individuare i **criteri** attraverso i quali distinguere i vincoli giuridici da quelli non giuridici.

Giova preliminarmente osservare che il problema non si pone nei casi in cui il debitore si vincola in cambio di una controprestazione in danaro, la quale, secondo dottrina e giurisprudenza unanimi, costituisce un chiaro indice della natura giuridica del vincolo. Il dubbio, quindi, si pone quando tale controprestazione non è prevista, circostanza che può verificarsi tanto nei rapporti di cortesia, quanto in diversi rapporti giuridici, ed in particolare in quelli nascenti da contratti gratuiti.

Volendo esemplificare: Tizio si offre di accompagnare Caio al lavoro. Caio accetta, ma Tizio, giunto a metà del tragitto, lo abbandona, rifiutandosi di condurlo a destinazione. Al fine di stabilire se Caio sia titolare di una pretesa risarcitoria, spetterà all'interprete il non facile compito di verificare se le parti si siano vincolate sul piano giuridico o sul piano meramente sociale, perché solo nel primo caso il danno eventualmente subito da Caio sarà risarcibile.

6

Secondo parte della dottrina, il problema deve essere risolto facendo riferimento al criterio della **natura della sanzione.**

Il problema, tuttavia, così impostato, non sempre è di agevole soluzione, perché di regola, nella concreta esperienza pretoria, esattamente come nell'esempio addotto, l'esigenza di indagare la natura del vincolo si pone proprio al fine di conoscere la natura, essa stessa non nota, della sanzione applicabile.

Parte della dottrina ha talvolta fatto ricorso al **criterio della patrimonialità** della prestazione dovuta, ritenendosi non giuridico il vincolo con cui il debitore s'impegni a tenere una prestazione di carattere non patrimoniale. L'assunto sembra suffragato dal disposto di cui all'art. 11744 c.c., che prevede che la prestazione debba essere patrimonialmente valutabile. (Gioverà a tal proposito ricordare che le obbligazioni s'inseriscono nel più ampio novero degli obblighi giuridici: mentre l'obbligo giuridico diverso dall'obbligazione può avere ad oggetto anche una prestazione non patrimoniale - si pensi ad es. all'obbligo di assistenza morale tra i coniugi - al contrario la prestazione che forma oggetto dell'obbligazione deve necessariamente avere un contenuto patrimonialmente valutabile).

Tale ricostruzione è tuttavia contestata da attenta dottrina[3] per cui l'indagine sulla patrimonialità della prestazione deve essere tenuta distinta da quella sulla giuridicità del vincolo. E' ben possibile, infatti, assumere un obbligo di natura esclusivamente morale a tenere una prestazione avente contenuto patrimoniale. Si pensi al caso di chi inviti una persona indigente al ristorante per festeggiare il proprio compleanno, ma poi se ne dimentichi, non presentandosi all'appuntamento. Quest'obbligo non ha carattere giuridico, eppure per taluno il suo contenuto può ben essere apprezzabile sotto il profilo della patrimonialità. Pertanto, dalla natura patrimoniale di una prestazione non può farsi discendere un'univoca conclusione circa la giuridicità del vincolo. Anche nell'esempio precedentemente proposto, la circostanza che Tizio si offra di accompagnare Caio nel luogo, non agevolmente raggiungibile, dove questi stava per recarsi in Taxi (cioè la circostanza che la prestazione sia patrimonialmente valutabile), non esclude certo che l'offerta di Tizio sia sostenuta da ragioni di mera cortesia.

Proprio con riguardo al **trasporto gratuito** si colgono con maggiore chiarezza i confini tra vincoli giuridici e non giuridici e, non a caso, è con riferimento a tale figura che sono state elaborate le proposte ermeneutiche che maggior favore hanno incontrato nella più recente giurisprudenza. In particolare, si sono svolte alcune dirimenti considerazioni circa una fattispecie di comune verificazione – quella in cui un automobilista dia un pas-

---

[3] M. Giorgianni, Obbligazione (diritto privato), in N. mo Digesto, vol XI Torino, 1965, pag. 581.

saggio ad un autostoppista – e del cui inquadramento non si dubita in dottrina e giurisprudenza, essendo pacifico che, in tal caso, l'automobilista non assumerebbe alcun vincolo giuridico a condurre il trasportato a destinazione, impegnandosi solo sul piano morale e sociale, con la conseguenza che, ove egli abbandonasse il malcapitato autostoppista a metà strada, tale comportamento, seppur moralmente stigmatizzabile, non integrerebbe un inadempimento. (Giova però ricordare che una simile condotta non è perciò solo giuridicamente irrilevante: l'assenza di un precedente vincolo giuridico esclude l'inadempimento, ma non l'illecito aquiliano; infatti, il vettore che abbia agito in modo doloso o colposo cagionando al malcapitato autostoppista un danno ingiusto, sarà comunque tenuto a risarcire il danno ex art. 2043 c.c.).

In relazione alla fattispecie in esame si è osservato che se sostituissimo in ipotesi l'autostoppista con alcune particolari categorie di soggetti, giungeremmo a conclusioni diverse. Immaginiamo, ad esempio, che l'automobilista dia un passaggio, invece che ad un comune autostoppista, ad un turista che si stia recando all'albergo di cui egli è proprietario, oppure alla propria segretaria, o ancora ad un cliente che stia cercando di raggiungerlo per concludere un importante affare. In tutti questi casi, a rendere ragione della giuridicità del vincolo, vi è **l'interesse del soggetto che s'impegna a tenere la prestazione**, il quale agisce per conseguire o preservare qualche vantaggio personale. Quindi, si conclude, il criterio discretivo tra vincoli giuridici e non giuridici risiede nella sussistenza o nell'assenza di un interesse, in capo al debitore, a tenere la prestazione posta in essere.

Da ultimo, parte della dottrina fa talora ricorso al criterio della **natura della relazione:**[4] benché Sempronio e Mevio siano amici, se Sempronio, avvocato, s'impegna a difendere Mevio in giudizio, si deve ritenere che la loro relazione sia riconducibile ad un contratto d'opera professionale, in mancanza di chiari indici che autorizzino a concludere nel senso inverso. Come si vede, nessuno dei criteri indicati è, di per sé solo, sempre dirimente, ma l'insieme dei criteri fornisce una varietà di strumenti ermeneutici cui la sensibilità dell'interprete può ricorrere, per qualificare i vincoli come veri e proprio obblighi giuridici o collocarli nell'ambito dei doveri morali e delle convenienze sociali.

1.2 L'elemento soggettivo del rapporto obbligatorio.

Il rapporto obbligatorio è un vincolo intercorrente tra la parte debitrice e quella creditrice. La parte di un rapporto è un centro d'imputazione di interessi, e può anche essere plurisoggettiva, come avviene nelle obbligazioni solidali o in quelle parziarie. "Parte" e "soggetto" sono quindi nozioni di-

---

[4]Gazzoni, Manuale di diritto Privato, XI, ed. E.S.I., Napoli, 2004, 556.

stinte; i soggetti di un rapporto obbligatorio possono essere molteplici, mentre le parti sono sempre due, dato - quest'ultimo - dal quale si desume l'**inconfigurabilità di un rapporto giuridico unisoggettivo**. Non a caso l'art. 1253 c.c. prevede che quando le qualità di creditore e di debitore si riuniscono nella stessa persona, l'obbligazione si estingue per confusione. Secondo parte della dottrina,[5] questa regola soffre di alcune eccezioni. Si pensi al caso della cambiale che, a seguito di successive girate, pervenga nelle mani dell'emittente. In questo caso il prenditore (cioè il creditore) e l'emittente (cioè il debitore) vengono a coincidere nella stessa persona, eppure l'obbligazione non si estingue, ben potendo il prenditore continuare a far circolare il titolo.

In realtà, questo come altri casi, secondo altra parte della dottrina[6] si spiega in base alle peculiarità delle vicende in cui si inserisce e non dimostra affatto l'esistenza di rapporti obbligatori unisoggettivi. Ad esempio, la ragione per cui non si verifica confusione tra il debito ed il credito vantati dal prenditore di una cambiale che ne sia anche l'emittente, risiede nel fatto che il titolo di credito è un bene mobile che incorpora materialmente il credito stesso e che è soggetto a peculiari modalità di circolazione. Di regola i soggetti dell'obbligazione sono chiaramente individuabili in base al titolo, ma può anche accadere che uno di essi sia **determinabile** in relazione ad un bene con cui si trovi in un particolare rapporto, ovvero alla titolarità di una situazione giuridica. È quanto accade, ad esempio, nel caso dei titoli di credito. Il creditore è il portatore del titolo. Circolando il titolo, muta, quindi, anche la persona del creditore, che è, allora, sempre determinato, e che viene individuato verificando l'identità del portatore del titolo. Analogo fenomeno si verifica nelle **obbligazioni** *propter rem*, in cui il soggetto passivo del rapporto viene individuato in relazione ad un bene: poiché l'obbligazione ambulatoria circola insieme al diritto reale che taluno vanti su un determinato bene, allora l'obbligato sarà colui che, di volta in volta, acquisterà la titolarità di quel diritto reale. Ad esempio, l'art. 1104 c.c. stabilisce che il comproprietario deve concorrere alle spese necessarie per la conservazione e il godimento della cosa comune. Chi, acquistando la quota, subentri nella posizione del comproprietario proprio dante causa, sarà quindi anche gravato dall'obbligo di concorrere a tali spese.

Nei due esempi visti, il titolare del rapporto obbligatorio è dunque sempre determinato. La sola peculiarità è che si tratta di un soggetto mutevole, ma sempre identificabile per *relationem,* sol che si abbia riguardo al portatore del titolo di credito, nel primo caso, o alla titolarità della quota cui l'obbligazione accede, nel secondo.

---

[5] S. Pugliatti, Diritto civile, Metodo – Teoria- Pratica, Saggi, Milano1951, p. 425.
[6] F.Gazzoni, Manuale di diritto privato, Napoli, 2011, p. 558; M. Giorgianni, Nuovissimo Digesto Italiano, XI, p. 595.

Apparentemente diverso è il caso delle **c.d. obbligazioni** *in incertam personam*, tra cui si annoverano la promessa al pubblico (art. 1989 c.c.), la disposizione testamentaria rimessa all'arbitrio altrui (art. 621 c.c.) e il mandato a donare (art. 778 c.c.).

In tutti questi casi sembra a tutta prima che la persona del creditore sia indeterminata al momento della nascita dell'obbligazione e si determini solo quando rispettivamente si verifichi la situazione prevista nella promessa, sia individuata la persona del legatario-creditore o sia scelto il donatario. Secondo l'opinione dominante, tuttavia, anche in questi casi le parti del rapporto obbligatorio sono determinate sin dal momento della sua nascita, perché l'obbligazione non nasce sinché la parte incerta non è determinata. Ad esempio: Tizio promette una somma di danaro in favore dello studente di giurisprudenza che avrà riportato la media più alta alla fine dell'anno accademico. Sono possibili due opzioni ermeneutiche: secondo la prima, l'obbligazione nasce al momento della promessa ed ha, quindi, destinatario indeterminato; per la seconda, l'obbligazione nasce nel momento in cui, alla fine dell'anno accademico, viene resa nota l'identità dello studente che abbia riportato la media più alta; nel primo caso si riconoscerà rilevanza alla figura dell'obbligazione in *incertam personam;* nel secondo, dovrà concludersi che in nulla queste obbligazioni si differenzino dall'archetipo che le costruisce come vincoli tra soggetti determinati *ab origine*.

1.3 La prestazione.

L'art. 1174 c.c. stabilisce che "la prestazione che forma oggetto dell'obbligazione deve essere suscettibile di valutazione economica e deve corrispondere a un interesse, anche non patrimoniale, del creditore". La prestazione costituisce dunque l'oggetto dell'obbligazione, cioè il comportamento che il debitore deve porre in essere per soddisfare l'interesse del creditore. A tale proposito occorre tenere ben distinti l'oggetto dell'obbligazione, cioè la prestazione, e l'oggetto della prestazione, ad esempio il bene dovuto dal debitore. Il comportamento dovuto dal debitore potrà consistere in un dare, un fare, un non fare; esso potrà avere natura non solo materiale, ma anche negoziale (prestare il consenso).

La norma richiede poi che la prestazione sia **suscettibile di valutazione economica**, cioè che abbia carattere patrimoniale. La *ratio* della norma si comprende se si pone mente al fatto che il rapporto obbligatorio costituisce uno dei più importanti sistemi di circolazione della ricchezza, mentre di regola i beni privi di valore patrimoniale, principalmente attinenti alla persona, sono indisponibili e si sottraggono alla logica della coercizione. Si discute in dottrina se il requisito della patrimonialità debba essere inteso ad una stregua oggettiva o soggettiva. La giurisprudenza è ormai unanime nell'affermare che se le parti deducono in obbligazione una prestazione oggettivamente priva di carattere patrimoniale, ma prevedono come corrispettivo il pagamento di una somma di danaro, ciò significa che, nella loro valutazione, quella prestazione ha valore patrimoniale e non vi è dunque ragione di ritenere che essa non possa costituire oggetto di un'obbligazione. I caratteri della prestazione si desumono dall'art. 1346 c.c., a mente del quale l'oggetto del contratto deve essere "possibile, lecito, determinato o determinabile".

La **possibilità** può essere materiale o giuridica. La possibilità materiale è la possibilità di porre naturalisticamente in essere il comportamento dovuto; la possibilità giuridica è l'idoneità del comportamento dovuto ad essere dedotto come oggetto dell'obbligazione (esempio del primo caso: la vendita dell'Elitropia; esempio del secondo caso: la vendita dell'aria). Se la possibilità è assente *ab origine*, l'obbligazione non nasce; se essa viene meno successivamente, l'obbligazione si estingue (l'art. 1256 c.c. disciplina l'impossibilità sopravvenuta della prestazione tra le cause di estinzione dell'obbligazione).

La **liceità** della prestazione consiste nella sua rispondenza ai parametri delle norme imperative, dell'ordine pubblico e del buon costume; la sua **determinatezza o determinabilità** implicano che il debitore sia posto in condizione di individuare con certezza natura e caratteri della prestazione dovuta. In particolare, la prestazione è determinabile se, al momento della nascita del rapporto obbligatorio, sono già espressi quanto meno i criteri idonei ad individuarla in modo univoco e certo.

1.4 L'interesse.

Come si è già avuto modo di osservare, l'art. 1174 c.c. stabilisce che la prestazione che forma oggetto dell'obbligazione deve corrispondere ad un **interesse, anche non patrimoniale, del creditore**. L'interesse sorregge l'obbligazione in tutte le vicende del rapporto obbligatorio; la sua mancanza ne impedisce la nascita, mentre il suo venir meno ne provoca l'estinzione. La ragione della centralità che il legislatore assegna a tale elemento è duplice: da un lato vige infatti, nell'ordinamento giuridico, il principio secondo cui i diritti soggettivi sono posizioni attribuite ad un soggetto per la tutela di un proprio interesse; dall'altro il legislatore riconosce ai privati la libertà di stipulare contratti nei limiti in cui essi siano volti a realizzare "interessi meritevoli di tutela secondo l'ordinamento giuridico"; (il principio, enunciato dall'art. 1322 in tema di contratti atipici, si applica, come si avrà modo di vedere, anche ai contratti tipici).

Si comprende allora perché l'interesse costituisca un **elemento non solo genetico, ma anche funzionale**, dell'obbligazione: esso indica la ragione per cui l'obbligazione è stata assunta e giustifica l'apposizione di limiti e vincoli alla libertà del debitore.

Esiste allora, tra interesse e causa, uno stretto legame, che può in via di prima approssimazione descriversi osservando che l'interesse sta all'obbligazione come la causa sta al contratto. È anche per questo che il recente accoglimento giurisprudenziale della nozione di causa in concreto (Capitolo XIII, §4) ha gettato una nuova luce sulla funzione dell'interesse creditorio e contribuito in particolare a risolvere il problema che si pone quando la prestazione non è più idonea a soddisfarlo. Sul punto si è espressa, con un importante ed innovativo *decisum*[7], la giurisprudenza di legittimità, chiamata a pronunciarsi sulla vicenda di un turista che, mosso dall'interesse a trascorrere un periodo di svago e di relax, aveva sottoscritto con un'agenzia di viaggi un contratto di viaggio-vacanza "tutto compreso", poco prima che, nell'amena località esotica designata come meta del viaggio, scoppiasse un'epidemia di dengue. Il turista rifiutava di adempiere alle obbligazioni assunte e chiedeva la restituzione di quanto anticipatamente pagato, adducendo, a sostegno delle proprie pretese, che il pacchetto di viaggio era stato acquistato per realizzare uno scopo - quello di svago e di relax - non più realizzabile alle nuove condizioni.

Comincia qui a prospettarsi una nuova figura: non più l'impossibilità della prestazione, ma l'inutilità del suo utilizzo.

La prestazione, in casi come quello in esame, in sé è ancora possibile, ed il turista ben può materialmente recarsi nel luogo di vacanza ed usufruirne; essa, però, non è più idonea a realizzare l'interesse in vista del quale l'obbligazione era stata assunta, non essendo possibile beneficiare di svago e relax in condizioni di concreto rischio di gravi danni alla salute. Occorre quindi inquadrare il rilievo che questa sopravvenienza assume nell'economia del contratto.

Se, come si è ritenuto fino ad un recente passato, la causa è la funzione economico-sociale del contratto, (nel caso di specie, l'insieme delle prestazioni alberghiere, di vitto e di trasporto contro il corrispettivo di un prezzo), cioè un elemento che trascende il concreto assetto di interessi delle parti, allora, nella circostanza in esame, essa ben può essere realizzata, perché del tutto insensibile a fattori contingenti, come quello della diffusione di un'epidemia nel luogo di vacanza. In una tale prospettiva, lo scopo di svago che il viaggiatore si prefigge non rileva sul piano causale, ma resta relegato al rango di mero motivo individuale.

Se però, come si ritiene quasi unanimemente oggi in dottrina ed in giurisprudenza, la causa è la funzione economico-individuale del contratto (quindi il concreto assetto d'interessi divisato dalle parti), allora assume rilevanza causale la ragione per cui il viaggiatore ha inteso stipulare il contratto di viaggio-vacanza, cioè, in ipotesi, lo scopo di relax o di svago.

---

[7]Cass. civ. 24 luglio 2007, n. 16315.

Discende da ciò, che la diffusione di un'epidemia non è più irrilevante ai fini della realizzazione della causa, perché essa è proprio un fatto sopravvenuto che ne impedisce la realizzazione.

L'affermarsi della teoria della causa in concreto ha quindi portato la giurisprudenza ad elaborare il concetto di **impossibilità sopravvenuta di utilizzazione della prestazione**, che è ben distinto da quello di impossibilità sopravvenuta della prestazione. Mentre infatti nel secondo caso la prestazione non è più possibile, nel primo essa è possibile, ma è inutile: è cioè inutilizzabile per il debitore, perché è divenuta inidonea a realizzare il suo interesse.

Ecco quindi emergere, nell'economia del contratto, l'elemento funzionale dell'interesse creditorio. La Cassazione conclude quindi, nel caso in commento, che, nel contratto di viaggio tutto compreso, la "finalità turistica" non è un motivo irrilevante, ma si sostanzia dell'interesse che lo stesso è funzionalmente volto a soddisfare, connotandone la causa concreta e determinando, perciò, l'essenzialità di tutte le attività e dei servizi strumentali alla realizzazione del preminente scopo vacanziero.

Ne consegue che l'irrealizzabilità di detta finalità per sopravvenuto evento non imputale alle parti determina, in virtù della caducazione dell'elemento funzionale dell'obbligazione costituito dall'interesse creditorio (ai sensi dell'art. 1774 c.c.), l'**estinzione del contratto per sopravvenuta impossibilità di utilizzazione della prestazione**, con esonero delle parti dalle rispettive obbligazioni".

Dunque, così come la mancanza originaria dell'interesse impedisce la nascita dell'obbligazione, allo stesso modo l'impossibilità del suo soddisfacimento ne determina l'estinzione, con la conseguenza ulteriore della **risoluzione** del contratto. Tuttavia, mentre l'impossibilità sopravvenuta della prestazione è una causa oggettiva di estinzione dell'obbligazione, ed opera *ope legis*, viceversa, l'impossibilità sopravvenuta di *utilizzazione* della prestazione determina la risoluzione del contratto solo ove la parte pregiudicata dalle sopravvenienze formuli una valutazione negativa in ordine alla permanente attitudine della prestazione a soddisfare il proprio interesse, e domandi quindi la risoluzione del contratto.

Si delinea, in conclusione, una **causa di estinzione atipica delle obbligazioni**, che ha tuttavia suscitato perplessità in parte della dottrina, più propensa ad inquadrare fattispecie come quella in parola all'istituto della presupposizione.[8] (Cap. XVI, §3).

Così come l'impossibilità di realizzare l'interesse creditorio conduce alla risoluzione del contratto anche quando la prestazione è possibile, allo stesso modo, **la realizzazione dell'interesse creditorio determina l'estinzione**

---

[8] F. Caringella, Manuale di diritto civile, Vol. II, Giuffrè 2008, p. 392.

dell'obbligazione anche se la prestazione posta in essere è in parte diversa da quella voluta. L'interesse creditorio quindi è un parametro di valutazione dell'adempimento ed anche della gravità dell'inadempimento ai fini della risoluzione del contratto (art. 1455 c.c.)

Sin qui si è detto dell'interesse del creditore, ma entro certi limiti il legislatore annette rilevanza anche all'**interesse del debitore ad adempiere,** che è preso in considerazione in più norme del codice civile: gli artt. 1206 ss. disciplinano la mora del creditore (Capitolo IV, § 5); l'art. 1326 permette al debitore di rifiutare la remissione del debito; l'art. 1180, secondo co., gli consente di rifiutare l'adempimento del terzo.

Secondo l'orientamento largamente prevalente in dottrina e in giurisprudenza, la tutela accordata al debitore sotto il profilo dell'interesse ad adempiere non trova rispondenza in un simmetrico dovere di ricevere la prestazione in capo al creditore. Ne è la prova proprio l'istituto della mora del creditore, che consente al debitore di liberarsi dall'obbligazione anche senza che il creditore riceva la prestazione e quindi indipendentemente dalla cooperazione di questi.

Da ultimo: si è osservato che la prestazione, secondo il dettato dell'art. 1174, deve corrispondere ad un **interesse anche non patrimoniale** del creditore, e deve essere suscettibile di valutazione economica. Occorre quindi tenere ben distinti interesse e prestazione. Si noti: è la seconda, non il primo, che deve essere suscettibile di valutazione economica. Il creditore può esercitare la propria pretesa a ricevere una prestazione patrimonialmente valutabile, funzionalizzata alla realizzazione di un interesse non patrimoniale. Si pensi a chi ordini un mazzo di rose di cui far dono alla propria fidanzata: la prestazione del fioraio che deve consegnare i fiori è patrimonialmente valutabile e corrisponde ad un interesse non patrimoniale del creditore.

2. Diritti relativi e diritti assoluti.

Nella definizione giustinianea che si è più volte avuto modo di richiamare, l'obbligazione è un vincolo giuridico *"alicuius solvendae rei"*.

È dunque nitida la distinzione tra **diritti reali e diritti di obbligazione**: i primi sono *iura in re,* i secondi *in personam*; i primi, essendo diritti su una cosa, possono essere vantati dal loro titolare nei confronti della generalità dei consociati; i secondi, essendo diritti verso una persona, possono essere vantati solo verso l'obbligato e questa è la ragione per la quale i primi si dicono *diritti assoluti* ed i secondi *diritti relativi*.

La distinzione tra diritti reali e diritti relativi si manifesta su più piani. In primo luogo, vigono, per i diritti reali, ma non per le obbligazioni, i **principi di tipicità e del numero chiuso**: i privati non possono derogare alla disciplina prevista dal legislatore in tema di diritti reali (principio di tipicità), né possono dare vita a diritti reali non contemplati dall'ordinamento giuridico (principio del numero chiuso dei diritti reali). Si tratti di regole la cui attualità è oggi discussa: si pensi al difficile inquadramento di figure come la multiproprietà, il trust o la cessione di cubatura.

In secondo luogo, i diritti reali presentano il carattere dell'**assolutezza**, mentre le obbligazioni presentano il carattere della **relatività**. Ciò significa che il diritto assoluto, opponibile ai terzi, è tale nei confronti della generalità dei consociati, gravati da quel generale dovere di astenersi dal ledere l'altrui sfera giuridica, che si riassume nella formula del *neminem laedere*. Al contrario, il diritto relativo esiste solo in relazione all'altra parte del rapporto obbligatorio: il debitore è tale solo per il proprio creditore e viceversa, mentre i terzi restano sullo sfondo. (Se Tizio costituisce una servitù di passaggio in favore di Caio, questi vanterà il proprio diritto nei confronti di chiunque acquisterà il fondo servente, mentre se Tizio si obbliga a far passare Caio sul proprio fondo, Caio potrà vantare tale diritto solo nei confronti di Tizio).

In terzo luogo, i diritti reali sono connotati dall'**immediatezza** del rapporto con la *res*, mentre le obbligazioni presuppongono che il creditore, per realizzare il proprio interesse, abbia bisogno della **collaborazione del debitore**. In altri termini, il titolare di un diritto reale può soddisfare il proprio interesse attraverso il solo rapporto con la *res* (il proprietario del fondo, per il sol fatto di essere proprietario, può passeggiarvi, coltivarlo, recintarlo, cogliere i frutti che esso produce, e così ritrarne ogni utilità); il titolare del diritto di credito necessita invece della collaborazione del debitore per realizzare il proprio diritto e, a ben vedere, l'obbligazione costituisce proprio lo strumento attraverso il quale egli si assicura tale collaborazione.

Da ultimo, i diritti reali, diversamente dai diritti di credito, sono connotati da **diritto di seguito o sequela**, che discende dalla loro inerenza alla *res*: se taluno accende ipoteca su un proprio bene immobile, ad esempio a garanzia di un mutuo, e poi aliena l'immobile così ipotecato, il nuovo proprietario acquisterà un immobile pur sempre gravato da ipoteca a garanzia del mutuo contratto dall'alienante. Il bene ed il diritto reale (in questo caso di garanzia) circolano insieme.

Per lungo tempo si è ritenuto che la rigida dicotomia sin qui tracciata tra diritti reali e diritti di credito si riproponesse simmetricamente, con altrettanto nitore, anche nelle modalità di lesione dei diritti. Si opinava, cioè, che solo il debitore potesse ledere il diritto di credito, attraverso l'inadempimento, così come solo il terzo poteva ledere il diritto assoluto, violando il divieto generale di astensione imposto dall'art. 2043. Infatti – si argomentava – se Tizio vanta un credito verso Caio, e se la relatività comporta che solo verso Caio esista il credito di Tizio, allora ne discende che solo Caio potrebbe, attraverso l'inadempimento, ledere tale credito. Nella più recente elaborazione pretoria si è invece posto in luce come questa dicotomia sfumi sotto il profilo delle lesioni, perché un terzo estraneo ad un rapporto obbligatorio, ben può, attraverso una condotta illecita, rendere impossibile il soddisfacimento del credito. S'immagini, ad esempio, che Tizio cagioni la morte di un calciatore, centravanti di una squadra calcistica e celebre fuoriclasse. In questo caso la condotta omicida di Tizio civilmente rileva, a ben vedere, sotto due profili. Il primo è quello del danno cagionato al calciatore e ai suoi congiunti; il secondo è quello del danno cagionato alla squadra calcistica, che non potrà più esercitare il diritto di credito alla prestazione di un fuoriclasse, non sostituibile con un giocatore qualsiasi. Nel primo caso si ledono diritti assoluti, cioè il diritto alla vita e alle relazioni parentali; nel secondo si lede il diritto di credito della squadra calcistica a conseguire le prestazioni sportive del calciatore ingaggiato.

Ancora, si immagini che sempre Tizio, violando le leggi del codice della strada, cagioni un sinistro stradale nel quale una nota *Etoile* della Scala subisca una lesione ad una caviglia, che le impedisca di danzare ad una certa manifestazione artistica il giorno seguente, nonostante gli impegni assunti. Tizio avrà cagionato un danno alla celebre ballerina, lesa nel suo diritto (assoluto) alla salute, ed anche un danno all'impresario, che non potrà più esercitare il proprio diritto di credito a vederla danzare nella manifestazione da lui organizzata.

Astraendo dagli esempi: la giurisprudenza ha coniato la figura della **lesione aquiliana del credito**, che si verifica ogni qualvolta, per effetto di una condotta rilevante ai sensi dell'art. 2043, c.c., taluno impedisca la realizzazione del diritto vantato da un creditore verso il proprio debitore.

La lesione del credito avviene quindi ad opera di un soggetto che è terzo rispetto alle parti del rapporto obbligatorio. L'esperienza pretoria ha dimostrato cioè che non è vero, come si è per lungo tempo creduto, che solo il debitore può ledere il credito attraverso l'inadempimento, ma che il diritto di credito, al contrario, può essere leso in due modi: dal debitore, tramite l'inadempimento; da un terzo, tramite una condotta che privi il creditore della possibilità di avvalersi della prestazione del debitore, in caso di infungibilità della stessa. (Se il calciatore non fosse un grande campione sportivo, la sua uccisione non impedirebbe alla società calcistica di far giocare alla propria squadra la partita di campionato, con non dissimili possibilità di vittoria, sostituendolo con un altro giocatore).

3. Le obbligazioni naturali.

L'art. 2034[1] c.c. statuisce che "**non è ammessa la ripetizione di quanto è stato spontaneamente prestato in esecuzione di doveri morali o sociali, salvo che la prestazione sia stata eseguita da un incapace**".

La norma sembra introdurre, a tutta prima, un'importante eccezione al principio di necessaria causalità delle attribuzioni patrimoniali, secondo il quale tutti gli spostamenti patrimoniali devono avere una valida giustificazione causale, in mancanza della quale il *solvens* ha diritto alla restituzione sia di quanto pagato, sia di frutti ed interessi (artt. 2033 e 2036 c.c.).

Secondo la regola generale, l'alternativa è netta: o lo spostamento patrimoniale è sorretto da una giustificazione causale valida, o i patrimoni devono essere riportati alla condizione precedente. Tuttavia, in base al disposto dell'art. 2034, chi presti aiuto economico ad una persona indigente, pur non essendo giuridicamente obbligato a farlo, non può addurre la mancanza di un pregresso obbligo al fine di ottenere la restituzione di quanto pagato. Infatti, ai sensi dell'art. 2034, il dovere morale o sociale, pur non essendo una valida *causa obligandi*, costituisce una **valida *causa solvendi***, e quindi chi vi ha adempiuto non ha diritto alla restituzione di quanto pagato. La caratteristica del pagamento dell'obbligazione naturale, che lo distingue da tutte le altre prestazioni acausali, risiede dunque in ciò: che per esso **la legge non accorda azione, ma esclude la ripetizione**, fissando la regola che va sotto il nome di *soluti retentio*.

Il secondo co. dell'art. 2034 aggiunge che "i doveri indicati dal co. precedente, e ogni altro per cui la legge non accorda azione ma esclude la ripetizione di ciò che stato spontaneamente pagato, non producono altri effetti". Secondo l'orientamento maggioritario, i casi contemplati dal secondo co. della norma si trovano in rapporto di *species* a *genus* rispetto al quelli previsti dal primo. Si tratta pur sempre di obbligazioni naturali, con la sola differenza che il secondo co. fa riferimento a casi espressamente contemplati da norme di legge (si tratta in particolare dell'adempimento della fiducia testamentaria, ex art. 637; dell'adempimento del debito di gioco ex art. 1933, e della più controversa figura del pagamento del debito prescritto ex art. 2940).

L'art. 2034 pone diversi problemi interpretativi, tra cui principalmente quello della natura dell'obbligazione naturale e del suo adempimento. Sotto il primo profilo è ampiamente maggioritario l'orientamento che, escludendo che l'obbligazione naturale possa rientrare nel novero delle obbligazioni civili, la inquadra nell'alveo dei **rapporti di fatto**. A tacer d'altro – si osserva – un'obbligazione civile priva di azione sarebbe una contraddizione in termini.

Più articolato è il dibattito sulla natura negoziale o non negoziale dell'adempimento.

Occorre in primo luogo soffermarsi sull'avverbio **"spontaneamente"**. Perché la norma richiede che il pagamento sia *spontaneo*, e non che sia *volontario*? La spontaneità del pagamento comporta che esso avvenga di iniziativa del *solvens*, senza coartazione, ma la volontarietà richiede molto di più, cioè anzitutto la consapevolezza dell'esistenza e della natura del debito. Se quindi è sufficiente la spontaneità, si deve dedurre che **l'effetto della *soluti retentio* si verifica anche ove il *solvens* creda, erroneamente, di adempiere ad un'obbligazione civile.**

Ora, ciò posto, in cosa consiste questa prestazione spontanea che il *solvens* pone in essere in adempimento di un'obbligazione naturale? Quale ne è, cioè, la natura giuridica?

Sul punto si contrappongono due distinti orientamenti: uno, minoritario, che riconduce l'adempimento dell'obbligazione naturale nell'alveo degli atti in senso stretto[9]; l'altro, maggioritario, che in esso ravvisa la natura ed i caratteri del negozio giuridico[10]. Di entrambi si esamineranno di seguito i presupposti dogmatici e le conseguenze applicative.

Secondo il primo, minoritario orientamento, l'adempimento dell'obbligazione naturale, al pari dell'adempimento dell'obbligazione civile, è un atto in senso stretto. Quella di chi adempie, infatti, altro non è che una condotta dovuta in base ad una regola (giuridica, morale o sociale) ad essa preesistente: dall'adempimento non nasce un'autoregolamentazione di interessi; chi adempie non elabora una regola negoziale, ma semplicemente tiene un comportamento dovuto. Ben diverso è invece l'atto negoziale, con cui le parti pongono norma a se stesse e che, lungi dall'essere un atto necessitato, è una manifestazione di libertà e di autonomia.

Se l'adempimento dell'obbligazione naturale è un atto in senso stretto, allora, perché sia posto validamente in essere (e quindi perché si verifichi l'effetto della *soluti retentio*), è necessario che il suo autore sia capace di intendere e di volere l'atto di adempimento. Non è invece necessaria la capacità di agire, richiesta per la validità del negozio giuridico.

Ne discende che, allora, l'incapacità cui fa riferimento il co. 1 dell'art. 2034 è l'incapacità naturale. La norma si spiegherebbe in base al principio di autoresponsabilità, che richiede la capacità di intendere e di volere l'atto in piena coscienza: l'obbligazione naturale, in quanto tale, non vincola sul piano giuridico ed il *solvens* è lasciato libero di scegliere se adempiervi o meno, in base ad un sistema di regole morali che presuppone la comprensione della regola e la capacità di volervi adempiere. Conseguenza ulteriore di tale assunto è la rilevanza della violenza e del dolo, nonché l'irrilevanza dell'errore.

Un diverso e **maggioritario orientamento** muove proprio dalla considerazione che l'obbligazione naturale non pone vincoli giuridici, per osservare

---

[9]E. Moscati, Del pagamento dell'indebito, in Comm. Cod. civ. a cura di Scialoja e Branca, Bologna, Roma, 1981, p. 217

[10]C. M. Bianca, Diritto civile, Vol. III, Milano, 2000, p. 784; G. Oppo, Adempimento e Liberalità, Camerino, 1979, p. 374;

che, allora, l'adempimento dell'obbligazione naturale, dal punto di vista dell'ordinamento giuridico, non costituisce adempimento di un dovere. Cade perciò l'argomento principale addotto a sostegno della tesi minoritaria: se **l'adempimento dell'obbligazione naturale** non è un atto necessitato, allora è **un atto libero, cioè un atto negoziale**.

Ne discende la conseguenza dell'assoggettamento di tale atto ai principi codicistici in materia di negozio giuridico, primo tra tutti quello dell'annullabilità per i vizi della volontà o per incapacità d'intendere e di volere, ma con la sola eccezione dell'errore, salvo che si tratti dell'errore che cade sulla stessa esistenza dell'obbligazione naturale (aiuto un soggetto che ritengo erroneamente indigente o verso cui mi credo erroneamente in debito di gratitudine).

4. Le fonti delle obbligazioni,

Secondo la sistematica tramandataci da una celebre definizione Gaiana, nel diritto romano classico le fonti delle obbligazioni erano: il contratto, l'illecito civile e gli altri fatti previsti dalla legge: *"obligationes aut ex contractu nascuntur, aut ex maleficio aut proprio quondam iure ex variis causarum figuris"*.

Il libro IV del codice civile vigente si apre con l'art. 1173, il quale così dispone: "**le obbligazioni derivano da contratto, da fatto illecito e da ogni altro atto o fatto idoneo a produrle in conformità dell'ordinamento giuridico**". La norma ricalca quasi fedelmente la tripartizione gaiana ed elenca le fonti delle obbligazioni.

Nel delineare il sistema delle fonti, il codice del '42 presenta diverse novità rispetto al codice del 1865. Di queste, la principale consiste nell'individuazione di un **sistema delle fonti c.d. aperto ed atipico**, grazie all'inciso "ogni altro atto o fatto", in virtù del quale possono costituire fonte di obbligazioni anche atti o fatti non contemplati come tali in norme di legge puntuali. Dottrina e giurisprudenza hanno infatti da lungo tempo chiarito che il rinvio alla legge operato dall'art. 1173 c.c. ("in conformità dell'ordinamento giuridico"), non deve intendersi come rinvio a puntuali disposizioni di legge che qualifichino il fatto o l'atto alla stregua di fonte. Il criterio della conformità ai canoni dell'ordinamento giuridico è soddisfatto, secondo l'interpretazione oggi accolta dalla dottrina e dalla giurisprudenza, quando è possibile individuare una norma da cui si evinca il nesso di consequenzialità tra il verificarsi del fatto- fonte e l'insorgenza del rapporto, quale effetto giuridico.[11]

Occorre però intendersi sul significato dell'espressione "**sistema aperto o atipico**". Infatti, come si avrà modo di osservare trattando dell'autonomia

---

[11]F. Caringella L. Buffoni, Manuale di diritto civile, Roma, 2009, pag. 442.

negoziale [Capitolo IX, §4], anche i contratti possono essere atipici, cioè appartenere a tipi non espressamente previsti e disciplinati dalla legge. Lo stesso è a dirsi dei fatti illeciti, perché è illecito, ai sensi dell'art. 2043 c.c., *qualunque fatto* doloso o colposo che cagioni ad altri un danno ingiusto. Tuttavia, un contratto atipico è fonte delle obbligazioni pur sempre perché la legge prevede che lo sia (l'art. 1173 stabilisce che "le obbligazioni derivano da contratto"; l'art. 1321 c.c. definisce il contratto come l'accordo tra due o più parti per costituire regolare o estinguere un rapporto giuridico patrimoniale e l'art. 1322 c.c. stabilisce che i contratti possono essere tipici o atipici). Lo stesso potremmo dire dei fatti illeciti, perché è sempre la legge che collega il fatto illecito all'obbligazione, stabilendo che il primo sia fonte della seconda (l'art. 1173 stabilisce che le obbligazioni derivano da fatto illecito e l'art. 2043 dispone che dal fatto illecito derivi l'obbligo risarcitorio).

Se all'interno dei contratti e dei fatti illeciti si possono individuare fattispecie atipiche, ciò non toglie, dunque, che il contratto e il fatto illecito siano fonti tipiche (*rectius* nominate), perché la legge li contempla come tali. Si coglie allora la profonda diversità con quanto si legge nell'ultimo inciso, laddove si reputa fonte "ogni altro atto o fatto idoneo" a produrre obbligazioni secondo i *principia iuris*. Qui la legge non identifica la fonte dell'obbligazione nemmeno come figura astratta, non ne tratteggia il profilo morfologico o descrittivo, non le assegna un nome. Invece di stabilire che se un atto o fatto ha determinate caratteristiche, allora è fonte di obbligazioni, dispone che sia qualificato fonte un atto o fatto che produca obbligazioni secondo i principi dell'ordinamento giuridico. E' fonte il contratto, il fatto illecito (fonti tipiche) e poi ogni atto o fatto che, benché non contemplato espressamente dalla legge come fonte di obbligazioni, debba ritenersi idoneo a produrle secondo i *principia iuris* (fonti atipiche).

Le fonti tipiche producono obbligazioni perché sono fonti; le fonti atipiche sono fonti perché producono obbligazioni (si pensi al provvedimento amministrativo o al testamento, dei quali nessuno dubita che possano produrre obbligazioni, benché certo non rientrino né nel contratto, né nel fatto illecito, e benché il codice non li qualifichi in alcun luogo come fonti). Viene così superata l'idea, radicata negli interpreti sotto il vigore del codice del 1865, che possano costituire fonti di obbligazioni solo fatti o atti contemplati come tali da una specifica disposizione di legge. Accanto al contratto e al fatto illecito, quindi, viene oggi annoverata una **terza categoria di fonti**, che non è inquadrabile né nel torto (fatto illecito), né nel contratto, ma che allo stesso tempo non si identifica più solamente con le altre fonti espressamente disciplinate dalla legge nel libro delle obbligazioni (promesse unilaterali e titoli di credito, gestione di affari altrui, pagamento dell'indebito e arricchimento senza causa). Si tratta di atti o fatti che generano obbligazioni perché a ciò idonei secondo i canoni ordinamentali.

Oltre che dal dato della atipicità, le fonti delle obbligazioni sono poi connotate dal carattere dell'**autonomia**, che descrive il fenomeno per il quale uno stesso fatto, riguardato dalla legge sotto diversi punti di vista, può generare contemporaneamente diverse obbligazioni, ciò che si traduce nel fenomeno del c.d. **concorso delle pretese**. In particolare, possono darsi due tipi di concorso: il concorso alternativo e quello cumulativo.

Si pensi al noto caso di scuola del medico che dimentica il bisturi nello stomaco del paziente. Per la teoria della relatività delle qualificazioni giuridiche, mentre il fatto che si verifica in *rerum natura* è uno, le qualifiche giuridiche che la legge può dare di quello stesso fatto possono essere plurime. In questo caso, ai sensi dell'art. 2043 c.c., la condotta del sanitario integra un fatto illecito, cioè uno di quei fatti dolosi o colposi che, ricorrendo tutti gli altri elementi costitutivi della responsabilità aquiliana, generano l'obbligo di risarcire il danno a titolo, dunque, di responsabilità extracontrattuale. Nello stesso tempo, ai sensi dell'art. 1218 c.c., quella stessa condotta indica un inadempimento agli obblighi di fonte contrattuale (o da contatto sociale) che gravano sul medico nei confronti del paziente, il quale vanta il correlativo credito al corretto adempimento dell'obbligazione medica. In entrambi i casi il risarcimento avrà la funzione di porre riparo allo stesso danno e quindi il paziente avrà la possibilità di chiedere, alternativamente, o il risarcimento del danno contrattuale o il risarcimento del danno extracontrattuale. Questo fenomeno si qualifica come concorso alternativo delle pretese.

Immaginiamo ora che un evento dannoso riconducibile ad un'unitaria genesi soggettiva, cagioni una pluralità di conseguenze diverse: ad esempio, taluno acquista un farmaco molto costoso, poi rivelatosi viziato da un difetto di produzione e quindi privo di efficacia terapeutica. Se il paziente, inconsapevole del difetto di fabbricazione, assume il farmaco e riporta danni alla salute, avrà subìto due diversi tipi di danno: quello contrattuale, derivante dal vizio del farmaco acquistato e consistente nel corrispettivo inutilmente pagato per il suo acquisto; e quello extracontrattuale, concretantesi nel danno cagionato dal farmaco difettoso, che viene liquidato secondo specifici parametri elaborati dalla giurisprudenza. In questo caso, l'unità del fatto verificatosi (acquisto di farmaco difettoso), ha cagionato due diversi danni (patrimoniale e alla salute), di diversa natura (contrattuale ed extracontrattuale) che quindi saranno risarcibili non già alternativamente, ma cumulativamente.

4.1 La teoria del contatto sociale.

Tra le fonti che vanno ricondotte nel novero degli "**altri atti o fatti**" contemplati dall'art. 1173 c.c., merita una particolare menzione il c.d. "**contatto sociale qualificato**". Si tratta di una figura che la dottrina e la giurisprudenza italiane hanno coniato nei primi anni '90 del secolo scorso, sulla scia di una precedente elaborazione dogmatica della dottrina tedesca, che aveva avvertito l'esigenza di dare collocazione sistematica e disciplina giuridica a quei rapporti intersoggettivi non fondati su contratti e tuttavia idonei a generare obblighi non solo secondo principi etici socialmente consolidati, ma anche e soprattutto secondo i principi dell'ordinamento giuridico.

In giurisprudenza, in particolare, la figura del contatto sociale nasce come risposta alla necessità di dare una soddisfacente tutela a quanti subiscano danni ad opera di soggetti che non possano dirsi né parti (per la mancanza di un contratto), né terzi (per la relazione qualificata ed affidante da essi instaurata con il danneggiato). Uno dei casi paradigmatici in cui tale problema si pone, è quello in cui si debba qualificare la **responsabilità per i danni cagionati al paziente dal medico dipendente da struttura sanitaria privata**.

Di regola, il paziente che si rivolge ad una casa di cura privata, stipula con la casa di cura un contratto di assistenza sanitaria. In questo caso, tra il medico ed il paziente non viene stipulato alcun contratto, perché i rapporti contrattuali intercorrono tra medico e casa di cura, da un lato, e tra paziente e casa di cura, dall'altro. Se il medico cagiona un danno al paziente, a che titolo ne risponde?

Per lungo tempo la giurisprudenza ha ritenuto che la responsabilità del medico, mancando un contratto tra questi e il paziente, non potesse che essere di tipo extracontrattuale. Eppure, questa conclusione non sembrava soddisfacente né sotto il profilo delle premesse dogmatiche, né sotto quello delle conseguenze applicative. Sotto il profilo dell'inquadramento dogmatico, infatti, la responsabilità extracontrattuale non è una categoria residuale, che accolga ogni responsabilità che non possa dirsi contrattuale, ma presenta connotati ben precisi, tra cui in particolare l'assenza, prima della verificazione del danno, di una relazione tra danneggiante e danneggiato. Tale relazione nasce soltanto dopo la verificazione del danno e quale conseguenza di esso ed infatti ha ad oggetto la pretesa risarcitoria.

Nel caso riportato, invece, prima della verificazione del danno, per il paziente, il sanitario non è certo un *quisque de populo,* perché il verificarsi di un danno presuppone che egli stia svolgendo un'attività medico chirurgica nei confronti del paziente, nel cui contesto si colloca l'errore diagnostico, terapeutico o chirurgico che lo cagiona. E' una situazione non paragonabile a quella che viene in rilievo per effetto della violazione del semplice divieto del *neminem laedere*, come ad esempio si verifica quando un pedone riporta lesioni personali in conseguenza della condotta spericolata di un automobilista, che guidi in spregio alle norme del codice della strada.

Se, quindi, la qualificazione della responsabilità da contatto sociale come responsabilità extracontrattuale soddisfaceva poco per le incongruenze rilevate sul piano teorico, ancora meno adeguata essa appariva sul versante delle conseguenze applicative, per la meno favorevole disciplina gravante sul danneggiato in materia di prescrizione e di *onus probandi*. Tali argomenti sono alla base del *revirement* della Cassazione che, con la nota sentenza n. 589 del '99, supera la tradizionale impostazione secondo cui la responsabilità contrattuale presuppone necessariamente un contratto in senso formale, e dà ingresso, nella prassi pretoria, alla figura della responsabilità contrattuale da contatto sociale. La Cassazione, nella storica pronuncia, osserva che la tesi della natura aquiliana della responsabilità del medico dipendente della struttura privata per i danni cagionati al paziente, "riduce invero al momento terminale, cioè il danno, **una vicenda che non incomincia con il danno, ma si struttura prima come rapporto, in cui il paziente, quantomeno in punto di fatto, si affida alle cure del medico ed il medico accetta di prestargliele**"[12].

Inoltre, la responsabilità del medico si distingue da quella aquiliana, perché quest'ultima consiste, come rilevato, nella violazione di un generico dovere di astensione dall'ingerirsi nella sfera altrui, mentre l'addebito che si muove al medico di cui si affermi la responsabilità, non è certamente quello della mera violazione di un dovere di astensione. Il medico è infatti un soggetto cui "la coscienza sociale, prima ancora che l'ordinamento giuridico, non si limita a chiedere un *non facere* [...], ma giustappunto quel *facere* nel quale si manifesta la perizia che ne deve contrassegnare l'attività in ogni momento". Inoltre il paziente si sottopone a terapie o interventi al fine di ottenere un miglioramento delle proprie condizioni di salute e pertanto **il medico non può rispondere solo per il caso di lesioni (come sarebbe se la responsabilità fosse extracontrattuale), ma anche per l'omesso risultato terapeutico, ciò che presuppone tuttavia che egli sia gravato da un obbligo**.

Viene quindi in considerazione una figura eclettica di responsabilità contrattuale nascente da "**un'obbligazione senza prestazione ai confini tra contratto e torto**": e "poiché certamente sul medico gravano gli obblighi di cura impostigli dall'arte che professa, il vincolo con il paziente esiste (nonostante non dia adito ad un obbligo di prestazione) e la sua violazione si configura come *culpa in non faciendo*, la quale dà origine a responsabilità contrattuale". Si tratteggia così una nuova forma di **responsabilità contrat-**

---

[12]Cass. Civ., Sez. III, 22 gennaio 1999, n. 589.

tuale, che nasce non da contratto, ma **da contatto sociale** e che, perciò, dà origine ad "**obblighi di protezione senza prestazione**".

Che differenza intercorre, allora, tra il rapporto che lega medico e paziente nel caso in esame e quello che lega gli stessi soggetti se essi stipulano un contratto?

Nel secondo caso il medico si obbliga a tenere una prestazione (ad esempio, eseguire un certo intervento) e, correlativamente, il paziente vanta una pretesa a conseguirla; nel primo caso il medico non assume un simile obbligo verso il paziente, proprio perché le parti non stipulano un contratto; tuttavia, se egli inizia ad eseguire l'intervento, è tenuto ad agire secondo tutte le regole dell'arte medica per conseguire il miglior risultato possibile, a proteggere la salute del paziente, ad informarlo dei possibili rischi dell'intervento e a fare tutto ciò che è doveroso per la sua professione, per le regole di buona fede e correttezza alla cui osservanza è tenuto e per l'affidamento che ha accettato che il paziente riponesse in lui.

Si osserva al riguardo in giurisprudenza che "la teoria degli obblighi di protezione - la cui violazione dà luogo ad una responsabilità di tipo contrattuale – ha un preciso fondamento dogmatico nelle norme che costruiscono il rapporto obbligatorio come un 'rapporto complesso', le cui finalità di tutela non si riducono al solo interesse alla prestazione, definito dall'art. 1174 c.c. , ma che ricomprendono anche **l'interesse di protezione**, preso in considerazione dalla norma successiva di cui all'art. 1175 c.c. Nella teoria del rapporto obbligatorio - come rielaborata dalla dottrina italiana prevalente - viene messo in luce, dunque, come **il *proprium* della responsabilità contrattuale non sia più costituito dalla violazione di una pretesa di adempimento, bensì dalla lesione arrecata ad una relazione qualificata tra soggetti**, in quanto tale sottoposta dall'ordinamento alla più pregnante ed efficace forma di responsabilità, rispetto a quella aquiliana, rappresentata dalla responsabilità di tipo contrattuale (prescrizione decennale, inversione dell'onere della prova a favore del danneggiato, maggiore estensione del danno risarcibile, stante l'applicabilità solo a quest'ultima del disposto di cui all'art. 1225 c.c.)"[13].

Si elabora e consolida, dunque, nel tempo, l'idea di **una responsabilità contrattuale da contatto sociale** che, inserendosi nel sistema della responsabilità civile come nuovo ed ibrido spazio tra la responsabilità contrattuale (di cui condivide la natura e la disciplina) e la responsabilità aquiliana (con cui condivide il dato della assenza di un contratto), si mostra idonea ad assicurare alle parti che si trovino in un contatto sociale qualificato, quella più incisiva forma di tutela rappresentata dalla responsabilità contrattuale. La giurisprudenza di legittimità ha avuto poi modo di specificare che "rientrano nelle controversie di natura contrattuale non solo quelle riguardanti il

---

[13]Cass. Civ., Sez. I, 12 luglio 2016, n. 14188.

mancato adempimento di un obbligo di prestazione di fonte negoziale, della cui natura contrattuale non è possibile dubitare, ma anche le controversie nelle quali l'attore alleghi l'esistenza di una regola di condotta legata ad una relazione liberamente assunta tra lui e l'altra parte" e ne lamenti la violazione[14].

Il fondamento dogmatico della teoria che ascrive natura contrattuale della responsabilità per violazione degli obblighi di protezione, risiede, come si osserva in giurisprudenza, nel carattere "complesso" del rapporto obbligatorio, in cui all'obbligo e correlativo interesse alla prestazione (art. 1174 c.c.) si affiancano obblighi di protezione (art. 1175 c.c.) che originano dal generale dovere di buona fede e di correttezza.

L'inquadramento del contatto sociale nel sistema delle fonti, lo colloca tra quegli "altri atti o fatti" che, ex art 1173 c.c., sono idonei a produrre obbligazioni in conformità dell'ordinamento giuridico.

La categoria della responsabilità (contrattuale) da contatto sociale è ormai ampiamente recepita dalla giurisprudenza di legittimità, che ad essa ha ricondotto diverse fattispecie, tra cui in particolare:

a) la **responsabilità dell'insegnante** per il danno cagionato dall'alunno a se stesso. Secondo la giurisprudenza, tra insegnante ed alunno viene difatti in essere un rapporto giuridico, nell'ambito del quale l'insegnante assume, nel quadro del complessivo obbligo di istruire ed educare, anche uno specifico obbligo di protezione e vigilanza, onde evitare che l'allievo si procuri da solo un danno alla persona. Ne discende l'applicabilità, in *subiecta materia*, delle norme sull'onere della prova e sulla prescrizione, dettate dagli artt. 1218 e 2496.[15]

b) la **responsabilità del medico dipendente di struttura sanitaria**, quando tra questo ed il paziente manchi un contratto d'opera professionale, come da esempio visto[16].

c) la **responsabilità della banca negoziatrice** che abbia consentito, in violazione delle specifiche regole poste dall'art. 43 legge assegni (r.d. 21 dicembre 1993, n. 176), l'incasso di un assegno bancario, di traenza o circolare, munito di clausola di non trasferibilità, a persona diversa dal beneficiario del titolo, nei confronti di tutti i soggetti nel cui interesse quelle regole sono dettate e che, per la violazione di esse, abbiano sofferto un danno[17];

d) la **responsabilità per violazione degli obblighi procedimentali assunti dall'amministrazione** nei confronti dei privati, in conseguenza dell'instaurazione di un procedimento amministrativo.

---

[14]Cass. Civ., S.U. 25 novembre 2011, n. 24906.
[15]Cfr. *ex plurimis*, Cass. S.U. 27 luglio 2002, n. 9346; Cass. civ. Sez. III, 25 febbraio 2016, n. 3695.
[16]Cass. civ., Sez. III, 26 aprile 2015, n. 21177.
[17]Cass. Civ., S.U. 26 giugno 2007 n.14712.

e) la responsabilità **precontrattuale**, cioè la responsabilità per violazione delle regole della buona fede ex. art 1337 c.c. (nello svolgimento cioè, delle trattative). In proposito la giurisprudenza ha affermato che "la **responsabilità precontrattuale** (nella specie, della P.A.), non ha natura extracontrattuale, ma deve correttamente inquadrarsi nella **responsabilità di tipo contrattuale da contatto sociale "qualificato"**, inteso come fatto idoneo a produrre obbligazioni ai sensi dell'art. 1173 c.c., con conseguente applicazione del termine di prescrizione decennale 2946 c.c."[18].

---

[18]Cass. Civ., Sez. I, 12 luglio 2016, n. 14188

CAPITOLO II

SPECIE DI OBBLIGAZIONI

1. Premessa.

Un tradizionale insegnamento suole classificare le obbligazioni in base al comportamento dovuto dalle parti, distinguendo tra obblighi di dare, di fare e di non fare.

Il codice civile, accogliendo una diversa impostazione, dedica tre sezioni del Capo VII - intitolato "di alcune specie di obbligazioni" - alle obbligazioni pecuniarie, alle obbligazioni alternative e a quelle solidali. A ciascuna di esse è dedicato uno dei paragrafi che seguono.

2. Obbligazioni generiche e specifiche.

Secondo il disposto dell'art. 1378 c.c., "nei contratti che hanno per oggetto il trasferimento di cose determinate solo nel genere, la proprietà si trasmette con l'**individuazione** fatta d'accordo tra le parti o nei modi da esse stabiliti". La norma accoglie un'importante distinzione tra cose determinate solo nel genere e cose che, al contrario, definisce *specifiche* in quanto specificamente individuate. Si pensi all'esempio di scuola dell'obbligo di trasferire un quintale di grano. In questo caso l'oggetto dell'obbligazione (il quintale di grano) è determinato solo nel genere: non si dice, cioè, "questo quintale di grano", o "il quintale di grano che si trova depositato nel tale luogo", ma, genericamente, un quintale di grano.

Il principio secondo cui *"genus numquam perit"* spiega che l'obbligazione generica non è suscettibile di estinguersi per impossibilità sopravvenuta: fino al momento dell'individuazione, il debitore, in caso di perimento del bene, sarà tenuto a procurarsi altrettanti beni dello stesso genere di quelli periti.

Occorre allora sapere con esattezza qual è il momento in cui avviene l'individuazione. Possiamo trovare la risposta nell'art. 1378 c.c.: l'individuazione avviene con l'accordo delle parti o nei modi da esse stabiliti. Ma la norma contiene un'affermazione ulteriore: la proprietà si trasmette con l'individuazione. Ciò significa che la titolarità del diritto sul quintale di grano si trasferisce dall'alienante all'acquirente nel momento in cui essi si accordano specificando quale sia il quintale di grano oggetto di compravendita. Pertanto, mentre di regola (art. 1376 c.c.) la proprietà si trasferisce per effetto del consenso delle parti legittimamente manifestato, la proprietà di una cosa determinata solo nel genere si trasferisce **per effetto dell'individuazione**, che avviene d'accordo tra le parti o nei modi da esse stabiliti.

Se ora applichiamo, insieme a questo principio, la nota regola *res perit domino*, avremo come conseguenza che fino al momento dell'individuazione, il perimento del bene grava sull'alienante, semplicemente perché sino ad allora egli sarà ancora il proprietario del bene.

3. Obbligazioni fungibili e infungibili.

L'infungibilità, che sinteticamente si riferisce all'obbligazione, ma che è, più propriamente, un attributo della prestazione, comporta che, per il creditore, la prestazione dovuta non può essere sostituita da altra dello stesso genere o da altra eseguita da diverso soggetto.

Esempio di scuola di obbligazione infungibile è quello del noto pittore che si è obbligato a dipingere un quadro o del libro che era appartenuto ad un grande poeta. L'obbligazione non potrà essere soddisfatta consegnando un quadro dipinto da un altro pittore, né un libro uguale a quello dovuto, ma non appartenuto a quel poeta.

Nel primo caso, in cui è l'identità del soggetto che tiene la prestazione a renderla infungibile, il creditore può rifiutare l'adempimento del terzo. Nel secondo caso, l'adempimento non potrà dirsi esatto.

Uno degli esempi più importanti di obbligazione fungibile è invece quello dell'obbligazione pecuniaria.

In generale, le obbligazioni che hanno ad oggetto una cosa determinata solo nel genere sono fungibili, ma questa regola conosce eccezioni, perché è possibile che vi siano beni oggettivamente fungibili che sono però infungibili per le parti di un particolare rapporto: è vero che ogni quintale di grano è uguale ad un altro dello stesso genere e qualità, ma è anche vero che se ho espresso la mia volontà di avere esattamente quel quintale di grano che ho indicato ed ho escluso la possibilità di una sostituzione, in questo caso e relativamente a questo accordo il bene va considerato come infungibile. In altri termini, mentre l'attributo della genericità dell'obbligazione è sempre oggettivo, quello della fungibilità può anche promanare da una scelta soggettiva delle parti.

4. Le obbligazioni pecuniarie.

Le obbligazioni pecuniarie, disciplinate dagli artt. 1277 c.c. e ss., si connotano per avere ad oggetto la prestazione di dare una somma di danaro. Avendo ad oggetto un bene determinato solo nel genere, appartengono al novero delle obbligazioni generiche e, pertanto, non possono estinguersi per impossibilità sopravvenuta della prestazione (artt. 1256 c.c. e ss.). Il fulcro della disciplina dell'obbligazione pecuniaria ruota dunque attorno al suo oggetto e alle peculiarità che esso presenta: infatti i debiti pecuniari si estinguono con moneta avente corso legale nello Stato al tempo del pagamento e per il suo valore nominale (art. 1277 c.c.).

4.1 Il principio nominalistico.

Il **valore nominale** della moneta è quello impresso su di essa. Esso si contrappone al valore c.d. reale o intrinseco, dato dal valore del materiale che compone la moneta o la banconota. Oggi si tratta di un valore irrisorio, ma in tempi ormai molto remoti il valore intrinseco della moneta, che era solitamente in oro o argento, corrispondeva al suo valore nominale ed al valore della merce con essa acquistata. Nel tempo, si andò verificando una sempre maggiore divaricazione tra il valore intrinseco della moneta e quello impresso su di essa, sì che si cominciò ad introdurre una moneta cartacea, dotata di un valore simbolico, nominale, di cui gli Stati garantivano la convertibilità in pezzi monetari di valore reale pari a quello nominale. Con l'evolversi dei mercati, il valore di scambio della moneta divenne preponderante rispetto al suo valore intrinseco: essa non veniva convertita, ma scambiata, sì che si venne progressivamente consolidando il principio nominalistico, per il quale il valore della moneta è quello impresso su di essa. In tempi recenti la giurisprudenza, con un'importante pronuncia[19] ha sancito un'**interpretazione evolutiva del principio nominalistico**, affermando che l'oggetto del pagamento idoneo ad estinguere le obbligazioni pecuniarie è rappresentato dal "**valore monetario o quantità di danaro e non dalla moneta avente corso legale**". L'interpretazione offerta dalla giurisprudenza di legittimità tiene conto del progressivo diffondersi, nella pratica commerciale, di mezzi di pagamento diversi dalla moneta, come in particolare l'assegno circolare, l'assegno bancario o il vaglia postale. Conseguenza del principio formulato dalle Sezioni Unite è che il creditore, mentre può rifiutare il pagamento in una moneta che non abbia corso legale nello Stato (ad esempio, un pagamento in lire), **non può rifiutare il pagamento con mezzi alternativi alla moneta, quando essi garantiscano lo stesso risultato del pagamento in moneta**, come ad esempio accade nel caso di assegno circolare.
Inoltre, in caso di pagamento con mezzi alternativi, la liberazione del debitore si verifica al momento dell'incasso del danaro, ricadendo sul debitore stesso il rischio che l'operazione non vada a buon fine. Per le ragioni indicate, la giurisprudenza ha chiarito che il pagamento con mezzi alternativi

---

[19]Cass., S.U. 18 dicembre 2007, n. 26617

non integra una *datio in solutum*, come ipotizzato da un precedente orientamento dottrinario. Infatti, la *datio in solutum* [Capitolo IV, § 6.1, d)] comporta che il debitore estingua l'obbligazione consegnando una cosa diversa da quella originariamente pattuita, mentre nel caso in esame l'assegno circolare **non è un bene diverso, ma una diversa modalità di pagamento dello stesso bene, che è appunto il valore monetario** e non più la moneta in sé.

Il valore in questione, come abbiamo visto, in base al principio nominalistico è quello stampato sulle monete o sulle banconote. Ciò comporta però un problema di non poco conto. Infatti, in base al principio nominalistico, se Tizio dà oggi a mutuo centomila euro, al momento della restituzione avrà diritto a riavere esattamente la stessa somma.

A fronte della statica immutabilità del numero stampato sulla moneta sta, però, il fenomeno della **svalutazione monetaria,** che dipende, com'è noto, dall'andamento del mercato e dai conseguenti mutamenti dei prezzi dei beni. A seguito della svalutazione monetaria, proprio perché il valore della moneta diminuisce, per acquistare lo stesso bene occorrerà una maggior somma di danaro. E' quindi certamente vero che la moneta è un'unità di misurazione del valore dei beni, ma è anche vero l'inverso e cioè che, nel tempo, la quantità di beni acquistabili con la moneta indica il valore della moneta stessa, o meglio, il suo potere d'acquisto. Può allora osservarsi che il fenomeno della svalutazione, nelle obbligazioni a termine, avvantaggia il debitore: nell'esempio appena fatto, a Tizio verrà restituita, alla scadenza, una somma che è di valore reale tanto minore rispetto a quella ricevuta, quanto maggiore è il tempo decorso tra la nascita dell'obbligazione pecuniaria e la sua estinzione.

Di conseguenza sono stati nel tempo elaborati una pluralità di metodi per consentire al creditore di cautelarsi dai danni da svalutazione monetaria. Il più noto di essi consiste nel pattuire degli **interessi**, come meglio si vedrà appresso, ma non di rado si determina il prezzo in relazione al valore che avranno, al momento del pagamento, alcune merci normalmente non soggette a svalutazione, oppure l'oro o, ancora, a monete straniere più stabili e forti.

Accanto alle cautele di tipo preventivo, il creditore può poi domandare il risarcimento del danno da svalutazione monetaria. La svalutazione viene quantificata in modi diversi a seconda che il debito inadempiuto rientri nella categoria delle obbligazioni di valore o di valuta. Di tali tipi di obbligazioni si dirà al paragrafo che segue.

4.2 Obbligazioni di valore e di valuta.

La distinzione tra debiti di valuta e debiti di valore fu scolpita dalle Sezioni Unite in una risalente storica sentenza, tuttora di frequente richiamata dalla giurisprudenza di legittimità: "le **obbligazioni di valore** si qualificano come tali allorché **l'oggetto diretto ed originario della prestazione consista in una cosa diversa dal danaro**, rappresentando la moneta solo un bene sostitutivo di una prestazione con diverso oggetto, mentre **sono di valuta le obbligazioni aventi sin dall'origine ad oggetto una somma di danaro**".[20] Tanto nelle obbligazioni di valore che in quelle di valuta, il debitore dovrà quindi corrispondere una somma di danaro, ma nelle prime, l'oggetto originario dell'obbligazione è un bene diverso dal danaro (Tizio rompe un prezioso vaso cinese di Caio e, in sostituzione del vaso, è condannato al pagamento di una somma di danaro), mentre nelle seconde, l'obbligazione ha ad oggetto sin dall'origine una somma di danaro (stipulo una compravendita, impegnandomi a pagare il prezzo pattuito entro un certo termine).

Nelle obbligazioni di valuta, dunque, le parti si obbligano a scambiarsi una somma di **danaro**, che costituisce, in quanto tale, l'oggetto dell'obbligazione e che, nella volontà pattizia, viene in considerazione come **mezzo di pagamento**: Tizio s'impegna a dare 1000 euro a Caio tra 10 anni, e Caio accetta, entrambi sapendo che 1000 euro, al momento del pagamento, potrebbero avere un valore reale molto diverso da quello che avevano al momento in cui l'obbligazione è sorta, ma ciò le parti hanno consapevolmente pattuito e ciò sarà dovuto e potrà, rispettivamente, essere preteso. **Si spiega quindi perché alle obbligazioni di valuta si applichi il principio nominalistico**, per il quale, come detto, le obbligazioni si estinguono con moneta avente corso legale nello Stato al tempo del pagamento e per il suo valore nominale, **e perché, conseguentemente, il rischio della svalutazione monetaria, in tali obbligazioni, gravi sul creditore. Quando invece il debito è di valore, la moneta** non **costituisce** l'oggetto originario della prestazione, né un mezzo di pagamento, ma, come si è anticipato, **un bene sostitutivo di un'altra obbligazione**: se Tizio rompe un prezioso vaso cinese di Caio, la somma di danaro che dovrà corrispondergli si determina in funzione del valore del vaso ed è quella che sarà necessaria per riportare il patrimonio alla stessa consistenza che avrebbe avuto se il danno non fosse stato cagionato.

L'analisi del metodo di liquidazione del debito di valore, ne rende ancora più chiara la natura, e spiega perché, ed in che modo, **nei debiti di valore, diversamente da quanto accade per i debiti di valuta, il rischio della svalutazione monetaria viene posto a carico del debitore.**

La liquidazione avviene attraverso un'articolata procedura.

In primo luogo, viene quantificato il valore che aveva la prestazione dovuta, al momento del sorgere dell'obbligazione, (operazione che va sotto il nome

---

[20]Cass., Sez. Un., 23 febbraio 1983, n. 14, in Dir. e giur. 1983, 943, in Riv. Giur. Edilizia 1983, I, 218, In Foro Amm. 1984, p. 322.

di *aestimatio*). Dopo la liquidazione sarà possibile rivalutare il debito, che concerne, sin qui, il capitale dovuto (**c.d. *taxatio***). Torniamo all'esempio, precedentemente proposto, del vaso cinese: Tizio il primo gennaio rompe il prezioso vaso cinese di Caio. Il primo gennaio dell'anno seguente, il giudice si trova a dover liquidare il danno. Procede anzitutto alla *aestimatio*, calcolando il valore del vaso nel momento del danno, e poi alla rivalutazione. Il vaso, al momento del danno, valeva 100.000 euro. Occorre stabilire qual è la somma di danaro che oggi equivale ai 100.000 euro di un anno fa. A tal fine, si procede alla rivalutazione. Quello che si ottiene è quindi il valore del vaso rivalutato al momento della liquidazione.

Emerge chiaramente che il rischio della svalutazione è a carico del danneggiante. In effetti, la categoria dei debito di valore è frutto di un'elaborazione pretoria volta proprio a superare le aporie discendenti da una rigorosa applicazione del principio nominalistico ai debiti aventi ad oggetto somme di danaro dovute a titolo risarcitorio. Infatti, se si applicasse il principio nominalistico, il danneggiato otterrebbe una somma di danaro inidonea, in caso di svalutazione, a riportare il proprio patrimonio nelle condizioni in cui sarebbe stato mancando il danno, del quale otterrebbe quindi una riparazione non integrale.

Come anticipato, un ulteriore profilo discretivo tra le due categorie di obbligazioni risiede nella modalità di computo degli importi dovuti a titolo di risarcimento del danno da ritardo nell'adempimento.

Nei casi di **ritardo nell'adempimento dei debiti di valuta**, infatti, trova integrale applicazione l'art. 1224 c.c., a mente del quale "nelle obbligazioni che hanno per oggetto una somma di danaro, **sono dovuti dal giorno della mora gli interessi legali,** anche se non erano dovuti precedentemente e anche se il creditore non prova di aver sofferto alcun danno. Se prima della mora erano dovuti interessi in misura superiore a quella legale, gli interessi moratori sono dovuti nella stessa misura. Al creditore che dimostri di aver subìto un **danno maggiore** spetta l'ulteriore risarcimento. Questo non è dovuto se è stata convenuta la misura degli interessi moratori.". Pertanto: mentre la corresponsione degli interessi di mora è dovuta indipendentemente dalla prova del danno, al contrario il danno ulteriore **deve essere provato dal creditore ed in questo danno rientra anche quello da svalutazione monetaria.** (si noti: si fa riferimento alla svalutazione verificatasi durante la mora, perché, precedentemente, valendo il principio nominalistico, come più volte osservato non è per definizione possibile domandare il risarcimento del danno da svalutazione).

Componendo un annoso contrasto giurisprudenziale, le Sezioni Unite[21], hanno da lungo tempo chiarito che gli interessi moratori di cui al citato arti-

---

[21] Cass., Sez. Un., 10 dicembre 1989, n. 5299.

colo 1224 rappresentano un ristoro forfettario minimo per la mancata disponibilità della somma dovuta. Pertanto, se il creditore fornisce invece la prova del **danno da svalutazione monetaria** (ex art. 1224, co. 2), poiché tale danno comprende l'intera perdita subita in conseguenza del deprezzamento della moneta, esso **non può essere cumulato con gli interessi moratori**.

Quanto alla **prova** del danno, le sezioni unite hanno enunciato i seguenti principi di diritto:

"- nelle obbligazioni pecuniarie, in difetto di discipline particolari dettate da norme speciali, il **maggior danno di cui all'art. 1224, comma 2**, cod. civ. (rispetto a quello già coperto dagli interessi legali moratori non convenzionali che siano comunque dovuti) è in via generale riconoscibile in via presuntiva, per qualunque creditore che ne domandi il risarcimento - dovendo ritenersi superata l'esigenza di inquadrare a tale fine il creditore in una delle categorie a suo tempo individuate -, nella eventuale differenza, a decorrere dalla data di insorgenza della mora, tra il tasso del rendimento medio annuo netto dei titoli di Stato di durata non superiore a dodici mesi ed il saggio degli interessi legali determinato per ogni anno ai sensi del primo comma dell'art. 1284 cod. civ.;

- è fatta salva la possibilità del debitore di provare che il creditore non ha subito un maggior danno o che lo ha subito in misura inferiore a quella differenza, in relazione al meno remunerativo uso che avrebbe fatto della somma dovuta se gli fosse stata tempestivamente versata;

- il creditore che domandi a titolo di maggior danno una somma superiore a quella differenza è tenuto ad offrire la prova del danno effettivamente subito [...]."

Sin qui si è detto del danno da ritardo nell'adempimento dei debiti di valuta. Per quanto concerne invece il **ritardo nell'adempimento dei debiti di valore**, occorre preliminarmente specificare che il problema del computo degli interessi su tale categoria di debiti si pone solo fino alla liquidazione, in quanto, successivamente ad essa, il debito diviene di valuta, con conseguente applicabilità delle norme che regolano le obbligazioni pecuniarie. Prima della liquidazione, invece, si pone il problema di come computare gli interessi decorrenti in caso di inadempimento di debiti di valore. In proposito, e con particolare riguardo ai debiti di tipo risarcitorio, la tradizionale **teoria della differenza** vuole che il patrimonio del soggetto leso sia riportato nella stessa condizione in cui si sarebbe trovato se il danno non si fosse verificato. Pertanto, dopo aver proceduto ad *aestimatio* e *taxatio*, la giurisprudenza tradizionale, sull'importo così monetizzato, computava gli interessi. (Tizio ha rotto il vaso cinese di Caio un anno fa, ed oggi gli paga una somma che riporta il suo patrimonio nella consistenza in cui si troverebbe se il vaso non fosse stato rotto. Ciò non toglie che per un anno Tizio non abbia potuto disporre né del proprio vaso, né della somma di danaro che gli sarebbe spettata in sostituzione sin dal momento danneggiamento, e che avrebbe prodotto degli interessi.). Si riteneva quindi che interessi e rivalutazione dovessero essere cumulati, perché aventi funzioni diverse. **Gli interessi erano volti a compensare il danneggiato per il ritardo con cui avveniva la liquidazione e, quindi, il lucro cessante relativo a tale periodo; la rivalutazione invece concerneva un danno emergente, cioè ciò che il danneggiato aveva perduto in conseguenza del danno.**

Replicando alle critiche da più parti mosse al meccanismo del **cumulo di interessi e rivalutazione,** con un'importante *decisum* le Sezioni Unite[22] ne hanno ribadito la validità, precisando tuttavia che il lucro cessante deve essere provato, e che esso consiste "soltanto nei frutti della somma di denaro equivalente al valore del bene al momento del fatto".

Pertanto, **mentre nell'obbligazione pecuniaria il danno è presunto *ex lege* art. 1224 c.c.), e gli interessi costituiscono una obbligazione accessoria del credito, nell'obbligazione risarcitoria esso deve essere allegato e provato, e gli interessi costituiscono una componente del danno.**

4.3 Interessi moratori, compensativi e corrispettivi; interessi legali e convenzionali.

Gli interessi costituiscono i frutti civili del capitale e formano l'oggetto di un'obbligazione pecuniaria di tipo accessorio, che si affianca a quella avente ad oggetto il capitale, in funzione del quale essi si computano in termini percentuali.

I criteri fondamentali secondo cui si è soliti classificare gli interessi sono la funzione e la fonte.

a) in base alla funzione, essi si distinguono in remuneratori e risarcitori. Gli interessi remuneratori si distinguono in compensativi e corrispettivi.

b) in base alla fonte, essi si distinguono in legali, convenzionali ed usuali.

a) distinzioni secondo la funzione

Onde dare ordine alla complessa materia, che contempla figure dagli incerti confini e dalla discussa collocazione sistematica, giova premettere che la dottrina, prima dell'entrata in vigore del codice del '42, distingueva gli interessi, sul piano funzionale, nelle due sole categorie degli interessi moratori e compensativi.

Si dicono **moratori** gli interessi dovuti in caso di mora del debitore. La loro funzione è quella di risarcire uno specifico danno, cioè quello cagionato al creditore per avergli impedito di godere della somma che gli spettava. Naturalmente questo non esclude il risarcimento di danni ulteriori, pur sempre

---

[22] Cass., Sez. Un., 19 febbraio 1995, n. 1712.

derivanti dall'inadempimento o dal ritardo nell'adempimento. Si dicono **corrispettivi** quegli interessi che, a mente dell'art. 1282 c.c., sono dovuti per tutti i crediti liquidi ed esigibili, quando il debitore non versi ancora in mora.

"Gli interessi corrispettivi su una somma di denaro decorrono dalla data in cui il relativo credito abbia acquistato carattere di liquidità ed esigibilità, a nulla rilevando ogni eventuale indagine sulla colpevolezza del ritardo nell'adempimento da parte del debitore, e senza che il creditore sia tenuto ad alcun atto di costituzione in mora, trovando l'obbligazione da interessi corrispettivi il proprio giuridico fondamento nella sola esigibilità della somma, e rappresentando la relativa decorrenza una conseguenza automatica del ritardo subito dal creditore nel godimento di quanto dovutogli"[23]. Gli interessi corrispettivi possono venire in considerazione dalla scadenza del termine per la restituzione e sino a quando non vi sia un ritardo che possa essere qualificato come mora, cioè sino a quando il mutuante provveda a sollecitare formalmente il mutuatario ex art 11219 primo co., c.c., ovvero quest'ultimo dichiari, egualmente per iscritto, di non volere adempiere, sì che ne derivi la *mora solvendi*. Da questo momento inizieranno a decorrere gli interessi moratori.

Il fondamento dell'obbligo della corresponsione dell'interesse corrispettivo risiede nella naturale fecondità del danaro.

Tale obbligo prescinde quindi da ogni indagine sulla colpa del debitore. Occorre allora chiedersi in quali casi, può verificarsi che un credito pecuniario sia liquido ed esigibile e tuttavia il debitore non è in mora. Se un credito è esigibile ma il debitore non è in mora, ciò significa che la mora, in quella fattispecie, non deve essere automatica. Occorre allora verificare in quali casi la mora è automatica, cioè *ex re*, ed in quali non lo è, ed è cioè *ex persona*.

L'art. 1219 c.c. stabilisce che il debitore è automaticamente messo in mora alla scadenza del termine per adempiere l'obbligazione, ma questa regola vale solo quando il pagamento deve essere effettuato al domicilio del creditore, cioè quando quello da estinguere è un debito *portable*. Di conseguenza, i soli casi in cui è possibile che il debito sia scaduto ma il debitore non sia ancora in mora sono quelli in cui, al contrario, l'obbligazione sia *querable*, cioè pagabile al domicilio del creditore[24]. In sintesi, gli interessi corrispettivi sono dovuti nel caso in cui, nello stesso tempo, il credito sia liquido ed esigibile, il debito appartenga al novero di quelli pagabili al domicilio del creditore e il debitore non sia stato ancora costituito in mora.

---

[23]Cass. civ., Sez. III , 18 luglio 2002, n. 10428.

[24]Branca, *Istituzioni di diritto Privato*, 1975, p. 333.

Si è avuto modo di rilevare che parte della dottrina preferisce limitare le classificazioni agli interessi moratori e corrispettivi e non ammette altre categorie. Si comprende quindi come la terza tipologia di interessi – quella degli **interessi compensativi** – sia controversa e dibattuta. Si dicono compensativi gli interessi dovuti per crediti non esigibili (diversamente da quanto è a dirsi per gli interessi corrispettivi), indipendentemente dal fatto che il debitore sia in mora (diversamente da quanto è a dirsi per gli interessi moratori).

Si conviene generalmente che il riferimento normativo su cui si fonda la figura debba essere identificato nell'art. 1499 c.c., dettato in tema di compravendita e a mente del quale "salvo diversa pattuizione, qualora la cosa venduta e consegnata al creditore produca frutti o altri proventi, decorrono gli interessi sul prezzo, anche se questo non è ancora esigibile". La **funzione** di tali interessi è quindi quella di **compensare il venditore per il mancato godimento della cosa anticipatamente consegnata al compratore**. Tale tipo di interessi è dovuto nei soli casi espressamente previsti dalla legge e cioè, oltre che nel caso appena richiamato, anche in quelli contemplati dall'art. 1815 c.c. e 1825 cc.

Giova applicare ora i principi esaminati ad un caso ricorrente, cioè quello del mutuo. Gli interessi pattuiti dalle parti in caso di mutuo oneroso possono dirsi compensativi. Essi sono dovuti a decorrere dal giorno della consegna del capitale. Se, scaduto il termine per la restituzione del capitale, il debitore è inadempiente, iniziano a decorrere gli interessi corrispettivi, fino al momento della costituzione in mora. Da tale momento inizieranno a decorrere gli interessi moratori.

Per dissipare facili equivoci gioverà chiarire che talvolta la giurisprudenza fa uso del termine "compensativi" per indicare gli interessi "corrispettivi". Ciò in ragione della analogia semantica dei termini "compenso" e "corrispettivo", che indicano in effetti entrambi una controprestazione. E' solo in ragione di una convenzione, o più ancora di una consuetudine, che si suole generalmente denominare "corrispettivi" gli interessi che remunerano il vantaggio di liquidità conseguito dal debitore, e come "compensativi" gli interessi che riequilibrano lo svantaggio subito per l'anticipata esecuzione di una prestazione rispetto al pagamento del prezzo.

b) *Classificazione in base alla fonte.*

In base alla fonte dell'obbligo di corresponsione, gli interessi possono distinguersi in legali e convenzionali.

Gli **interessi legali** sono contemplati dall'art. 1282 c.c., il quale al suo primo co. dispone che "i crediti liquidi ed esigibili di somme di danaro producono interessi di pieno diritto, salvo che la legge o il titolo stabiliscano diversamente".

Il tasso legale è determinato dall'art. 1284, co 1, c.c., che rimanda a decreti periodicamente emanati dal Ministero dell'Economia.

Gli **interessi convenzionali** hanno fonte nella volontà pattizia. Se le parti si limitano a convenire la corresponsione di interessi, senza determinare il *quantum*, si applica il tasso degli interessi legali; diversamente, si applica il tasso convenuto a condizione che, ove esso sia superiore agli interessi legali, la pattuizione rivesta la forma scritta *ad substantiam*.

La pattuizione di un tasso superiore a quello dell'interesse legale soggiace tuttavia al limite inderogabile della c.d. soglia usuraria (cioè un quarto del tasso medio di interessi praticato dagli istituti di credito e dagli intermediari finanziari, aumentato di 4 punti percentuali e trimestralmente rilevato dal ministero dell'economia con apposito decreto ex art. 2, l. 7 marzo 1996, n. 108). **Le clausole che pattuiscono interessi usurari sono nulle ai sensi dell'art. 1815, secondo co.**, con la conseguenza che il mutuo oncroso si trasforma in mutuo gratuito. Per il problema dell'applicabilità di tale norma in caso di usurarietà sopravvenuta, si veda il §5, Cap. XIX, in tema di nullità sopravvenuta.

4.4 L'anatocismo.

L'anatocismo è il computo di interessi su somme dovute a titolo di interessi. L'art. 1283 c.c. prevede in proposito che, in mancanza di usi contrari, gli interessi scaduti possono produrre interessi solo dal giorno della domanda giudiziale o per effetto di convenzione posteriore alla loro scadenza e sempre che si tratti di interessi dovuti per almeno sei mesi. L'anatocismo quindi è in linea di principio vietato, salvo tre eccezioni: l'accordo tra le parti (anatocismo convenzionale); la domanda giudiziale successiva alla scadenza (anatocismo giudiziale) ed infine gli usi normativi (anatocismo usuale).

Attorno a tale ultima categoria di usi è sorto un vivace dibattito volto in particolare a verificare se l'uso, previsto dalla normativa bancaria uniforme, di **capitalizzare trimestralmente gli interessi passivi dovuti dai correntisti** ed annualmente quelli attivi ad essi dovuti, possa qualificarsi come uso normativo, come tale derogatorio del divieto di cui all'art. 1283 c.c., o se, come altri sostiene, esso non si ponga piuttosto in contrasto con il divieto stabilito da tale norma.

Per chiarire il meccanismo della capitalizzazione trimestrale degli interessi, giova ricorrere ad un esempio pratico. Immaginiamo che Tizio stipuli un contratto di **apertura di credito in conto corrente bancario**. Si tratta, in estrema sintesi, di un contratto di conto corrente che prevede altresì una possibilità d'indebitamento del cliente tramite il prelievo di somme a credito, entro un determinato limite prestabilito.

Ipotizziamo che Tizio abbia una facoltà d'indebitamento di 1000 euro, che il suo saldo risulti pari a zero e che prelevi 1000 euro. Questa somma rappresenta un fido concessogli dalla banca tramite la facoltà riconosciutagli di effettuare prelievi a credito.

Supponiamo che il contratto di apertura di credito in conto corrente preveda che sulle somme prelevate a credito nei limiti dell'affidamento Tizio debba pagare il 2% a titolo di interessi trimestrali. Ciò significa che dopo tre mesi Tizio dovrà all'istituto bancario il 2% di 1000, cioè 20 euro. A questo punto il debito di Tizio verso la banca è di 1020 euro, di cui 1000 sono un debito di capitale e 20 di interessi.

Ora, **capitalizzare significa imputare al capitale la somma dovuta a titolo di interessi**. In altri termini, dopo 3 mesi l'istituto bancario annoterà quei 20 euro in conto capitale, vale a dire che annoterà che Tizio gli deve un capitale di 1020 euro. Quello che succede è che, quindi, dal giorno seguente gli interessi inizieranno a decorrere non più su 1000, ma su 1020. Perciò Tizio comincerà a pagare il 2% di interessi non solo sul capitale di 1000 ma anche sui 20 euro che sono, però, una somma dovuta a titolo di interessi. Ecco quindi che **la capitalizzazione degli interessi comporta un computo di interessi su interessi, cioè appunto l'anatocismo**.

Onde dimostrare la legittimità di questa operazione, **gli istituti bancari hanno per lungo tempo sostenuto che l'uso bancario della capitalizzazione trimestrale degli interessi fosse inquadrabile nella figura dell'uso normativo**, il quale rappresenta, come visto, una delle tre eccezioni ammesse dall'art. 1283 c.c. al generale divieto di anatocismo. Dopo aver lungamente condiviso tale assunto, con tre storiche sentenze della primavera del 2009[25], la Corte di Cassazione se ne è discostata, concludendo per la **nullità delle clausole di capitalizzazione trimestrale** in base al combinato disposto degli artt. 1283 c.c. e 1418 c.c. Questo l'iter argomentativo seguito dalla Corte:

- l'uso normativo è composto, come noto, da un elemento oggettivo, dato dalla generale, costante ed uniforme ripetizione di un comportamento (*diuturnitas*) e da un elemento soggettivo, dato dalla convinzione, radicata negli autori di quel comportamento, di uniformarsi ad un obbligo giuridico (*opinio iuris ac necessitatis*).

- la sottoscrizione delle clausole di capitalizzazione trimestrale degli interessi nei contratti di conto corrente bancario non è compiuta nel convincimento che essa sia imposta dalla legge ma, ben diversamente, perché la maggior forza negoziale degli istituti bancari rispetto a quella dei singoli correntisti, unitamente alla predisposizione, da parte dei primi, di clausole uniformi, rende di fatto impossibile al singolo correntista di negoziare quel-

---

[25]Cass. civ. 16 marzo 1999, n. 2374; 30 marzo 3096; 17 aprile n. 3845.

la clausola, ma lo pone dinanzi all'alternativa tra il sottoscriverla o il rinunziare a stipulare il contratto. Pertanto, **mancando la *opinio iuris ac necessitatis*,** la sottoscrizione delle clausole di capitalizzazione non può dirsi un uso normativo (ma, al contrario, un **uso negoziale ex art. 1340 c.c.,**);

- poiché l'inserimento delle clausole di capitalizzazione non integra un uso normativo, esso a maggior ragione **non rientra tra le eccezioni al divieto di anatocismo,** previste dall'art. 1283 c.c. e pertanto si pone in violazione di tale norma;

- poiché l'art. 1283 c.c. è una norma imperativa e l'art. 1418 sancisce la nullità delle clausole che si pongono in contrasto con norme imperative, ne consegue che **le clausole di capitalizzazione trimestrale degli interessi sono nulle.**

Successivamente a tali pronunce, il legislatore ha tentato di sottrarre gli istituti bancari alle conseguenze restitutorie che ne discendevano, ma con la sentenza n. 425 del 17 ottobre del 2000 la Corte Costituzionale ha dichiarato l'incostituzionalità, per eccesso di delega, del d.lgs. 4 agosto 1999, n. 342, recante una "sanatoria" delle convenzioni anatocistiche derogatorie della disciplina ex art. 1283 c.c.

Ancora con una sentenza a Sezioni Unite, la Cassazione ha poi chiarito che "la legittimità delle clausole di capitalizzazione trimestrale degli interessi a debito del correntista bancario va esclusa **anche con riguardo al periodo anteriore** alle decisioni con cui la Suprema Corte, ponendosi in contrasto con l'indirizzo sin lì seguito, ha accertato l'inesistenza di un uso normativo idoneo a derogare al precetto dell'art. 1283 c.c.".[26]

Da ultimo, con una recentissima decisione, la Cassazione ha stabilito che "**la clausola** contenuta nei contratti di apertura di credito in conto corrente, **che preveda l'applicazione di un determinato tasso sugli interessi** dovuti dal cliente e **con fluttuazione tendenzialmente aperta,** da correggere con sua automatica riduzione in caso di superamento del c.d. tasso soglia usurario, ma solo mediante l'astratta affermazione del diritto alla restituzione del supero in capo al correntista, è **nulla ex art. 1344 c.c., perché tesa ad eludere il divieto di pattuire interessi usurari,** previsto dall'art. 1815, co. 2, per il mutuo, regola applicabile per tutti i contratti che prevedono la messa a disposizione di denaro dietro una remunerazione"[27]

5. Le obbligazioni alternative.

L'art. 1285 c.c. prevede che "il debitore di un'obbligazione alternativa si libera eseguendo una delle due prestazioni dedotte in obbligazione, ma non può costringere il creditore a ricevere parte dell'una e parte dell'altra". Nel

---

[26]Cass. Civ. S.U., 4 novembre 2004, n. 21095.
[27]Cass. civ., Sez. I, 31 maggio 2016, n. 12965.

caso delineato dalla norma in esame, l'alternatività sussiste tra le prestazioni, ma l'obbligazione resta unica. Da essa il debitore si libererà eseguendo l'una o l'altra delle prestazioni previste, purché quella prescelta sia eseguita integralmente. In caso contrario, la condotta del debitore integrerebbe due adempimenti parziali, invece di un adempimento integrale. L'obbligazione alternativa si distingue dall'obbligazione cumulativa, in cui la liberazione del debitore consegue all'esecuzione di tutte le prestazioni cumulativamente dovute, nonché dall'obbligazione facoltativa, con cui le parti deducono una sola prestazione quale oggetto del vincolo, ma accanto ad essa prevedono anche che il debitore, se lo vorrà, potrà liberarsi eseguendo quest'ultima. La distinzione presenta importanti conseguenze applicative, soprattutto con riguardo alla disciplina della sopravvenuta impossibilità della prestazione per causa non imputabile al debitore.

Infatti, **la sopravvenuta impossibilità di una delle prestazioni di un'obbligazione alternativa, trasformerà quest'ultima in obbligazione semplice** ed il debitore si libererà eseguendo la prestazione che è ancora suscettibile di adempimento (art. 1288 c.c.).

Diversamente è a dirsi in caso di obbligazione facoltativa. Qui infatti occorre distinguere: se è divenuta impossibile per causa non imputabile al debitore la prestazione facoltativa, allora l'obbligazione si tramuta in semplice ed il debitore semplicemente perderà la possibilità di optare per quella facoltativa. Se viceversa si estingue la prestazione che formava oggetto dell'obbligazione, questa si estingue ex art. 1256 c.c., a nulla rilevando che sia ancora possibile l'esecuzione di quella facoltativa.

6. Le obbligazioni solidali.

L'obbligazione è in solido quando più debitori sono obbligati per la medesima prestazione, in modo che ciascuno può essere costretto all'adempimento per la totalità e **l'adempimento da parte di uno libera gli altri**; oppure quando tra più creditori ciascuno ha diritto di chiedere l'adempimento dell'intera obbligazione e **l'adempimento conseguito da uno di essi libera il debitore verso tutti i creditori** (art. 1292 c.c.). L'obbligazione solidale è dunque un'obbligazione a parte plurisoggettiva, e la solidarietà può presentarsi dal lato passivo o da quello attivo (o da entrambi).

Nel primo caso, tutti i debitori sono tenuti alla medesima prestazione *(eadem res debita)* verso il creditore, il quale può chiedere l'esecuzione ad uno solo di essi per l'intero (salvo poi l'azione di regresso del debitore che abbia adempiuto, nei confronti degli altri per le rispettive quote). Nel secondo caso, tutti i creditori possono pretendere la medesima prestazione per l'intero dall'unico debitore (salvo poi sempre regolare il credito nei rapporti interni tra creditori).

La solidarietà passiva si presume *iuris tantum* a norma dell'art. 1294 c.c., mentre la solidarietà attiva opera solo quando è espressamente prevista dalla legge o dal contratto.

Elementi dell'obbligazione solidale sono:

1) la **pluralità dei debitori o dei creditori**;
2) l'*eadem res debita*, cioè l'identità della prestazione dovuta;
3) **secondo alcuni autori, *l'eadem causa obligandi***. L'orientamento non è condiviso da quanti ritengono che l'obbligazione solidale possa anche originare *ex diversis titulis*.

Nell'analisi delle obbligazioni solidali si è soliti distinguere i rapporti esterni dai rapporti interni.

Come già visto, nei rapporti esterni anche se la parte è plurisoggettiva il pagamento è sempre uno ed integrale, da parte di uno dei più debitori o verso uno dei più creditori, con liberazione per tutti gli altri. La solidarietà nei rapporti esterni può declinarsi secondo diverse forme a seconda che vi sia una solidarietà semplice come quella descritta, oppure sussistano il *beneficium ordinis* o il *beneficium excussionis*.

Il *beneficium ordinis* comporta che, benché i debitori siano obbligati in solido, il creditore non possa domandare il pagamento a chi preferisca, ma debba seguire l'ordine stabilito dalla volontà pattizia o dalla legge. Solo dopo avere inutilmente chiesto il pagamento al debitore privo del *beneficium ordinis*, il creditore potrà domandarlo a quello che ne sia munito.

Il *beneficium excussionis* richiede che il creditore prima di rivolgersi a quello, tra i debitori, che gode di tale beneficio, debba escutere l'altro o gli altri (e non semplicemente limitarsi a domandar loro il pagamento, come nel caso del *beneficium ordinis*). (In altri termini: il debitore munito del *beneficium ordinis*, sentendosi domandare il pagamento, potrà pretendere che esso sia prima domandato all'altro condebitore; quello munito del *beneficium excussionis* potrà pretendere che sia escusso prima l'altro condebitore).

La solidarietà nei rapporti esterni trova un limite nell'art. 1297 c.c., che, in applicazione del principio dell'inestensibilità degli effetti di natura personale, dispone che uno dei debitori in solido non può opporre al creditore le eccezioni personali riferibili agli altri debitori e, parallelamente, che ad uno dei creditori in solido, il debitore non può opporre le eccezioni personali riferibili agli altri creditori.

Circa i **rapporti interni**, l'art. 1293 c.c. detta la regola secondo cui la solidarietà non è esclusa per il fatto che ciascun debitore o, nel caso di solidarietà attiva, il debitore comune ai più creditori, sia tenuto ad adempiere il suo obbligo con modalità diverse nei confronti del creditore o dei concreditori. La regola principale che disciplina i rapporti interni è dettata dall'art. 1298 c.c.: "nei rapporti interni l'obbligazione in solido si divide tra i diversi debitori o tra i diversi creditori, salvo che sia stata contratta nell'interesse esclusivo di alcuno di essi".

Un esempio particolarmente importante di obbligazione solidale contratta nell'interesse esclusivo di uno dei condebitori ricorre nella fideiussione. Lo strumento attraverso il quale il debitore che ha adempiuto può agire verso gli altri è l'azione di regresso (art. 1299 c.c.), tramite la quale questi potrà chiedere a ciascuno dei condebitori solo la quota da esso dovuta. Nell'esempio, precedentemente visto, dell'obbligazione fideiussoria, il fideiussore potrà chiedere al debitore principale il rimborso dell'intera quota, perché è solo nell'interesse del debitore principale che la solidarietà è posta. "Le parti di ciascuno" – prosegue l'art. 1298 c.c. – "si presumono uguali se non risulta diversamente", ad esempio perché le parti stesse abbiano deciso di acquistare un bene in parti non uguali ma di obbligarsi solidalmente verso il venditore.

Superate le più risalenti teorie, che ravvisavano il fondamento dell'azione di regresso esercitata dal *solvens* in un mandato tacito o in una *negotiorum gestio*, si ritiene oggi che il diritto di regresso trovi fondamento nel **divieto di arricchimento ingiustificato,** poiché se il *solvens* non potesse agire in regresso, gli altri condebitori trarrebbero dal suo pagamento un vantaggio indebito. Ciò significa che l'elemento soggettivo – dato dall'*animus* del *solvens* e dall'intento con cui egli ha pagato – non rileva, perché ciò che rileva è il dato oggettivo dell'*utilitas* conseguita dai condebitori per effetto del pagamento da questi effettuato.

7. Le obbligazioni divisibili e indivisibili.

A mente dell'art. 1316 c.c., "l'obbligazione è indivisibile quando **la prestazione ha per oggetto una cosa o un fatto che non è suscettibile divisione per sua natura o per il modo in cui è stato considerato dalle parti contraenti".** La norma introduce una distinzione tra indivisibilità oggettiva, che ricorre quando l'oggetto è indivisibile per sua natura (per esempio perché diviso non è più utilizzabile o perde il proprio valore) ed indivisibilità soggettiva, che ricorre quando l'oggetto è indivisibile per effetto di una pattuizione, implicita o esplicita, delle parti contraenti.

Le obbligazioni indivisibili sono disciplinate agli artt. 1316 e seguenti c.c., tramite rinvio alla disciplina delle obbligazioni solidali, in quanto compatibile e fatte salve le disposizioni di cui agli artt. 1318 e 1320 c.c. L'art. 1319 c.c. dispone che "ciascuno dei creditori può esigere l'esecuzione dell'intera prestazione indivisibile. Tuttavia l'erede del creditore, che agisce per il soddisfacimento dell'intero credito, deve dare cauzione a garanzia dei coeredi".

Quindi l'unica distinzione tra i poteri del creditore e quelli del suo erede risiede nel fatto che quest'ultimo debba prestare cauzione, potendo per il resto comunque esigere l'intero credito.

Infine, una norma in tema di estinzione delle obbligazioni divisibili: "Se uno dei creditori ha fatto remissione del debito o ha consentito a ricevere un'altra prestazione in luogo di quella dovuta, il debitore non è liberato verso gli altri creditori. Questi tuttavia non possono domandare la prestazione indivisibile se non addebitandosi ovvero rimborsando il valore della parte di colui che ha fatto la remissione o cha ha ricevuto la prestazione diversa" (art.1320 c.c.)

CAPITOLO III

MODIFICHE SOGGETTIVE DEL RAPPORTO OBBLI-GATORIO

1. Premessa.

Il vincolo giuridico può essere fatto oggetto di vicende circolatorie, senza che se ne determini l'estinzione. Le modifiche del rapporto obbligatorio possono avvenire dal lato attivo o passivo, a seconda che venga a mutare il creditore (come avviene nella cessione del credito, della surrogazione o della delegazione attiva) o il debitore (come nei casi della delegazione, espromissione e accollo), e possono verificarsi nel caso di successione universale (successione *mortis causa* oppure scissione o fusione societaria) o a titolo particolare (cessione o surrogazione).

Le modificazioni dal lato attivo e da quello passivo sono governate da regole diverse. Infatti, a ben vedere, mentre per il debitore è di regola indifferente la persona del creditore (è indifferente dover pagare 100 euro a Tizio o a Caio), al contrario per il creditore è importante l'identità del debitore e ciò per due ordini di motivi: anzitutto perché diversi debitori possono offrire diverse garanzie di solvibilità; in secondo luogo perché l'obbligazione può essere *intuitu personae* (per chi incarichi un grande pittore di dipingere un quadro, non è indifferente la circostanza che il quadro sia poi dipinto da altri).

Pertanto, **mentre per la circolazione del credito non è necessario il consenso del debitore, il contrario avviene in caso di circolazione del debito.** Per le ragioni anzidette, non è possibile che venga a mutare la persona del debitore senza il consenso del creditore, mentre la persona del creditore può mutare anche senza il consenso del debitore.

2. Modificazioni nel lato attivo del rapporto obbligatorio.

Le modificazioni nel lato attivo del rapporto obbligatorio sono: la cessione del credito, la delegazione attiva e la surrogazione.

A ciascuna di esse è dedicato uno dei paragrafi che seguono.

2.1 La cessione del credito: struttura, causa e natura giuridica.
Ai sensi del primo co. dell'art. 1260 c.c., "**il creditore può trasferire a titolo oneroso o gratuito il suo credito, anche senza il consenso del debitore, purché il credito non abbia carattere strettamente personale o il trasferimento non sia vietato dalla legge**".
Dalla norma possono dedursi diverse informazioni, soprattutto sotto il profilo della struttura, della natura giuridica e della causa della cessione. Sotto il profilo strutturale, uno dei soggetti contemplati dall'art. 1260 è il creditore, il quale con il **negozio di cessione** cede il proprio credito. Vi sarà correlativamente un soggetto (cessionario) che lo acquista. Sembra quindi che la struttura del negozio sia bilaterale e la norma pare convalidare tale conclusione quando statuisce che il consenso del debitore non è necessario per il trasferimento del credito. Se l'effetto della cessione si verifica anche in assenza del consenso del debitore, poiché l'effetto non si produce se l'accordo non è perfetto, allora sembra doversi concludere che la cessione si perfezioni con l'accordo di cedente e cessionario, quindi che si tratti di un **negozio bilaterale.**
Tuttavia, la norma statuisce che la cessione possa avvenire **"anche" senza il consenso del debitore**, ciò che fa ritenere che, *ex adverso*, un consenso possa essere prestato anche da questi. Di tale consenso occorre allora indagare il rilievo. Il consenso del debitore è preso in considerazione dall'art. 1264 c.c., a mente del quale la **cessione è opponibile al debitore ceduto solo in caso di accettazione o di avvenuta notifica**. La norma sembra confermare la tesi della struttura bilaterale della cessione, ben potendosi ritenere che l'eventuale accettazione del debitore, non esclusa dall'art. 1260, nessun altro effetto avrebbe se non quello, indicato dall'art.1264, di rendergli opponibile la cessione.
Se questa ricostruzione fosse corretta, l'accettazione prestata dal debitore sarebbe quindi del tutto estranea al perfezionamento del contratto, con la conseguenza che anche gli adempimenti di cui all'art. 1264 (notifica e accettazione), lungi dall'essere elementi costitutivi o requisiti di efficacia della cessione, costituirebbero mere condizioni per l'opponibilità del trasferimento al debitore, restando del tutto estranee alla vicenda traslativa del credito[28].
In effetti questa ricostruzione è stata accolta dalla giurisprudenza[25] e dalla dottrina [29] ampiamente maggioritarie, mentre meno seguito ha avuto l'orientamento che ravvisa nella cessione un accordo che può avere natura

---

[28]L'accettazione della cessione da parte del debitore ceduto non configura comunque riconoscimento del debito (Cass. Civ., Sez. III, 18 febbraio 2016, n. 3184) [25]
Ex multis, Cass., 8 febbraio 2007, n. 2747.
[29]Bianca, Il debitore ed i mutamenti del destinatario di pagamento, Milano, 1963, p 302.

45

bilaterale o trilaterale a seconda della presenza o meno dell'accettazione del debitore.

Quanto al **modo di perfezionamento della cessione**, la norma non detta specifiche indicazioni e, come noto, quando ciò accade si applica la regola generale, che è quella dettata dall'art. 1376 c.c., a mente del quale il diritto si acquista per effetto del consenso delle parti legittimamente manifestato. Ne discende che la cessione del credito è un **contratto consensuale**. In conclusione la cessione del credito è il contratto consensuale bilaterale ad effetti reali con cui il cedente trasferisce, a titolo gratuito o oneroso, un proprio credito al cessionario.

Ora però, immaginiamo che Tizio acquisti un immobile e paghi il venditore Caio cedendogli un proprio credito. In questo caso potremmo domandarci se la vicenda integri una compravendita o ad una cessione del credito. Inoltre, immaginiamo che Sempronio ceda a Mevio un proprio credito. Se lo fa a titolo gratuito, compie una donazione: potremmo qui domandarci se la vicenda debba essere qualificata come donazione o come cessione del credito; se lo fa a titolo oneroso, riceverà una controprestazione, a seconda della cui natura potremmo nuovamente chiederci se siamo dinanzi ad una cessione del credito o ad un altro contratto.

Sono domande che introducono al dibattito in tema di **causa della cessione**. Secondo un più risalente orientamento, la cessione costituisce un negozio autonomo (vale a dire: come la vendita, la donazione, la locazione e via dicendo, anche la cessione è un negozio che trova in se stesso la propria causa).

Per contro, un autorevole orientamento dottrinario[30] ritiene che sotto il profilo della natura giuridica, la cessione del credito non costituisca un autonomo tipo negoziale, ma l'effetto di un distinto negozio presupposto, come ad esempio una compravendita o una donazione. Secondo tale opzione ermeneutica, la cessione non sarebbe dunque un contratto autonomo, come la compravendita o la donazione, ma costituirebbe un effetto di tali contratti. Essa coinciderebbe quindi con lo schema negoziale tipico di volta in volta idoneo ad operarla. Il problema della natura giuridica della cessione è strettamente connesso con quello consistente nel verificare se essa sia un negozio a causa variabile o a causa costante.

Da quella delle due tesi che s'intenda accogliere in merito alla natura del contratto, come negozio autonomo o effettuale, dipende strettamente la soluzione che deve prospettarsi in merito al problema causale. Infatti, i fautori della tesi c.d. effettuale ritengono che, così come la cessione del credito non è un contratto autonomo, allo stesso modo esso non presenta una causa au-

---

[30]Bianca, Diritto Civile, Milano, 2002, 586 e ss.

tonoma, ma riposa sulla causa dei singoli negozi presupposti di cui costituisce l'effetto.

Quanti invece ritengono che la cessione sia un negozio autonomo, identificano la causa della cessione nella finalità di cedere il credito. Tale causa dovrà poi essere integrata con riguardo alle cause dei singoli negozi per mezzo dei quali la cessione si verifica.

La giurisprudenza ricostruisce la cessione come un **negozio a causa variabile**, cioè un negozio che si presta a realizzare cause diverse, a seconda del concreto assetto di interessi divisato dalle parti. La cessione del credito può quindi essere attuata in alcune circostanze per pagare il prezzo di una compravendita, in altre per realizzare una donazione, in altre ancora per costituire una garanzia oppure per adempiere ad una pregressa obbligazione. Ciò non significa, però, che essa non sia un unico ed autonomo negozio, ma solo che si tratta di un negozio a causa variabile. Di tale causa, la giurisprudenza dominante evidenzia poi un ulteriore carattere: essa non coincide esclusivamente con la causa del negozio presupposto (come ritengono i fautori della teoria effettuale), ma – come sostiene l'orientamento che attribuisce autonomia al contratto di cessione – risulta dall'integrazione della causa del singolo negozio presupposto con la causa (generica e costante) del contratto di cessione.[31]

2.1.1 Efficacia della cessione.

Nell'esaminare il tema degli effetti della cessione occorre distinguere i due sotto temi dell'efficacia della cessione **rispetto al debitore** e rispetto ai terzi. Sotto il primo profilo, si è già visto che, ai sensi dell'art. 1264 c.c., primo co., affinché la cessione abbia efficacia nei confronti del debitore ceduto occorre che a quest'ultimo essa venga notificata dal cedente o dal cessionario ovvero che sia da lui accettata. In caso contrario, infatti, ben può accadere che il debitore continui a credersi obbligato nei confronti dell'originario creditore ed anche che effettui il pagamento nelle sue mani. Se ciò avvenisse, il cessionario non potrebbe contestargli alcunché, ove non gli avesse a tempo debito comunicato l'avvenuta cessione. Questo spiega perché la cessione è efficace nei confronti del debitore ceduto solo in caso di notifica o di accettazione. Tuttavia se il debitore, nonostante la mancata notifica o accettazione, è a conoscenza dell'avvenuta cessione, l'eventuale pagamento al creditore originario è contrario a buona fede e ciò legittima il cessionario a pretendere un nuovo pagamento.

Giova ricordare che, ai sensi dell'art. 1147 c.c. ultimo co., la buona fede si presume, e pertanto incombe sul cessionario che pretenda un nuovo paga-

---

[31]Cass. 6 giugno 2006, n.13253.

mento l'onere di provare che il debitore era a conoscenza dell'avvenuta cessione (art. 1264 c.c. co. secondo).

Sotto il secondo profilo, cioè quello della efficacia della cessione non più di fronte al debitore ma **di fronte a terzi**, immaginiamo che Tizio, cedente, ceda il proprio credito prima a Caio e poi a Sempronio.

Il conflitto tra Caio e Sempronio si risolve secondo la regola dettata dall'art. 1265 c.c.: "se il medesimo credito ha formato oggetto di più cessioni a persone diverse, **prevale la cessione notificata per prima al debitore, o quella che è stata prima accettata dal debitore con atto di data certa**, ancorché essa sia di data posteriore".

Come si vede, la notifica e l'accettazione della cessione possono avere due diverse funzioni: la prima consiste nel rendere efficace la cessione nei confronti del debitore ceduto; la seconda consiste nell'attribuire efficacia alla cessione di fronte ai terzi.

2.1.2 Regime delle eccezioni.

La cessione del credito produce un trasferimento a titolo derivativo. Pertanto, poiché *nemo plus iuris transferre potest quam ipse habet*, il ceduto potrà opporre al cessionario tutte le eccezioni che avrebbe potuto opporre al cedente (in caso contrario, infatti, il cessionario acquisterebbe dal cedente un diritto più ampio di quello di cui il cedente disponeva).

In particolare, **il debitore ceduto può far valere nei confronti del cessionario tutte le eccezioni relative alla validità del titolo** costitutivo del credito (nullità, annullabilità, rescissione), **nonché quelle relative ai fatti modificativi o estintivi del rapporto**, anteriori alla cessione. Questa caratteristica della cessione costituisce un'importante **differenza rispetto alla modalità di circolazione dei titoli di credito** (ad es., con la girata cambiaria).

Si è osservato che l'obbligazione rimane inalterata se mutano i soggetti del rapporto. Questo, unitamente al fatto che il trasferimento del credito avviene a titolo derivativo, spiega bene non soltanto il regime delle eccezioni, ma anche la ragione per cui il credito sia trasferito al cessionario con i privilegi, le garanzie personali e reali e gli altri accessori (art. 1263 c.c.).

2.1.3 Rapporti tra cedente e cessionario.

L'art. 1266 c.c. stabilisce al suo primo co., che "quando la cessione è a **titolo oneroso**, il cedente è tenuto a **garantire l'esistenza del credito al tempo della cessione.** La garanzia può essere esclusa per patto, ma il cedente resta sempre obbligato per fatto proprio".

Il cedente, quindi, non è tenuto a garantire la solvibilità del debitore ceduto, ma solo la c.d. *veritas nominis*, cioè l'esistenza del credito. Ciò significa che, come già anticipato, se il titolo costitutivo del credito era ad esempio nullo, annullabile, o fondato su contratto risolubile o rescindibile o, ancora, già adempiuto, il cedente dovrà restituire al cessionario tutto quanto da questi ricevuto e risarcire il danno, proprio in forza della garanzia posta dall'art. 1266 c.c.

Le parti possono anche stabilire che la cessione avvenga con garanzia della solvenza del debitore (c.d. *bonitas nominis*), ma in mancanza di tale patto, si applica la disciplina di legge e quindi il cedente non risponde per l'insolvenza del debitore.

Come visto, la causa concreta in virtù della quale un credito può essere ceduto può essere la più varia. Uno dei casi di più frequente verificazione è quello in cui il credito viene ceduto in luogo dell'adempimento. L'art. 1198 c.c., primo co., stabilisce in proposito che "quando **in luogo dell'adempimento** è ceduto un credito, l'obbligazione si estingue con la riscossione del credito, se non risulta una diversa volontà delle parti".

La norma pone una presunzione, (cioè che la cessione avvenga *pro solvendo* e quindi il cedente sia liberato solo quando il ceduto abbia pagato al cessionario). Si tratta, in particolare, di una presunzione *iuris tantum*, ben potendo fornirsi la prova che la cessione sia avvenuta pro soluto, cioè addossando al cessionario il rischio dell'insolvenza del creditore.

2.2 Il Factoring.

Il factoring è un contratto atipico, attuato "mediante la **cessione,** *pro solvendo* o *pro soluto*, **della titolarità dei crediti** di un imprenditore, derivanti dall'esercizio della sua impresa, ad un altro imprenditore (*factor*), con **effetto traslativo** al momento dello scambio dei consensi tra i medesimi, se la cessione è globale e i crediti sono esistenti, ovvero differito al momento in cui vengano ad esistenza, se i crediti sono futuri o se, per adempiere all'obbligo assunto dalla convenzione, è necessario trasmettere i crediti stessi con distinti negozi di cessione, ma in ogni caso derivante dal perfezionamento della cessione tra cedente (fornitore) e cessionario (*factor*), indipendentemente dalla volontà e dalla conoscenza del debitore ceduto".[32]

Qual è la ragione dell'affare, o meglio, la **causa concreta** di questa operazione? Essendo ancora un contratto atipico, il factoring nella prassi si declina in molteplici forme e può essere idoneo a realizzare cause affatto diverse. Nel caso in cui il *factor* acquisti i crediti *pro soluto*, trattenendo una certa provvigione, l'impresa da un lato, riceve una sorta di **finanziamento,** (perché invece di aspettare il tempo necessario per poter riscuotere i crediti, incassa immediatamente il loro valore); dall'altro, **si libera del rischio di insolvibilità del debitore rinunciando, in cambio, ad una certa somma di danaro.**

Esistono, anche se sono sempre meno applicate nell'odierna realtà commer-

---

[32]Cass., sez. III, 8 febbraio 2007, n. 2746.

ciale, anche alcune forme di *factoring* in cui il *factor* non acquista il credito, ma semplicemente si impegna a gestirlo, dietro il corrispettivo di una somma di danaro. Tali originarie figure sono poi andate evolvendosi, perché sempre più frequentemente le imprese, invece di conferire la semplice gestione del credito, trasferivano il credito stesso, ottenendone la liquidazione immediata. Esse tuttavia evidenziano bene un'altra delle possibili cause del contratto di *factoring*, cioè quella della **gestione amministrativa dei crediti dell'impresa cliente** (con conseguenti vantaggi per quest'ultima sotto il profilo dei servizi contabili e della gestione commerciale).

Si comprende facilmente, allora, la ragione per cui in dottrina ed in giurisprudenza si siano formati diversi orientamenti circa la causa del contratto in parola.

Un primo orientamento ravvisa nel factoring un **contratto misto di cessione di credito e di mandato** (per il profilo gestorio visto da ultimo); per un diverso orientamento, invece, la cessione del credito è un fenomeno estraneo al *factoring*, perché quest'ultimo dev'essere propriamente identificato con il solo **contratto tra cedente e *factor*** e tenuto ben distinto dai successivi contratti attuativi, che possono eventualmente, questi sì, avere ad oggetto anche la cessione di uno o più crediti. In tal caso il *factoring* sarebbe un contratto non più ad effetti reali, ma obbligatori.

Un terzo orientamento valorizza l'aspetto della corresponsione immediata, da parte del *factor*, di una somma di danaro (il prezzo dei crediti), contro la riscossione in epoca successiva dei crediti stessi, pervenendo ad affermare che la sostanza dell'operazione è quella di un **finanziamento** e che quindi debbano essere applicate al factoring molte delle **norme in tema di mutuo**[33].

Va però sempre ricordato che gli orientamenti ermeneutici sopra compendiati non possono che avere una funzione meramente indicativa, perché la causa può emergere solo dal concreto apprezzamento del particolare assetto di interessi che emerge nella singola vicenda negoziale.

2.3. La delegazione attiva.

Il codice non disciplina la delegazione attiva, ma solo quella passiva (art. 1268 c.c.). Tuttavia la dottrina è concorde nel ritenere che rientri nell'autonomia negoziale riconosciuta ai privati il potere di stipulare il contratto trilatero, contrassegnato con il termine di delegazione attiva, con cui una parte (creditore) dia mandato ad un'altra (debitore), che accetta, di pagare ad un terzo.

Due sono le principali differenze con la cessione:

---

[33] A. Catricalà, L'esame di diritto civile, settima edizione, pag. 245.

a) la delegazione è un **contratto trilaterale**, mentre la cessione è bilaterale perché il debitore vi rimane estraneo, per le ragioni viste;

b) mentre la cessione trasferisce il credito perché è un **contratto a titolo derivativo**, la delegazione non trasferisce alcunché, ma è soltanto un ordine: l'ordine dato dal delegante al delegato di pagare o di obbligarsi a pagare al delegatario. Ciò significa che il delegante era e resta creditore, con la conseguenza che se il debitore delegato non paga al delegatario, il delegante potrà ancora agire nei confronti del debitore.

La **differenza tra delegazione attiva e passiva** risiede invece in ciò: nella delegazione passiva, il soggetto che assume l'iniziativa di incaricare il pagamento è il debitore, il quale ordina ad un terzo (a sua volta proprio debitore) di pagare o obbligarsi a pagare al proprio creditore. Ne consegue, per il creditore, un mutamento da lato passivo del rapporto obbligatorio: al debitore originario si aggiungerà o sostituirà un nuovo debitore. (Tizio, debitore di Sempronio, gli assegna un nuovo debitore, Caio).

Nella delegazione attiva, invece, il delegante è il creditore, che assegna al proprio debitore un nuovo creditore (Tizio, creditore di Caio, gli chiede di pagare a Sempronio).

In realtà delegazione attiva e passiva sono spesso due fenomeni congiunti, perché se il delegante ordina al delegato di pagare al delegatario, di regola è perché il delegatario e proprio creditore, e se il delegante ha il potere di rivolgere un simile ordine al delegato, è, di regola, perché il delegato, come si vedrà in tema di delegazione passiva, è proprio debitore. E' per questa ragione che parte della dottrina nega l'autonomia concettuale della delegazione passiva.[34] Può tuttavia almeno teoricamente accadere che manchi uno dei due rapporti sottostanti: ad esempio, che il delegante non sia obbligato verso il delegatario, e che la causa che lo induca ad ordinare al delegato di pagare al delegatario sia diversa da quella dell'adempimento di un proprio pregresso debito[35].

2.4 La surrogazione.

Esistono tre tipi di surrogazione: **surrogazione per volontà del creditore;** surrogazione per volontà del debitore e surrogazione legale, rispettivamente previsti dagli artt. 1201, 1202 e 1203 c.c.

L'art. 1201 stabilisce che: "il creditore, ricevendo il pagamento da un terzo, può surrogarlo nei propri diritti. La surrogazione deve essere fatta in modo espresso e contemporaneamente al pagamento".

In altri termini: Tizio deve 1000 euro a Caio. Sempronio, ad esempio il fratello di Tizio o, un soggetto che ha interesse a che Tizio non fallisca, ne pa-

---

[34]Bianca, Diritto Civile, IV, L'obbligazione, 1993, p. 630

[35]Rescigno, voce Delegazione (dir. civ.), in Enc. dir., vol. XI, Milano, 1962, p. 930.

ga, con danaro proprio, il debito, ripromettendosi di farsi successivamente restituire da lui quanto pagato a Caio. Come si è già avuto modo di osservare, infatti, l'art. 1180 c.c., dettando norma in tema di adempimento del terzo, lo ammette anche contro la volontà del creditore, in tutti i casi in cui questi non ha interesse a che il debitore esegua personalmente la prestazione o in cui il debitore non gli abbia manifestato la sua opposizione. Se però il terzo (nel nostro caso Sempronio) adempie l'obbligazione di Tizio, l'obbligazione si estingue e quindi il terzo potrebbe non avere alcun titolo per pretendere da Caio la restituzione.

Le Sezioni Unite hanno a più riprese chiarito in proposito che **l'adempimento del terzo**, ai sensi dell'art. 1180 c.c., determina l'estinzione dell'obbligazione, ma non attribuisce automaticamente al terzo un titolo per agire direttamente nei confronti del debitore[36].

Questo spiega come mai, ove il terzo abbia interesse ad agire in rivalsa, egli debba farsi surrogare al creditore e debba farlo "contemporaneamente al pagamento" e non successivamente: in tale ultimo caso, infatti, l'obbligazione sarebbe ormai estinta e non sarebbe possibile subentrare in un rapporto che non c'è più.

Quanto alla **surrogazione per volontà del debitore**, l'art. 1202 c.c. detta al suo primo co. la seguente regola: "Il debitore che prende a mutuo una somma di danaro o altra cosa fungibile al fine di pagare il debito, può surrogare il mutuante nei diritti del creditore, anche senza il consenso di questo". Il co. successivo indica le condizioni che devono sussistere perché la surrogazione abbia effetto. In questo caso, come nel precedente, chi viene surrogato è il soggetto il cui danaro è utilizzato per pagare un debito altrui. Nel primo caso il terzo paga con danaro proprio un debito altrui; nel secondo caso è il mutuante che fornisce il danaro per il pagamento di un debito altrui. Entrambi vengono surrogati nei diritti del creditore, affinché possano agire nei confronti del debitore originario.

Nel primo caso, la surroga avviene per volontà del creditore che riceve il pagamento dal terzo e quindi lo surroga nei propri diritti; nel secondo, avviene per volontà del debitore che prende a mutuo una somma di danaro dal mutuante e lo surroga nei diritti del creditore.

Infine l'art. 1203 c.c. contempla la **surrogazione legale**, elencando cinque casi nei quali essa si verifica *ex lege*. Quattro di essi riguardano pagamenti posti in essere da un creditore a favore di altri creditori che abbiano diritto di essergli preferiti, mentre l'ultimo è un caso residuale che raccoglie tutte le altre ipotesi *aliunde* previste dalla legge.

In tutte e tre le forme di surrogazione esaminate, il debitore non è liberato, ma resta obbligato nei confronti del nuovo creditore, ciò che ha indotto dot-

---

[36] S.U. 29 aprile 2009, n.9946.

trina e giurisprudenza dominanti a ravvisare nella surrogazione una vicenda successoria, in cui cioè un soggetto subentra ad un altro in un rapporto che, per il resto, permane inalterato.

3. Modificazioni dal lato passivo del rapporto obbligatorio.

Le figure negoziali che determinano un mutamento nel lato passivo del rapporto obbligatorio sono: delegazione, espromissione e accollo. La successione nel lato passivo del rapporto obbligatorio si verifica quando un nuovo debitore si sostituisce al precedente, che di conseguenza è liberato. In tali casi si parla di delegazione, espromissione ed accollo liberatori e si verifica l'estinzione del rapporto originario (il quale tuttavia rivive, ai sensi dell'art. 1276 c.c., qualora l'obbligazione assunta dal nuovo debitore sia dichiarata nulla o annullata).

Perché si verifichi una successione siffatta, però, come si è già osservato, è necessario il consenso del creditore, per il quale il mutamento del debitore non è indifferente, sia perché mutando il debitore mutano le garanzie di solvibilità, sia perché, se si versa in un caso di contratto *intuitu personae*, il debitore per definizione non è sostituibile.

Ove quindi manchi tale consenso il fenomeno successorio non può verificarsi, ma può soltanto aggiungersi un nuovo debitore a quello originario, con conseguente cumulo dei debitori. In tali casi si parla di delegazione, espromissione ed accollo cumulativi.

3.1 La delegazione.

I soggetti di questa vicenda sono tre. Nei casi più frequenti, il primo è debitore del secondo, che è debitore del terzo. Caio deve 100 euro a Tizio, che deve 100 euro a Sempronio.

Per evitare il doppio pagamento, Tizio ordina a Caio di pagare o di obbligarsi a pagare i cento euro direttamente a Sempronio. Quest'ordine è una delegazione di pagamento. Tizio, cioè colui che dà l'ordine (quindi delega) è il delegante; Caio, cioè il debitore che riceve l'ordine, è il delegato; Sempronio, cioè l'*accipiens*, è il delegatario.

Esistono due forme di delegazione.

Nella prima il delegante ordina al delegato di pagare al delegatario. Questa forma di delegazione va sotto il nome di **delegatio solvendi**. Un caso importante di *delegatio solvendi* è rappresentato dall'assegno bancario, che, a ben vedere, contiene l'ordine, dato dal correntista alla propria banca, di pagare al portatore dell'assegno.

Nella seconda possibile forma di delegazione, il delegante ordina al delegato non già di pagare, ma di impegnarsi a pagare al delegatario. Questa forma di delegazione è nota come **delegatio promittendi**.

Giova ora esaminare più da vicino i rapporti tra i tre soggetti della vicenda. Il rapporto tra delegante e delegato è detto "**rapporto di provvista**", mentre quello tra delegante e delegatario è detto "**rapporto di valuta**". Per evitare di incorrere in confusione, è utile ricordare che il soggetto in relazione al quale i due rapporti sono pensati – per così dire il "protagonista" della vicenda – è sempre il delegante. Questi, quindi, è parte sia del rapporto di provvista che di quello di valuta.

Il rapporto di provvista è quello dal quale egli trae i proventi necessari per poter adempiere al proprio debito. Si tratta, in altri termini, del rapporto tra lui ed il suo debitore o tra lui ed un soggetto cui può, in virtù del rapporto giuridico che li lega, ordinare il pagamento; il rapporto di valuta è quello nel cui ambito il delegante dovrebbe effettuare il pagamento in assenza di *delegatio*, cioè il rapporto nel quale egli è debitore.

Diversamente dal rapporto di provvista e da quello di valuta, il rapporto tra delegato e delegatario non è sottostante alla delegazione, ma ne rappresenta, al contrario, l'attuazione stessa. Il delegante provvede (grazie al rapporto di provvista) ad adempiere all'obbligo di pagare il creditore (obbligo che si colloca nel rapporto di valuta), attraverso la delegazione, cioè ordinando al proprio debitore di pagare al proprio creditore. Occorre quindi por mente al fatto che rapporto di provvista e di valuta sono antecedenti alla *delegatio* ed in essi risiedono i due presupposti su cui si fonda la delega.

Quanto al rapporto di provvista, l'art. 1269 sancisce, al suo secondo co., la libertà del delegato di non accettare la delegazione. Se però la accetta, l'effetto giuridico del pagamento da lui effettuato è lo stesso che si sarebbe prodotto se egli avesse pagato al delegante e, allo stesso tempo, se fosse stato il delegante ad adempiere nelle mani del delegatario.

Ne discende un'importante conseguenza. Immaginiamo che manchi il rapporto di valuta, cioè che il delegante si creda erroneamente debitore del delegatario. Per questo erroneo convincimento, egli ordina al delegato, proprio debitore, di pagare a quello che crede essere il proprio creditore. Il delegato paga. Quando emerge l'insussistenza del debito del delegante, chi potrà agire per la restituzione del pagamento indebito?

Se, come detto, la delegazione comporta una sorta di *fictio iuris*, per la quale il pagamento eseguito dal delegato (Caio) al delegatario (Sempronio) vale come se fosse stato eseguito dal delegante (Tizio), allora sarà il delegante ad avere azione per la restituzione dell'indebito.

In conclusione: Tizio chiede a Caio di dare direttamente a Sempronio i 100 euro che doveva a lui. Successivamente, si avvede di non essere debitore di Sempronio. Gli chiede quindi di restituirgli il danaro che Caio gli ha pagato per suo conto.

La distinzione tra rapporto di provvista e rapporto di valuta assume particolare importanza nella individuazione del **regime delle eccezioni** nella delegazione.

Se infatti il delegato, adempiendo all'ordine del delegante, si obbliga verso il delegatario o paga a questi, il regime delle eccezioni opponibili dal delegato – *solvens* è regolato diversamente a seconda che questi, nell'obbligarsi, faccia riferimento a) al rapporto di provvista; b) a quello di valuta o c) a nessuno dei due.

Nei primi due casi la delegazione si dice "**titolata**". Nel secondo si dice "**pura**".

a) far riferimento al rapporto di provvista (cioè al rapporto delegante-delegato) significa promettere al delegatario di pagargli quanto si sarebbe dovuto pagare al delegante. In questo modo si sostituisce il delegatario al delegante, e quindi il delegato-*solvens* può opporre al delegatario tutte le eccezioni che egli avrebbe potuto opporre al delegante (art. 1271, co. 2). Volendo schematizzare, C paga ad S ciò che doveva pagare a T, e allora gli oppone tutte le eccezioni che avrebbe potuto opporre a T. Giova sottolineare che l'art. 1271 co. 2, per l'opponibilità di tali eccezioni, richiede un esplicito patto. La norma infatti testualmente dispone che "se le parti non hanno diversamente pattuito", le eccezioni relative al rapporto di provvista non sono opponibili al delegatario.

b) far riferimento al rapporto di valuta significa promettere al delegatario ciò che gli avrebbe dovuto invece pagare il delegante. In questo caso, ricorrendo all'utile immagine della sostituzione, è come se il delegato si sostituisse al delegante. Ne consegue che il delegato potrà opporre al delegatario tutte le eccezioni che avrebbe potuto opporgli il delegante (art. 1271, co. 2). Volendo schematizzare: C paga ad S ciò che T avrebbe dovuto pagargli e quindi gli muoverà tutte le eccezioni che T avrebbe potuto muovergli.

c) la regola generale vuole invece che la delegazione sia astratta, cioè che il delegante non faccia riferimento ad alcuno dei due rapporti sottostanti e, conseguentemente, che egli non possa far emergere, nel rapporto con il delegatario, le eccezioni relative a tali rapporti.

Resta però sempre per il delegato, in tutti e tre i casi, la possibilità di opporre al delegatario tutte le eccezioni relative al rapporto con costui. In altri termini, la regola relativa alla delegazione titolata, secondo la quale si possono opporre le eccezioni relative al rapporto cui si fa riferimento, vale in relazione appunto ai due rapporti sottostanti, cioè di provvista e di valuta. Ma nulla impedisce al delegante che si trovi, in forza della delega, a dover pagare 100 euro al delegatario, di opporgli la compensazione con un credito che il delegato aveva nei suoi confronti.

Della distinzione tra delegazione liberatoria e cumulativa si è già detto. Basterà qui ricordare che il debitore non è liberato salvo espressa dichiarazione del creditore in tal senso. Mancando tale dichiarazione, la delegazione si dice cumulativa. Nel caso contrario si dice liberatoria.

3.2. L'espromissione.

Il terzo che, senza delegazione del debitore, ne assume verso il creditore il debito, è obbligato in solido col debitore originario, se il creditore non dichiara espressamente di liberare quest'ultimo (art. 1272 c.c. co. 1). L'espromissione integra quindi una vicenda modificativa sul versante passivo del rapporto, in virtù della quale **un terzo** (espromittente) **si impegna nei confronti dell'altrui creditore** (espromissario) a pagare quanto dovuto dal debitore originario (espromesso) e lo fa spontaneamente, in assenza di alcun obbligo o ordine.

Il primo co. dell'art. 1272 c.c. detta la regola della **solidarietà.** Per lo studio delle obbligazioni solidali si rinvia al Capitolo II, par. 6. Basterà qui sapere che la solidarietà passiva tra due soggetti comporta che a ciascuno di essi il creditore possa chiedere l'adempimento dell'intero debito. Pertanto l'espromissario potrà chiedere il pagamento dell'intero debito indistintamente all'espromittente o all'espromesso.

La giurisprudenza ha chiarito che la regola della solidarietà posta dal comma in esame è derogabile dall'autonomia negoziale[37] ben potendo il creditore decidere di liberare il debitore. In tal caso l'espromissione si dirà liberatoria o privativa.

Quanto alla **struttura** della fattispecie, dottrina[38] e giurisprudenza maggioritarie ritengono che sia l'espromissione cumulativa che quella liberatoria si configurino come contratti a prestazioni corrispettive tra l'espromittente e l'espromissario (**tesi della natura contrattuale**). La prestazione dell'espromittente consisterebbe nell'assumere il debito dell'espromesso; quella dell'espromissario consisterebbe nella liberazione del debitore (in caso di espromissione liberatoria) o nella trasformazione della responsabilità del debitore in responsabilità solidale, nel caso della liberazione cumulativa[39].

Una parte della dottrina e della giurisprudenza, [40] osservando che l'espromissione cumulativa produce solo effetti favorevoli nel patrimonio dell'espromissario, ritiene non necessario il consenso di quest'ultimo per il perfezionamento di tale tipo di espromissione, che quindi viene ricostruita come un negozio unilaterale.

---

[37]Cass. Civ 19 novembre 1994, n. 9835.
[38]C.M. Bianca, Diritto civile, Vol. 4, L'obbligazione, pag.665.
[39]S. Rodotà, Espromissione, IN Enc. Dir., XV, 781; Cass. civ., 16 aprile 1988, n. 2997, in Mass., Giur. It., 1988.
[40]Cass., 12 aprile 2006, n. 8622, in Contratti, 2007, 1, 47.

Il **regime delle eccezioni** è disciplinato dall'art. 1272 co. 2, a mente del quale l'espromittente, salvo diversa pattuizione, **non può opporre a creditore le eccezioni relative ai suoi rapporti con l'espromesso** (si tratta di una norma simmetrica a quella dettata dall'art. 1271 co. 2 c.c. in materia di delegazione). Immaginiamo in proposito il frequente caso del padre che saldi un debito del figlio. La regola generale è che egli non opporrà al creditore eccezioni relative ai suoi rapporti personali con il figlio e questo è tanto più vero nell'espromissione, là dove l'assunzione del debito altrui è spontanea e non già frutto di un ordine.

L'espromittente potrà però opporre all'espromissario tutte le eccezioni che avrebbe potuto opporgli l'espromesso, salvo quelle personali o derivanti da fatti successivi all'espromissione. Si noti che qui la disciplina si differenzia parzialmente da quella della delegazione, che subordina questa possibilità alla circostanza che il delegato, nell'estinguere il debito o nell'assumere l'obbligo di estinguerlo, faccia espresso riferimento al rapporto di valuta. Sotto il profilo causale, la causa dell'espromissione è quella dell'assunzione del debito altrui. Essa presuppone quindi necessariamente che tale debito esista e sia stato validamente assunto.

Si osservi che la **differenza tra espromissione e delegazione** non consiste solo nella **spontaneità** dell'assunzione del debito da parte dell'espromittente e nella circostanza che **il terzo (espromittente) si accorda con il creditore (espromissario)**, laddove nella delegazione egli si accorda con il debitore (delegante) e, solo eventualmente con il creditore, ma anche nell'ulteriore circostanza che, mentre la delegazione si declina nelle due forme della *delegatio solvendi* e della *delegatio promittendi*, **l'espromissione consiste sempre nell'assunzione del debito e mai nella mera esecuzione di un'attività solutoria.** Questo aspetto vale senz'altro a distinguere l'espromissione anche dall'adempimento del terzo ex art. 1180 c.c., perché il terzo, al contrario, compie un'attività solutoria e non assume un'obbligazione.

3.3 L'accollo.

L'art. 1273 c.c. prevede al suo primo co. che "se il debitore e un terzo convengono che questi assuma il debito dell'altro, il creditore può aderire alla convenzione, rendendo irrevocabile la stipulazione a suo favore". Dalla norma discende dunque che, mentre l'espromissione è un accordo fra il terzo ed il creditore, **l'accollo è un accordo fra il terzo ed il debitore,** cui poi il creditore può aderire.

Esistono due forme di accollo: l'**accollo interno**, che intercorre solo tra accollante e accollato e quindi spiega solo effetti *inter partes*; **l'accollo esterno** che si connota per l'adesione del creditore, il quale così acquista un vero e proprio diritto verso l'accollante. L'accollo esterno può poi essere liberatorio o cumulativo, a seconda che il creditore dichiari o meno di voler liberare il debitore originario. Nel secondo caso, le obbligazioni sono solidali, ma il creditore ha l'onere di chiedere l'adempimento prima all'accollante (*beneficiun ordinis*) e solo in caso di inadempimento di questi, all'accollato. Sotto il **profilo causale**, la causa del contratto di accollo è quella dell'estinzione di un debito altrui. Questa è tuttavia una causa incompleta, che può essere integrata solo avendo riguardo alla ragione concreta per cui, nella singola vicenda negoziale, l'accollante decide appunto di estinguere il debito dell'accollato.

Il **regime delle eccezioni** è regolato dall'art. 1273 c.c., a mente del quale **il terzo è obbligato verso il creditore nei limiti in cui ha assunto il debito**, con la conseguenza che gli potrà opporre le eccezioni fondate sul contratto cui del resto il creditore ha aderito.

Ciò trova conferma nella disciplina del **contratto a favore di terzo, nel cui schema s'inquadra, secondo l'orientamento dominante, la figura dell'accollo esterno**. Ne discende che, in caso di accollo esterno, la responsabilità per inadempimento in cui può incorrere il terzo accollante è configurabile solo nei limiti del debito assunto, mentre per l'eventuale restante parte permane la responsabilità dell'accollato. Non solo: l'accollante potrà opporre al creditore le eccezioni di nullità, annullabilità, risoluzione o rescissione dell'accollo. Del resto, se il creditore ha un'azione diretta verso l'accollante, fondata sul contratto cui il creditore stesso ha aderito, allora l'accollante ben potrà opporre l'invalidità del contratto su cui quell'azione si fonda.

Sappiamo poi che l'accollo determina una successione nel lato passivo del rapporto obbligatorio. Tanto basta, secondo dottrina e giurisprudenza, a ritenere, pur mancando un'espressa previsione di legge in proposito, che l'accollante possa opporre al creditore le eccezioni che avrebbe potuto opporre all'accollato. Si noterà che, però, lo stesso ragionamento non è stato fatto in relazione alla *delegatio*. La ragione risiede nel fatto che in tema di *delegatio*, come si ricorderà, il codice detta una norma, (l'art. 1271 c.c.), che pone la regola dell'astrattezza del rapporto delegato–delegatario rispetto ai rapporti sottostanti. E' questa la ragione per cui, per poter sollevare le eccezioni relative ai rapporti di base, è necessario che le parti vi facciano espresso riferimento derogando alla regola generale. **Nell'accollo non si rinviene alcuna norma che**, analogamente all'art. 1271 c.c., **codifichi la regola dell'astrattezza del rapporto accollante–creditore**, con la conseguenza che l'accollante potrà opporre al terzo le eccezioni che il terzo avrebbe potuto opporre all'accollato, perché al terzo si presenta in luogo dell'accollato.

Non sono invece opponibili le eccezioni personali al debitore originario né quelle relativa a fatti successivi all'accollo. Inoltre non possono essere opposti in compensazione i crediti del debitore originario verso l'accollatario.

3.4. Regole comuni.

Sia pur nella loro diversità, delegazione, espromissione e accollo sono accomunate dal realizzare modifiche nel lato passivo del rapporto obbligatorio, le quali si attuano o sostituendo o affiancando un nuovo debitore a quello originario. Nel caso della sostituzione, si avrà la liberazione del debitore originario, mentre nel caso inverso i debiti saranno cumulativi. Il codice detta allora, agli artt. 1274-1276 c.c., alcune regole volte a disciplinare gli aspetti comuni alle tre figure.

In primo luogo, l'art. 1274 c.c., primo co., dispone che "il creditore che, in seguito a delegazione, ha liberato il debitore originario, non ha azione contro di lui se il delegato diviene insolvente, salvo che ne abbia fatto espressa riserva". Questa disposizione si applica anche al caso dell'accollo esterno stipulato alla condizione espressa della liberazione del debitore. Vedremo in seguito il perché.

La liberazione del debitore originario comporta l'estinzione del suo obbligo. Se è così, è chiaro che quest'obbligo non potrà tornare a rivivere dopo la sua estinzione. Quando invece il creditore si riserva di poter agire nei confronti del debitore originario in caso di insolvenza del nuovo debitore, non si verifica un'estinzione della obbligazione del primo debitore, ma sorge solo l'obbligo, per il creditore, di domandare l'adempimento prima al nuovo debitore e solo in caso di insolvenza a quello originario.

Il chiaro e lineare dettato della norma in esame, richiama l'art.1267 c.c. che, in tema di cessione del credito, dispone che **il cedente non risponde dell'insolvenza del ceduto, salvo che non l'abbia espressamente promesso** (quest'ultimo è, come si ricorderà, il caso della cessione *pro solvendo*). Il principio espresso dalla norma è che se il creditore libera volontariamente il debitore, si assume anche la responsabilità delle conseguenze negative della sua libera scelta. Se il suo nuovo debitore non adempierà, egli non potrà chiedere l'adempimento al debitore originario. Ora, la legge considera la possibilità che il debitore, profittando di questa norma, deleghi volontariamente ad adempiere un soggetto che è già privo dei mezzi per adempiere al momento della delega, con il fine fraudolento di sottrarsi all'adempimento. Per evitare questa evenienza, il secondo co. dell'art. 1274 c.c. prevede che "se il delegato era insolvente al tempo in cui assunse il debito nei confronti del creditore, il debitore originario non è liberato".

Come anticipato, il terzo co. della norma in esame estende all'accollo esterno i principi da esso dettati, relativamente al solo caso in cui la liberazione del debitore originario sia una condizione espressa della stipulazione.

In secondo luogo, una regola comune alle tre figure è dettata in materia di estinzione delle garanzie: l'art. 1275 c.c. prevede che "in tutti i casi nei quali il creditore libera il debitore originario, si estinguono le garanzie annesse al credito, se colui che le ha prestate non consente espressamente a mantenerle". La ratio della norma risiede nella tutela dei terzi garanti. Il garante, infatti, presta in genere garanzia dopo aver valutato sia la solvibilità del debitore sia condizioni personali dello stesso. Il mutamento del debitore può pregiudicare il garante, il quale quindi non è tenuto a mantenere le garanzie annesse al credito, la cui permanenza è subordinata quindi al suo espresso consenso.

Terza norma comune a delegazione, espromissione ed accollo è quella dettata dall'art. 1276 c.c., il quale dispone che "se l'obbligazione assunta dal nuovo debitore verso il creditore è dichiarata nulla o annullata e il creditore aveva liberato il debitore originario, l'obbligazione di questo rivive, ma il creditore non può valersi delle garanzie prestate a terzi".

Secondo autorevole dottrina la norma si applica anche in caso di rescissione, risoluzione o revoca.

CAPITOLO IV

L'ESTINZIONE DELLE OBBLIGAZIONI

1. Premessa.

L'adempimento è la modalità fisiologica di estinzione dell'obbligazione.
Di regola esso è posto in essere dal debitore originario nei confronti dell'originario creditore, ed ha ad oggetto la prestazione prevista dal rapporto obbligatorio come doverosa. L'adempimento dell'obbligo da parte del debitore coincide così con la realizzazione dell'interesse creditorio.
Il codice contempla tuttavia casi in cui, per effetto di una scissione tra questi due aspetti soggettivi del rapporto obbligatorio, **l'interesse creditorio si realizza senza che il debitore adempia**, oppure il debitore adempie senza che l'interesse creditorio si realizzi.
Inoltre, sul piano oggettivo, può accadere che il debitore adempia e **l'interesse creditorio si realizzi, senza che sia posta in essere la prestazione** originariamente contemplata come doverosa.
Il primo caso ricorre quando un terzo adempie l'obbligo del debitore (adempimento del terzo, art. 1180, per cui v. par. 2.1); il secondo avviene quando il debitore paga al creditore apparente (art. 1189, per cui v. par. 2.3) ed il terzo quando le parti si accordano per sostituire alla prestazione originariamente dovuta, una prestazione diversa (*datio in solutum*).

2. L'adempimento.

L'art. 1176 c.c. stabilisce che "nell'adempiere l'obbligazione il debitore deve usare la **diligenza del buon padre di famiglia.** Nell'adempimento delle obbligazioni inerenti all'esercizio di un'attività professionale, la diligenza deve valutarsi con riguardo alla natura dell'attività esercitata".
L'adempimento rappresenta la modalità tipica e fisiologica di estinzione dell'obbligazione. Tramite esso si attua e realizza il programma negoziale, estinguendosi l'obbligo del debitore e correlativamente realizzandosi il diritto del creditore.

La **natura giuridica** dell'adempimento è stata per lungo tempo controversa. Secondo un orientamento risalente, seguito dalla giurisprudenza degli anni '40 e '50 e ad oggi superato, esso costituirebbe un atto negoziale. Infatti, com'è noto, la teoria generale del negozio giuridico vuole che gli effetti del negozio si producano in quanto voluti dal suo autore ed in ciò risiede la principale distinzione tra negozio ed atto in senso stretto, poiché gli effetti dell'atto si producono indipendentemente dalla volontà del soggetto che lo pone in essere. Di conseguenza, la rilevanza della volontà degli effetti, ai fini della loro produzione, costituisce uno dei principali indici della natura negoziale di un determinato atto.

Ciò premesso, l'orientamento minoritario che sostiene la natura negoziale dell'adempimento, muove dall'osservare che il semplice pagamento in sé è un atto causalmente neutro. Se Tizio deve 1000 euro a Caio – si osserva – il fatto che gli corrisponda 1000 euro non basta a ritenere che tale somma sia imputabile a pagamento di quel debito e non, per esempio, ad una donazione oppure ad altra causa.

Secondo l'orientamento in parola, allora, l'effetto estintivo si produce solo se voluto dal *solvens*. Ma allora, si conclude, la rilevanza della volontarietà dell'effetto sta a dimostrare, in coerenza con le premesse, la natura negoziale dell'atto di pagamento.

Secondo un diverso orientamento, ad oggi maggioritario, invece, l'adempimento è **un atto in senso stretto e non un negozio**[41]. Infatti, nell'indagare la natura dell'adempimento occorre non perdere di vista il dato, di essenziale rilevanza, che esso è un **atto dovuto**. L'atto dovuto è l'antitesi dell'atto libero, cioè del negozio. Quando il pagamento viene posto in essere, l'obbligazione si estingue per la dirimente ragione che l'atto *solutorio* è l'atto dovuto che la legge o le parti hanno previsto come idoneo ad estinguere l'obbligazione e non perché al momento dell'adempimento il debitore voglia l'estinzione - dato, quest'ultimo, del tutto irrilevante ai fini del suo verificarsi (non così, come vedremo, se ad adempiere non fosse il debitore, ma un terzo).

Esaminando le norme in materia di adempimento, sembra di trovare diversi argomenti a favore della tesi dell'irrilevanza della volontà degli effetti, e quindi della natura non negoziale dell'adempimento. Principalmente: se il pagamento effettuato è indebito, esso è ripetibile ex art. 2033 c.c. Per esperire questa azione, chi ha effettuato il pagamento non deve porre in essere alcun atto o dichiarazione volti a caducare precedenti manifestazioni di volontà, ma è sufficiente l'insussistenza di un titolo giustificativo pagamento. L'argomento depone a favore della tesi della natura non negoziale. La stessa

---

[41]F. Gazzoni, Manuale di diritto privato, XV edizione, p. 578; Nicolò, voce adempimento, in Enciclopedia del Diritto, I, Milano 1958

conclusione sembra potersi trarre dal fatto che il pagamento del debito scaduto non sia assoggettabile ad azione revocatoria ex art. 2901 co. 3 c.c. Una parte della dottrina adduce poi a sostegno della tesi della natura non negoziale dell'adempimento il disposto dell'art. 1191 c.c., che esclude il diritto alla ripetizione in capo al debitore che abbia adempiuto in stato di incapacità.

La teoria generale del negozio giuridico ha chiarito che il negozio presuppone nell'autore sia la capacità di intendere l'atto compiuto, che quella di volerne gli effetti.

Al contrario, l'art. 1191 sancisce **l'irrilevanza dell'incapacità**, con la conseguenza dell'irripetibilità di quanto pagato dall'incapace. Ciò deve portare dunque ad escludere, secondo l'orientamento ad oggi dominante, la natura negoziale del pagamento.

Altra parte della dottrina nega che l'argomento fondato sul disposto dell'art. 1191 possa essere decisivo ai fini della soluzione del problema in esame. Essa si spiegherebbe piuttosto con il divieto di ripetizione della prestazione dovuta (*dolo facit qui pedit quod mox redditurum est*). Il nostro ordinamento presenta infatti molte norme di favore per l'incapace, che sono volte a tutelarlo per la sua maggior debolezza. Egli merita tutela perché, in quanto incapace, potrebbe non essere in grado di gestire i propri interessi. Tuttavia, l'incapace che paga il proprio debito compie un atto dovuto, cioè un atto che non può nuocergli e pertanto non v'è motivo di consentirgli d'impugnare il pagamento in ragione della propria incapacità [42].

Dottrina e giurisprudenza maggioritarie concordano nel ritenere che, se l'adempimento ha di norma natura non negoziale, vi sono pur tuttavia alcuni **casi in cui esso presenta eccezionalmente natura negoziale.**

Essi sono:

a) l'adempimento dell'obbligazione naturale (v. Capitolo 1, § 3);

b) l'adempimento del terzo (v. par. seguente);

c) l'adempimento che consista nel compimento di un negozio giuridico. Qui s'impone una precisazione: in alcuni casi le parti si obbligano a stipulare un successivo contratto, ma questo, oltre ad essere l'adempimento di un obbligo precedentemente assunto, è anche altro, cioè un contratto dotato di una propria autonoma funzione, che trascende quella di assolvere ad un impegno.

Ad esempio, se le parti stipulano un preliminare di vendita, si obbligano a vendere, ma quando stipulano la compravendita (il definitivo), non pongono in essere un semplice adempimento, bensì un contratto che produce l'effetto tipico della compravendita, cioè il trasferimento della proprietà del bene. Il

---

[42] E. Moscati, La disciplina generale delle obbligazioni, Corso di diritto civile, p. 209

definitivo, allora, è adempimento del preliminare, ma è anche compravendi-ta.

Secondo una parte (minoritaria) della dottrina, il definitivo è, invece, solo un adempimento e quindi, in altri termini, un c.d. **"pagamento traslativo"**, o "negozio con causa esterna" o "attribuzione patrimoniale", cioè – ancora – un contratto che si limita ad eseguire un programma racchiuso altrove. Si tratta di un distinguo di grande rilevanza, perché l'adesione all'una o all'altra delle due tesi comporta conseguenze applicative di non poco conto, come si vedrà nella relativa *sedes materiae*.

Quello che qui è importante sottolineare è che quando un contratto è stipu-lato in adempimento di un altro, possono darsi diverse ipotesi: o quel con-tratto è dotato anche di una causa autonoma, oppure è solo un adempimen-to, cioè un contratto con causa esterna.

Questa distinzione introduce il paragrafo seguente, che tratta del pagamento traslativo o negozio con causa esterna e che si propone di chiarire che, allo-ra, non perché un contratto è stipulato in adempimento di un altro, esso è un pagamento traslativo o negozio con causa esterna. Il pagamento traslativo, come si vedrà di seguito, è un contratto con cui si adempie e ci si limita ad adempiere ad un obbligo precedentemente assunto, cioè un contratto non dotato di una causa autonoma, ma solo di una causa esterna.

2.1 Il pagamento traslativo.

In alcuni casi **l'adempimento può consistere in un pagamento traslativo**, cioè un atto meramente solutorio con causa esterna, che si realizza tramite la scissione tra *titulus* e *modus adquirendi*.

I pagamenti traslativi sono negozi di puro trasferimento che, nella maggior parte dei casi, rivestono il carattere di prestazioni isolate [43], cioè attribuzio-ni patrimoniali che trovano la loro fonte in un atto di autonomia privata la cui giustificazione sul terreno della causa non si può desumere dal mero schema dell'atto, essendo esso "muto" dal punto di vista funzionale [44].

Come si vedrà anche nell'analizzare la distinzione tra contratti consensuali e contratti reali, l'art. 1376 c.c. codifica il **principio del consenso traslati-vo**, stabilendo che "nei contratti che hanno per oggetto il trasferimento della proprietà di una cosa determinata, la costituzione o il trasferimento di un diritto reale ovvero il trasferimento di un altro diritto, la proprietà o il diritto si trasmettono e si acquistano per effetto del consenso delle parti legittima-mente manifestato".

Ciò significa che, nel momento in cui si presta il consenso, istantaneamente

---

[43] Giorgianni, voce *Causa*, (diritto privato) in Enc. Dir., VI, Milano, 1960, p. 565; E. Navar-retta, La causa e le prestazioni isolate, Milano, 2000, p. 8.
[44] A. Luminoso, Appunti sui negozi traslativi atipici, Corso di diritto Civile.

il diritto è trasferito. E' a questa coincidenza tra prestazione del consenso e produzione dell'effetto traslativo che si fa riferimento, quando comunemente si afferma che nel nostro sistema il *titulus adquirendi* ed il *modus adquirendi* coincidono.

Nel diritto romano classico, invece, come oggi nel diritto civile tedesco, la produzione dell'effetto traslativo era scandita in due distinti momenti: prima si stipulava un contratto con cui ci si impegnava a trasferire; poi si poneva in essere un atto solutorio, che produceva l'effetto traslativo. L'accordo con cui ci si obbligava a dare rappresentava il *titulus adquirendi*; la consegna del bene, (se si trattava di bene mobile), o il compimento di determinate formalità ad essa equivalenti, (se si trattava di bene immobile), rappresentavano il *modus adquirendi*.

Questa **scissione tra** *titulus* **e** *modus* presenta un aspetto di particolare interesse. Infatti, il *titulus adquirendi*, che è il contratto con cui ci si obbliga a dare, racchiude anche la *causa contractus* (esprime, cioè, la ragione del contratto, rendendo individuabile il programma negoziale divisato dalle parti). Il *modus* è invece un separato atto adempitivo, privo – come si accennava al paragrafo precedente – di una propria causa autonoma.

Agli occhi di un osservatore esterno, se Tizio vende a Caio il proprio pianoforte in Italia, dove vige il principio del consenso traslativo, e in Germania, dove vige la regola della scissione tra *titulus* e *modus*, le due vicende apparirebbero in tutto sovrapponibili: in entrambi i casi, Tizio e Caio stipulerebbero un contratto di compravendita del pianoforte e successivamente Tizio lo consegnerebbe a Caio. Sul piano giuridico, però, le due operazioni sono profondamente diverse, perché nell'ordinamento italiano, vigendo la regola del consenso traslativo, il contratto stipulato tra Tizio e Caio determina immediatamente il prodursi dell'effetto traslativo, cioè il trasferimento della proprietà del pianoforte. Quando, successivamente, Tizio, lo consegna a Caio, altro non fa che adempie all'obbligo di consegnare un bene di cui non è più proprietario e che non ha più alcun titolo a possedere. Vigente invece la legge tedesca, quando Tizio e Caio stipulano il contratto di compravendita, non si verifica alcun effetto traslativo, ma nasce soltanto l'obbligo, per Tizio, di trasferire a Caio la proprietà del suo pianoforte. E' quando Tizio materialmente consegna il pianoforte, che Caio ne acquista la proprietà. Questo esempio mostra chiaramente che se vige il principio del consenso traslativo, il contratto consensuale ad effetti reali è sia *titulus* che *modus adquirendi*. Ora, ci si chiede se anche in Italia le parti possano separare il titulus e il modus, differendo cioè l'effetto traslativo ad un momento successivo a quello in cui si manifesta il consenso al trasferimento del diritto. Il quesito che si è posto all'attenzione della dottrina e giurisprudenza italiane consiste in particolare nel verificare **se possano esistere dei contratti la cui unica funzione sia di adempiere ad altri contratti**.

Giova ribadire: il contratto definitivo è posto in essere dalle parti in adempimento del preliminare; tuttavia, nessuno dubita della sua ammissibilità, perché esso ha, (secondo la giurisprudenza ed una dottrina quasi unanime), una causa autonoma, che è quella di realizzare l'effetto reale voluto dalle parti (cioè il trasferimento del bene da Tizio a Caio: per le diverse possibili ricostruzioni dei rapporti tra preliminare e definitivo si rinvia al Cap. XII, § 1).

Ciò di cui si dubita è che un contratto possa non avere altra funzione che quella di adempiere ad un precedente contratto, cioè che l'intera causa del negozio possa essere racchiusa nel contratto preliminare. Per lungo tempo dottrina e giurisprudenza hanno fornito risposta negativa a siffatto quesito, individuando, nell'ordinamento italiano, tre limiti all'ammissibilità dei pagamenti traslativi.

Il primo consiste proprio nella vigenza del **principio del consenso traslativo,** che verrebbe così ad essere derogato, perché il consenso al trasferimento del diritto reale non determinerebbe istantaneamente l'effetto traslativo, che necessiterebbe di un successivo atto di trasferimento. Ma i più recenti orientamenti ermeneutici convengono nel ritenere che l'art. 1376 c.c. abbia natura dispositiva,[45] con la conseguente ammissibilità di deroghe da parte della volontà privata.

Il secondo ostacolo consisteva, secondo il tradizionale orientamento, nel **principio di causalità**: nel nostro ordinamento sono vietati gli spostamenti acausali, ed ogni spostamento patrimoniale deve essere retto da una propria causa che lo giustifichi e che renda identificabile la ragione per cui esso è posto in essere. Tanto è vero che l'ordinamento predispone un'azione tramite la quale il soggetto a danno del quale taluno si sia arricchito "senza giusta causa", può ottenere le restituzioni previste dalla legge, (art. 2014 c.c.). [Capitolo XXVIII, §6].

Soprattutto, l'art. 1325 c.c. annovera la causa tra gli elementi essenziali del contratto e l'art. 1418, co.2 c.c., decreta la sanzione della nullità del contratto privo anche di uno solo dei suoi elementi essenziali. Come anticipato, se si verifica la scissione tra *titulus* e *modus*, e quindi si stipula un contratto con cui ci si obbliga a trasferire, il contratto da cui sorge l'obbligo è sorretto da una propria causa, mentre il mero atto di trasferimento, si è sostenuto, ne è privo e cioè è un negozio astratto, nullo ex art. 1418, co. 2 c.c. Tuttavia, attraverso lo studio di alcune figure contemplate dal codice civile, si è pervenuti a rimeditare un simile consolidato orientamento. Ad esempio, com'è noto, **gli effetti dei contratti stipulati dal mandatario senza rappresentanza** per conto del mandante si producono nel patrimonio del mandatario (art. 1705 c.c.) e questi dovrà poi "ritrasferirli al mandante" (art. 1706 c.c.). Il codice usa il termine "ritrasferire" ad indicare che questo

---

[45]Sacco-De Nova. Il contratto, in Trattato di dir. civ. It., dir. da Sacco, Torino, 2004, p. 905.

atto non è un nuovo contratto con autonoma causa, ma semplicemente un atto traslativo, che possiamo dire solutorio perché posto in essere in adempimento degli obblighi derivanti dal mandato. L'ordinamento giuridico conosce quindi forme di pagamento traslativo e, a ben vedere, non deroga, nell'ammetterle, al principio di causalità. Infatti: qual è la ragione per cui il mandatario trasferisce il bene, se non portare a compimento il proprio incarico, realizzando la causa del mandato?

Si è quindi raggiunta la conclusione che gli atti solutori di questo tipo non siano privi di causa, ma riposino, semplicemente, su una **causa esterna**, e nell'acquisizione di una simile consapevolezza ha svolto un ruolo non secondario, l'accoglimento in giurisprudenza della teoria della causa come funzione economico individuale [v. cap. XIII, §4]. In conclusione, nel *modus adquirendi* non dobbiamo dunque ravvisare un atto traslativo astratto, ma solo un'**attribuzione patrimoniale con causa esterna**. Si ammette così la figura del pagamento traslativo, cioè di un atto con effetti traslativi, esecutivo di un precedente rapporto obbligatorio che ne racchiude la causa.

Il pagamento traslativo è infatti anche denominato **negozio con causa esterna** o negozio di attribuzione e quelle prestazioni isolate, apparentemente "mute", in realtà dicono ciò che devono dire se, valorizzando il collegamento negoziale, vengono lette in relazione al *titulus*, cioè al contratto in adempimento al quale sono poste in essere, benché una parte minoritaria della dottrina ritenga comunque necessaria *l'expressio causae* [46], cioè l'indicazione espressa dell'atto (*titulus*) in esecuzione del quale è posta in essere la *traslatio*.

Tali osservazioni hanno portato, in conclusione, a ritenere che la figura del pagamento traslativo, non essendo incompatibile con il principio di causalità, abbia cittadinanza nel nostro ordinamento, anche oltre i casi espressamente contemplati dalla legge. **Si ammette oggi dunque il pagamento traslativo come figura generalizzata** e quindi si contemplano pagamenti traslativi atipici, come per esempio avviene nel *trust*, quando il *trustee*, in adempimento degli obblighi assunti, trasferisce la proprietà del bene ad un terzo o al *settlor* stesso.

Anche un terzo possibile ostacolo all'ammissibilità dei pagamenti traslativi, cioè il principio di **tipicità dei modi di acquisto della proprietà** (art. 922 c.c.), è stato infine superato dagli interpreti, potendo esso essere derogato, secondo l'orientamento ermeneutico maggioritario, dalla volontà negoziale ex art. 1322 c.c.

Ammessa quindi la figura del pagamento traslativo, il dibattito si è oggi spostato sulla **struttura** che esso debba rivestire. Parte della dottrina, infat-

---

[46]Luminoso, *Appunti sui negozi traslativi atipici, Corso di diritto civile*, 2007, p. 24; Sacco, *Negozio astratto*, in *Digesto*, disc. priv. (sez. civ.) XII, Torino, 1955, p.54.

ti, ritiene debba trattarsi di un contratto[47]; altra parte della dottrina e della giurisprudenza fa riferimento alla figura del contratto con obbligazioni del solo proponente (art. 1333 c.c.)[48], mentre l'orientamento maggioritario ritiene possa trattarsi di un negozio unilaterale (l'effetto del pagamento traslativo è già stato accettato con il contratto di cui il pagamento traslativo rappresenta adempimento e pertanto non è necessaria una nuova accettazione)[49].

2.2 L'adempimento del terzo.

L'art. 1180 c.c. stabilisce che "l'obbligazione può essere adempiuta da un terzo, [1201, 1203 n.3, 1208 n.2, 1406, 1717, 1950], anche contro la volontà del creditore, se questi non ha interesse a che il debitore esegua personalmente la prestazione [1201, 1656,1811, 2036, 2222, 2230]. Tuttavia il creditore può rifiutare l'adempimento offertogli dal terzo, se il debitore gli ha manifestato la sua opposizione [1236, 1936]".

L'adempimento del terzo, diversamente dall'adempimento del debitore, è un atto libero, non dovuto. Esso presenta quindi, secondo un orientamento dominante, **natura di atto negoziale**, con la conseguente rilevanza *dell'animus solvendi*. Il terzo deve sapere di adempiere un debito altrui e deve farlo volontariamente; infatti l'adempimento del terzo si distingue dall'erroneo adempimento di un debito altrui. In tale ultimo caso il *solvens* potrà chiedere la ripetizione dell'indebito soggettivo ex. art. 2036 c.c., se ricorrono le condizioni richieste dalla norma.

Come chiarito dalla giurisprudenza, "l'adempimento spontaneo di un'obbligazione da parte del terzo, ai sensi dell'art. 1180 c.c., [...] non attribuisce automaticamente al terzo un titolo per agire direttamente nei confronti del debitore, non essendo in tal caso configurabili né la surrogazione per volontà del creditore, prevista dall'art. 1201 c.c., né quella per volontà del debitore, prevista dall'art. 1202 c.c., né quella legale di cui all'art. 1203 n. 3 c.c., la quale presuppone che il terzo che adempie sia tenuto con altri o per altri al pagamento del debito; la consapevolezza da parte del terzo di adempiere un debito altrui esclude inoltre la surrogazione legale di cui agli artt. 1203 n. 5 e 2036, terzo comma, c.c. [...]; pertanto, il terzo che abbia pagato sapendo di non essere debitore può agire unicamente per ottenere l'indennizzo per l'ingiustificato arricchimento, stante l'indubbio vantaggio economico ricevuto dal debitore" [50].

---

[47]Mariconda, Il pagamento traslativo, in Contratto e Impresa, 1988, pag. 735 e segg.

[48]Cass. 30 giugno 1987, n. 5748

[49]Ex multis, Gazzoni, La trascrizione immobiliare, artt. 2643-2645 bis, 1998, pag. 606

[50]Cass. sez. un. 29 aprile 2009, n. 9946.

Quanto alla *causa negotii*, l'adempimento del terzo è un **negozio a causa variabile**: esso può essere posto in essere per svariate ragioni: per spirito di liberalità (il padre che paga il debito del figlio; in tal caso, ricorrendone i requisiti di sostanza e di forma, la fattispecie può configurarsi come donazione indiretta); per adempiere ad un previo accordo con il debitore, (caso che si differenzia dall'accollo, perché il terzo adempie, mentre l'accollante assume solo l'obbligo di adempiere), ma anche per una varietà di altri motivi. Ad esempio, il fornitore di un'azienda può pagarne i debiti perché interessato ad evitarne il fallimento, cioè è ben possibile che il terzo abbia un interesse ad adempiere il debito altrui.

Di fatto, al di là del *nomen*, l'adempimento del terzo non è tale se non in senso lato ed improprio, perché l'adempimento del debitore e quello del terzo hanno struttura e natura eterogenee, benché assolvano alla medesima funzione.

La regola generale secondo cui l'obbligazione può essere adempiuta da un terzo si spiega se si pensa che, in caso di prestazioni fungibili, la persona del debitore è irrilevante per il creditore (si pensi alla dazione di una somma di danaro e, in genere, a tutte le obbligazioni generiche ex art. 1178 c.c.). In tali casi l'eventuale rifiuto del creditore non potrà dirsi legittimo e lo esporrà quindi al rischio di una messa in mora da parte del debitore (*mora accipiendi*, artt. 1207 e ss.).

Il secondo co. prende in considerazione l'ipotesi in cui **il debitore abbia interesse ad estinguere personalmente l'obbligazione**. In questo caso egli **può opporsi all'adempimento del terzo**, ma deve farlo in modo espresso. Da tale regola discende poi che, se il creditore può rifiutare l'adempimento in caso di opposizione del debitore, allora, anche nel caso in cui il terzo adempia ad insaputa di questi o comunque senza il suo consenso, la prestazione sarà non rifiutabile, perché la norma richiede espressamente l'opposizione del debitore.

Se invece, diversamente dai casi sin qui considerati, **il creditore ha interesse a che la prestazione sia posta in essere direttamente dal debitore, può rifiutare l'adempimento del terzo** (si pensi, ad esempio, al caso della scritturazione di un celebre attore per la performance di una *pièce* teatrale o in genere alle prestazioni infungibili.).

Il creditore ha diritto all'esatto adempimento, da intendersi anche come diritto a ricevere l'intera prestazione, e può pertanto rifiutare l'adempimento parziale. Vale però la regola inversa in materia di cambiale e di assegno.

2.3 Luogo e tempo dell'adempimento

Il codice detta poi alcune norme in materia di luogo e tempo dell'adempimento.

L'art. 1182 c.c. detta delle **norme suppletive**, per il caso in cui la convenzione o gli usi non fissino il luogo nel quale la prestazione deve essere eseguita e questo non possa essere desunta dalla natura della prestazione. In tal caso, vigono le seguenti regole.

Se l'obbligazione ha ad oggetto la consegna di una cosa **certa e determinata**, essa deve essere adempiuta nel **luogo in cui si trovava la cosa** quando l'obbligazione è sorta.

L'obbligazione di pagare una **somma di danaro** va adempiuta al domicilio del creditore (**debito** *portable*),[51]mentre **in tutti gli altri casi** l'obbligazione va adempiuta al domicilio del debitore (**debito** *quérable*). Quanto al **tempo dell'adempimento**, la regola generale è quella della immediata esigibilità della prestazione da parte del creditore, secondo la nota regola *quod sine die debetur, statim debetur.* Di norma, però, la natura della prestazione o il modo o il luogo dell'esecuzione rendono necessaria la presenza di un termine che, se non convenzionalmente stabilito, può essere fissato dal giudice. L'art. 1184 c.c. stabilisce un'altra regola generale: quando per l'adempimento è fissato un termine, questo si presume a favore del debitore. Ciò significa che il debitore può adempiere anche prima del termine, se lo vuole, ma il creditore non può prima del termine pretendere l'adempimento. Il termine può ritenersi fissato a favore del creditore solo se ciò è espressamente specificato (art. 1185, co. 1, c.c.). In tal caso, è il creditore a poter esigere il pagamento prima della scadenza, mentre il debitore non può validamente offrire l'esecuzione prima della stessa e, di conseguenza, non può nemmeno, sino ad allora, costituire in mora il creditore.

3. I soggetti del rapporto obbligatorio e l'adempimento.

Il codice detta alcune regole relative alle figure del creditore e del debitore, che assumono rilievo nel momento dell'adempimento.

Circa il creditore, esse attengono: a) al destinatario di pagamento, b) al creditore apparente e, c), al creditore incapace; circa il debitore, esse attengono alla figura del debitore incapace.

Sotto il primo profilo:

a) il destinatario del pagamento deve essere legittimato a ricevere. Tale è il creditore oppure altro soggetto autorizzato o dal creditore o dalla legge a ricevere l'adempimento (art. 1188, co. 1, c.c.).

Se quindi il pagamento è eseguito nelle mani di persona non legittimata,

---

[51]La Suprema Corte, con la sentenza S.U. 13 gennaio 2016, n. 17989, ha affermato il seguente principio di diritto: "Le obbligazioni pecuniarie da adempiere al domicilio del creditore ex art.82, co. 3. C.c., sono soltanto quelle liquide, delle quali cioè il titolo determini l'ammontare o indichi criteri determinativi non discrezionali, requisito che il giudice deve accertare ai fini della competenza territoriale in base allo stato degli atti ex art. 38, co. 4, c. p. c.

esso integrerà un **indebito** *ex persona creditoris* o *ex latere accipientis*, con conseguente **azionabilità della tutela restitutoria ex art. 2033 c.c.,** salvo che il creditore abbia ratificato il pagamento o ne abbia approfittato.

b) Esiste però un caso in cui il pagamento a persona non legittimata a ricevere determina comunque l'estinzione dell'obbligazione. Esso ricorre quando il debitore paghi in buona fede a chi, in base a circostanze univoche, appariva creditore (c.d. **pagamento a creditore apparente**, art. 1189 c.c.). In questo caso si verifica quindi una scissione tra l'adempimento dell'obbligazione e il soddisfacimento del credito, perchè il debitore è liberato dal proprio obbligo, ma il creditore non ha soddisfatto la propria pretesa. Naturalmente, la vicenda è destinata a risolversi tramite l'azione di rivalsa eventualmente esercitata, ex art. 2033 c.c., dal creditore verso l'*accipiens*. Tuttavia, anche in tal caso, la realizzazione dell'interesse creditorio non è un effetto diretto dell'atto solutorio posto in essere dal debitore, dato che accomuna il pagamento a creditore apparente alla figura dell'adempimento del terzo e, sia pure sotto diverso profilo, a quella della *datio in solutum*.

c) la norma in materia di pagamento a creditore apparente è rivolta a tutelare il debitore che adempie in buona fede nei confronti di chi appare legittimato a ricevere il pagamento anche allo sguardo di un soggetto attento e diligente. L'art. 1190 c.c., in materia di **pagamento a creditore incapace**, è rivolto, al contrario, a tutela del creditore e prevede pertanto che il debitore non sia liberato se non provi che la prestazione è stata effettivamente rivolta a vantaggio dell'incapace.

La norma non specifica se si tratti di incapacità legale (art. 414 c.c. e ss.) o naturale (art. 424 c.c.). Secondo autorevole dottrina[52] occorre distinguere a seconda che si tratti di obbligazioni il cui adempimento non richieda una cooperazione attiva del creditore, caso nel quale non sarà richiesta la capacità naturale, o che si tratti di obbligazioni che comportano un certo grado di cooperazione da parte del creditore, caso nel quale la capacità naturale sarà necessaria.

Un'ipotesi a parte riguarda le obbligazioni di dare, per cui è invece necessaria, ai fini della liberazione del debitore, la capacità di agire.

Il secondo dei profili soggettivi disciplinati con specifico riguardo al momento dell'adempimento, riguarda la figura del debitore e precisamente l'ipotesi in cui il **pagamento sia eseguito da un debitore incapace**. In proposito la regola dettata dal codice (art. 1191 c.c.) è che il debitore che ha

---

[52]Giorgianni, voce Pagamento (dir. civ.), in N. mo Dig.it., vol. XII, 1968, p. 328; Nicolò, voce Adempimento (dir. civ.), in Enc. dir., vol. I, 1958, p. 560; Rescigno, Incapacità naturale e adempimento, Napoli, 1950, p. 161.
Contra Cannata , L'adempimento delle obbligazioni, in Trattato dir. priv., dir. da Rescigno, vol. IX, Torino, 1984, p. 97; Bianca, Diritto civile, vol. IV, Milano, 1998, pp. 294 e 295.

eseguito la prestazione dovuta non può impugnare il pagamento a causa della propria incapacità. Si è già visto, nell'esaminare il problema della natura negoziale o non negoziale dell'adempimento (Capitolo IV, par. II), che questa norma offre proprio uno degli argomenti principali a sostegno della natura non negoziale. Basti qui ricordare che, come più dettagliatamente osservato al § 2.1 del presente capitolo, in alcuni casi l'adempimento dell'obbligazione può consistere in un negozio solutorio. In tal caso, secondo la dottrina e giurisprudenza maggioritaria, sarebbero richieste sia la capacità di agire che quella naturale.

4. L'oggetto del pagamento e la *datio in solutum*.

Il codice detta poi alcune norme che regolano i caratteri dell'**adempimento**, il quale deve essere anzitutto **esatto** (l'oggetto della prestazione non deve essere difforme dall'oggetto dell'obbligazione) **ed integrale** (il creditore può infatti, ex art. 1181, rifiutare l'adempimento parziale anche se la prestazione è divisibile, salvo diversa disposizione di legge o degli usi). Ne discende che, in linea generale, il debitore non potrà liberarsi eseguendo una prestazione diversa da quella dovuta, anche se di valore uguale o maggiore, salvo che il creditore non vi acconsenta (art. 1197 c.c.). Queste regole costituiscono il **presupposto della** *datio in solutum*; esse infatti comportano che il debitore, per potersi liberare eseguendo una prestazione diversa, dovrà raggiungere un accordo con il creditore e questo accordo costituisce un nuovo contratto. Si tratta, più precisamente, di un **contratto solutorio di natura reale**, noto sin dal diritto romano con il nome di *datio in solutum*.

Importante è rimarcare l'aspetto della **realità**: ciò che estingue l'obbligazione è la *datio rei*, cioè l'esecuzione della nuova prestazione convenuta in luogo dell'adempimento. Perché quindi si verifichi l'effetto estintivo, devono ricorrere due elementi oggettivi ed uno soggettivo: sul piano oggettivo, devono sussistere un **accordo** tra debitore e creditore, con cui si conviene di sostituire una nuova prestazione in luogo di quella precedentemente pattuita, ed inoltre l'esecuzione di questa nuova prestazione; sul piano soggettivo, occorre nel debitore l'**animus** *solvendi*, cioè la volontà di eseguire la nova prestazione quale adempimento dell'obbligazione precedentemente contratta.

Questi aspetti rendono nitida la **distinzione tra** *datio in solutum* **e novazione** oggettiva, che comporta, accanto all'estinzione dell'obbligazione ordinaria, la costituzione di una nuova obbligazione (art. 1230 c.c.), e che è retta dall'*animus novandi* [Capitolo IV, § 6.2, a)].

Ancora quanto ai caratteri oggettivi dell'adempimento, due importanti norme, tra quelle a chiusura del titolo I del libro quarto del codice, disciplinano l'imputazione del pagamento: in primo luogo, chi ha più debiti della medesima specie verso la stessa persona può dichiarare, quando paga, quale debito intende soddisfare. Questa dichiarazione, detta imputazione di pagamento, è un atto unilaterale non negoziale[53]. In mancanza di tale dichiarazione, il pagamento deve essere imputato al debito scaduto; tra più debiti scaduti, a quello meno garantito; tra più debiti ugualmente garantiti, al più oneroso per il debitore e, tra più debiti ugualmente onerosi, al più antico (art. 1993 c.c.). In secondo luogo, il debitore non può imputare il pagamento al capitale piuttosto che agli interessi e alle spese, senza il consenso del creditore (art. 1994 c.c.).

5. La mora del creditore.

Si è sin qui descritto il rapporto obbligatorio come relazione tra due soggetti, dei quali il primo, debitore, è gravato di un dovere, ed il secondo, creditore, è titolare di un correlativo diritto relativo, di modo che l'adempimento del dovere realizzi l'interesse del titolare del diritto. In realtà, questo non è l'unico punto di vista dal quale il rapporto obbligatorio può essere riguardato.

Pensiamo infatti al debitore come soggetto che ha non solo un dovere, ma uno specifico **interesse ad adempiere**. Tale interesse, a ben vedere, è *latu sensu* sempre presente in capo al debitore, perché l'ordinamento riconnette all'inadempimento conseguenze patrimoniali sfavorevoli e perché sussiste un'esigenza morale di adempiere; ma il debitore può essere portatore di interessi diversi e più specifici all'adempimento: ad esempio il pianista può avere interesse ad adempiere all'obbligo di esibirsi in concerto, per farsi conoscere o per acquisire un punteggio utile alla carriera.

Questo dimostra che allora, specularmente, **il creditore non è solo titolare di un diritto relativo, ma anche di un onere**: egli è onerato a ricevere la prestazione. Deve cioè porre in essere un comportamento necessitato al fine di realizzare un interesse proprio[54].

Il codice detta allora, agli artt. 1206 ss., alcune norme che tutelano l'interesse debitorio all'adempimento nel caso in cui il creditore, senza un motivo legittimo, rifiuti di accettare la prestazione ovvero non tenga quelle attività collaborative necessarie per poterla ricevere (si pensi al creditore che non lasci entrare in casa il debitore di un debito *portable*). La tutela del debitore passa attraverso la **costituzione in mora del creditore**, cioè attraverso un procedimento con cui si accerta formalmente il ritardo del creditore nel ricevere la prestazione (*mora accipiendi*). In tal modo s'intende evitare che le conseguenze economiche pregiudizievoli derivanti

---

[53]Cass. Civ, 18 marzo 2002, n. 3941; in dottrina: F. Gazzoni, Manuale di diritto Privato, 2006, p 586.
[54]Cattaneo, Digesto delle discipline privatistiche, Sez., civ, XI, 433.

dal ritardo nell'adempimento o dall' inadempimento finiscano per gravare sul debitore, nonostante sia stato il creditore a darvi causa. Per costituire in mora il creditore, il debitore deve procedere, nelle forme stabilite dagli artt. 1208 e 1209 c.c., all'offerta reale (per la consegna di denaro, titoli di credito o beni mobili da consegnare al domicilio del creditore), o per intimazione (per i beni mobili o immobili da consegnare in luogo diverso dal domicilio del creditore).

Ove sia in questione un obbligo di fare, gli effetti della *mora credendi* si determinano attraverso l'offerta di imputazione, che deve avvenire nelle forme stabilite dagli usi.

L'art. 1207 c.c. regola gli **effetti della costituzione in mora**: a) se, dopo la costituzione in mora, la prestazione diviene impossibile per causa non imputabile al debitore, **l'impossibilità è a carico del creditore**. Di regola, cioè quando il creditore non è in mora, se la prestazione diviene impossibile per causa non imputabile al debitore, questi è liberato dall'obbligo di eseguirla, ma non può nemmeno esigere la controprestazione, perché si verifica un caso di risoluzione del contratto per impossibilità sopravvenuta della prestazione; ma se il creditore ha rifiutato la prestazione o non ha collaborato con il debitore per consentirgliene l'esecuzione e, dopo la costituzione in mora, la prestazione diviene impossibile per causa non imputabile al debitore, allora questi è liberato dall'obbligo di eseguire la propria prestazione ed ha diritto al corrispettivo.

b) dopo la costituzione in mora, **non sono più dovuti gli interessi né i frutti della cosa che non siano stati percepiti dal debitore**;

c) il creditore è pure tenuto a **risarcire i danni derivanti** dalla sua mora e a sostenere le spese per la custodia e la conservazione della cosa dovuta. Sin qui si è visto come la legge disciplina i rapporti tra debitore e creditore nel caso di ritardo di quest'ultimo nel ricevere la prestazione. Questo ritardo può però perpetrarsi ed in tal caso il legislatore predispone un procedimento ulteriore, tramite il quale il debitore, che non può restare vincolato *sine die,* possa conseguire la propria liberazione anche invito creditore. Questo procedimento, che presuppone sempre la previa costituzione in mora, prevede che il debitore si offra ancora una volta di adempiere, questa volta mediante offerta reale o intimazione.

Se il creditore rifiuta l'offerta reale o non si presenta per ricevere le cose offertegli mediante intimazione, il debitore può eseguire il deposito e, se questo è accettato dal creditore o è dichiarato valido con sentenza passata in giudicato, il debitore non può più ritirarlo ed è liberato dalla sua obbligazione (art. 1210 c.c.).

Si è visto che l'offerta formale di cui agli artt. 1208 e 1209 c.c. è necessaria per costituire in mora il debitore, ai fini della produzione degli effetti di cui all'art. 1207 c.c. Se però il debitore intende costituire in mora il creditore al diverso fine di conseguire la liberazione dall'obbligazione mediante deposito, allora l'art. 1214 c.c. prevede che la cosa dovuta possa essere offerta nelle forme d'uso invece che in quelle prescritte dalla legge. La giurisprudenza di legittimità ha chiarito a più riprese che gli usi cui la norma fa riferimento non sono gli usi normativi ex art. 8 Cost, ma le pratiche costanti degli affari, seguite in una determinata zona o per determinate aree commerciali, cioè gli usi negoziali.

6. I modi di estinzione dell'obbligazione diversi dall'adempimento.

La regola generale, secondo cui l'obbligazione si estingue quando il debitore pone in essere la prestazione dovuta e viene soddisfatto l'interesse creditorio, soffre di alcune rilevanti eccezioni; si è visto, ad esempio, che l'obbligazione può estinguersi, con correlativa liberazione del debitore, anche a seguito dell'adempimento del terzo (art. 1180 c.c.); inoltre, come pure si è avuto modo di vedere, il pagamento a creditore apparente costituisce un vero e proprio adempimento ed estingue l'obbligazione, pur non realizzando l'interesse del creditore.

In entrambi i casi, però si verifica solo una scissione soggettiva, che altera la consequenzialità tra adempimento del debitore e soddisfacimento dell'interesse del creditore, perché nell'un caso ad adempiere è un soggetto diverso dal debitore e, nell'altro, a ricevere la prestazione è un soggetto diverso dal creditore. L'adempimento, però, non manca ed anzi, esso costituisce proprio la causa che determina l'effetto estintivo dell'obbligazione.

Vi sono invece alcune vicende che determinano l'**estinzione dell'obbligazione** *in assenza* **dell'adempimento.**

In alcune di esse si verifica comunque il soddisfacimento dell'interesse del creditore; in altre invece tale interesse è irrimediabilmente compromesso. Nei paragrafi che seguono si esamineranno dunque i modi di estinzione dell'obbligazione diversi dall'adempimento, distinguendo quelli satisfattori da quelli non satisfattori.

6.1 Modi satisfattori

a) *Compensazione*

Quando due persone sono obbligate l'una verso l'altra, i due debiti si estinguono per le quantità corrispondenti (art. 1241 c.c.). Questo effetto, tuttavia, non si verifica in modo automatico. Esistono tre tipi di compensazione, che operano infatti su presupposti diversi e con diverse modalità.

I) *la compensazione legale*

Prevista dall'art. 1243 c.c., questa forma di compensazione opera solo nel caso in cui i crediti siano omogenei, liquidi ed esigibili. Omogenei sono i crediti che hanno ad oggetto beni fungibili dello stesso genere (ad es. due crediti reciproci in danaro, o in grammi di oro o in grano). Liquidi sono i crediti il cui ammontare sia stato già esattamente determinato o sia di pronta liquidazione. Esigibili sono i crediti non sottoposti a termine o condizione sospensiva. Dati questi presupposti, perché la compensazione legale operi è necessario che la parte interessata la eccepisca in giudizio, non potendo il giudice rilevarla d'ufficio (art. 1242 c.c.).

Tuttavia la giurisprudenza ha chiarito a più riprese che la compensazione non è un effetto dell'eccezione sollevata in giudizio o della sentenza, (che è meramente dichiarativa), ma è disposta dalla legge (e per questo è detta compensazione legale), sotto la condizione che la parte, eccependola in giudizio, dimostri di volersene avvantaggiare. L'osservazione non è solo teorica, ma comporta rilevanti conseguenze in punto di disciplina. Infatti l'effetto della compensazione è *ex tunc*, cioè una volta accolta l'eccezione, è come se essa si fosse verificata nel momento in cui i crediti sono venuti a coesistere.

Tale regola incide anche sui rapporti con la prescrizione, che non impedisce la compensazione se non era compiuta quando si è verificata la coesistenza dei due debiti (art. 1242 secondo co. c.c.).

II) la compensazione giudiziale

Se il debito opposto in compensazione non è liquido, ma è di facile e pronta liquidazione, il giudice può dichiarare la compensazione per la parte del debito che riconosce esistente, e può anche sospendere la condanna per il credito liquido fino all'accertamento del credito opposto in compensazione (art. 1243 secondo co., c.c.). Un esempio di credito di facile e pronta liquidazione è quello che deve essere solo rivalutato in base agli indici ISTAT. Diversamente da quanto si è visto per la compensazione legale, qui la sentenza ha effetto costitutivo ed è quindi effetto *ex nunc*.

III) compensazione volontaria

Per volontà delle parti può aver luogo compensazione anche se non ricorrono le condizioni previste dagli articoli precedenti. Le parti possono anche stabilire preventivamente le condizioni di tale compensazione (art. 1252 c.c.).

In questo caso, ove i contraenti non abbiano diversamente stabilito, gli effetti estintivi decorrono dal momento del perfezionamento dell'accordo, che può intercorrere tra le parti anche prima della scadenza dei crediti. La compensazione volontaria si distingue poi da quella facoltativa, che ricorre quando la parte non oppone un'eccezione che potrebbe impedire la compensazione.

La disciplina degli effetti estintivi, con riguardo alla posizione dei terzi garanti o titolari di diritti su uno dei crediti reciproci, è comune a tutte e tre le forme di compensazione esaminate. In proposito l'art. 1247 c.c. dispone che il fideiussore possa opporre in compensazione il debito che il creditore ha verso il debitore principale. Lo stesso è a dirsi per il terzo che ha costituito un'ipoteca o un pegno. Ipotizziamo che taluno presti una fideiussione a favore di un certo debitore. Ciò significa che, in caso di inadempimento del debitore, il creditore potrà, a determinate condizioni, rivalersi sul fideiussore.

Se il creditore è a sua volta debitore del debitore principale, il fideiussore potrà opporre la compensazione, esattamente come può fare il debitore principale. Quindi: Tizio deve 200 a Caio. Caio deve 50 a Tizio. Sempronio presta fideiussione a favore di Tizio. Sempronio (fideiussore), ove Caio (creditore) gli chieda l'adempimento del debito di Tizio (debitore principale), potrà opporgli in compensazione i 50 euro che Caio deve a Tizio ed in conclusione, pagare solo 150.

La regola si spiega in base al principio di accessorietà dei rapporti di garanzia rispetto ai rapporti garantiti nonché in base al principio di rispondenza tra il contenuto del rapporto garantito e quello dell'obbligo del garante. Da ultimo occorre ricordare che non è ammessa compensazione tra un'obbligazione civile ed una naturale in quanto, come si è visto (par. 3, Cap. I), l'unico effetto giuridico che l'obbligazione naturale produce è quello della *soluti retentio*.

b) Datio in solutum.

Della *datio in solutum* si è già detto in sede di esame dei presupposti oggettivi dell'adempimento [§ 4 del presente Capitolo]. Basti qui ricordare che la *datio in solutum*, essendo un **contratto solutorio**, è anche un modo satisfattorio di estinzione dell'obbligazione. Essa infatti si **perfeziona con la** *datio rei*, la cui attitudine solutoria riviene proprio dall'accordo con cui le parti hanno convenuto di prestare ed accettare, con efficacia estintiva dell'obbligazione, una cosa diversa da quella originariamente convenuta. Il consenso del creditore, che dunque ritiene soddisfatto il proprio interesse, spiega l'inserimento della *datio in solutum* tra i modi satisfattori di estinzione dell'obbligazione diversi dall'adempimento.

c) Confusione.

L'art. 1253 c.c. contempla questo modo di estinzione dell'obbligazione stabilendo che "quando le qualità di creditore e di debitore si riuniscono nella stessa persona, l'obbligazione si estingue e i terzi che hanno prestato garanzia per il debitore sono liberati (art. 1253 c.c.)".Se la qualità di debitore e creditore si riuniscono nella stessa persona, (si pensi al caso della successione *mortis causa* del debitore al proprio creditore o viceversa- salvo che vi sia stata accettazione beneficiata), venendo meno l'alterità, non vi potrà essere un soggetto che eccepisca la confusione. Si comprende quindi perché essa operi *ope legis*, senza necessità di eccezioni.

6.2 Modi non satisfattori.
a) *Novazione oggettiva.*

A mente dell'art. 1230 cc, **"l'obbligazione si estingue quando le parti sostituiscono all'obbligazione originaria una nuova obbligazione con oggetto o titolo diverso** [1231 ss., 1320]".

Il secondo co. della stessa norma prevede inoltre che la volontà di estinguere l'obbligazione precedente debba "risultare in modo non equivoco".

L'espressione "quando le parti sostituiscono" fornisce una prima utile informazione sulla novazione. Le parti, insieme, sostituiscono una nuova obbligazione alla vecchia. Esse, quindi, si accordano. Possiamo quindi desumere che la novazione è allora un contratto. Quanto agli effetti, la norma prevede proprio nel suo *incipit* che "l'obbligazione si estingue", quindi la novazione è un contratto con effetti estintivi dell'obbligazione originaria. Se ne può dedurre che, allora, la novazione non è solo un contratto estintivo, ma è un **contratto estintivo costitutivo**, cioè estintivo della precedente obbligazione e costitutivo di una nuova.

Sappiamo però anche che *la ragione* della costituzione della nuova obbligazione risiede nell'intenzione di estinguere, in tal modo, l'obbligazione precedente: la causa del contratto di novazione è dunque una ed unitaria e consiste appunto nella sostituzione di una nuova obbligazione alla precedente, che si estingue. La novazione è quindi, secondo la dottrina maggioritaria e la giurisprudenza, un **negozio tipico con dotato di causa propria** (teoria negoziale)[55].

Questa ricostruzione pare avallata dal fatto che l'art. 1320 c.c. individua gli elementi essenziali della fattispecie, sia sul piano oggettivo sia sul piano soggettivo, come di regola avviene quando si delineano autonome fattispecie negoziali. In particolare, la norma richiede, sul piano oggettivo, la presenza di una nuova obbligazione, con oggetto o titolo diverso (*aliquid novi*); sul piano soggettivo, l'*animus novandi*, cioè la volontà delle parti, manifestata in modo non equivoco, (ma non necessariamente espresso, ben potendo essa essere anche desunta da fatti concludenti), di estinguere il rapporto pregresso.

L'*animus novandi* si traduce, quindi, in una manifestazione di volontà negoziale, mentre nell'*aliquid novi* risiede lo specifico interesse delle parti a cui l'ordinamento riconosce rilevanza ed accorda tutela, codificando il negozio estintivo costitutivo della novazione.

Quella accennata non è tuttavia l'unica ricostruzione fornita in dottrina circa il negozio novativo. Secondo un **minoritario orientamento dottrinario**[56],

---

[55]V. *ex multis*: Barbero, Sistema istituzionale del diritto privato italiano, Torino, 1964, II, p. 26; Trabucchi, Istituzioni di diritto civile, Padova, 2005, p. 660;
[56]Rescigno, Voce Novazione (dir. civ.),in Noviss. Dig. It, XI, Torino, 1965, p. 434 ss.

la novazione non costituirebbe un autonomo negozio, ma soltanto un effetto giuridico, che potrebbe essere prodotto da qualsiasi contratto ad effetti obbligatori o meglio dalla combinazione di più contratti (teoria effettuale). In altri termini, le parti di un contratto ad effetti obbligatori possono convenire che una nuova obbligazione si sostituisca ad una precedente, ed il negozio costitutivo della nuova obbligazione riposerebbe sulla propria specifica causa, mentre l'estinzione della precedente obbligazione altro non sarebbe che uno degli effetti giuridici da esso prodotti. In questa ottica, la costituzione della nuova obbligazione non avrebbe come proprio fine l'estinzione della precedente, ma l'effetto novativo sarebbe, come si è detto, meramente "accessorio". Un esempio di **effetto novativo accessorio** è stato ravvisato dall'orientamento in menzione nella **transazione novativa**, di cui è preclusa, salvo diversa espressa stipulazione, la risoluzione per inadempimento (art. 1976 c.c.). Vale a dire che il difetto nell'esecuzione della transazione non potrà mai comportarne la risoluzione, né, quindi, la reviviscenza di un rapporto che le parti abbiano inteso estinguere con una valida ed inequivoca manifestazione di volontà. Ciò starebbe a dimostrare l'assenza della consequenzialità tra costituzione della nuova obbligazione ed estinzione della precedente e la mancanza di autonomia causale della novazione, che costituiscono invece i cardini dell'orientamento precedentemente illustrato.

Una regola importante in materia di novazione è prevista dal primo co. dell'art. 1234 c.c., a mente del quale **se l'obbligazione originaria era inesistente o nulla, la novazione manca di causa e, perciò, è senza effetto.** La norma presidia il principio di causalità dell'attribuzione patrimoniale (arg. ex artt. 1987 e 2033 c.c.), in forza del quale tutti gli spostamenti patrimoniali devono poggiare su una valida giustificazione causale. Infatti, se si consentisse di stipulare la novazione di un'obbligazione inesistente o nulla, si consentirebbe anche la costituzione di vincoli privi di giustificazione causale e quindi in ultima analisi, si ammetterebbero attribuzioni acausali. L'art. 1235 c.c. contempla infine la novazione soggettiva che, diversamente dalla novazione oggettiva, non costituisce una causa di estinzione dell'obbligazione, ma una modificazione soggettiva del rapporto obbligatorio, per la quale la norma in commento rinvia agli artt. 1268 ss. che, regolano delegazione, espromissione e accollo.

b) La remissione del debito.

La dichiarazione del creditore di rimettere il debito estingue l'obbligazione quando è comunicata al debitore, salvo che questi dichiari in un congruo termine di non volerne profittare (art. 1236 c.c.).

Secondo l'orientamento prevalente la remissione del debito è un **negozio unilaterale recettizio**, che produce i propri effetti quando la dichiarazione del creditore è comunicata al debitore.

La remissione rientra nella categoria degli atti di rinunzia ed è negozio ben distinto dal *pactum de non petendo*, con cui il creditore semplicemente *si obbliga* a non chiedere l'adempimento, ad esempio, prima dello spirare di un certo termine (ad esempio, la banca s'impegna a non chiedere l'adempimento prima della chiusura del conto corrente). Mentre infatti la remissione è un **negozio estintivo**, non così è dunque a dirsi del *pactum de non petendo*, il quale produce solo effetti obbligatori. Conseguentemente, mentre la remissione determina anche l'estinzione delle garanzie inerenti al credito e, in caso di obbligazioni solidali, libera tutti gli altri debitori salvo diversa pattuizione, al contrario nulla di ciò avviene a seguito della stipula di un *pactum de non petendo*, che altro non integra se non un impegno a non chiedere il pagamento al debitore o ad uno dei debitori solidali. Sotto il profilo formale la remissione può essere espressa o tacita. Nel secondo caso, diviene delicata l'indagine sul sottile confine che esiste tra il mero ritardo nell'esercizio del diritto ed il *venire contra factum proprium* che, come visto (capitolo I, par. 5.2.2), integra abuso del diritto.

c) Impossibilità sopravvenuta.

L'art. 1256 primo co., c.c. prevede che "**l'obbligazione si estingue quando, per una causa non imputabile al debitore, la prestazione diventa impossibile**" [1218, 146].

L'impossibilità della prestazione si distingue in **originaria e sopravvenuta**. La prima impedisce il sorgere del rapporto obbligatorio; la seconda lo estingue liberando il debitore, se essa dipende da causa a lui non imputabile, L'impossibilità sopravvenuta della prestazione non imputabile al debitore costituisce quindi un **modo non satisfattorio di estinzione dell'obbligazione ed è una delle cause di risoluzione del contratto (art. 1463 c.c.).** (Tizio si è obbligato a vendere ad un museo un'opera d'arte che, nonostante la diligente conservazione, prima della vendita viene accidentalmente distrutta durante un incendio. L'obbligazione si estingue con liberazione di Tizio. Giova sottolineare che lo stesso esempio non si potrebbe fare in relazione ad obbligazioni generiche, ad esempio prendendo ad oggetto un quintale di grano oppure una somma di danaro. In virtù della nota regola *genus numquam perit*, infatti, il debitore sarebbe tenuto a consegnare un quintale di grano o la somma dovuta).

Se il debitore è liberato, il creditore non è più tenuto ad eseguire la controprestazione.

Occorre però coordinare le norme in materia di impossibilità sopravvenuta, con quelle, in materia di **mora del debitore e del creditore** di cui si dirà al capitolo seguente. Giova tuttavia anticipare qui alcune brevi regole. Se il debitore è in mora, e la prestazione diviene impossibile, il suo obbligo non si estingue ed egli, non potendo adempiere, sarà considerato inadempiente, e quindi tenuto a risarcire il danno; viceversa, se è in mora il creditore, la liberazione del debitore per l'impossibilità sopravvenuta della prestazione, non lo libera dall'obbligo di eseguire la controprestazione Si tratta del fenomeno della *perpetuatio obbligationis*, di cui si dirà al § 4.1.1, Cap. V).

Strettamente connesso all'art. 1256 c.c. è poi il disposto dell'art. **1218 c.c., che esonera il debitore dall'obbligo di risarcire il danno, nel caso in cui l'inadempimento dipenda da impossibilità sopravvenuta della prestazione a lui non imputabile.**

La norma evidenzia che il rapporto tra inadempimento ed impossibilità sopravvenuta consiste nel fatto che la seconda costituisce un limite alla responsabilità per il primo.

L'effetto estintivo previsto dall'art. 1256 si verifica se l'impossibilità è definitiva. In caso di impossibilità temporanea, invece, il debitore è esonerato dalla responsabilità per il ritardo nell'adempimento. Se però il termine è essenziale o se il ritardo è tale da rendere inutile la prestazione, si torna alla regola dell'effetto estintivo.

Il codice contempla poi l'ipotesi in cui la prestazione abbia ad oggetto una cosa determinata e divenga impossibile per **causa imputabile ad un terzo.**
La regola dettata dall'art. 1259 c.c. prevede che in tal caso il debitore non incorra in responsabilità, ma sia tenuto a **corrispondere al creditore quanto abbia conseguito dal terzo a titolo di risarcimento del danno.** Inoltre è concesso al creditore di far valere direttamente contro il terzo i diritti che nei confronti di questo spettano al debitore. Si tratta, più precisamente, di un'ipotesi di surrogazione reale perché si determina di diritto la sostituzione di un dato rapporto (quello tra creditore e terzo) con oggetto diverso (il risarcimento in luogo della prestazione), a quello precedente (tra creditore e debitore), che si estingue[57]. [Per la rilevanza dell'impossibilità sopravvenuta nei contratti a prestazioni corrispettive, si rinvia al Cap. 22, § 6].

La giurisprudenza di legittimità si è recentemente soffermata sulla distinzione tra impossibilità sopravvenuta della prestazione ed impossibilità sopravvenuta di utilizzazione della prestazione, affermando che "l'impossibilità di utilizzazione della prestazione da parte del creditore, pur se normativamente non specificamente prevista, costituisce, analogamente all'impossibilità della esecuzione della prestazione, (autonoma) causa di estinzione dell'obbligazione"[58] [Cap. I, § 1.4].

Si è già detto del *leading case* che ha portato all'elaborazione di questa fi-

---

[57]Ma v. contra Contra Perlingieri, Dei modi di estinzione delle obbligazioni diversi dall'adempimento, in Comm. cod. civ., a cura di Scialoja-Branca, Bologna-Roma, 1975, p. 537, per il quale la norma configura un semplice subingresso, in quanto in questo caso non si avrebbe alcuna modifica del contenuto dell'originario rapporto, che, al contrario, si estinguerebbe a seguito dell'impossibilità.

[58]Cass. civ., Sez. III, 24 luglio 2007 n.16315 in Giust. civ. Mass., 2007, 7-8

gura, il quale ebbe ad oggetto la vicenda di un turista che, avendo acquistato un pacchetto viaggio tutto compreso per recarsi a scopo di svago in una nota località turistica ed essendo successivamente venuto a conoscenza del diffondersi dell'epidemia di un grave virus, aveva sostenuto la tesi dell'estinzione del contratto per sopravvenuta inutilizzabilità della prestazione, essendo venuta meno la realizzabilità dello scopo di svago concretamente perseguito.

La tesi trovò accoglimento in giurisprudenza e la Suprema Corte ebbe a chiarire in quella occasione che l'irrealizzabilità della finalità perseguita (e quindi della causa concreta del contratto) per evento sopravvenuto non imputabile alle parti, determina il venir meno dell'elemento funzionale dell'obbligazione, l'estinzione del contratto per sopravvenuta impossibilità di utilizzazione della prestazione e l'esonero delle parti dalle rispettive obbligazioni.

CAPITOLO V

L'INADEMPIMENTO

1. Premessa.
Le norme del Capo III, Titolo I, Libro IV del Codice civile (artt. 1218-1229 c.c.), disciplinano **la responsabilità contrattuale come responsabilità da inadempimento,** in contrapposizione alla responsabilità extracontrattuale, che consegue invece alla commissione di un fatto doloso o colposo che abbia cagionato ad altri un danno ingiusto, secondo la fattispecie contemplata dall'art. 2043 c.c.
Mentre la responsabilità contrattuale implica per definizione la **preesistenza di un rapporto obbligatorio** tra le parti, al contrario la responsabilità extracontrattuale sorge tra soggetti non legati da alcun rapporto obbligatorio e consegue non già ad un inadempimento, ma alla violazione del principio del *neminem laedere.* Pertanto, mentre la responsabilità contrattuale **sostituisce l'obbligo risarcitorio ad un'obbligazione preesistente rimasta inadempiuta,** la responsabilità extracontrattuale determina essa stessa il sorgere di un rapporto obbligatorio originario, avente ad oggetto proprio l'obbligo risarcitorio.
Alla diversa natura dei due tipi di illecito fanno seguito rilevanti **differenze disciplinari.**
In caso di illecito extracontrattuale, come si vedrà, la mora è *ex re* e non *ex persona* (salvo il caso di cui all'art. 1219 c.c., n. 2 e3), l'azione si prescrive in cinque anni (art.2947 co.1) e non in dieci (art. 2946), e l'onere della prova è a carico del danneggiato e non del debitore (art. 1218 c.c.).
In questa sede è consentito solo brevemente accennare alla sempre più frequente, un tempo divise da una linea di demarcazione che va, commistione tra le due forme di responsabilità nel tempo, sfumando. Solo esemplificativamente, si pensi alla lesione extracontrattuale del credito, materia oggetto da lungo tempo di copiosa elaborazione giurisprudenziale.
Inquadrando sistematicamente la responsabilità contrattuale nel macrosistema della responsabilità civile, emerge in modo plastico la centralità dell'inadempimento dell'obbligazione che, quale fonte di responsabilità ci-

vile, costituirà l'oggetto del presente capitolo.

2. L'inadempimento: nozione, caratteri e presupposti.

Riguardato da un punto di vista statico, **l'inadempimento è la mancata o inesatta esecuzione della prestazione dovuta dal debitore**.[59] Sotto questo profilo, può osservarsi che la nozione di inadempimento è funzione di quella di prestazione: quanto più ampia è quest'ultima, tanto più lo sarà quella di inadempimento. Pertanto, la recente **valorizzazione della funzione svolta dalle fonti di integrazione del contratto** (ex art. 1374 c.c.), il riconoscimento del ruolo integrativo (e non più meramente valutativo) della buona fede, la sempre più analitica specificazione di obblighi diversi da quello di tenere la prestazione principale e pur sempre gravanti sul debitore (come ad esempio quello di tenere comportamenti protesi a proteggere gli interessi di coloro che si trovino in una relazione di prossimità con il creditore), hanno determinato un correlativo **ampliarsi del novero delle condotte** che, rispetto a tale complessa varietà di doveri, debbono dirsi **inadempitive**.

Riguardato da un punto di vista dinamico, l'inadempimento per cause imputabili al debitore è la ragione della responsabilità contrattuale del debitore e, quindi, della sua soggezione all'obbligo risarcitorio. Riguardato da un punto di vista sistematico, l'**inadempimento è un fatto illecito, quando è imputabile al debitore; un fatto antigiuridico quando non lo è.**

Riguardato da un punto di vista temporale, esso è infine una vicenda del rapporto obbligatorio, che si colloca tra l'obbligazione originaria, rimasta inadempiuta, e l'obbligazione risarcitoria che alla prima si sostituisce. Da un punto di vista più analitico, si possono esaminare i caratteri dell'inadempimento sotto due profili: a) quello oggettivo, in cui si inscrive la distinzione tra adempimento totale ed inesatto e, all'interno di quest'ultima figura, quella tra adempimento temporaneo e definitivo; b) quello soggettivo, in cui si articola la distinzione tra adempimento imputabile e non imputabile. Di tali figure si dirà nei sottoparagrafi che seguono, non senza avere prima brevemente passato in rassegna i presupposti dell'inadempimento.

2.1 Presupposti dell'inadempimento.

I presupposti dell'inadempimento sono: l'**esistenza dell'obbligazione** e l'**attualità del tempo della prestazione**.

Sotto il primo profilo, non integra inadempimento la mancata esecuzione di un'obbligazione naturale, (che, come visto, non costituisce un'obbligazione in senso stretto), né la mancata osservanza di obblighi aventi contenuto non

---

[59]Bianca, Diritto civile, V, La responsabilità, Giuffré 1994, pag. 1.

patrimoniale, giacché, come si ricorderà, la prestazione che forma oggetto di un'obbligazione deve essere suscettibile di valutazione economica (giova rimarcare che, da un lato, esistono, in specie nel diritto di famiglia, obblighi giuridici diversi dalle obbligazioni, che hanno invece contenuto non patrimonialmente valutabile; dall'altro che l'inadempimento di una prestazione patrimonialmente valutabile può generare un danno non patrimoniale: perché ricorra l'inadempimento, è necessaria la patrimonialità della prestazione inadempiuta, non già la patrimonialità del danno che consegue all'inadempimento).

Inoltre, poiché il generico dovere di *neminem laedere* non costituisce un'obbligazione, nemmeno la sua violazione rappresenta un inadempimento, ma costituisce fonte di responsabilità extracontrattuale.

Quanto al secondo dei suaccennati profili, il presupposto dell'attualità del tempo della prestazione, o dell'attualità dell'obbligo, comporta che il debitore sia tenuto ad adempiere senza dilazione tempo, vale a dire dalla scadenza del termine.

Giova sottolineare che attualità dell'obbligo ed esigibilità del credito sono concetti distinti, che possono non coincidere temporalmente. Come insegna autorevole[60] dottrina,"l'esigibilità della prestazione non implica l'inadempimento del debitore, in quanto vi sono rapporti in cui il termine è a favore del creditore, il quale può richiedere immediatamente la prestazione, mentre il debitore può o deve attendere che la prestazione gli sia richiesta".

2.2 Inadempimento totale e adempimento inesatto.

L'inadempimento è totale quando la prestazione manca del tutto; è inesatto quando la prestazione eseguita è difforme da quella dovuta. Occorre quindi tenere ben distinti l'adempimento parziale e l'adempimento inesatto, che è cosa ben diversa.

L'adempimento parziale è l'esecuzione di una sola parte della prestazione dovuta: ti dovevo 100 e ti ho dato 50; (si è già visto in merito che l'art. 1181 c.c. prevede che il debitore possa rifiutare l'adempimento parziale anche se la prestazione è divisibile, salvo che la legge o gli usi dispongano diversamente). Quando si discute invece di adempimento inesatto s'intende invece rilevare una difformità tra prestazione eseguita e prestazione dovuta: ad es., mi dovevi un gioiello d'oro e me lo hai consegnato di rame; mi dovevi un'autovettura di cilindrata 2000 e me l'hai consegnata di cilindrata 1800; etc.

L'inesattezza dell'adempimento va valutata alla stregua di plurimi criteri, quali ad esempio la qualità dei beni dovuti, il luogo di esecuzione della prestazione o altre circostanze e caratteri della stessa che appaiano difformi da

---

[60]Bianca, Diritto civile, La Responsabilità, pag. 5

quelli pattuiti. Giova inoltre ricordare che l'art. 1455 c.c. stabilisce che non ogni inesattezza o imprecisione dell'inadempimento può portare alla risoluzione del contratto, la quale può conseguire soltanto ad un inadempimento di non scarsa importanza.

Sotto il profilo dei rimedi, l'inesatto adempimento può comportare il diritto del creditore alla sostituzione o alla riparazione (art. 1661 co. 1 c.c., in materia di appalto, e 222, co. 6, c.c., in materia di contratto d'opera).

2.3 Adempimento temporaneo e definitivo.

L'adempimento è temporaneo quando il termine per adempiere è già scaduto, ma la prestazione è ancora possibile; è definitivo quando il termine per l'adempimento è scaduto e la prestazione non è più possibile. Nel primo caso, il debitore potrebbe non adempiere più oppure adempiere con ritardo. Il ritardo nell'adempimento è una delle diverse forme di adempimento inesatto, ma assume una sua autonomia concettuale e disciplinatoria.

Nel secondo caso (inadempimento definitivo), l'inadempimento è irreversibile. L'irreversibilità dell'inadempimento può verificarsi:

a) perché dopo la scadenza del termine la prestazione non è più possibile;

b) perché il termine scaduto era un c.d. "termine essenziale" (viene ordinato un abito da sposa, che non è pronto per il giorno del matrimonio. La prestazione sarebbe ancora possibile, ma l'inadempimento è definitivo, in quanto l'adempimento nei termini era essenziale e, scaduto il termine, la sposa non ha più alcun interesse a ricevere l'abito);

c) quando il ritardo diviene obiettivamente intollerabile;

d) nel caso di risoluzione del contratto da cui derivava l'obbligazione inadempiuta.

2.4 Inadempimento imputabile e non imputabile. Rinvio.

L'inadempimento imputabile al debitore è un fatto illecito, che si affianca all'illecito extracontrattuale in quanto come questo lesivo di diritti altrui e, allo stesso tempo, se ne distingue perché lesivo di diritti relativi, laddove l'illecito extracontrattuale è invece lesivo di diritti assoluti. L'inadempimento imputabile comporta la responsabilità del debitore ed il conseguente obbligo risarcitorio.

L'inadempimento non imputabile è invece un mero fatto antigiuridico e non comporta l'attribuzione di una responsabilità per i danni da esso derivanti. Per l'esame dei criteri di imputabilità dell'adempimento si rinvia al Capitolo V, §2.1.

3. La prova dell'inadempimento.

L'art. 2697 c.c. stabilisce che "**chi vuol far valere un diritto in giudizio deve provare i fatti che ne costituiscono il fondamento. Chi eccepisce l'inefficacia di tali fatti ovvero eccepisce che il diritto si è modificato o estinto, deve provare i fatti su cui l'eccezione si fonda**". Il creditore che agisce in giudizio contro il debitore inadempiente, deve dunque provare i fatti che costituiscono il fondamento del proprio diritto, cioè il titolo dello stesso (il contratto, la promessa, etc.). Ma su chi incombe la prova dell'inadempimento? Per lungo tempo si è ritenuto che a questo quesito dovessero fornirsi soluzioni differenti a seconda che il creditore agisse per l'adempimento oppure per la risoluzione del contratto, salvo, in entrambi i casi, il risarcimento del danno.

Con uno storico *revirement* dell'ottobre del 2001, le Sezioni Unite[61], hanno enunciato il principio di diritto secondo cui **il creditore** che, a seguito dell'inadempimento, agisce per il risarcimento del danno e per la risoluzione del contratto o per l'esatto adempimento, **deve fornire una sola prova, cioè quella del contratto, limitandosi alla mera allegazione dell'inadempimento della controparte** (vale a dire: limitandosi ad affermare che il debitore non abbia adempiuto); per contro, il debitore è gravato dall'onere di provare il fatto estintivo del suo obbligo, cioè l'avvenuto adempimento.

La soluzione, ribadita successivamente dalle Sezioni Unite[62] con particolare riguardo alla responsabilità medica, (v., più dettagliatamente, §5, Cap. VI), appare in linea con il disposto dell'art. 2697 citato, ma poggia anche su due principi di grande rilievo: **il principio di vicinanza della prova e quella della persistenza presuntiva del diritto**.

Il primo comporta che la prova debba essere fornita dal soggetto cui essa è più "vicina": è ben più facile per il debitore provare di avere adempiuto, che non per il creditore provare il mancato adempimento (naturalmente l'inverso avverrà nelle obbligazioni negative); il secondo vuole che il diritto si presuma esistente finché non se ne provi l'estinzione. In altri termini, poiché l'adempimento è un modo di estinzione dell'obbligazione, al creditore spetta solo provare la nascita del suo diritto, previa esibizione del titolo costitutivo dello stesso, mentre al debitore spetterà di dimostrare l'avvenuta estinzione del credito per effetto del proprio adempimento o di altra causa di estinzione.

Il debitore però, potrebbe aver interesse a dimostrare non già l'adempimento, in ipotesi non avvenuto, ma la **non imputabilità dell'inadempimento**. Si è visto che l'interpretazione dell'art. 1218 c.c. più

---

[61]Cass. civ., Sez. Un., 30 ottobre 2001, n.13533; Cass. 25 ottobre 2007, n. 22361.

[62] Cass., Sez. Un., 11 gennaio 2008, n.577 .

accreditata in giurisprudenza, vuole che questa norma ponga una **presunzione di colpa del debitore, che questi può vincere provando la propria diligenza.**

Se si accoglie questa interpretazione, se ne deve trarre la conseguenza che al creditore sarà sufficiente allegare l'inadempimento oggettivo (cioè il fatto storico dell'inadempimento) e quello soggettivo (cioè l'imputabilità del fatto storico al debitore), senza la necessità di fornire la prova né del primo (per i due principi enunciati) né del secondo (perché la colpevolezza, e quindi l'imputabilità, si presumono). Sarà poi il debitore a dover provare di aver adempiuto o di aver agito con diligenza.

I principi enunciati dalle Sezioni Unite hanno comportato una progressiva riconduzione ad unità della disciplina in tema di *onus probandi*, in passato segnata da una drastica linea di demarcazione tra l'inadempimento delle obbligazioni di mezzo e delle obbligazioni di risultato. [v. Cap. VI, §5].

4. I rimedi contro l'inadempimento.

Esistono diversi strumenti che il codice civile pone a disposizione del creditore che si trovi a dover fronteggiare l'inadempimento del debitore. Anzitutto, questi può essere **costituito in mora** dal creditore che abbia ancora interesse alla prestazione, sempre che questa sia ancora possibile. In tal modo, come vedremo, si interrompe la prescrizione del diritto all'adempimento, si pongono i presupposti per la richiesta di risarcimento del danno da ritardo e si determina il passaggio del rischio della sopravvenuta impossibilità della prestazione, dal creditore al debitore.

Inoltre, nei contratti a prestazioni corrispettive, il debitore può opporre l'**eccezione d'inadempimento** ex art. 1460 c.c.

Se poi il debitore persevera nell'inadempimento, il codice offre al creditore due diverse tutele, a seconda che questi abbia ancora o non abbia più interesse a conseguire la prestazione. Nel primo caso il creditore può **agire per l'adempimento;** nel secondo **per la risoluzione,** salvo sempre domandare il risarcimento del danno.

4.1 La mora del debitore.

La mora del debitore è il **ritardo imputabile al debitore** nell'adempimento dell'obbligazione. E' disciplinata dagli artt. 1219 ss. c.c., che distinguono la mora *ex re* dalla mora *ex persona*.

La mora *ex re*si verificaautomaticamente, per il solo fatto del ritardo, mentre la **mora *ex persona*richiede un formale atto di costituzione in mora**, con cui il creditore richiede per iscritto l'adempimento. Si ha mora *ex re*, ai sensi dell'art. 1219 c.c.,

a) quando il debito deriva da fatto illecito (ex art. 2043 c.c.);

b) quando il debitore ha dichiarato per iscritto di non volere eseguire l'obbligazione (circostanza che rende inutile la richiesta scritta del creditore);

c) quando è scaduto il termine, se la prestazione deve essere eseguita al domicilio del creditore (cioè in caso di debito *portable*). In tal caso vale la regola *dies interpellat pro homine*. Se il termine è scaduto e il debitore non si è presentato, come avrebbe dovuto, al domicilio del creditore, per adempiere la prestazione, non è necessaria ulteriore prova del suo ritardo. Se invece un termine non è fissato, oppure se il debito è *quérable* (deve cioè essere adempiuto al domicilio del debitore), allora non è possibile considerare il mancato adempimento automaticamente come ritardo, perché esso ben può spiegarsi come una semplice attesa, da parte del debitore, dell'iniziativa del creditore, da cui ci si aspetta che fissi un termine o che si rechi al domicilio del debitore a domandare la prestazione. In questi casi, per costituire in mora il debitore è necessario che il creditore faccia una richiesta scritta di adempimento (mora *ex persona*).

4.1.1. Effetti della mora del debitore.

Uno degli effetti principali della costituzione in mora consiste nell'**interruzione della prescrizione,** come disposto dall'art. 2943 c.c. Essa produce inoltre l'obbligo di risarcire il danno da ritardo e la *perpetuatio obligationis*. Dell'obbligo di risarcitorio si dirà al par. 4.3., mentre il presente paragrafo è dedicato alla **perpetuatio obligationis,** la quale, contemplata dall'art. 1221 c.c., comporta che, in caso di mora del debitore, l'impossibilità sopravvenuta per caso fortuito o forza maggiore non estingua l'obbligazione, ma trasformi l'obbligo di tenere la prestazione originaria, nell'obbligo di risarcire il danno. Ciò significa che quel rischio che, prima della costituzione in mora, incombeva sul creditore, successivamente ad essa, incombe sul debitore.

Per comprendere questo meccanismo occorre por mente al fatto che uno dei casi di estinzione dell'obbligazione è, come visto, la sopravvenuta impossibilità della prestazione per causa non imputabile al debitore (art. 1256 c.c.). La norma disciplina quindi la allocazione di un rischio - quello del caso fortuito- facendolo gravare sul creditore.

Esiste una grande differenza tra i criteri di allocazione del rischio per il fortuito, nel caso di diritti reali e nel caso di diritti relativi. Nel primo caso, com'è noto, vale la regola *res perit domino*, per la quale è il proprietario che sopporta il danno derivante dalla perdita del bene. Pertanto, nel caso di stipula di un contratto traslativo, prima della prestazione del consenso e del correlativo trasferimento della titolarità bene, il suo perimento grava sull'alienante, che ne è il proprietario; dopo la prestazione del consenso, trasferitasi la titolarità del bene, il perimento grava sull'acquirente.

Nel caso di diritti relativi, che viene in questione in questa sede, si applica invece la regola*res perit creditori*, proprio perché se la prestazione diviene impossibile, l'unica conclusione che se ne può far discendere è che il creditore non potrà più pretenderla. **Tuttavia, in caso di mora del debitore, vige la regola inversa,** secondo la quale se la prestazione diviene impossibile per causa non imputabile al debitore quando questi è in mora, il debitore non è liberato, ma si verificano le stesse conseguenze che si sarebbero verificate in caso di inadempimento imputabile al debitore. Infatti, in tal caso, il creditore perde una prestazione di cui avrebbe beneficiato se il debitore avesse tempestivamente adempiuto. Il debitore è quindi responsabile del mancato conseguimento della prestazione da parte del creditore, esattamente come lo è quando egli colpevolmente non adempie.

Questo ragionamento è però basato sul presupposto che se il debitore avesse adempiuto nei termini, il creditore avrebbe beneficiato dell'utilità della prestazione e non avrebbe subito danni. Pertanto, **il debitore può sottrarsi alla responsabilità da inadempimento se dimostra che la prestazione sarebbe divenuta impossibile, ed il creditore non avrebbe potuto beneficiarne, anche se egli avesse agito tempestivamente.** Esempio: Tizio si obbliga a vendere a Caio un quadro di sua proprietà entro il 31 gennaio del corrente anno; tuttavia, temporeggiando, rimanda il giorno della vendita sino a che, il 28 febbraio, nel deposito in cui custodisce il quadro, si sviluppa un incendio e il quadro va distrutto. Se il 31 dicembre Tizio avesse venduto il quadro a Caio, come si era impegnato a fare, il quadro non sarebbe andato perso e quindi si può concludere che Tizio è responsabile del danno. E' per questo che, ex art. 1221, sarà tenuto a risarcirlo. Se però l'incendio è divampato anche nella casa di Caio, confinante con quella di Tizio, distruggendo ogni cosa, allora Tizio potrà provare che il suo ritardo non è causa del danno, il quale si sarebbe comunque verificato anche se egli avesse adempiuto tempestivamente. Però, se Caio dimostra che, una volta acquistato il quadro, egli lo avrebbe tempestivamente rivenduto ad un terzo, si ritorna nella situazione precedente: è Caio, con il suo ritardo, ad aver cagionato un danno e dovrà pertanto risarcirlo.

Un ultimo caso: se una cosa è illecitamente sottratta e perisce per caso fortuito, chi l'ha sottratta non può liberarsi dalla responsabilità risarcitoria deducendo che la cosa sarebbe perita anche presso il proprietario. In tal caso si applica infatti la regola per cui *qui in re illicita versatur, tenetur etiam pro casu* (art. 1221 c.c.).

4.2 La risoluzione per inadempimento (rinvio).

Dinanzi all'inadempimento del debitore, il creditore può agire per l'adempimento, oppure per la risoluzione del contratto, salvo in entrambi i casi il diritto al risarcimento del danno. Nel primo caso, il rimedio che l'ordinamento offre al debitore è **l'azione di esatto adempimento**, finaliz-zata a consentire al creditore di ottenere quello stesso bene che avrebbe ot-tenuto se il debitore avesse adempiuto l'obbligazione.

Non è dato rinvenire nel codice una norma che disciplini in modo autonomo tale azione, che è tuttavia **contemplata dall'art. 1453 c.c.**, laddove disci-plina il rapporto tra azione di adempimento e azione di risoluzione per ina-dempimento, dettando la regola che segue: chi ha domandato l'adempimento può successivamente domandare la risoluzione; chi invece ha domandato la risoluzione non può più chiedere l'adempimento, perché può avere indotto il debitore a liberarsi dei mezzi atti ad adempiere. Inoltre, dopo che è stata chiesta la risoluzione, è preclusa al debitore la possibilità di adempiere, perché la domanda di risoluzione manifesta una volontà defini-tiva di rinunciare all'adempimento, presumibilmente fondata su una perdita di interesse a continuare a perseguirlo in un tempo successivo all'inadempimento [per una più dettagliata disamina di tali principi, v. Cap. XXII, § 5.2].

La **risoluzione per inadempimento** è un rimedio che può essere azionato solo per i crediti sorti da contratti a prestazioni corrispettive. L'art. 1453 c.c., nel dettare tale regola, appronta un rimedio che consente al contraente *in bonis* di liberarsi dal proprio obbligo se la controparte è inadempiente, nonché di ottenere la restituzione di quanto eventualmente prestato in attua-zione del vincolo contrattuale. Per la risoluzione del contratto si rinvia al capitolo XXII.

Si è visto che se è ancora interessato a conseguire la prestazione, il creditore può invece agire per l'adempimento. Con questa azione il creditore mira ad ottenere esattamente il bene dovuto.

Diversa funzione ha in invece la **domanda di risarcimento,** con cui il debi-tore mira ad una tutela di tipo quantitativo del proprio patrimonio, cioè a riportalo alla stessa consistenza in cui si sarebbe trovato se il debitore non si fosse reso inadempiente. Il risarcimento sostituisce alla prestazione inese-guita il suo valore economico.

CAPITOLO VI

LA RESPONSABILITÀ PER INADEMPIMENTO

SOMMARIO: 1. Premessa. – 2. Imputabilità dell'inadempimento e rilievo della colpa: teorie oggettivistiche e soggettivistiche. – 3. La responsabilità per colpa. – 4. La responsabilità oggettiva. – 5. Obbligazioni di mezzi e di risultato. – 6. Nozione di danno e criteri di determinazione. – 7. Il nesso di causalità tra inadempimento e danno: teoria della *conditio sine qua non* e suoi contemperamenti. – 7.1 Teoria dell'adeguatezza causale. – 7.2 Teoria della causalità specifica. – 8. L'elemento soggettivo nella determinazione del danno. – 9. La clausola penale e la caparra.

1) Premessa.
Nel capitolo precedente si è chiarito in cosa consista l'inadempimento. Non ogni volta che si verifica un inadempimento, però, il debitore ne è responsabile.
Il codice civile detta allora alcuni criteri volti a stabilire chi sia responsabile dell'inadempimento e quindi, in ultima analisi, chi debba rispondere delle conseguenze dannose che da esso derivano.

2) Imputabilità dell'inadempimento: teorie oggettivistiche e soggettivistiche
Il criterio generale che regola la responsabilità per inadempimento è dettato dall'art. 1218 c.c., a mente del quale **"il debitore che non esegue esattamente la prestazione dovuta è tenuto al risarcimento del danno, se non prova che l'inadempimento o il ritardo nell'adempimento è stato determinato da impossibilità della prestazione derivante da causa a lui non imputabile". In tale ultimo caso, infatti, l'obbligazione si estingue ai sensi dell'art. 1256 c.c.** Pertanto, come si è avuto modo di osservare al capitolo precedente, l'inadempimento che deriva da impossibilità della prestazione non imputabile al debitore, cioè l'inadempimento non imputabile, è un mero fatto antigiuridico e non dà luogo a responsabilità. Invece l'inadempimento imputabile è un fatto illecito e, ai sensi dell'art. 1218 c.c., comporta la responsabilità del debitore.
E' bene ricordare che l'art. 1218 detta una regola generale, che incontra diverse deroghe in casi specifici diversamente disciplinati dalla legge. Tale regola divide l'universo della responsabilità contrattuale in due metà: se la prestazione è impossibile (per causa non imputabile al debitore), l'inadempimento non è imputabile ed il debitore non è responsabile; se la prestazione è ancora possibile (o se è divenuta impossibile per causa impu-

tabile al debitore), l'inadempimento è imputabile e quindi il debitore ne risponde (dovendo risarcire il danno). Tali osservazioni suggeriscono quale importanza rivesta la nozione di impossibilità della prestazione, nell'interpretazione della norma in commento: **più si amplia il concetto di "prestazione impossibile", più si restringe l'area della responsabilità del debitore** e si amplia il novero dei casi in cui il danno conseguente all'inadempimento resta a carico del creditore.

Ciò premesso, la norma in esame è stata oggetto di controverse interpretazioni. Infatti, posto che l'inadempimento imputabile è, secondo orientamento quasi unanime, quello colposo, in quale segmento della sequenza *condotta del debitore – fatto causativo dell'impossibilità – impossibilità – inadempimento*, deve collocarsi la colpa?

Ad esempio, un autotrasportatore che arrivi a destinazione con la merce distrutta a seguito di un incidente, per andare esente da responsabilità deve dimostrare che l'incidente non gli è imputabile, e quindi non gli è imputabile l'inadempimento, o può limitarsi a dimostrare la propria diligenza, provando così che non gli è imputabile direttamente l'inadempimento? In proposito, si sono confrontati due contrapposti orientamenti.

Secondo le **teorie classiche**, anche dette oggettivistiche, e che risalgono al pensiero dell'Osti, [63] **la colpa o il dolo attengono all'imputazione dell'impossibilità e non già dell'inadempimento**. Ciò significa che il debitore, per sottrarsi all'obbligo risarcitorio, **deve dimostrare che il fatto che ha reso impossibile la prestazione non gli è imputabile** perché non dipende da sua colpa. Per fornire questa prova, il debitore deve però assolvere ad un onere probatorio impegnativo: egli dovrà infatti provare quale sia stata la causa esterna che ha reso impossibile la prestazione e quindi dimostrare che questa causa non trae origine da un suo comportamento colposo né tanto meno doloso.

I **caratteri dell'impossibilità**, secondo questo orientamento, sono quelli dell'**oggettività e dell'assolutezza**.

L'impossibilità è "assoluta ed oggettiva" quando il fatto da cui deriva l'impossibilità della prestazione è materialmente insuperabile, anche con uno sforzo estremo ed eccezionale e lo è per chiunque e non in relazione alle condizioni e possibilità soggettive del debitore. Tornando all'esempio dell'autotrasportatore, questi, secondo la teoria oggettivistica, non può sottrarsi alla responsabilità per l'inadempimento dimostrando di non avere alcuna responsabilità nella verificazione del sinistro, di avere imballato con cura e perizia le merci, e di avere tenuto un

---

[63] Osti, Impossibilità sopravveniente, in Scritti Giuridici I, Milano, 1973; Osti, Deviazioni dottrinali in tema di responsabilità per inadempimento delle obbligazioni, in Riv. Trim. dir. Proc., 1954, II, p. 593 e ss.; Osti, Revisione critica della teoria sull'impossibilità della prestazione, in Scritti Giuridici I, Milano, 1973.

contegno improntato a diligenza. Egli **dovrà al contrario fornire la prova dell'assoluta impossibilità di evitare l'incidente** e/o la distruzione delle merci. Secondo la tesi in esame, quindi, l'art. 1218 c.c. richiede al debitore uno sforzo molto superiore alla diligenza.

Si noti, però: ciò che deve essere oggettivamente ed assolutamente impossibile, nella ricostruzione in esame, non deve essere la prestazione in sé, astrattamente considerata, ma quella specifica prestazione che le parti hanno dedotto in contratto. Se, ad esempio, il nostro autotrasportatore è costretto a fermarsi perché è divenuta intransitabile l'unica strada percorribile, siamo di fronte ad un'impossibilità oggettiva e assoluta?

Se si è compresa la tesi dell'Osti, bisogna rispondere affermativamente, perché il fatto che sia possibile comunque portare la merce a destinazione con altri mezzi (traghetto, trasporto aereo ecc.) è del tutto inconferente, in quanto l'obbligazione contrattualmente assunta dal vettore non contemplava, in ipotesi, il ricorso ad altri mezzi di trasporto. Ciò che deve essere assolutamente ed oggettivamente impossibile è la prestazione dedotta in contratto, cioè il trasporto di quelle merci, con quei mezzi, a quelle condizioni. L'utilità della costruzione dell'Osti si coglie quindi soprattutto se si ha riguardo alla distinzione tra obbligazioni di mezzi e obbligazioni di risultato [v. § 4]. Infatti, non è il risultato, ma la condotta dovuta a dover essere assolutamente ed oggettivamente impossibile, perché il debitore possa esimersi dall'obbligo risarcitorio.

In contrapposizione a tale approccio ermeneutico si sono sviluppate **teorie, c.d. soggettivistiche**[64], che, per ricostruire la nozione di impossibilità, come impiegata dall'art. 1218, hanno fatto ricorso all'art. 1176 c.c., a mente del quale **"nell'adempiere l'obbligazione il debitore deve usare la diligenza delbuon padre di famiglia.** Nell'adempimento delle obbligazioni inerenti all'esercizio di un'attività professionale, la diligenza deve valutarsi con riguardo alla natura dell'attività esercitata". Ciò significa che **tutti gli eventi che rendono impossibile la prestazione in senso soggettivo e relativo** (e non, come detto in precedenza, in senso assoluto ed oggettivo), **escludono la colpa del debitore, il quale,** secondo questa ricostruzione, **può limitarsi a provare di avere agito con diligenza.** Infatti, se, nonostante la diligenza, la prestazione non è stata posta in essere, allora se ne può ragionevolmente inferire che essa fosse impossibile. Il problema principale che tale impostazione ermeneutica ha dovuto superare, risiede nel fatto che l'art. 1218 c.c. afferma che il debitore è liberato se la prestazione è divenuta impossibile, non già *senza sua colpa,* bensì *per causa a lui non imputabile.* I fautori delle teorie soggettivistiche

---

[64]Le prime e più importanti formulazioni di queste teorie si devono a Natoli, cfr. L'attuazione del rapporto obbligatorio, in Tratt. dir. civ. Cicu-Messineo.

superarono però tale obiezione, dimostrando che la non imputabilità della causa che ha reso impossibile la prestazione, coincide proprio con l'assenza di colpa in capo al debitore, perché quest'ultima si risolve nel caso fortuito, inteso, in senso ampio, come evento che determini per il debitore un'impossibilità anche solo soggettiva e relativa di adempiere, cioè che impedisca di adempiere ad un soggetto diligente. **Ne discende che i fatti non prevedibili e non evitabili con l'ordinaria diligenza,non sono imputabili al debitore**, contrariamente a quanto sostiene la tesi oggettivistica, la quale afferma la necessità di trascendere il criterio della diligenza per verificare la mera possibilità di prevederli o di evitarli anche con uno sforzo molto superiore a quello richiesto al debitore diligente. Inoltre, il rigore della tesi oggettivistica – si è osservato- si coglie in particolare sul piano probatorio. Infatti, ai sensi dell'art. 1218 c.c. è il debitore che deve provare che l'impossibilità della prestazione deriva da causa a lui non imputabile.

E' possibile ora verificare in cosa si risolve la prova se si accoglie l'una o l'altra delle due teorie.

Se provare che la causa della impossibilità della prestazione non è imputabile al debitore, significa provare che non esisteva un modo per impedire che essa si verificasse, (cioè che non esisteva un modo per impedire l'incidente o la rottura delle merci), di fatto il debitore sarà onerato dall'identificare e provare la causa- c.d. esterna perché non dipendente da lui- che ha determinato l'impossibilità. Dovrà cioè fornire la **prova del caso fortuito e della forza maggiore**, intesi quali fatti oggettivamente ed assolutamente imprevedibili (ad es. la caduta di un masso staccatosi imprevedibilmente dalla fiancata di un monte e precipitato sul camion).

Se invece si accoglie la teoria soggettivistica, il debitore può limitarsi a **provare di avere agito con la dovuta diligenza**.

L'aspetto probatorio, com'è evidente, rende ancor più gravosa per il debitore la tesi oggettivistica.

Si tratta di argomenti che militano chiaramente a favore della tesi c.d. soggettivistica, la quale ravvisa il fondamento della responsabilità debitoria nella colpa, da intendersi non come stato soggettivo, ma come oggettiva carenza di diligenza.[65]

Il debitore, si afferma, è responsabile solo per i fatti prevedibili ed evitabili con l'ordinaria diligenza. **L'art. 1218 c.c. deve essere letto alla luce dell'art. 1176 c.c. sul grado di diligenza richiesta al debitore**, cosicché la prova liberatoria che quest'ultimo può fornire, può considerarsi raggiunta ogni qualvolta il debitore provi che l'esatto adempimento è mancato nono-

---

[65]Tra i sostenitori della teoria soggettivistica: Bianca, Diritto civile, V, La responsabilità; Messineo, Manuale di diritto civile e commerciale, IV, Milano, 1959; Rescigno, manuale di diritto privato, Milano, 2000; Giorgianni, L'inadempimento, Milano, 1975.

stante egli abbia seguito le regole dell'ordinaria diligenza. La conseguenza di questa impostazione è che, **ai fini dell'art. 1218 c.c., l'impossibilità sopravvenuta che scrimina il debitore è l'impedimento non prevedibile né superabile con l'ordinaria diligenza.** Il debitore è quindi liberato quando sopravviene un impedimento che supera lo sforzo diligente al quale egli è tenuto[66] e non soltanto in caso di caso fortuito e forza maggiore. Soprattutto, egli non è tenuto a dare la prova di questo impedimento, ma può limitarsi a fornire la prova della propria diligenza.

Può concludersi dunque che, come osservato da attenta dottrina[67], **la diligenza non è solo una regola di valutazione dell'adempimento del debitore, ma anche un criterio di imputazione della responsabilità.** Tornando quindi alla domanda che ci siamo originariamente posti, quando ci siamo chiesti in quale segmento della prova liberatoria richiesta al debitore debba inserirsi l'argomento della sua non colpevolezza, possiamo ora rispondere che il debitore deve provare   solo la propria diligenza. La tesi ad oggi prevalente in giurisprudenza è quella secondo cui **il sistema della responsabilità contrattuale ed extracontrattuale è interamente fondato sulla responsabilità per colpa**, salvo alcune eccezioni poste da norme derogatorie che prevedono forme di responsabilità oggettiva. A tali esiti in particolare la giurisprudenza perviene valorizzando il principio di buona fede e solidarietà sociale ex. art. 2 Cost., il quale non consente di sanzionare un soggetto per un fatto di cui non è colpevole. Inoltre, si osserva, non sarebbe giustificato applicare un diverso regime all'illecito aquiliano (ex art. 2043 c.c.) e a quello contrattuale (ex art. 1218 c.c.). Si conclude che l'"impossibilità" cui fa riferimento l'art. 1218 c.c. non è allora quella assoluta ed oggettiva, ma l'impossibilità c.d. giuridica, cioè il comportamento non esigibile da un debitore diligente. Si chiarisce allora il **rapporto tra l'art. 1176 c.c. e l'art. 1218 c.c.: il primo opera sul piano sostanziale,** escludendo che un debitore diligente possa rispondere per inadempimento; **il secondo opera sul piano probatorio,** disponendo che in caso di inadempimento si presume la negligenza del debitore, sì che sia questi a dover fornire la prova della propria diligenza, ove intenda sottrarsi alle conseguenze risarcitorie derivanti da un addebito di responsabilità.

In conclusione, **l'art. 1218 c.c. pone una duplice presunzione:** la prima è che se l'obbligazione è inadempiuta, allora il debitore non è stato diligente; la seconda è che la condotta negligente del debitore sia stata causa dell'inadempimento (**presunzione di colpa e di causalità**). Per vincere questa presunzione il debitore ha due possibilità, potendo o fornire la prova

---

[66]Coviello, Del caso fortuito in rapporto alla estinzione delle obbligazioni, Lanciano, 1985.
[67]Di Maio, Delle obbligazioni in generale, 1988.

della causa esterna inevitabile, o quella della propria diligenza. Sembra allora doversi accogliere una diversa **nozione di inadempimento**, che non è la mera mancata esecuzione della prestazione, ma la **mancata esecuzione dovuta a negligenza.**

3. La responsabilità per colpa.

Nel paragrafo precedente siamo giunti, con la dottrina e la giurisprudenza dominanti, ad una dirimente conclusione: se l'inadempimento imputabile è quello dovuto a negligenza, allora la regola generale è che la responsabilità contrattuale è fondamentalmente una responsabilità colposa (sebbene, come si è detto, questa regola soffra di vistose deroghe).

La **nozione di colpa** è definita dal diritto penale come negligenza, imprudenza o imperizia (colpa generica), o violazione di leggi, regolamenti, ordini o discipline (colpa specifica). Incombe quindi sul debitore un dovere di agire diligentemente e l'art. 1176 c.c. stabilisce che "nell'adempiere l'obbligazione il debitore deve usare la diligenza del buon padre di famiglia. (co.1). Nell'adempimento delle obbligazioni inerenti all'esercizio di un'attività professionale, la diligenza deve valutarsi con riguardo alla natura dell'attività esercitata" (co. 2) .

Nel secondo co. si fa riferimento ad una diligenza c.d. qualificata, consistente nel rispetto delle regole o delle *leges artis* che governano la particolare materia in cui s'inquadra l'attività del debitore.

Sia nel primo che nel secondo co. il legislatore accoglie una **nozione oggettiva di colpa**, consistente nella inosservanza di uno standard generale di condotta e non lascia spazio a concezioni soggettivistiche, con cui si tenga conto delle condizioni personali del debitore (stress, malattia etc.) come possibili ragioni giustificative della propria condotta negligente.[68] D'altra parte, la giurisprudenza ha da lungo tempo affermato il principio secondo cui il professionista che non disponga delle competenze necessarie o non si trovi nelle condizioni idonee per assolvere un determinato impegno, non deve assumerlo; il medico che non è nelle condizioni di svolgere un determinato intervento, deve rinviare il paziente ad altro medico; ancora, il medico che ritenga che un paziente non possa essere adeguatamente curato nella struttura ospedaliera in cui si trova, è tenuto ad attivarsi per tentarne il trasferimento in struttura più idonea[69]; in altri termini, rientra nel dovere di diligenza anche quello di evitare che le proprie condizioni personali o l'inidoneità dei mezzi o dei collaboratori incidano in senso sfavorevole sull'esecuzione della prestazione. Giova però porre ulteriormente in luce una distinzione: è soggettiva la teoria che sostiene la rilevanza della colpa

---

[68]Roppo, Diritto Privato, 2016, p. 321.
[69]Cass. Civ., Sez. III, 22 ottobre 2014, n. 22338.

nell'imputazione della responsabilità; è oggettiva la nozione di colpa che questa teoria assume. Quindi: non si può imputare la responsabilità per l'inadempimento prescindendo dalla colpa del debitore (che in questo caso coincide con la mancanza di diligenza); la colpa del debitore deve essere valutata oggettivamente, cioè dal raffronto tra la condotta da questi in concreto tenuta e la condotta che egli avrebbe dovuto tenere.

Esistono poi due gradazioni di colpa: la **colpa lieve** e la **colpa grave**. La colpa lieve è la violazione delle regole di diligenza che il debitore avrebbe dovuto seguire. La colpa grave è "l'inosservanza addirittura dei livelli minimi di attenzione di prudenza o di competenza concepibili per la prestazione",[70] insomma una violazione macroscopica delle regole di diligenza, una grossolana incompetenza.

La distinzione rileva in particolare perché l'art. 2236 c.c. stabilisce che "se la prestazione implica la soluzione di problemi tecnici di particolare difficoltà, il prestatore d'opera non risponde dei danni se non in caso di dolo o di colpa grave"[71]. La *ratio legis* risiede nell'esigenza di evitare che, in presenza di problemi particolarmente complessi (si pensi ad una patologia per la quale la scienza non abbia ancora trovato una cura adeguata), il professionista rifiuti l'incarico per non esporsi al rischio – in tali casi molto elevato- di incorrere in responsabilità per inadempimento.

4. La responsabilità oggettiva.

Si è già anticipato che la regola dell'imputazione colposa dell'inadempimento conosce numerose eccezioni nel nostro codice civile. Mentre la responsabilità penale comporta l'applicazione di una sanzione, e non può esservi sanzione dove non v'è colpevolezza, la responsabilità civile, sia essa contrattuale che aquiliana, non ha, secondo dottrina e giurisprudenza dominanti, una **funzione** sanzionatoria, ma **compensativa**, rispondendo all'esigenza di determinare la più equa allocazione dei rischi derivanti dallo svolgimento di attività rilevanti per il diritto civile[72]. In alcuni casi, allora, è ben possibile che questo rischio ricada sul debitore, non già per colpa ma, ad esempio, perché questi trae dei profitti dall'attività che è stata occasione di danno e non è individuabile un soggetto che possa effettivamente dirsi responsabile del medesimo; oppure perché il contratto che è fonte dell'obbligazione inadempiuta prevede che il debitore assuma su di sé anche il rischio del mancato conseguimento del programma negoziale. Uno dei casi più importanti di **responsabilità oggettiva** è contemplato

---

[70]Roppo, Diritto Privato cit., pag. 263.

[71]Roppo, Diritto priv. Cit, p.372

[72]V. però Cass. Civ. 14 aprile 2015, che affermando la compatibilità delle *astreintes* con l'ordine pubblico italiano, sembra imporre una rimeditazione della questione.

dall'art. 1693 c.c. il quale, in materia di **trasporto di cose,** stabilisce che il vettore è responsabile della perdita delle cose consegnategli "se non prova che la perdita o l'avaria è derivata da caso fortuito, dalla natura o dai vizi delle cose stesse o dal loro imballaggio, o dal fatto del mittente o da quello del destinatario".

La regola generale di cui si è detto sin qui, vuole che il debitore, per sottrarsi alla responsabilità, debba dar prova della propria diligenza o del fatto che un'eventuale sua negligenza non sia causa dell'impossibilità della prestazione. In questo caso, invece, il vettore deve dare la prova del caso fortuito, cioè di un evento assolutamente straordinario, imprevedibile ed inevitabile, oppure, alternativamente, deve fornire una delle altre prove indicate dalla legge. Ciò significa che l'autotreno precipita in un burrone e non se ne conoscono le ragioni, il vettore risponde per le c.d. cause ignote[73]. Si tratta, quindi, di una forma di responsabilità oggettiva che si spiega se si pone mente al fatto che, stipulando il contratto di trasporto, il vettore assume anche il rischio per il perimento o danneggiamento dei beni trasportati. Tra i casi di responsabilità oggettiva, uno dei più importanti è quello, contemplato all'art. 1228 c.c., in cui il debitore, nell'adempiere l'obbligazione, si avvalga di terzi. In tale caso, stabilisce la norma, egli risponde anche dei fatti dolosi o colposi di costoro.

Sia la responsabilità colposa che quella oggettiva incontrano un limite nel caso fortuito o nella forza maggiore, cioè in quegli eventi straordinari ed imprevedibili che si sottraggono ad ogni possibilità di previsione e di controllo, o a cui non si può resistere (*vis maior cui resisti non potest*).

5. Obbligazioni di mezzi e di risultato.

In taluni casi dottrina e giurisprudenza elaborano altri criteri di imputabilità dell'inadempimento, che trovano il loro fondamento normativo in norme diverse da quelle espressamente dettate a regolarlo.

Viene in particolare in rilievo la nozione di **inesigibilità**[74], fondata sul disposto di cui all' art. 1175 c.c.: la prestazione inesigibile è una prestazione possibile, che, per ragioni di correttezza, il creditore non dovrebbe pretendere (si pensi al *venire contra factum proprium,* di cui si è detto in tema di buona fede). Ove il creditore in tali casi pretendesse l'adempimento, egli agirebbe in violazione del dovere di correttezza ex art. 1775, con la conseguenza che l'eventuale inadempimento del debitore non gli sarebbe imputabile.

---

[73]Galgano, Il diritto commerciale in 25 lezioni, Giuffrè 2007, p. 413.

[74]La teoria dell'inesigibilità, di derivazione tedesca, ha trovato in Italia una delle sue più compiute elaborazioni negli scritti del Mengoni, v. in partic. Note sull'impossibilità sopravvenuta della prestazione di lavoro; scritti giur in onore di V. Scialoja, Bologna, 1953.

In altri casi l'adozione di diversi criteri di imputazione della responsabilità è "mascherata come criterio di definizione dell'obbligazione". [75] Ciò è avvenuto in particolare per lungo tempo, tramite la distinzione, di elaborazione pretoria, tra obbligazioni cc.dd. di mezzi e obbligazioni cc.dd. di risultato. L'elaborazione di tali figure muove dalla constatazione che il debitore può essere obbligato o al conseguimento di un risultato (per esempio, nel contratto di appalto, il debitore s'impegna a consegnare l'opera), oppure a tenere un comportamento diligente, proteso al conseguimento di un risultato che però non è dovuto (ad esempio, il medico si può impegnare a curare diligentemente il paziente, ma non a guarirlo, perché la guarigione non dipende solo dal medico, ma anche da fattori esterni, da esso non controllabili). Le obbligazioni del primo tipo si dicono di risultato; quelle del secondo tipo si dicono di mezzi, perché ciò a cui il debitore è obbligato è l'impiego dei mezzi necessari all'adempimento, non già anche il conseguimento del risultato sperato.

Una siffatta distinzione assumeva preminente rilievo applicativo quanto all'individuazione del criterio d'imputazione della responsabilità, che, per l'inadempimento delle obbligazioni di risultato, si riteneva fosse quello della responsabilità oggettiva e per le obbligazioni di mezzi si riteneva fosse quello della responsabilità per colpa.

Inoltre, "sotto il profilo dell'onere della prova, la distinzione veniva utilizzata per sostenere che, mentre nelle obbligazioni di mezzi, essendo aleatorio il risultato, sul creditore incombesse l'onere della prova che il mancato risultato era dipeso da scarsa diligenza, nelle obbligazioni di risultato, invece, sul debitore incombeva l'onere della prova che il mancato risultato era dipeso da causa a lui non imputabile"[76]

La **distinzione** tra le due categorie di obbligazioni sembra oggi **in via di superamento**, a seguito dell'accoglimento, in dottrina ed in giurisprudenza, dei principi enunciati dalla già citata sentenza sez. un. n.13633 del 2001, in materia di riparto dell'onere della prova (Cap. V, § 3). Tali principi sono stati ribaditi dalle Sezioni Unite nel 2008[77], che li hanno applicati anche alla responsabilità medica, stabilendo che "in tema di responsabilità contrattuale della struttura sanitaria e di responsabilità professionale da contatto sociale del medico, ai fini del riparto dell'onere probatorio, l'attore, paziente danneggiato, deve limitarsi a provare il contratto (o il contatto sociale) e l'aggravamento della patologia o l'insorgenza di un'affezione ed allegare l'inadempimento del debitore, astrattamente idoneo a provocare il danno lamentato. Competerà al debitore dimostrare o che tale inadempimento non vi è

---

[75]Roppo, Diritto Privato, 2014, p. 337.

[76]Cass., Sez. un., 11 gennaio 2008, n.577.

[77]Cass., Sez. un., 11 gennaio 2008, n.577 cit.

stato ovvero che, pur esistendo, esso non è stato eziologicamente rilevante. Una diversa regola probatoria non potrebbe essere introdotta in base alla superata distinzione tra obbligazioni di risultato e obbligazioni di mezzi. Tale distinzione, infatti, non è immune da profili problematici, specialmente se applicata proprio alle ipotesi di prestazione d'opera intellettuale, in considerazione della struttura stessa del rapporto obbligatorio e tenendo conto, altresì, che un risultato è dovuto in tutte le obbligazioni."

6.Nozione di danno e criteri di determinazione.

Il contenuto dell'obbligo risarcitorio fu lapidariamente scolpito dal diritto romano nella nota formula del *quantum mihi abest quantumque lucrari potui*: ciò che mi manca e ciò che avrei potuto lucrare. La stessa regola è trasposta, immutata, nell'art. 1223 c.c., il quale dispone che il risarcimento debba comprendere "**così la perdita subita dal creditore, come il mancato guadagno**".

La perdita subita dal creditore è comunemente definita "**danno emergente**" e consiste in ciò che è uscito dal patrimonio del debitore per effetto dell'inadempimento. Per stabilire se una perdita costituisce un danno emergente occorre chiedersi se ciò che si è perso si trovava, prima dell'inadempimento, nel patrimonio del creditore. Solo in caso di risposta affermativa il danno può qualificarsi alla stregua di danno emergente.

Il "**lucro cessante**", cioè il mancato guadagno, è l'incremento patrimoniale netto che il danneggiato avrebbe conseguito, se non vi fosse stato l'inadempimento, mediante l'utilizzazione della prestazione inadempiuta o del bene leso ovvero mediante la realizzazione del contratto risolto.[78] Si suole pertanto affermare che mentre il danno emergente è un danno attuale, il lucro cessante è un danno futuro.[79] Ad esempio: un noto musicista s'impegna a suonare in un locale a condizione che gli si faccia trovare un pianoforte del tipo da lui indicato. Il proprietario noleggia il pianoforte e pubblicizza l'evento sui giornali. Si attende un grande afflusso di pubblico, ma, inaspettatamente, il pianista viene colposamente meno al proprio impegno. In questo caso, il danno emergente è costituito dalle spese sostenute dal proprietario del locale per noleggiare il pianoforte e per la pubblicità sui giornali. Il lucro cessante è costituito dal mancato guadagno su cui il proprietario del locale avrebbe potuto ragionevolmente contare in base, ad esempio, al numero di biglietti venduti che dovranno essere rimborsati. La giurisprudenza[80] ritiene risarcibile anche il **danno da perdita di chance**, sulla base di un criterio di valutazione prognostica, consistente nel calcolare in quali termini percentuali possa ritenersi che un determinato evento utile

---

[78]Bianca, La responsabilità, 1994, p. 116.
[79]Cass. 26 febbraio 2007, n. 4381.
[80]Cass. civ., 23 gennaio 2009, n. 1715.

per il creditore si sarebbe verificato, se l'obbligazione fosse stata adempiuta. Si pensi al caso del candidato che, per effetto dell'inadempimento del vettore, perda la possibilità di partecipare ad un concorso. In quel caso, il candidato non può dimostrare che avrebbe vinto il concorso se fosse arrivato in tempo, ma può fondatamente lamentare il fatto che l'inadempimento del vettore gli abbia fatto perdere la chance di superare il concorso, che potrebbe in alcuni casi essere particolarmente elevata (si pensi ad un concorso ad un posto con soltanto tre candidati).

L'ordinamento giuridico accoglie, come si vede, la c.d. **nozione differenziale di danno**, che impone di eliminare la differenza di valore prodottasi nel patrimonio del danneggiato per effetto dell'inadempimento. Il legislatore introduce tuttavia tre correttivi, ad evitare che il danno si tramuti in occasione di arricchimento per il danneggiato.

In primo luogo l'art. 1223 c.c. subordina la risarcibilità del danno alla circostanza che esso sia **"conseguenza immediata e diretta** dell'inadempimento" e la giurisprudenza ha chiarito a più riprese che detta norma fa riferimento al nesso che lega l'evento/inadempimento ai danni/conseguenza, non già la condotta all'evento.

Torniamo ora alla vicenda immaginata nel paragrafo precedente ed al locale in cui il celebre musicista non si è più esibito ed immaginiamo che i fan, delusi, decidano di passare la serata nel locale concorrente, il quale, da quel momento, sottrae al primo una gran parte della sua clientela. Questo danno non è che una conseguenza mediata ed indiretta dell'inadempimento imputabile al musicista e pertanto, ai sensi dell'art. 1223 c.c., questi non è tenuto a risarcirlo. Come meglio si vedrà nel paragrafo seguente, questa norma, però, è suscettibile di diverse interpretazioni, circa le quali non v'è concordia in dottrina e in giurisprudenza.

L'art. 1225 c.c. stabilisce poi che se l'inadempimento o il ritardo dipendono da colpa del debitore, ma non da dolo, il risarcimento è limitato al danno che "poteva prevedersi nel tempo in cui è sorta obbligazione". Infine l'art. 1227 c.c. esclude la risarcibilità dei danni che il creditore avrebbe potuto evitare con un comportamento diligente.

Dibattuta è poi la questione della vigenza, nel sistema della responsabilità civile, del principio della *compensatio lucri cum damno*, il quale imporrebbe di tener conto, nella liquidazione del danno, "del vantaggio che la vittima abbia comunque ottenuto in conseguenza del fatto illecito, ad esempio percependo emolumenti versatigli da assicuratori privati [...], da assicuratori sociali, da enti di previdenza, ovvero anche da terzi, ma comunque in virtù di atti indipendenti dalla volontà del danneggiante"[81]. Sul punto si re-

---

[81]Cass. Civ., Ord 22 giugno 2017, n. 15534

gistra una recentissima ordinanza di rimessione alle Sezioni Unite[82]. Sin qui si è detto del danno patrimoniale, ma il danno può essere anche non patrimoniale.[83] Infatti, come si è visto (Cap. I, § 1.4), l'art. 1174 c.c. stabilisce che l'obbligazione deve corrispondere ad un interesse anche non patrimoniale del creditore. Quello del danno non patrimoniale è argomento che assume rilievo normalmente nella materia del risarcimento del danno extracontrattuale, che ne costituisce la tradizionale sede di trattazione. La modalità attraverso la quale il danno viene risarcito consiste nel pagamento di una somma di danaro e questa forma di risarcimento è detta "**per equivalente**" (art. 2058, secondo co. c.c.). Accanto ad essa si pone la riparazione **in forma specifica** (art. 2058, primo co., c.c.)**,** che consiste nell'eliminare le conseguenze dannose dell'inadempimento. L'esempio più comune: se il debitore non ha adempiuto all'obbligo di consegnare una certa cosa, e se la cosa esiste ancora, il debitore viene condannato proprio a consegnare quella cosa e non semplicemente il *tantundem* in danaro. Naturalmente, il risarcimento in forma specifica, che assicura una più compiuta forma di riparazione del danno, avviene in un minor numero di casi, perché esso non sempre è possibile. Si pensi al caso in cui la cosa da consegnare sia andata distrutta, ma anche all'obbligazione *intuitu personae*, per la nota regola *nemo ad factum cogi potest*.

7. Il nesso di causalità tra inadempimento e danno: teoria della *conditio sine qua* non e suoi contemperamenti.
Nel sistema della responsabilità civile, la causalità assolve ad una duplice finalità: da un lato essa funge da criterio di imputazione del fatto illecito; dall'altro individua l'entità delle conseguenze pregiudizievoli del fatto che si traducono in danno risarcibile: nel primo caso essa lega la condotta all'evento-inadempimento; nel secondo l'evento al danno risarcibile. La presente indagine si colloca quindi nel secondo dei segmenti evidenziati e trova il proprio fulcro nell'art. 1223 c.c., a mente del quale "**il risarcimento del danno per l'inadempimento o per il ritardo deve comprendere così la perdita subita dal creditore come il mancato guadagno, in quanto ne siano conseguenza immediata e diretta**". La norma è stata fatta oggetto di un lungo dibattito e le diverse interpretazioni che se ne sono accolte in giurisprudenza costituiscono altrettanti temperamenti alla teoria della *conditio sine qua non*, secondo la quale è causa di un evento ogni fattore in assenza del quale l'evento non si sarebbe verificato. L'applicazione di detta teoria avviene attraverso il c.d. "giudizio controfattuale", che consiste nell'eliminazione mentale dell'evento di cui s'intenda conoscere

---

[82]Cass. Civ. Ord. 22 giugno 2017 cit.
[83]Cass. Civ., Sez. Un., 11 novembre 2008, n. 26972, 26973, 26974 e 26975.

l'efficienza eziologica, per verificare come il processo causale si sarebbe sviluppato ove esso fosse mancato.

La teoria della *conditio* rappresenta una delle più compiute definizioni del fenomeno della causalità sul piano logico e naturalistico, ma presenta numerosi inconvenienti se integralmente accolta sul piano giuridico. Ad esempio, secondo questa teoria, anche i più remoti antecedenti causali del fatto sarebbero da considerarsi cause. Se la ricerca della causa non ha una ragione puramente gnoseologica, ma è finalizzata ad individuare il soggetto tenuto a risarcire il danno (o, prima ancora, l'autore dell'illecito), s'impone però una selezione di quelli, tra i fattori causali sul piano logico e naturalistico, che possano dirsi anche rilevanti per il diritto.

7.1 Teoria della regolarità causale.

Secondo l'orientamento dominante in giurisprudenza, **il comportamento illecito del debitore è causa di tutti i danni che di norma, secondo un criterio di regolarità causale, conseguono a quella condotta**. Il giudice dovrà quindi formulare un duplice giudizio: il primo consiste del c.d. giudizio controfattuale di cui si è detto sopra, cioè nel porsi ipoteticamente nella situazione antecedente alla verificazione dell'illecito ed eliminare mentalmente il comportamento del debitore per valutare, anche ricorrendo all'ausilio della scienza e della tecnologia, se il danno si sarebbe ugualmente verificato ove il comportamento illecito non fosse stato posto in essere. Nel caso di risposta affermativa, si dovrà procedere ad un secondo giudizio, consistente nel verificare se il danno sia una conseguenza regolare di quella condotta, secondo l'*id quod plerumque accidit*, ovvero se ne sia una conseguenza straordinaria e di non abituale verificazione[84].

Facendo applicazione di tali coordinate ermeneutiche all'art. 1223 c.c., si perviene sotto un certo profilo ad ampliare, sotto altro a restringere, l'area del danno risarcibile rispetto a quella che deriverebbe da un'esegesi fedele al dato strettamente letterale della norma. Infatti, l'art. 1223 c.c. sembra a tutta prima escludere la risarcibilità delle conseguenze mediate ed indirette nella loro totalità, senza formulare eccezioni o distinzioni rispetto a tale regola. Di fatto, la teoria dell'adeguatezza causale comporta invece che alcune tra le conseguenze mediate ed indirette siano risarcibili: si tratta, per l'appunto, di quelle prevedibili ed ordinarie alla stregua di un criterio di regolarità causale.[85] Ad esempio, la più recente giurisprudenza ha elaborato la figura della **propagazione soggettiva dell'illecito**, per spiegare la ragione per cui coloro che lamentino un danno alla salute conseguente al decesso di un parente stretto, vittima di un illecito, possono essere ammessi al risarci-

---

[84]Cass. Pen., Sez. Un.,11 settembre 2002, n.11328.
[85]Cass. civ., 4 luglio 2006, n. 15274.

mento del danno: il danno alla salute subìto dai parenti stretti della vittima dell'illecito, benché mediato ed indiretto, è di normale ed ordinaria verificazione e, rientrando nell'*id quod plerumque accidit*, risponde a criteri di prevedibilità e regolarità causale.

In sintesi, se si applica la teoria dell'adeguatezza causale, sono risarcibili non tutti i danni che sono conseguenza immediata e diretta dell'illecito, ma solo quelli che ne sono anche una conseguenza adeguata; inoltre, nonostante il dettato dell'art. 1223 c.c., non vengono esclusi dall'area della risarcibilità tutti i danni che sono conseguenza mediata ed indiretta dell'illecito, ma solo quelli, tra questi, che non rispondono ad un criterio di regolarità causale.

7.2 Teoria della causalità specifica.

Per diverso orientamento, detto della causalità specifica, **sono risarcibili i soli danni che esprimono la concretizzazione del rischio specifico a cui si è esposti per effetto dell'inadempimento o dell'illecito.** Ad esempio: Tizio viene investito mentre attraversa la strada; viene portato in ospedale dove il medico di turno commette un errore terapeutico cagionandogli un danno alla salute. L'errore medico è un "rischio specifico" rispetto al sinistro stradale ed il danno che ne consegue è quindi anche conseguenza del comportamento dell'automobilista che ha investito il pedone. Se però durante il ricovero del paziente in ospedale, divampa un incendio con conseguenti lesioni per il paziente, l'incendio non rientra nei rischi specifici conseguenti al sinistro stradale, con la conseguenza che i danni da esso derivanti non possono essere considerati conseguenze dell'illecito commesso dall'automobilista nell'investire il pedone. Si noti che, se si applicasse la teoria della *conditio* priva di correttivi, l'automobilista sarebbe in entrambi i casi responsabile. Infatti, eliminando in ipotesi l'illecito, cioè il sinistro stradale, il giudizio controfattuale ci porterà ad affermare che se Tizio non fosse stato investito, non si sarebbe trovato in ospedale al momento dell'incendio e non avrebbe subìto le conseguenti lesioni. Di conseguenza, dovremmo considerare l'automobilista responsabile non solo per le lesioni cagionate a Tizio durante il sinistro stradale, ma anche per quelle da questi subìte durante l'incendio dell'ospedale.

8. L'elemento soggettivo nella determinazione del danno.

La funzione che il risarcimento del danno riveste nel nostro ordinamento non è, secondo l'orientamento dominante, di tipo sanzionatorio, ma di tipo **riparatorio – compensativo** (si è avuto modo di osservare, però, come la giurisprudenza di legittimità, nell'affermare la compatibilità delle *astreintes* con l'ordine pubblico, abbia imposto, secondo taluno, una rimeditazione di tale prospettiva). La *ratio* che anima le norme in materia di risarcimento del danno è quella di rimediare alle conseguenze dannose di un illecito ed è per questo che il danno viene liquidato cercando di commisurarlo all'effettiva perdita subita dal debitore per effetto dell'inadempimento e non già al giudizio soggettivo sulla gravità dello stesso.

L'analisi delle conseguenze dannose dell'inadempimento, come abbiamo visto, è volta a conseguire una rappresentazione quanto più obiettiva delle perdite patrimoniali subite dal creditore per effetto dell'illecito posto in essere dal debitore, con la conseguenza che, per orientamento quasi unanime di dottrina e giurisprudenza, resta estranea alla commisurazione del danno qualsiasi considerazione sulla colpa o su dolo quali stati soggettivi in cui versava il debitore al momento dell'inadempimento, salvo il caso che la legge non disponga diversamente (si pensi ad esempio alla valutazione equitativa del danno ambientale, che, ai sensi dell'art. 8, co. 6, l. 349/86, deve essere fatta anche con riguardo alla gravità della colpa). La colpa è quindi un criterio di identificazione del responsabile, ma non di quantificazione del danno.

9. La clausola penale e la caparra.

A mente dell'art. 1382, "**la clausola con cui si conviene che, in caso d'inadempimento o di ritardo nell'adempimento, uno dei contraenti è tenuto ad una determinata prestazione, ha l'effetto di limitare il risarcimento alla prestazione promessa, se non è stata convenuta la risarcibilità del danno ulteriore. La penale è dovuta indipendentemente dalla prova del danno**". La clausola penale è una precostituzione pattizia della liquidazione di un danno presunto[86], volta ad evitare i tempi, i costi e gli oneri di un giudizio risarcitorio.

La penale costituisce un debito di valuta, come tale insensibile al fenomeno della svalutazione monetaria[87] ed il suo ammontare, secondo la giurisprudenza[88], non può essere irrisorio, come accade nel caso della c.d. penale *nummo uno*, né manifestamente eccessivo. In tale ultimo caso, la penale potrà essere ridotta in via equitativa dal giudice, come stabilito dall'art. 1384 c.c., a mente del quale "**la penale può essere diminuita equamente dal giudice**, se l'obbligazione principale è stata eseguita in parte ovvero se l'ammontare della penale è manifestamente eccessivo, avuto sempre riguardo all'interesse che il creditore aveva all'adempimento". La giurisprudenza di legittimità ha chiarito che il potere così attribuito al giudice è posto a tutela di un interesse generale dell'ordinamento ed il suo esercizio consiste nel ricondurre l'autonomia contrattuale entro i limiti in cui essa è considerata meritevole di tutela dall'ordinamento giuridico. Ne consegue che **tale po-**

---

[86]Gazzoni, Manuale di diritto privato cit., pag. 648.
[87]Cass. civ., 27 marzo 1999, n. 2941.
[88]Cass. civ., 28 luglio 1997, n. 7601.

tere, **in quanto posto a tutela di un interesse generale, può essere esercitato d'ufficio dal giudice**, sia nel caso in cui la penale sia manifestamente
eccessiva, sia in quello in cui l'obbligazione sia stata eseguita solo in parte.[89]

Sul piano strutturale, la penale è un patto autonomo, collegato all'accordo
da cui deriva l'obbligazione principale[90] e lo stesso può dirsi anche della
caparra confirmatoria, contemplata dall'art. 1385 c.c. quale strumento pattizio volto a consentire una liquidazione anticipata e convenzionale del risarcimento ed anche ad incentivare il debitore ad adempiere.
Poste queste analogie con la clausola penale, la caparra confirmatoria se ne
distingue per importanti aspetti. In primo luogo, diversamente dalla clausola
penale, la caparra non può essere ridotta d'ufficio dal giudice[91] . Inoltre,
mentre con la clausola penale le parti pattuiscono un pagamento per il tempo successivo all'(eventuale) inadempimento, con la caparra una parte dà
all'altra una somma di danaro o altre cose fungibili "al momento della conclusione del contratto". Se poi il debitore adempie, la caparra deve essere
restituita o imputata alla prestazione dovuta; se il debitore non adempie,
l'altra può recedere dal contratto ex art. 1373 c.c., ritenendo la caparra, oppure, se la parte non inadempiente è quella che ha versato la caparra, esigerne il doppio. L'art. 1385 aggiunge al suo ultimo co. che "se però la parte
che non è inadempiente preferisce domandare l'esecuzione o la risoluzione
del contratto, il risarcimento del danno è regolato dalle norme generali". **La
caparra confirmatoria è dunque un contratto reale**, perché si perfeziona
con la *datio* della somma di danaro. Diversa dalla caparra confirmatoria è
poi la caparra penitenziale (art. 1386 c.c.), che costituisce un corrispettivo
per il diritto di recesso contrattualmente attribuito ad una delle parti o ad
entrambe.

La caparra penitenziale viene versata al momento della conclusione del
contratto e se una delle parti eserciterà il diritto di recesso contrattualmente attribuitole, l'altra riterrà la caparra quale corrispettivo per l'esercizio di
tale diritto.

Se la somma con valore di corrispettivo per il recesso non è versata all'atto
della stipula del contratto, ma al momento del recesso, la figura che viene
in rilievo è quella della multa penitenziale.

Schematizzando: clausola penale e caparra confirmatoria sono patti a tutela del contraente non inadempiente per il caso dell'inadempimento della
controparte; caparra penitenziale e multa penitenziale sono corrispettivi
per l'esercizio del diritto di recesso e non presuppongono quindi un inadempimento; clausola penale e multa penitenziale prevedono che la som-

---

[89]Cass. civ., Sez. Un. 13 settembre 2005, n. 18128.
[90]Gazzoni, Manuale cit. p.649.
[91]Cass. civ., 1 dicembre 2000, n. 15391.

ma dovuta sia pagata dopo l'inadempimento e, rispettivamente, il recesso; caparra confirmatoria e caparra penitenziale prevedono che la somma dovuta (per l'inadempimento e, rispettivamente, il recesso) sia versata anticipatamente.

CAPITOLO VII

LA RESPONSABILITA' PATRIMONIALE DEL DEBI-TORE

1. La garanzia generica. – 2. La *par condicio creditorum*, il divieto di patto commissorio e le cause legittime di prelazione. – 3. Le cause legittime di prelazione, il divieto di patto commissorio e la liceità del patto Marciano. – 3.1 Patto commissorio e patto Marciano. – 3.2 Il privilegio. – 3.3 I diritti reali di garanzia. – 3.3.1 Il pegno: natura giuridica. – 3.3.2 Costituzione del pegno. – 3.3.3 Effetti del pegno. – 3.4 L'ipoteca: natura, oggetto, costituzione e titoli. – 3.4.1 Iscrizione, grado ed estinzione dell'ipoteca. – 3.4.2 Iscrizione, grado ed estinzione dell'ipoteca.

1. La garanzia generica.

L'art. 2740 co.1, c.c. prevede che "il debitore risponde dell'adempimento delle obbligazioni con tutti i suoi beni, presenti e futuri", enunciando così il principio della **responsabilità patrimoniale**, volto a consentire la realizzazione coattiva del diritto ed il risarcimento del danno. Ogni debito comporta quindi, alla stregua di questa norma, una responsabilità. (Come si ricorderà, l'obbligazione naturale, il cui inadempimento non dà luogo ad obbligo risarcitorio, non rientra, ad onta del *nomen*, tra le obbligazioni giuridiche).
La garanzia patrimoniale e la responsabilità patrimoniale sono due aspetti della medesima sostanza. "La garanzia patrimoniale designa la garanzia che spetta per legge ai creditori sui beni del debitore in base al principio della responsabilità patrimoniale" [92].
Viene in primo luogo in rilievo l'art. 2919 c.c. che costituisce una conseguenza ed uno sviluppo del principio enunciato dall'art. 2740 c.c. e prevede che il creditore, per conseguire quanto gli è dovuto, possa fare espropriare i beni del debitore secondo le regole stabilite dal codice di procedura civile. Così facendo, il debitore non esercita un diritto soggettivo ma, come chiarito dalla dottrina [93], un potere di natura processuale che si esprime nell'**azione esecutiva**, la quale si fonda su un titolo esecutivo, cioè sulla sentenza esecutiva di condanna, sull'assegno, sulla cambiale o sull'atto pubblico ex art. 474 c.p.c.
La finalità dell'azione esecutiva è quella di consentire la realizzazione coattiva del diritto, a fronte dell'inadempimento del debitore.
La realizzazione coattiva del diritto, a sua volta, si articola in due aspetti: il

---

[92] Bianca, Diritto civile, vol. VII, pag. 4.
[93] Gazzoni, pag. 651 cit.

conseguimento della prestazione ed il risarcimento del danno[94]. Ancora, il conseguimento del diritto può avvenire attraverso due distinte modalità, che concretano più esattamente due forme di esecuzione: l'esecuzione forzata in forma specifica e l'esecuzione forzata per espropriazione.

La prima presuppone identità tra il bene dovuto, il bene aggredito nel patrimonio del debitore ed il bene conseguito[95]; la seconda viene in rilievo quando manchino i presupposti per procedere alla prima.

L'esecuzione in forma specifica consente quindi al creditore di ottenere esattamente il bene dovuto, che si tratti di obblighi di dare, di fare, di non fare e di prestare il consenso, ma con la limitazione che, vigendo la regola *nemo ad factum cogi potest*, se il debitore rifiuta di adempiere l'obbligo di fare, sarà solo possibile ottenere che la prestazione dovuta sia eseguita da un terzo a spese dell'obbligato, con la conseguente esclusione, dal novero delle obbligazioni suscettibili di esecuzione in forma specifica, delle obbligazioni *intuitu personae*.

Quando non ricorrono le condizioni per l'esecuzione in forma specifica, che consente il più pieno soddisfacimento dell'interesse creditorio, al creditore resta la possibilità di agire con l'**esecuzione forzata per espropriazione**, che si articola nelle tre fasi del pignoramento del bene nel patrimonio del venditore, nella sua vendita all'asta ed infine nell'attribuzione del ricavato al creditore.

Una delle principali specie di obbligazioni in relazione alle quali si ricorre a tale tipo di espropriazione, è quella delle obbligazioni pecuniarie. Infatti, salvo il caso di espropriazione di somme di danaro presso terzi, il bene aggredito sarà un bene diverso dal danaro, cioè da quello dovuto e conseguito.

Ancora, l'esecuzione forzata per espropriazione è anche la forma con cui si realizza coattivamente il diritto al risarcimento del danno, salvo che questo non sia un danno da illecito extracontrattuale risarcibile in forma specifica.

2. La par condicio creditorum, il divieto di patto commissorio e le cause legittime di prelazione.

Come poc'anzi osservato, l'art. 2740 c.c. prevede che il debitore risponda dei propri debiti con tutti i propri beni presenti e futuri, cioè con tutto il proprio patrimonio, che rappresenta quindi una garanzia generica. Può accadere, però, che i creditori siano molti ed il patrimonio non sia sufficientemente capiente per soddisfare le pretese di tutti.

Per tale evenienza, il legislatore fissa i criteri per stabilire in che modo e con quale ordine i creditori debbano soddisfarsi sul patrimonio del debitore inadempiente.

---

[94]Giorgianni, Rivista trimestrale di diritto e procedura civile, p. 853.
[95]Montesano, enciclopedia del diritto, XV, p. 524; Gazzoni, p. 652 cit.

La soluzione formulata dal codice si fonda su una regola e tre eccezioni. La regola generale è quella dettata dall'art. 2741 primo co. c.c., il quale prevede che i creditori abbiano "eguale diritto di essere soddisfatti sui beni del debitore" enunciando così il principio della *par condicio creditorum*. Le tre eccezioni, normativamente stabilite, corrispondono ad altrettanti casi in cui, come si vedrà, il creditore ha diritto di essere privilegiato rispetto agli altri, *rectius* vanta una causa legittima di prelazione, cioè una ragione che gli consenta di soddisfarsi sul patrimonio del debitore con precedenza rispetto agli altri creditori, i quali si dicono chirografari. La regola della *par condicio* trova applicazione secondo diverse modalità, a seconda che l'esecuzione sia individuale o collettiva. Nel primo caso, qualsiasi creditore può aggredire il patrimonio del debitore, e gli altri creditori possono poi intervenire nella procedura esecutiva (art. 499 c.p.c.); nel secondo caso, al contrario, è precluso al singolo di agire con l'azione individuale, ma un curatore, deputato a tutelare gli interessi dei tutti i creditori, procederà prima a liquidare il patrimonio nella sua interezza, poi a ripartirne il ricavato in proporzione all'entità dei crediti di ciascuno.

3. Le cause legittime di prelazione, il patto commissorio ed il patto marciano

Le cause legittime di prelazione previste invece dall'art. 2741 c.c. sono il privilegio, il pegno e l'ipoteca. Si tratta (tranne che per il privilegio generale) di diritti reali di garanzia, perché si esercitano sulla cosa e perché la garanzia inerisce alla res e circola con essa.

Principali regole comuni alle cause legittime di prelazione:

a) se la cosa soggetta a privilegio, pegno o ipoteca perisce o è deteriorata, il creditore perde la possibilità di esercitare il diritto di prelazione. Tuttavia, se il debitore si era assicurato contro i danni, si verifica la c.d. surrogazione reale, secondo la regola *pretium succedit in locum rei*: l'assicurazione è tenuta a pagare l'indennità al creditore invece che al debitore, perché il diritto che questi vantava sul bene si trasferisce sul prezzo.

b) Inoltre, i creditori privilegiati godono del c.d. *diritto di sequela*, in base al quale possono aggredire il bene anche se acquistato da terzi, senza necessità di esperire l'azione revocatoria.

c) Infine, le cause legittime di prelazione, proprio in quanto derogatorie di una regola generale, costituiscono uno *ius singulare* insuscettibile di applicazione analogica.

3.1 Patto commissorio e patto Marciano.

Un importante principio è poi stabilito dall'art. 2744 c.c. il quale riprende una norma di antichissime origini, risalente alla codificazione giustinianea, stabilendo che "è nullo il patto col quale si conviene che, in mancanza del pagamento del credito nel termine fissato, la proprietà della cosa ipotecata o data in pegno passi al creditore. Il patto è nullo anche se posteriore alla costituzione dell'ipoteca o del pegno".

Il **patto commissorio** consiste quindi in un accordo con cui il debitore che ha dato in pegno o in ipoteca un bene a garanzia di un proprio credito, conviene con il creditore che, in caso di inadempimento, il creditore diverrà proprietario di detto bene.

Com'è intuitivo, il divieto nasce dal fatto che il bene può avere un valore molto superiore al debito inadempiuto.

Assai controversa, da lungo tempo, è l'individuazione della *ratio* **del divieto**, che viene talvolta individuata in un'esigenza di tutela del debitore il quale, vistosi costretto dalla necessità, potrebbe ad esempio, pur di ottenere un mutuo, accettare un patto non solo gravemente iniquo, ma che potrebbe facilmente mascherare forme di c.d. usura reale.

Secondo diversa interpretazione, il divieto di patto commissorio trova fondamento nel divieto di autotutela privata[96] .

Per altra, più accreditata interpretazione[97], invece, il divieto di patto commissorio è posto non tanto a tutela del debitore, quanto a presidio della *par conditio creditorum*: gli altri creditori, infatti, verrebbero pregiudicati dalla sottrazione al patrimonio del debitore di un bene su cui potrebbero, almeno in parte, rivalersi. Se cioè il debitore deve 100 e, stipulando un patto commissorio, dà in pegno un bene del valore di 1000 mentre il resto del patrimonio ammonta a 500, i due creditori chirografari che abbiano diritto a conseguire 500 ciascuno, potrebbero essere soddisfatti solo in parte (250 e 250 ciascuno), mentre il creditore pignoratizio, che ha diritto a 100, incasserebbe 1000, sottraendo 900 alla funzione di garanzia generica del patrimonio.

La giurisprudenza ritiene invece che il divieto di cui all'art. 2744 c.c. assolva a tutte le suindicate funzioni, l'una o l'altra delle quali può diventare prevalente a seconda dell'atteggiarsi della singola concreta vicenda[98].

Quanto alle **concrete modalità di attuazione del patto**, di rado le parti concludono un patto commissorio nelle forme contemplate e vietate dall'art. 2477 c.c. Più di frequente, esse stipulano patti in frode alla legge (art. 1343 c.c., v. Cap. XIII, §9), volti ad eludere il divieto normativo. Uno dei più comuni di tali patti consiste nello stipulare una vendita con patto di riscatto. Un esempio pratico può meglio chiarine il funzionamento.

---

[96]La teoria fa capo a Betti, Sugli oneri e sui limiti dell'autonomia privata in tema di garanzie e modificazioni di obbligazioni, in Riv. Dir. Comm. 1931, II, 689.

[97]Barbiera, La Responsabilità patrimoniale, 1992, p. 121 ss.; Roppo, La responsabilità patrimoniale del debitore, 1997, p. 573.

[98]Cass. sez. II, 2 gennaio 2009, n. 437.

Tizio ha bisogno di un mutuo di 50.000 euro. Caio consente a dare a mutuo la somma, a condizione che Tizio s'impegni, in caso di inadempimento, a trasferire a Caio la proprietà della propria casa, che vale 300.000 euro. Il patto, però, è vietato dall'art. 2744 c.c. Allora Tizio simula una vendita del proprio immobile a Caio. In realtà, quel contratto non è una vendita, ma il trasferimento di un bene immobile in garanzia (negozio dissimulato).

Come prezzo simulato della vendita, Caio paga 50.000 euro. In realtà, i 50.000 euro non sono il prezzo dell'immobile compravenduto, ma la somma data a mutuo.

Fin qui vi è stato uno scambio di una cosa contro un prezzo, che all'apparenza è una compravendita, ma in realtà è un mutuo con costituzione di garanzia reale. Nella vendita simulata, però, le parti inseriscono la possibilità, per il debitore, di stipulare un patto di riscatto (art. 1500 c.c.), che è il patto con attribuendo così all'alienante il diritto di riacquistare la proprietà del bene compravenduto, in caso di ripensamento, dietro restituzione del prezzo. Al momento di restituire la somma data a mutuo, se il debitore consegna la somma, dichiara di esercitare il riscatto, che è simulato: all'apparenza, infatti, il debitore restituisce il prezzo e riacquista la proprietà dell'immobile. In realtà, il debitore restituisce la somma che ha preso a mutuo ed il creditore restituisce la garanzia. Se però il debitore non adempie, cioè non restituisce i 50.000 euro presi a mutuo, il creditore resta in possesso dell'immobile, che ne vale 300.000, violando il patto commissorio; apparentemente, questa vicenda è del tutto neutrale, perché altro non sembra verificarsi se non il mancato esercizio, da parte del debitore, del diritto di riscatto.

Naturalmente, il problema principale che si pone alla giurisprudenza consiste nel distinguere le vendite con patto di riscatto effettivamente volute, da quelle simulate. Vi sono vari criteri ed indici cui la giurisprudenza fa ricorso. Uno dei più importanti consiste nella manifesta sproporzione tra il prezzo del bene ed il suo valore. Nel nostro esempio, l'immobile valeva 300.000 euro, ma era stato pagato 50.000 e questa è proprio una spia del fatto che i 50.000 euro non costituissero il prezzo dell'immobile, ma una somma data a mutuo.

Sul paradigma dell'esempio ora riportato, la prassi ha sviluppato una notevole serie di variazioni: ad esempio, invece del patto di riscatto, può essere inserito nel contratto un patto di retrovendita, oppure condizioni risolutive o sospensive opportunamente congegnate al fine di conseguire sempre il medesimo risultato fraudolento. Talora le parti danno vita a collegamenti negoziali molto articolati, nei quali, come si vedrà, diviene dirimente l'indagine sul profilo causale.

Non viola invece il divieto di patto commissorio, il c.d. **patto Marciano**, con cui le parti convengono che, in caso di inadempimento, al trasferimento della proprietà del bene che forma oggetto di garanzia reale si accompagnerà la stima del suo valore ad opera di un terzo con restituzione del surplus al debitore.

3.2 Il privilegio.

Il privilegio è la preferenza accordata dalla legge in considerazione della causa del credito. La costituzione del privilegio può tuttavia dalla legge essere subordinata alla convenzione delle parti e può anche essere subordinata a particolari forme di pubblicità (art. 2745 c.c.). Il privilegio, che ha sempre fonte legale, può essere generale o speciale. Il primo ha ad oggetto tutti i beni del debitore (artt. 2751 e 2751 bis c.c.); il secondo, (art. 2755 c.c. e ss.), ha ad oggetto uno o più beni mobili determinati, individuati in ragione della natura e dell'oggetto dell'obbligazione garantita e costituisce un vero e proprio diritto reale di garanzia, connotato dal requisito dell'inerenza alla res, mentre i privilegi generali restano inoperanti fino al momento dell'esecuzione forzata. Il criterio di risoluzione dei **conflitti tra più creditori privilegiati** non è né potrebbe essere di natura temporale, perché, come visto, la ragione per cui il privilegio è riconosciuto risiede nella particolare natura ed importanza del credito[99]; di conseguenza, è il legislatore stesso a dettare l'ordine dei privilegi e lo fa secondo la loro importanza (art. 2777 ss.).

Se invece si verifica un conflitto tra creditore privilegiato e creditore pignoratizio o ipotecario, soccorre l'art. 2748 c.c., il quale stabilisce che, se la legge non dispone altrimenti, il privilegio speciale sui beni mobili non può esercitarsi in pregiudizio del creditore pignoratizio (quindi il pegno prevale sul privilegio speciale), mentre il privilegio speciale sugli immobili prevale rispetto all'ipoteca, salvo il caso di cui all'art. 2775 bis c.c.

3.3 I diritti reali di garanzia.

Oltre ai privilegi, sono cause legittime di prelazione anche i diritti reali di garanzia, cioè il pegno e l'ipoteca.

In quanto diritti reali, pegno ed ipoteca presentano i caratteri dell'assolutezza (perché opponibili *erga omnes*) e dell'inerenza al bene (che nel caso dei diritti reali di garanzia si risolve nel diritto di sequela, cioè di soddisfarsi sul bene quand'anche ne sia stata alienata la proprietà a terzi). In quanto diritti reali di garanzia, poi, pegno ed ipoteca si distinguono dai diritti reali di godimento perché, diversamente da questi ultimi, non limitano il godimento del bene, ma la disponibilità dello stesso in capo al proprietario. Si è osservato che anche il privilegio speciale, diversamente da quello generale, presenta il carattere della realità.

---

[99]Gazzoni, Manuale cit., p. 659.

La differenza tra pegno e ipoteca da un lato, e pegno speciale dall'altro, risiede nel fatto che il pegno e l'ipoteca non nascono insieme al credito, ma devono essere costituiti, mentre il pegno speciale, poiché trova fonte nella legge, nasce insieme al credito come un suo attributo: il credito, cioè, nasce privilegiato. E' questa la ragione per cui, mentre il privilegio cade sempre su un bene del debitore, pegno e ipoteca, che sono liberamente costituiti dalle parti, possono avere ad oggetto anche il bene di un terzo che vi consenta (terzo datore di pegno o di ipoteca).

Infine, poiché il pegno e l'ipoteca hanno la funzione di garantire un credito, essi si estinguono con l'estinzione del credito.

3.3.1 Il pegno: natura giuridica.

Il pegno è costituito a garanzia dell'obbligazione dal debitore o da un terzo per il debitore. Possono essere dati in pegno i beni mobili, le universalità di mobili, i crediti e altri diritti aventi per oggetto beni mobili (art. 2784 c.c.). E' invece vietato il sub pegno (art. 2784 c.c.), cioè il pegno del diritto di pegno, perché il creditore pignoratizio non può usare la cosa né disporne senza il consenso del costituente.

Il pegno è dunque un **diritto reale su cosa altrui**, che trova fonte in un contratto reale, perché il contratto di pegno si perfeziona con la *datio* della cosa che di pegno formerà oggetto.

Per effetto della costituzione del pegno, il creditore pignoratizio ha diritto a soddisfarsi con priorità rispetto ai creditori chirografari (cioè non assistiti da privilegio, pegno o ipoteca), sul ricavato della vendita del bene. Inoltre il creditore è munito del c.d. diritto di sequela, in forza del quale egli può soddisfarsi sul bene che forma oggetto di pegno, anche ove questo sia stato venduto a terzi, purché sia rimasto in suo possesso (art. 2798 c.c.).

Il c.d. **pegno irregolare**, che si realizza quando al creditore vengano consegnate cose fungibili, in realtà è fuori dalla figura del pegno; infatti, il pegno fa sorgere un diritto reale di garanzia su cosa determinata, della quale il creditore non può disporre (art. 2792 c.c.), mentre il pegno irregolare, stante la natura fungibile dei beni, ne fa acquistare al creditore la proprietà, con l'obbligo di restituire il *tantundem*.

3.3.2 Costituzionedel pegno.

Per la validità della costituzione *inter partes*, il pegno potrebbe essere costituito anche verbalmente, ma, come si è visto, poiché la funzione del pegno risiede nell'attribuire al creditore pignoratizio un diritto di prelazione, allora è necessario che il pegno sia opponibile ai terzi (ed in particolare, agli altri creditori). A tal fine occorre dunque che il pegno sia costituito con atto scritto di data certa e che nella scrittura risultino indicati il credito garantito, il suo ammontare ed il bene dato in pegno.

Per la costituzione del pegno è poi necessario lo spossessamento, perché la cosa che ne forma oggetto deve essere posseduta dal creditore o per lui da un terzo. Nel caso poi in cui il pegno abbia ad oggetto crediti, è necessario anche che la costituzione del pegno sia notificata al debitore o accettata da parte di quest'ultimo co atto di data certa (art. 2800 c.c.)

3.3.3 Effetti del pegno

La costituzione del pegno produce i seguenti effetti:

a) il creditore è tenuto a custodire la cosa ricevuta in pegno (art. 2790 c.c.);

b) il creditore può fare suoi i frutti della cosa, imputandoli prima alle spese e agli interessi e poi al capitale (art. 2971c.c.);

c) egli non può usare o disporre della cosa (art. 2972 c.c.) e, in caso contrario, il costituente ne può ottenere il sequestro;

d) il creditore deve restituire la cosa quando il debito è stato interamente pagato (art. 274 c.c.);

e) se il debito non è adempiuto, il creditore può chiedere che il bene sia venduto ai pubblici incanti, previa intimazione al debitore, o può domandare al giudice che il bene gli venga assegnato in pagamento fino a concorrenza del debito (art. 2708 c.c.).

In questa fase si realizza il diritto di prelazione, che attribuisce al creditore pignoratizio il diritto di soddisfarsi sul bene con preferenza rispetto agli altri creditori.

3.4 L'ipoteca: natura, oggetto, costituzione, titoli.

Come il pegno, anche l'ipoteca attribuisce al creditore ipotecario il diritto di prelazione e di seguito sul bene ipotecato (art. 2080 c.c.). Diversamente dal pegno, però, l'ipoteca si costituisce su beni immobili, diritti reali immobiliari, beni mobili registrati e diritti reali sugli stessi, rendite dello stato e quote di comunione dei diritti precedentemente elencati: si tratta di tutti beni o diritti su beni soggetti ad iscrizione in pubblici registri. L'iscrizione, lungi dall'essere un adempimento successivo alla nascita dell'ipoteca, ne condiziona la stessa venuta in essere. Si tratta quindi di iscrizione costitutiva; infatti, per la costituzione dell'ipoteca sono necessari un titolo costitutivo e l'iscrizione nei pubblici registri, che variano a seconda del bene che forma oggetto di ipoteca.

A seconda della fonte, l'ipoteca può essere a) legale, b) giudiziale e c) volontaria.

a) L'**ipoteca legale** può iscriversi su alcuni beni di proprietà del debitore in casi specificamente previsti dalla legge (art. 2817 c.c.). I casi più importanti di ipoteca legale sono l'ipoteca dell'alienante e quella del condividente. La prima può essere iscritta sull'immobile venduto a garanzia del diritto al pagamento del prezzo, vantato dal venditore verso il compratore. La seconda si iscrive in caso di divisione sugli immobili assegnati ad alcuni dei condividenti, a garanzia dei diritti al conguaglio vantati da altri condividenti.

b) L'**ipoteca giudiziale** può essere iscritta da qualsiasi creditore in base ad una sentenza o altro provvedimento giudiziale che condanni il debitore al pagamento di una somma di danaro, ad eseguire un'altra obbligazione o a risarcire il danno, anche se non ancora liquidato. In questo caso la sentenza o il provvedimento costituiscono il titolo per iscrivere l'ipoteca (art. 2818 c.c.);

c) Quanto infine all'**ipoteca volontaria**, essa trae origine da un contratto o da un atto unilaterale del concedente, stipulati per atto pubblico o scrittura privata sotto pena di nullità. L'ipoteca non può essere concessa per testamento (art. 2821 c.c.)

3.4.1 Iscrizione, grado ed estinzione dell'ipoteca.

Come si è già avuto modo di osservare, l'ipoteca non nasce in forza del solo titolo, bensì per effetto dell'iscrizione nei pubblici registri, che riveste quindi funzione costitutiva (art. 2808, co. 2 c.c.); nell'ipoteca, a ben vedere, l'iscrizione assolve ad una funzione analoga a quella che nel pegno riveste lo spossessamento: si tratta di avvertire il terzo che su quel bene grava un diritto reale di garanzia, che lo rende assoggettabile all'azione esecutiva del creditore. E, quindi, una funzione di pubblicità, quella che viene affidata all'iscrizione nell'ipoteca o allo spossessamento del bene nel pegno. Inoltre è possibile iscrivere più ipoteche sullo stesso bene, ed in tal caso esse saranno numerate in ordine cronologico (art. 2852 c.c.). Il numero con cui è iscritta ogni ipoteca si dice "grado" e i gradi delle ipoteche determinano l'ordine con cui possono soddisfarsi sul bene i creditori che le hanno iscritte.

L'art. 2847 c.c. prevede che l'iscrizione ipotecaria abbia efficacia per 20 anni, decorsi i quali essa si estingue. In tal caso il creditore può reiscriverla, se ne ricorrono i presupposti, ma prenderà un nuovo grado, quindi potrà soddisfarsi sul bene solo dopo che lo abbiano fatto tutti i creditori che lo precedono.

Inoltre, se il bene ipotecato è stato nel frattempo venduto ad un terzo che ha trascritto il proprio acquisto, il creditore ipotecario non può pretendere l'iscrizione contro il terzo. Difatti egli non sarebbe più munito di un titolo che gli consenta di iscrivere ipoteca nei confronti del nuovo proprietario. Diversa dalla reiscrizione dell'ipoteca è la sua rinnovazione (art. 2847 c.c.), che si ottiene rinnovando l'iscrizione dell'ipoteca prima che scada il ventennio, in modo di garantire continuità tra la nuova iscrizione e la vecchia. Così facendo, il creditore ipotecario conserva il grado originariamente assegnatogli.

Quanto all'estinzione dell'ipoteca, essa può avvenire anzitutto per l'estinzione del credito garantito, ma anche: per la distruzione del bene ipotecato, per la rinuncia del creditore ipotecario, per la scadenza del termine eventualmente opposto all'ipoteca, per la vendita forzata del bene a seguito della procedura esecutiva o per la scadenza del ventennio in assenza di rinnovazione.

Così come l'ipoteca non nasce se non iscritta nei pubblici registri, allo stesso modo essa non si estingue se non cancellata, secondo tutte le formalità richieste dalla legge (art. 2882 c.c.).

3.4.2 L'ipoteca sul bene del terzo.

Come si è avuto modo di accennare, è ben possibile che un terzo consenta a far iscrivere ipoteca su un proprio bene, a garanzia di un debito altrui. Esiste un altro caso in cui l'ipoteca può essere costituita su un bene appartenente a terzi ed è quello in cui il debitore, proprietario del bene ipotecato, lo abbia alienato ad un terzo.

Cosa accade in questi casi se il debitore non adempie? Il legislatore detta una disciplina diversificata per le due ipotesi.

Il terzo datore di ipoteca si trova nell'alternativa tra subire l'esecuzione forzata sul suo bene e pagare egli stesso i creditori, salva sempre l'azione di regresso nei confronti del debitore, ex art. 2871 c.c.

Il terzo che abbia acquistato il bene ipotecato, (il quale non ha volontariamente concesso ipoteca sul proprio bene, esponendosi alle relative conseguenze, ma ha comunque acquistato un bene che sapeva ipotecato), può invece percorrere una di queste tre strade:

a) pagare i creditori ed agire in regresso verso il debitore;

b) affidare il bene ad un amministratore nominato dal tribunale, così che la procedura esecutiva si svolga sullo stesso bene, ma nei confronti dell'amministratore.

Si tratta soltanto di un modo di evitare di essere personalmente assoggettati all'azione esecutiva, che non cambia le conseguenze economiche del suo esercizio.

c) ricorrere alla c.d. purgazione dell'ipoteca, prevista dall'art. 2889 c.c., offrendo ai creditori una somma pari al prezzo che ha pagato per il bene. Se i creditori prestano acquiescenza, con la deposizione della somma il terzo libera il bene dall'ipoteca.

CAPITOLO VIII

I MEZZI DI CONSERVAZIONE DELLA GARANZIA PATRIMONIALE

SOMMARIO: – 1. Premessa. – 2. L'azione surrogatoria. – 3. L'azione revocatoria. – 3.1 Effetti dell'azione revocatoria. – 4. Il sequestro conservativo.

1. Premessa.

Come si è osservato, l'art. 2740 c.c., disponendo che il debitore risponda delle obbligazioni con tutti i propri beni, presenti e futuri, costituisce l'intero patrimonio del debitore quale garanzia dell'adempimento delle obbligazioni da questi assunte.

Ciò significa che il creditore vanta un **interesse alla conservazione del patrimonio del proprio debitore,** su cui si potrà rivalere in caso di inadempimento; tale interesse riceve una specifica tutela quando il debitore, o per negligenza o dolosamente, tiene comportamenti attivi o omissivi che impoveriscono il suo patrimonio, in modo da mettere a rischio il positivo esito dell'azione esecutiva.

Si pensi al caso in cui egli lasci che i propri crediti cadano in prescrizione, oppure al caso in cui compia negozi in frode alla legge con l'intento di sottrarre i beni all'azione esecutiva dei creditori.

In questo capitolo si vedrà quali rimedi il codice attribuisce al creditore in simili evenienze.

2. L'azione surrogatoria.

"Il creditore, per assicurare che siano soddisfatte o conservate le sue ragioni, può esercitare i diritti e le azioni che spettano verso i terzi al proprio debitore e che questi trascura di esercitare, purché i diritti e le azioni abbiano contenuto patrimoniale e non si tratti di diritto o di azioni che, per loro natura o per disposizione di legge, non possono essere esercitati se non dal loro titolare. Il creditore, qualora agisca giudizialmente, deve citare anche il debitore al quale intende surrogarsi" (art. 2900 c.c.).

L'art. 2900 c.c. conferisce al creditore la legittimazione ad esercitare in giudizio un diritto altrui, che tuttavia si traduce in un'interferenza nella sfera giuridica del soggetto passivo. Essa è perciò ammessa soltanto nei casi e limiti previsti dalla legge.

I **presupposti per l'esercizio dell'azione surrogatoria** sono:
1) **l'esistenza di un credito** a vantaggio di chi agisce in surrogatoria; (quin-

di non può surrogarsi al proprio debitore il creditore apparente, né il creditore di un'obbligazione naturale).

2) **la titolarità, in capo al debitore, di un diritto o un'azione** di natura patrimoniale verso un terzo. (La surrogazione, che può avvenire sia nell'esercizio di azioni che di diritti, non è ammissibile per i diritti che hanno contenuto non patrimoniale, né per i diritti che, pur avendo contenuto patrimoniale, "per natura o per disposizione di legge non possano essere esercitati se non dal loro titolare". Si pensi all'azione per gli alimenti che spetti al debitore verso un suo congiunto);

1) **l'inerzia del debitore** (la norma fa riferimento al debitore che "trascura di esercitare" un diritto);

2) l'*eventus damni*, che, benché non richiesto espressamente dalla norma, si ritiene necessario in base al principio dell'interesse ad agire. L'*eventus damni* sussiste se l'inerzia del debitore rende il suo patrimonio non sufficientemente capiente in relazione alla funzione di garanzia cui esso assolve o se aggrava detta insufficienza. Il creditore che eserciti l'azione surrogatoria - proprio perché, letteralmente, si surroga al debitore - agisce in suo nome, ottenendo che si verifichino gli stessi effetti che si sarebbero verificati se il debitore avesse esercitato personalmente i diritti e le azioni trascurati. Ciò significa che le poste attive recuperate attraverso l'esercizio dell'azione surrogatoria tornano nel patrimonio del debitore e quindi possono essere aggredite da qualsiasi creditore, secondo l'ordine stabilito dalla legge. L'unico vantaggio che il creditore consegue agendo in surrogatoria consiste nel conservare il patrimonio del proprio debitore e quindi la garanzia patrimoniale da esso rappresentata per lui e per gli altri creditori.

3. L'azione revocatoria

L'art. 2901 c.c. stabilisce al suo primo co. che "il creditore, anche se il credito è soggetto a condizione o a termine, può domandare che siano dichiarati inefficaci nei suoi confronti gli atti di disposizione del patrimonio con i quali il debitore rechi pregiudizio alle sue ragioni, quando concorrono le seguenti condizioni:

1) che il debitore conoscesse il pregiudizio che l'atto recava alle ragioni del creditore o, trattandosi di atto anteriore al sorgere del credito, l'atto fosse dolosamente preordinato al fine di pregiudicarne il soddisfacimento;

2) che, inoltre, trattandosi di atto a titolo oneroso, il terzo fosse consapevole del pregiudizio e, nel caso di atto anteriore al sorgere del credito, fosse partecipe della dolosa preordinazione".

Mentre il presupposto dell'azione surrogatoria è la mera inerzia del debitore, l'azione revocatoria è concessa sul presupposto del compimento di atti di disposizione che il debitore compia dei propri beni. **I presupposti**

dell'azione revocatoria, che ricalca la romanistica *actio pauliana*, sono i seguenti:

1) un **atto di disposizione** del proprio patrimonio, compiuto dal debitore;

2) il *consilium fraudis*, cioè la conoscenza, nel debitore, del pregiudizio arrecato al creditore o la dolosa preordinazione ad arrecare pregiudizio (a seconda che l'atto sia stato posto in essere successivamente o antecedentemente al sorgere del credito).

Il *consilium fraudis* è la consapevolezza di nuocere, che è diversa dall'intenzione di nuocere (*animus nocendi*).

Quando l'atto è a titolo gratuito, la legge non richiede che il *consilium fraudis* ricorra anche in capo all'acquirente. Infatti, in questo caso, nel conflitto tra il creditore che tenta di evitare un danno (*qui certat de damno vitando*), e l'acquirente a titolo gratuito, che cerca di realizzare un vantaggio (*certat de lucro captando*), l'ordinamento favorisce senz'altro il primo.

3) Se invece l'atto di acquisto del terzo è a **titolo oneroso**, le cose cambiano perché si dà un conflitto tra due soggetti che, entrambi, cercano di evitare un danno. In tal caso, il legislatore, per l'esercizio dell'azione revocatoria richiede anche **la** *partecipatio fraudis* in capo all'acquirente, il quale quindi soccombe soltanto se era consapevole che il proprio acquisto avrebbe arrecato un pregiudizio al creditore del proprio dante causa.

L'art. 2901, co. 2, specifica poi che le prestazioni di garanzia (pegno e ipoteca), anche a favore di debito altrui, si considerano a titolo oneroso se sono contestuali al credito garantito, cioè se sono concesse con lo stesso negozio con cui sorge il credito.

L'azione revocatoria è esperibile nei confronti di atti validi ed efficaci, quindi non può avere ad oggetto atti nulli, perché poco senso avrebbe voler privare di effetti rispetto a se stessi, un atto che non ne produce rispetto ad alcuno. Sono invece soggetti a revocatoria gli atti annullabili, risolubili e rescindibili. Discorso a parte meritano i **rapporti tra azione revocatoria e simulazione.**

Anticipando brevemente quanto sarà più dettagliatamente esposto nella relativa *sedes materiae*, la simulazione può essere assoluta – quando le parti creano l'apparenza di un negozio senza volerne alcuno – e relativa – quando le parti creano l'apparenza di un negozio (negozio simulato) diverso da quello voluto (negozio dissimulato). Regola generale della simulazione è che il negozio simulato, non essendo voluto, non produce effetto tra le parti.

Ciò premesso, in caso di **simulazione assoluta**, l'azione di simulazione mira a dimostrare che il bene non è mai uscito dal patrimonio del debitore (proprio perché il negozio simulato non produce effetti rispetto alle parti; si rinvia al Cap XXVII, §4, per l'esame dei criteri volti a dirimere i conflitti tra creditori del simulato acquirente e del simulato alienante); al contrario l'azione revocatoria presuppone che esistano degli effetti da revocare.

Se il creditore si ritiene leso da un atto di alienazione compiuto dal debitore, può, ricorrendone le condizioni, percorrere due strade: la prima è sostenere che l'atto di alienazione è simulato, e quindi che non ha mai prodotto il proprio effetto dispositivo, con la conseguenza che il creditore può agire con l'azione esecutiva su un bene che non è mai uscito dal patrimonio del debitore; la seconda è sostenere che l'atto di alienazione non è simulato, ma voluto e che ha prodotto quindi i propri effetti traslativi, che precludono al creditore la possibilità di esperire l'azione esecutiva sul bene che appartiene ormai ad un terzo. In tale ultimo caso, il creditore eserciterà l'azione revocatoria per ottenere la declaratoria dell'inefficacia relativa dell'atto e poter agire quindi con l'azione esecutiva.

Le due vie sono in perfetta antitesi, perché la prima si basa sul presupposto che l'atto stipulato tra il debitore ed il terzo non abbia prodotto effetti, mentre la seconda presuppone il contrario. Il creditore può quindi agire per la simulazione in via principale e per la revocatoria in via subordinata. Il problema si pone in termini parzialmente diversi in caso di **simulazione relativa**, ed in particolare allorché il creditore deduca la simulazione ritenendosi leso dall'atto dissimulato, che, diversamente dall'atto simulato, produce i propri effetti rispetto alle parti. In tal caso dovrà preventivamente accertarsi in giudizio la sussistenza dell'atto dissimulato (cioè l'atto dispositivo dannoso per l'attore-creditore), e poi sarà possibile domandarne la revocazione.

3.1 Effetti dell'azione revocatoria.

L'art. 2901 co. 1, c.c. prevede che chi agisce in revocatoria domandi che l'atto revocato "sia dichiarato inefficace nei suoi confronti". L'azione revocatoria non ha effetti "restitutori", ma rende dunque l'atto inefficace rispetto al creditore che l'abbia esercitata (c.d. **inefficacia relativa**). L'inefficacia è tale, cioè, solo per il creditore che ha agito in revocatoria, mentre per tutti gli altri l'atto resta valido ed efficace.

Ne consegue che, come stabilisce l'art. 2902 c.c., "il creditore, ottenuta la dichiarazione d'inefficacia, può promuovere **nei confronti dei terzi acquirenti le azioni esecutive o conservative** sui beni che formano oggetto dell'atto impugnato". Il creditore può, ad esempio, procedere all'espropriazione del bene che sia stato fraudolentemente alienato ad un terzo. La norma ha una centrale rilevanza sistematica, perché, secondo autorevole dottrina, introduce una deroga alla regola per cui il diritto di credito non è opponibile a terzi.[100]

Il terzo che abbia subito l'esecuzione forzata può poi agire nei confronti del debitore per il risarcimento del danno, ma, onde non vanificare l'utilità e gli

---

[100]Roppo, Diritto Privato, Giappichelli, IV edizione, pag. 349.

effetti dell'azione revocatoria, non potrà aggredire il ricavato dell'esecuzione forzata se non dopo il soddisfacimento del creditore (art. 2902, co.2).

Ora, però, immaginiamo che il debitore Tizio, per sfuggire all'azione esecutiva dei creditori, alieni fraudolentemente il bene a Caio, ma che Caio, a sua volta, lo alieni a Sempronio. Può il creditore agire nei confronti di quest'ultimo (cioè del c.d. terzo subacquirente)?

Troviamo a risposta a questo quesito nell'art. 2901, co. 4: "L'inefficacia dell'atto non pregiudica i **diritti acquistati a titolo oneroso dai terzi di buona fede**, salvi gli effetti della trascrizione della domanda di revocazione". La norma, in omaggio al principio di affidamento, impone ancora una volta di distinguere: se l'acquisto del terzo subacquirente (Sempronio) era a titolo oneroso e di buona fede, il terzo prevale sul creditore che agisce in revocatoria, salvo il diritto del creditore verso il primo acquirente alla restituzione del corrispettivo che egli ha ricevuto dal subacquirente. Per converso, se ne deduce che se l'acquisto del terzo subacquirente è a titolo gratuito oppure se vi è mala fede, la dichiarazione d'inefficacia dell'atto stipulato tra Tizio e Caio estende i propri effetti anche a Sempronio.

Tutto quanto sin qui detto vale salvi gli effetti della **trascrizione della domanda di revocazione**; vale a dire che se la domanda di revocazione è trascritta prima che il subacquirente compia il proprio acquisto, allora il creditore che la trascrive prevale sul subacquirente, quand'anche questi abbia acquistato a titolo oneroso ed in buona fede.

Il legislatore detta una peculiarità per l'azione revocatoria, che si prescrive in cinque anni dalla data dell'atto invece che in dieci (art. 2903 c.c.), per abbreviare il tempo in cui gli atti sono esposti ad una possibile revoca.

4. Il sequestro conservativo.

"Il creditore può chiedere il sequestro conservativo sui beni del debitore, secondo le regole stabilite dal codice di procedura civile. Il sequestro può essere richiesto anche nei confronti del terzo acquirente dei beni del debitore, qualora sia stata proposta l'azione per far dichiarare l'inefficacia dell'alienazione" (art. 2905 c.c.).

Il sequestro conservativo è una **misura preventiva e cautelare** che comporta l'apposizione di un **vincolo d'indisponibilità** sul bene che ne forma oggetto. Il debitore che alieni, sottragga o danneggi i beni sequestrati è passibile di sanzioni penali (art. 334 c.p.)

I presupposti perché il creditore possa richiedere il sequestro sono:
a) il *fumus boni iuris* (la verosimile fondatezza della propria pretesa);
b) il *periculum in mora* (il pericolo o il fondato timore di perdere le garanzie del proprio credito).

Gli **effetti del sequestro** sono stabiliti dall'art. 2906 c.c., a mente del quale "non hanno effetto in pregiudizio del creditore sequestrante le alienazioni e gli altri atti che hanno per oggetto la cosa sequestrata, in conformità della regola stabilite per il pignoramento. Non ha parimenti effetto in pregiudizio del creditore opponente il pagamento eseguito dal debitore, qualora l'opposizione sia stata proposta nei casi e con le forme stabilite dalla legge".

CAPITOLO IX

IL CONTRATTO

1. Il contratto e il dogma della volontà.

L'art. 1321 c.c. definisce il contratto come "l'**accordo** di due o più parti per costituire, regolare o estinguere tra loro un rapporto giuridico patrimoniale". Nell'accordo, cioè nell'incontro delle volontà, s'invera dunque il fondamen-to e la sostanza stessa del contratto[101] che, nel codice del '42, non più rele-gato al ruolo di mero strumento di acquisto della proprietà, assume il rilievo di strumento principe e fulcro dell'autonomia negoziale.

Dopo l'entrata in vigore del codice del '42, i primi commentatori, valoriz-zandone la nuova collocazione sistematica, inquadrarono il contratto come

---

[101]Roppo, Il contratto, 2011, p. 37

"categoria del negozio giuridico", e siccome il negozio giuridico è, nella celebre definizione di un'autorevole dottrina, **"l'atto di una volontà autorizzata dall'ordinamento a perseguire il suo scopo"**[102], apparve ben presto chiaro che la riflessione sull'autonomia negoziale e sulla dialettica tra libertà e norma sarebbe stata il fulcro di tutte le teorie contrattualistiche degli anni a venire. La nozione e la disciplina del contratto furono, infatti, uno specchio fedele dei grandi mutamenti che interessarono le dottrine economiche, filosofiche e giuridiche dal secondo dopoguerra ad oggi.

Nel XIX scolo, inoltre, sotto l'influsso delle dottrine giusnaturalistiche e della scuola storica, si era andata affermando una **concezione c.d. soggettiva del contratto**, che assegnava alla volontà un ruolo totalizzante, in essa ravvisandosi non soltanto la fonte del regolamento negoziale, ma anche la fonte unica degli effetti del contratto, che si producevano, in tale prospettiva, solo se ed in quanto voluti dalle parti. Nella visione dei giuristi del tempo, l'ordinamento giuridico si ritraeva dagli spazi lasciati all'autonomia privata, ove liberamente si esplicava la forza creatrice della volontà contrattuale, né poteva pensarsi vincolo che trovasse giustificazione e ragion d'essere se non nella volontà delle parti. Se ne faceva discendere che qualsiasi vizio inficiasse tale volontà, non avrebbe potuto che comportare, invariabilmente, la caducazione del contratto e che le difformità tra volontà e dichiarazione solo potessero essere risolte dando preminenza alla volontà – giacché, in assenza di questa, non poteva darsi vincolo giuridico di sorta. Le matrici storiche di queste dottrine risiedono nelle idee di libertà che si diffusero in Europa dopo la rivoluzione francese, quando – spezzati i vincoli che legavano il destino di ogni individuo al proprio status – **alla nozione di status si sostituì quella di capacità giuridica**, uguale in tutti gli individui senza distinzione di sorta. In questo clima si diffuse il fiducioso convincimento che gli individui, lasciati finalmente liberi, potessero costruire per se stessi il migliore dei destini e per il maggior bene per la società. Le **dottrine economiche liberiste** sostennero l'idea che il mercato, lasciato libero dagli interventi di politica economica e monetaria, avrebbe raggiunto da solo il punto di equilibrio e si affacciò nel mondo delle dottrine civilistiche quel **dogma della volontà** che ne modificò per sempre gli scenari, fondato com'era sul convincimento che la migliore regola possibile, la più equa, la più vantaggiosa per entrambe le parti, non potesse essere che quella scelta dai contraenti, lasciati liberi nella contrattazione ed affidati al libero gioco dell'economia e dei commerci. Questo fu il clima da cui l'elaborazione del dogma della volontà trasse linfa e questo fu, anche, il clima che, tempo dopo, inflisse a quel dogma la sua prima grande ferita. Quegli stessi mercati capitalistici nati nella culla del liberismo, espressero

---

[102]Santoro Passarelli Dottrine Generali del diritto Civile, Napoli, 1971, p. 125.

infatti, una volta consolidatisi, esigenze nuove e tra esse prima di tutte una pressante **esigenza di certezza**.

Ma "il dogma della volontà è nemico della certezza della relazione"[103]: se il contratto può essere travolto da fattori che ineriscono alla sfera psichica del dichiarante, ma che non possono essere percepiti all'esterno, allora la relazione contrattuale sarà collocata in una dimensione di incertezza non compatibile con le esigenze dei moderni mercati. Si diffuse quindi, un contrapposto versante, una maggiore sensibilità per il tema della **tutela degli affidamenti legittimi**, osservandosi che, oltre all'esigenza di tutelare chi avesse formulato una dichiarazione non conforme alla propria volontà, o conforme ad una volontà viziata, si poneva anche quella di tutelare chi avesse fatto affidamento su una dichiarazione che non appariva viziata all'esterno. L'importanza dirimente del **tenore oggettivo della dichiarazione** fu il cardine attorno al quale si costruirono le concezioni oggettive del contratto, tra cui, in particolare merita menzione la **concezione bettiana**, per la quale la volontà è fonte del solo regolamento contrattuale, ma non anche dei suoi effetti. Questi ultimi sono prodotti dall'ordinamento giuridico e l'accordo altro non ne è che il presupposto naturalistico[104].

Il legislatore del '42, venutosi a trovare dinanzi ad una drastica alternativa, ripudia sia la **teoria della volontà**, che all'elemento volontaristico annette rilievo esclusivo, sia quella **della dichiarazione**, che, onde tutelare il terzo, ritiene che la dichiarazione sia sufficiente a dar vita al negozio, per accogliere invece, quanto meno in linea di massima, la **teoria dell'affidamento**. Si tratta di una teoria fondata sulla regola generale secondo la quale, in caso di divergenza tra volontà e dichiarazione, se il soggetto cui la dichiarazione era destinata non avrebbe potuto riconoscere la divergenza nemmeno agendo diligentemente, il negozio è valido; se invece il destinatario della dichiarazione era a conoscenza del vizio della volontà (quindi della divergenza tra voluto e dichiarato) oppure avrebbe dovuto avvedersene, allora il contratto è invalido. In caso di vizi della volontà, infine, il legislatore detta di volta in volta le condizioni alle quali annettervi rilevanza, sempre tenendo conto l'esigenza di tutelare gli affidamenti dei terzi di buona fede.

Si tratta di regole valide per i negozi patrimoniali *inter vivos* a titolo oneroso, non invece per quelli *mortis causa*, per i negozi di diritto personale e familiare e per quelli patrimoniali a titolo gratuito, per i quali il legislatore accorda una tutela ben maggiore all'elemento della volontà.

Dopo l'entrata in vigore della Costituzione, una nuova e più grande crisi doveva però investire il dogma della volontà.

---

[103]Roppo, Il contratto cit., p. 39
[104]Betti, Teoria generale del negozio giuridico, in Tratt., Vassalli, Torino, 1960.

Le crisi economiche – in specie la grande depressione americana del '29 – che erano seguite all'attuazione delle politiche economiche liberiste, ne avevano ormai da tempo dimostrato la fallacia con drammatica evidenza; le nuove dottrine economiche avevano evidenziato la fragilità dei presupposti teorici su cui il dogma si fondava, spiegando che il mercato avrebbe potuto raggiungere da solo ed in assenza di regolamentazioni il punto di equilibrio, solo se gli operatori economici si fossero tutti trovati in posizione di uguale forza economica ed uguali opportunità – dato sistematicamente smentito dalla realtà; la fiducia che *"qui dit contractuel dit juste"* cominciò ad incrinarsi, per la presa di coscienza dell'**asimmetria di forza negoziale tra i contraenti**[105]. Le dottrine cattoliche, così come quelle marxiste, avevano formulato, sia pur da differenti punti di vista, una profonda critica dell'ideologia liberale sul piano etico e filosofico, contrapponendo al fine del massimo profitto, cui tendevano i fautori del *lassez faire*, il **principio di solidarietà e l'idea di uguaglianza**.

Furono proprio le idee di fraternità e di solidarietà sociale accolte dalla Costituzione, le teorie del pluralismo giuridico, le suggestioni dell'analisi economica del diritto, le nascenti **esigenze di giustizia sostanziale** che sempre più si contrapponevano al bisogno di certezza espresso dai mercati, ad animare quel clima di rinnovamento culturale nel quale si affermò la necessità di un intervento dello Stato nel mercato e, nello stesso tempo, l'esistenza di **fonti eteronome di integrazione del contratto**, al fine di riequilibrare le sproporzioni e le iniquità che si verificavano nel libero mercato e, parallelamente, nella libera contrattazione.

Se, fino ad allora, la **crisi del dogma della volontà** si era evidenziata sul piano dell'importanza oggettiva della dichiarazione e si collocava nella dialettica tra voluto e dichiarato, ora quella stessa crisi **tocca il cuore del contratto, cioè le sue fonti. S'impone l'idea che la regola negoziale, e non solo i suoi effetti, possa non essere esclusivamente frutto della volontà privata**.

La riflessione ermeneutica rilegge il tema dei limiti all'autonomia negoziale, valorizzando il rilievo sistematico di quelle norme che prevedono l'inserzione automatica nel contratto di clausole non previste dalla volontà pattizia (art. 1340 c.c., par. 2.2.2) o addirittura l'inserzione di clausole *in sostituzione* di quelle previste dalla volontà pattizia (art. 1139 c.c., par. 2.2.1); delle norme in materia di clausole abusive e vessatorie, degli obblighi di contrarre, dell'accrescersi, infine, dei poteri di controllo del giudice sull'equilibrio contrattuale. Tutti queste previsioni e nuovi orientamenti pretori si rivelano strumenti di ricerca di una difficile ma necessaria sintesi tra

---

[105]Max Weber, (cit. in Navarretta, Principio di uguaglianza, principio di non discriminazione e contratto, in Riv. dir. civ. 2014, p. 547 nota 6) "i contratti, se formalmente sono liberi a tutti, di fatto sono accessibili soltanto a pochi".

certezza del diritto e giustizia sostanziale.

Il dogma della volontà è oggi, secondo la più gran parte degli interpreti, ormai tramontato assieme all'ideale giusnaturalistico della signoria del volere.

Ciò non significa, però, che la volontà abbia perduto la sua funzione di fonte della regola contrattuale; essa ha soltanto perduto il monopolio nella costruzione di tale regola[106] via via che, accanto ad essa, si è ampliato il ruolo riconosciuto alle **fonti eteronome** ed accresciuto il **potere di controllo del giudice sulla regola negoziale.**

2. L'autonomia negoziale.

Nella dottrina tradizionale, come si è avuto modo di osservare, la teoria generale del negozio giuridico era fondata sulla netta distinzione tra **atti in senso stretto e negozi.**

Per i primi era richiesta la **volontarietà dell'atto,** a cui il legislatore riconnetteva determinati effetti, indipendentemente dal fatto che essi fossero voluti o conosciuti dalle parti (si pensi al riconoscimento del figlio naturale, che comporta, per il padre, l'obbligo di assistenza morale e materiale, indipendentemente dal fatto che il padre, nel riconoscere il figlio, voglia assumere tale obbligo, ma anche indipendentemente dal fatto che egli semplicemente conosca le conseguenze del proprio atto). Per i secondi era richiesta sia la volontarietà dell'atto, che la **volontà degli effetti,** i quali si producevano solo in quanto voluti.

Come si è avuto modo di osservare, questa nitida distinzione entra in crisi quando si prende coscienza dell'importanza rivestita, a fini sistematici e definitori, dai casi in cui il negozio produce effetti anche non voluti. Sulla scia delle dottrine giuspositiviste, gli interpreti cominciano a domandarsi se sia davvero la volontà a fondare la produzione dell'effetto, o se piuttosto questo non sia il frutto di una disposizione normativa. Il dogma della volontà entra in crisi perché si prende coscienza del fatto che "questa volontà non è una volontà sovrana, indipendente: essa è idonea a produrr effetti, perché un'altra volontà, questa sì sovrana, quella che si esprime nell'ordinamento giuridico, a ciò l'autorizza".[107]

"Le parti", prevede il primo co. dell'art. 1322 c.c., "possono liberamente determinare il contenuto del contratto nei limiti imposti dalla legge": ecco l'ordinamento che autorizza la volontà privata a produrre gli effetti cui essa

---

[106]Gazzoni, Manuale, cit. p. 780.

[107] Santoro Passarelli, cit. p. 126 c.c., ma vedi anche Rescigno, L'autonomia dei privati, in Riv. crit. dir. priv., 2012 p. 21: "L'autonomia privata riesce a definirsi e ad operare come un ordinamento a sé, e dunque appartiene alla ricognizione degli ordinamenti e rivela manifestazioni di indipendenza dallo Stato; ma è allo stesso tempo un fenomeno che si inserisce nell'ordinamento dello Stato".

tende e a determinare liberamente – nei limiti della legge – il contenuto del contratto.

Tale libertà riconosciuta dalla legge alla volontà, viene comunemente indicata con il nome di "autonomia negoziale". Si tratta, infatti, proprio di una forma di autonomia, perché realmente essa consiste nel porre norma a se stessi, nell'autovincolarsi ai fini liberamente voluti, nell'ambito in cui l'ordinamento a ciò la autorizza. E si tratta di un'autonomia privata, perché è la volontà privata che viene autorizzata dall'ordinamento a perseguire il proprio scopo, sotto il controllo e nei limiti imposti dalla legge. Questi limiti sono plurimi come plurime sono le libertà in cui si è soliti analiticamente scindere l'autonomia negoziale (non più una libertà sovrana, ma un insieme di libertà autorizzate e limitate ad un tempo dall'ordinamento giuridico).

Due norme di centrale rilievo scolpiscono i più nitidi confini dell'autonomia negoziale: il secondo co., dell'art. 1323 c.c., il quale prevede che " le parti possono anche concludere contratti che non appartengono ai tipi aventi una disciplina particolare (art. 1323 c.c.), purché essi siano diretti a realizzare **interessi meritevoli di tutela secondo l'ordinamento giuridico**"; e l'art. 41 Cost., a mente del quale "l'iniziativa economica privata è libera, ma non può svolgersi in contrasto con l'**utilità sociale** o in modo da recar danno alla sicurezza, alla libertà, alla dignità umana".

Lo studio sull'autonomia contrattuale si articola nello studio dei suoi seguenti aspetti analitici:

a) libertà di concludere o meno il contratto;

b) libertà di determinarne il contenuto (art. 1322 c.c., co.1);

c) libertà di concludere contratti non appartenenti a tipi previsti dalla legge (art. 1322 c.c., c. 2);

d) libertà di scegliere la persona del contraente;

e) libertà di scelta della forma;

f) libertà di apporre elementi accidentali;

g) libertà di farsi sostituire nell'attività negoziale[108].

2.1 La libertà di concludere o non concludere il contratto.

La libertà di concludere o di non concludere il contratto si scontra, simmetricamente, con due ordini di limiti: quelli positivi, che impongono il contratto a chi non vorrebbe stipularlo; e quelli negativi, che lo precludono a chi vorrebbe stipularlo.

Entrambi gli ordini di limiti alla libertà di contrarre possono poi essere di fonte legale o convenzionale.

---

[108]Si deve principalmente a Rescigno questo nuovo sistema di studio dei rapporti tra volontà e contratto, che ebbe un impatto rivoluzionario sulla metodica tradizionale. Si veda in partic. Rescigno, Il principio di uguaglianza del diritto privato, Napoli, 1959 e, più recentemente, Catricalà, l'esame di diritto civile, 2006, pag. 34 ss.

Quanto agli **obblighi di fonte legale**[109], si pensi all'art. 2597 c.c., che impone al monopolista legale di contrattare con chiunque richieda le prestazioni che formano oggetto della sua impresa, osservando la parità di trattamento. Si tratta di un obbligo finalizzato alla tutela del contraente debole, che abbia necessità del bene prodotto dal monopolista ma che si veda opporre un ingiustificato rifiuto.

Ancora, l'obbligo di contrarre è imposto talvolta a tutela di soggetti terzi rispetto al rapporto contrattuale. E' quanto si verifica nel caso di cui agli artt. 122 ss. del codice delle assicurazioni, che impone al proprietario di veicoli a motore o di natanti di stipulare un contratto di assicurazione per la responsabilità civile derivante dalla circolazione del suo autoveicolo. Anche l'esercente un servizio pubblico di linea è obbligato a contrarre (art. 1679 c.c.), sempre compatibilmente con i mezzi ordinari dell'impresa, dovendo motivare l'eventuale diniego e soddisfare le richieste secondo l'ordine delle stesse.

Infine, l'art. 16 l. 416 /1981 impone al distributore di testate giornalistiche di garantire il servizio di distribuzione a tutte le testate giornalistiche che ne facciano richiesta, a parità di condizioni. (Si noti: in questo caso il legislatore prevede l'obbligo di stipulare un contratto atipico. Per la definizione della nozione di contratto atipico si veda §2.3 seguente).

Il contratto stipulato in ottemperanza ad obblighi di fonte legale viene talvolta denominato "**contratto imposto**".

Accanto agli **obblighi di contrarre** di origine legale, si pongono poi quelli **di origine volontaria**: il contratto preliminare [capitolo XII, §1] il mandato a contrarre ex art. 1706, co. 2, [cap. XXIV], il legato di contratto e il deposito in albergo (art. 1783 cc.).

Sia in caso di violazione degli obblighi di contrarre di fonte legale, che in caso di violazione degli analoghi obblighi di fonte convenzionale, l'inadempimento è sanzionato con **l'esecuzione in forma specifica dell'obbligo inadempiuto**[110]. L'art. 2932 c.c. [v. cap. XXI, §2] prevede infatti che il giudice possa emettere una sentenza sostitutiva del contratto non concluso e costitutiva degli effetti che tale contratto avrebbe prodotto. Ciò significa che se, per esempio, dopo la stipula di un preliminare di vendita, il promittente alienante rifiuta di stipulare il definitivo, il giudice emetterà una sentenza che produrrà gli effetti del contratto non concluso, cioè della compravendita: vale a dire che, come evidenziato dalla giurisprudenza e dalla

---

[109]P. Barcellona, intervento statale e autonomia privata nella disciplina dei rapporti economici, Giuffré, Milano 1969; A. Di Maio, voce "obbligo a contrarre", in Enc. Giur. Treccani, XXI, Ed. Enc. It, Roma, 1990.

[110] Dottrina e giurisprudenza sono concordi nell'affermare l'applicabilità del rimedio di cui all'art. 2932 sia agli obblighi di fonte legale che a quelli di fonte convenzionale. V. *ex multis*, Gazzoni, Manuale cit., p. 856; Cass. Civ. n. 6206, 1997.

quasi unanime dottrina, gli effetti traslativi scaturiranno dalla pronunzia giudiziale. E' per questo che tale pronunzia ha efficacia costitutiva.[111]

Si sono sin qui esaminati gli obblighi legali o convenzionali di contrarre, ma è anche possibile che la legge o la volontà pattizia generano **divieti di contrarre**. Nei divieti **di fonte legale** rientrano le incapacità speciali, le inabilità e le incompatibilità; nei divieti **di fonte volontaria** rientrano i *pacta de non contraendo*, il patto di esclusiva, il patto di non concorrenza, ma anche i vincoli di inalienabilità. Si noti che la stipula di un contratto in spregio del divieto legale di contrarre comporta la **nullità** del contratto, mentre la stipula di un contratto in spregio al **divieto convenzionale** di contrarre comporta solo l'**obbligo di risarcire il danno**.

2.2 Libertà di determinare il contenuto del negozio.

Il fondamento della libertà di determinare il contenuto del negozio risiede, come evidenziato, nel primo co. dell'art. 1322 c.c., il quale precisa che questa libertà deve essere esercitata "nei **limiti imposti dalla legge**". Giova da subito evidenziare che il rapporto tra la libertà negoziale ed i suoi limiti si risolve in quello tra validità e nullità del contratto. Infatti, come si vedrà, l'art. 1418 c.c. prevede al suo primo co. la nullità del contratto per contrarietà a norme imperative. Se poi si verte in materia di contratti atipici, si pone, come sia vrà modo di osservare in seguito, il limite della meritevolezza degli interessi, che autorevole dottrina pone in stretta connessione con il tema dell'inesistenza del contratto[112].

Anche i limiti alla libertà di determinare il contenuto del contratto possono avere fonte legale o convenzionale.

Tra i limiti di fonte convenzionale viene in primo luogo in rilievo il **contratto normativo** (ad es. conto corrente bancario), con il quale le parti, che restano libere di contrarre o non contrarre, si accordano relativamente ad alcuni aspetti o clausole dei futuri contratti, ove decidessero di stipularli. Si pensi al caso di due imprese che hanno frequenti rapporti commerciali, perché una acquista ricorrentemente determinate forniture da un'altra. Le due imprese potranno stipulare un contratto normativo con cui regoleranno tutti i loro rapporti futuri e saranno poi libere di decidere se e quando procedere agli acquisti, ma non a quali condizioni (è per questo che il contratto normativo non genera un limite alla libertà di contrarre, ma un limite alla libertà di determinare il contenuto del contratto; del contratto normativo si parlerà più approfonditamente al cap. XII, §8, perché esso costituisce anche una particolare modalità di formazione del consenso, che deroga a quella data

---

[111]Cass. civ., Sez. U. 7286/93, ma vedi in senso parzialmente contrario Gazzoni, Contratto preliminare, in Tratt. dir. priv. Diretto da Bessone, T.2, vol. XIII, Torino, 2000, p 710, il quale ritiene che la sentenza di parola sia di accertamento costitutivo.

[112]Catricalà, L'esame di diritto civile, Maggioli, 2015, pag. 134.

dall'incontro della proposta e dell'accettazione).

Un secondo limite convenzionale alla libertà di contrarre può essere apposto con il **contratto aperto**, cioè un contratto stipulato tra due o più parti, a cui chiunque può aderire (ad es., il contratto con cui si aderisce ad un circolo sportivo). Di esso si dirà al cap. XI, §6, perché questo tipo di contratto oltre ad essere un limite alla libertà di determinare il contenuto del negozio (se lo sottoscrivo devo accettare il suo contenuto, già interamente predeterminato) è anch'esso, come il contratto normativo, un modo di conclusione del contratto diverso da quello dato dall'incontro tra proposta ed accettazione. Il contratto normativo si differenzia per importanti aspetti dal contratto aperto, soprattutto perché chi sottoscrive il contratto normativo, s'impegna solo ad accettare un certo regolamento nel caso in cui dovesse stipulare un contratto di quelli da esso normati. Questo significa anche che il contratto normativo non deve essere necessariamente completo, ma può anche indicare solo alcuni degli elementi dei futuri contratti che potrei stipulare. Diversamente, il contratto aperto, che ha in comune con il contratto normativo l'attitudine a vincolare ad un assetto di interessi già predeterminato, è un contratto completo e chi lo sottoscrive, così facendo si vincola ad un assetto di regole operativo: per esempio, sarà già entrato nel club.

Un limite convenzionale alla libertà di determinare il contenuto del negozio può poi scaturire dal **contratto per adesione**, che, come il contratto aperto, è un accordo cui possono aderire successivamente altre parti, ma con un'importante differenza: mentre il contratto aperto è un contratto associativo, il contratto per adesione è una regolamentazione originariamente predisposta da una parte, e destinata a dare vita a tanti rapporti con l'originario predisponente, quanti saranno coloro che lo sottoscriveranno. Il contratto per aperto è uno, ed è plurilaterale; i contratti per adesione sono molti e bilaterali; nel contratto per aperto gli interessi delle parti convergono verso un fine unitario; nel contratto per adesione le parti sono portatrici di interessi contrapposti. Si spiega quindi perché solo al contratto aperto si applichi la disciplina della nullità o annullabilità parziale per invalida partecipazione di una delle parti, prevista per i contratti plurilaterali.

Tra i limiti di fonte legale vengono in particolare in considerazione i meccanismi che prevedono **l'inserzione automatica nel contratto di clausole in aggiunta, in sostituzione o in riduzione** del contenuto stabilito dalle parti (art. 1339 c.c.). Sono limiti alla libertà di determinare il contenuto del contratto quelli stabiliti dal codice del consumo e relativi all'apposizione di clausole vessatorie (art. 36 codice del consumo).

In alcuni casi in legislatore non vieta un particolare accordo o una specifica clausola, ma stabilisce le condizioni entro le quali le parti possono darvi vita. Ad esempio, è consentito stipulare patti di non concorrenza, a condizione, però, che essi siano circoscritti ad una zona ed attività determinate e che non eccedano la durata di cinque anni (art. 2956 cc.).

Si esamineranno di seguito alcuni dei principali casi di limitazioni alla libertà di determinare il contenuto del contratto, contemplati dal cod. civ.

2.2.1 L' inserzione automatica di clausole.

L'esatta comprensione del modo in cui opera l'inserzione automatica di clausole, presuppone la conoscenza dei principi fondamentali in materia di nullità del contratto, di cui quindi qui si anticiperà ciò che è necessario ai fini della presente trattazione.

Quando un contratto viola una norma imperativa, la regola generale, stabilita dall'art. 1418 c.c. è che quel contratto sia nullo. Quando sono solo una o più clausole a violare norme imperative, soccorre il disposto dell'art. 1419 co. 1, c.c, a mente del quale "**la nullità parziale di un contratto o la nullità di singole clausole importa la nullità dell'intero contratto se risulta che i contraenti non lo avrebbero concluso senza quella parte che è colpita da nullità**". La regola generale vuole quindi che la contrarietà dell'atto di autonomia negoziale a norme imperative ne comporti nullità, salvo che la parte nulla sia inessenziale per i contraenti, nel qual caso si conserva la restante parte, in base al principio *utile per inutile non vitiatur*.

Ora, quello che interessa più da vicino il fenomeno dell'inserzione automatica è il secondo co. dell'art. 1419 c.c., il quale stabilisce un'eccezione a questo principio generale, prevedendo che se la **clausola** nulla è **sostituita di diritto da norme imperative,** il contratto non è mai nullo, e ciò indipendentemente – si noti – da ogni indagine sulla volontà dei contraenti in ordine al contenuto di tale clausola.

La norma in commento fa riferimento a norme che sostituiscono di diritto alcune clausole contrattuali con le clausole da esse disposte. La più importante di queste norme è in particolare dettata dall'art. 1339 c.c., il quale prevede che "le clausole, i prezzi dei beni e servizi imposti dalla legge, sono di diritto inseriti nel contratto, anche in sostituzione delle clausole difformi" (**inserzione in sostituzione**). Ad esempio: una norma imperativa stabilisce che il prezzo di un determinato bene sia 50. Tizio e Caio compravendono quel determinato bene per il prezzo 100. La regola generale che abbiamo illustrato sopra, ci imporrebbe di concludere che quella clausola è nulla, e di procedere a verificare se la sua nullità debba comportare o meno la nullità dell'intero contratto. Invece, tale meccanismo viene derogato dall'art. 1339 c.c., il quale stabilisce che i prezzi dei beni e servizi imposti dalla legge, sono di diritto inseriti nel contratto anche "in sostituzione" delle clausole difformi. La conclusione della vicenda è che il prezzo pattuito, cioè 100, viene automaticamente sostituito con quello imposto dalla legge, cioè 50 e a nulla rileva che Tizio e Caio volessero compravendere per 100. Essi rispettivamente compreranno e venderanno comunque per 50.

Allora, ciò che maggiormente rileva nell'esame di tale disciplina, non è tanto la circostanza che i prezzi di beni e servizi possano essere inseriti di diritto da norme imperative, quanto la ben più importante considerazione che questo meccanismo di inserzione automatica opera una deroga alla regola stabilita dal primo co. dell'art. 1419, il quale impone la ricerca della volontà dei contraenti. **L'inserzione automatica**, infatti, **prescinde del tutto dalla volontà negoziale**. L'art. 1339 c.c. integra allora una delle più incisive limitazioni della libertà di determinare il contenuto del contratto.

2.2.2. Le clausole d'uso.

L'art. 1340 c.c. prevede che "le clausole d'uso s'intendono inserite nel contratto **se non risulta che non sono state volute dalle parti**". La norma fa riferimento agli **usi negoziali** (prassi invalse tra operatori di un determinato settore economico e costantemente osservate nelle transazioni commerciali). Giova ricordare che gli usi negoziali sono ben distinti dagli usi normativi (dati dalla generale costante ed uniforme ripetizione di un comportamento, tenuto con la convinzione di uniformarsi ad un obbligo giuridico) e che solo questi ultimi sono fonti del diritto (art. 1 preleggi). Quando l'art. 1374 c.c. include gli usi tra le fonti d'integrazione del contratto, fa riferimento agli usi normativi[113]; l'art. 1340 c.c. comporta invece l'integrazione del contratto ad opera degli usi negoziali. La distinzione comporta conseguenze di non poco conto: gli usi negoziali possono derogare a norme di legge dispositive e prevalgono sulle norme suppletive, mentre gli usi normativi, in base al disposto degli artt. 1 e 8 delle preleggi, non possono derogare alla legge, salvo il caso, ormai davvero raro, di uso *praeter legem*. Inoltre per gli usi negoziali non vige il principio *iura novit curia* che, come noto, si applica invece agli usi normativi. Le clausole d'uso – dispone l'art. 1340 – vincolano il contraente se non risulta che non sono state volute. Una diversa volontà pattizia può quindi escluderne l'operatività, diversamente da quanto previsto dall'art. 1339 con riferimento alle clausole contrattuali difformi dalle clausole o dai prezzi imposti dalla legge. Queste ultime sono clausole che s'inseriscono in sostituzione della volontà pattizia, laddove le clausole d'uso s'inseriscono in aggiunta alla stessa.

2.2.3. Le condizioni generali di contratto.

L'art. 1341 (condizioni generali di contratto) dispone al suo primo co. che "le condizioni generali di contratto predisposte da uno dei contraenti **sono efficaci nei confronti dell'altro, se al momento della conclusione del contratto questi le ha conosciute, o avrebbe dovuto conoscerle usando l'ordinaria diligenza**".

---

[113] v. *ex multis*, Gazzoni, Manuale di diritto privato, Napoli, 1996, p. 858.

Questa norma rileva sotto due distinti profili. Il primo consiste nel fatto che tali clausole integrano un'eccezione all'ordinario metodo di formazione del contratto. Ce ne occuperemo quindi nella relativa *sedes materiae*. [cap. XII, §10]. Il secondo profilo d'interesse attiene al fatto che questa norma comporta l'efficacia vincolante di **clausole che non sono frutto della negoziazione** delle parti, ma che sono state predisposte unilateralmente da un contraente per regolare una serie indefinita di rapporti. Esse inoltre non sono parte integrante del corpo del contratto e, ciò nondimeno, vincolano il contraente che le conosceva o avrebbe dovuto conoscerle con l'ordinaria diligenza. Si pensi al momento in cui un automobilista entra in un parcheggio a pagamento. Generalmente sono esposti, all'entrata, cartelli contenenti le condizioni generali predisposte dal gestore del parcheggio. Quelle condizioni vincolano l'automobilista che acceda al parcheggio, benché non siano mai stata discusse né negoziate dalle parti e anche nel caso in cui egli non le abbia neanche mai lette, sol che si possa dire che egli avrebbe dovuto conoscerle usando l'ordinaria diligenza. Anche acquistando il biglietto di un treno si viene vincolati alle condizioni generali di contratto, che, come è evidente, il più delle volte non sono del tutto note al viaggiatore. Si tratta del fenomeno della **contrattazione di massa**, che ha come protagonisti un contraente forte, (l'imprenditore), che predispone il contenuto del contratto, ed uno debole, posto dinanzi all'alternativa tra l'accettare le condizioni generali e il non contrarre.

2.3 La libertà di concludere contratti non appartenenti a tipi disciplinati dalla legge.

Recita secondo co. dell'art. 1322 c.c.: "Le parti possono anche concludere contratti che non appartengano a tipi aventi una disciplina particolare, purché siano diretti a realizzare interessi meritevoli di tutela secondo l'ordinamento giuridico".

Mentre il primo co. dell'art. 1322 c.c. attribuisce alle parti la libertà di determinare il contenuto del contratto nei limiti imposti dalla legge, il secondo co. riconosce loro la libertà di stipulare contratti che non appartengono a tipi disciplinati dalla legge, nei limiti del c.d. **"giudizio di meritevolezza"**.

2.3.1 Il tipo legale e il contratto atipico. Il contratto misto.

Per comprendere appieno il portato del secondo. co. dell'art. 1322 c.c. occorre por mente al fatto che i tipi di contratti che le parti potrebbero congegnare per regolamentare i propri interessi sono potenzialmente indefiniti e che essi aumentano con il mutare ed il moltiplicarsi delle esigenze dei mercati e della creatività dei privati. Il legislatore regolamenta, nei loro aspetti essenziali, solo alcuni di questi contratti: di regola i più noti e ricorrenti; ma, tramite l'art. 1322 secondo co., riconosce ai privati la facoltà di stipularne anche di altri, non disciplinati dalla legge.

I contratti tipici sono quelli regolati, almeno nei loro elementi essenziali, dal codice civile o da leggi speciali; i **contratti atipici** sono quelli per i quali non è dettata una compiuta disciplina di legge.

Occorre tener distinto il contratto nominato dal contratto tipico. Il contratto nominato è, letteralmente, un contratto il cui *nomen iuris* è contemplato in qualche norma di legge, che vi fa riferimento, magari anche disciplinandone alcuni aspetti. Ma si tratta di una disciplina marginale ed incompleta. Il contratto tipico è invece il contratto del quale sono disciplinati tutti gli elementi essenziali, cioè un contratto che riceve una regolamentazione completa dalla legge.

La tipizzazione è, in genere, il frutto di un lungo procedimento che si scandisce nel tempo. Essa prende vita dalla creatività di operatori giuridici ed economici che plasmano accordi innovativi, non pienamente inquadrabili in nessun tipo legale; transita poi attraverso la loro diffusione, che porta a trasformarli in prassi di mercato (tipicità sociale) ed infine trova forma nell'elaborazione pretoria, quando questi accordi vengono portati *sub iudice* e ricevono un inquadramento, una qualificazione ed una prima disciplina destinata a divenire nel tempo via via più omogenea. Se si tratta di contratti che hanno un peso ed un'importanza sociale ed economica, il legislatore può stabilire di disciplinarli, decretandone il passaggio alla tipicità.

Il tipo è, allora, lo **schema regolamentare astratto** che il legislatore offre per tutti i contratti che possono essere ricondotti nel suo alveo. Esso consente all'interprete in primo luogo di procedere, induttivamente, ad un'opera di **qualificazione** che porta a sussumere il singolo concreto contratto sotto un tipo legale; poi di ridiscendere, deduttivamente, ad applicare la normativa prevista dal tipo al singolo contratto, tenendo debito conto delle peculiarità del caso concreto. I casi che si possono dare sono tre:

1) il contratto *sub iudice* è conforme ad un tipo legale;

2) il contratto è solo parzialmente conforme ad un tipo legale, perché vi sono state inserite clausole che sono proprie di altro tipo.

3) il contratto non è conforme ad alcun tipo legale.

Nel primo caso si applica semplicemente la disciplina prevista dalla legge per i contratti di quel tipo; nel secondo e nel terzo caso qualificare il contratto è meno semplice. I contratti rientranti in queste due tipologie sono detti **contratti misti**, perché risultano dalla fusione di più tipi. In particolare, il contratto misto nasce dalla fusione di più contratti tipici nella loro interezza (in tal caso il contratto misto è anche detto "complesso") oppure dalla sintesi di singole clausole proprie di contratti tipici diversi. Esempi ricorrenti di contratti misti sono il contratto di portierato o il contratto di albergo. Il problema posto dal contratto misto è essenzialmente uno: quello dell'individuazione della disciplina applicabile. Secondo un tradizionale orientamento giurisprudenziale, l'interprete deve raffrontare il contratto misto con tutti i tipi legali per individuare quello più simile oppure quello che ha più elementi in comune con esso e per poi applicare la disciplina del tipo così individuato. Le **tecniche** così elaborate si definiscono **"dell'assimilazione"** e **"della prevalenza"**.

Altra parte della giurisprudenza ritiene che questo metodo pretermetta l'originalità e le peculiarità della reale volontà privata e, per risolvere i problemi qualificatori e disciplinatori, finisca per appiattire il contratto atipico su uno schema tipico, spogliandolo proprio dei suoi elementi di novità. Per ovviare a questo inconveniente si propone allora l'applicazione del **"metodo tipologico"**, che consiste nel trarre la disciplina di singole clausole o parti del contratto dagli elementi dei tipi più affini, costruendo una disciplina dello specifico contratto atipico che mutui elementi della disciplina di tipi diversi, opportunamente combinati e raccordati in un risultato unitario, al fine di ottenere una regolamentazione quanto più rispettosa possibile della volontà pattizia.

Da questo breve excursus apparirà chiaro come il tipo sia, in ultima analisi, un'astrazione, o meglio uno schema regolamentare astratto. Di questi aspetti si dovrà tenere conto nell'esaminare la distinzione tra causa e tipo.

2.3.2 Il giudizio di meritevolezza.

Come si è già avuto modo di vedere, il secondo co. dell'art. 1322 c.c. riconosce ai privati la libertà di stipulare contratti atipici, "purché siano diretti a realizzare interessi meritevoli di tutela secondo l'ordinamento giuridico".

Il dibattito attorno al giudizio di meritevolezza è molto articolato. Qui si darà conto di due tra i principali aspetti della riflessione ermeneutica che lo concerne. Il primo consiste nel verificare quale sia la **funzione del giudizio di meritevolezza**; il secondo nel dire in cosa la meritevolezza consista. Il giudizio di meritevolezza ha la funzione di verificare se l'accordo stretto dalle parti debba essere giuridicizzato, se debba cioè assumere una veste giuridica o se piuttosto esso non debba essere considerato come fonte di impegni di tipo esclusivamente morale e sociale. Un contratto rivolto a perseguire interessi non meritevoli di tutela è quindi un patto che non rileva sul piano giuridico. La conseguenza di un giudizio di non meritevolezza degli interessi risiede nel diniego di tutela da parte dell'ordinamento giuridico. Chiarito questo aspetto funzionale del giudizio, occorre esaminare il secondo dei suindicati problemi: **in cosa consiste la "meritevolezza"**? Più precisamente, qual è il criterio in base al quale dobbiamo condurre il giudizio di meritevolezza degli interessi? Una parte della dottrina ha osservato che se si valuta la meritevolezza per verificare se si debba considerare l'operazione come giuridicamente rilevante, allora occorre annettere rilievo al **criterio della volontà delle parti**: se le parti volevano vincolarsi solo ad una stregua sociale o morale, allora gli interessi non sono meritevoli di tutela per l'ordinamento giuridico; nel caso inverso, se cioè le parti hanno voluto dare all'accordo una veste ed una vincolatività giuridica, allora quell'accordo è un contratto e soggiace alla relativa disciplina.

Però si può osservare che l'art. 1322 secondo co. fa riferimento ad interessi meritevoli di tutela "secondo l'ordinamento giuridico". Allora s'impone all'interprete la necessità di definire più analiticamente quali siano questi criteri ordinamentali alla luce dei quali valutare la meritevolezza degli interessi.

Secondo un orientamento risalente, che identifica la causa del contratto nella sua funzione economico sociale [114] il giudizio di meritevolezza s'identifica con **l'utilità sociale del contratto**. Il contratto è meritevole di tutela se realizza fini socialmente utili. Una tale interpretazione, strettamente connessa ai principi corporativisti di epoca fascista, annetteva rilevanza all'interesse dei singoli solo se ed in quanto coincidente con un interesse superindividuale che il contratto atipico era primariamente destinato a realizzare. Questa accezione del termine meritevolezza tramontò con l'entrata in vigore della Costituzione ed il riconoscimento delle libertà individuali. E fu proprio valorizzando la centralità delle libertà individuali che si pervenne a ritenere che la meritevolezza non integrasse un limite positivo, bensì un **limite negativo** alla libertà di concludere contratti atipici: i privati sono liberi di stipulare qualsiasi contratto- si concluse- con il solo limite che questo non si ponga in **contrasto con l'ordinamento**.

In tale ottica, quindi, non si definiscono più i contratti meritevoli, ma quelli immeritevoli di tutela. Quando si tratta di individuare l'*ubi consistam* di questa immeritevolezza, sorgono tuttavia non poche incertezze. Infatti – si è ricorrentemente osservato – se si ritiene che la non meritevolezza degli interessi consista nella loro contrarietà a norme imperative, ordine pubblico e buon costume[115], si finisce per negare autonomo valore precettivo all'articolo 1322, co.2. Certamente infatti, anche in assenza di questa norma, sapremmo che i contratti non devono essere contrari a norme imperative, ordine pubblico e buon costume ed inoltre ciò varrebbe per tutti i contratti, sia tipici che atipici, e non costituirebbe certo un limite precipuo alla facoltà dei privati di dar vita ai contratti atipici.

Un nuovo impulso al dibattito in tema di meritevolezza è seguito all'accoglimento, in dottrina ed in giurisprudenza, della teoria della causa quale funzione economico individuale, cioè scopo pratico perseguito dalle parti[116]. Del tema si tratterà al Capitolo XIII. Per ora basti anticipare che,

---

[114]Betti, Teoria generale del negozio giuridico, in Tratt. dir. civ., diretto da Vassalli, XV, Torino, 1943, p.171.

[115]Sacco, in R. Sacco e G. De Nova, Il contratto, II, Torino, 1993, p. 447.

[116]Cass. civ. sez. III, 8 maggio 2000, n. 10490.

secondo un orientamento ormai superato, la causa del contratto consisterebbe nella sua funzione economico sociale, cioè nella funzione che in astratto ciascun tipo di contratto è deputato a svolgere in un certo contesto socio economico. Da tale premessa discendeva il corollario della sostanziale coincidenza tra causa e tipo. (La causa della compravendita era, in astratto, lo scambio della cosa contro il prezzo, e non il concreto assetto di interessi concreti perseguito da Tizio e Caio nello stipulare un particolare contratto).

Se causa e tipo coincidevano, ne discendeva poi, come ulteriore conseguenza, che per i tipi legali non era necessario operare un controllo di meritevolezza degli interessi, perché era stato già l'ordinamento, nel tipizzare il contratto, a giudicarli, prima, meritevoli di tutela. **Se la causa coincideva con il tipo, allora, non essendo ipotizzabile un tipo *contra legem*, si doveva concludere che tutti i contratti tipici avessero causa lecita**, cioè fossero diretti a realizzare interessi meritevoli di tutela secondo l'ordinamento giuridico.

Una volta tramontata la teoria della causa come funzione economico sociale, ed affermatasi l'idea che la causa sia il particolare e contingente assetto di interessi che soggetti determinati realizzano stipulando un certo contratto, si è compreso che le parti ben potrebbero piegare un tipo negoziale al perseguimento, in concreto, di interessi non meritevoli di tutela. (Si pensi al caso, in precedenza esaminato, delle alienazioni in garanzia). La conclusione che ne discende è che allora gli interessi che devono essere meritevoli di tutela secondo l'art. 1322, co. 2, sono gli interessi che in concreto il contratto è volto a perseguire: in altri termini, **deve essere meritevole di tutela la causa concreta del contratto**[117]. Ma ritorna l'obiezione già vista: in questo caso il giudizio di meritevolezza finirebbe per coincidere con il giudizio di liceità della causa. In effetti, autorevole dottrina[118] conclude proprio per la sovrapponibilità dei due concetti ed anche in giurisprudenza essi sono di fatto ricondotti al medesimo principio, cioè che si debba verificare se l'interesse concreto che le parti perseguono con quel contratto non sia contrario alla legge, quand'anche magari esso sia perseguito attraverso contratti tipici. Infatti, se si accoglie questa interpretazione, il giudizio di meritevolezza deve essere condotto con riguardo non solo ai contratti atipici, ma anche a quelli tipici perché, come risulterà più chiaro trattando della nozione di causa, le parti ben potrebbero realizzare operazioni contrarie alla legge attraverso il ricorso a schemi legali tipici.

Una parte della dottrina[119], per spiegare la ragione per cui il giudizio di meritevolezza è individuato dall'art. 1322. co.2, come specifico limite alla li-

---

[117]Perlingieri, Manuale di diritto civile, Napoli, 1957, p. 416.
[118]Roppo, Diritto privatoj, 2015, p. 414
[119]Gazzoni, Manuale cit. p. 771

bertà, riconosciuta alle parti, di stipulare contratti atipici, ha cercato di distinguere il giudizio di meritevolezza dal giudizio di liceità, affermando che il primo opera a livello di tipo ed il secondo a livello di causa. Con il primo si valuterebbe la non contrarietà all'ordinamento giuridico di un certo schema astratto di contratto atipico; con il secondo si valuterebbe la liceità della causa in concreto. Il giudizio di meritevolezza vaglierebbe allora da un lato **l'effettiva intenzione delle parti di vincolarsi sul piano giudico**; dall'altro il **rispetto, da parte del contratto atipico, di quelle norme di tipo procedimentale che, in materia di contratto, disciplinano le modalità di formazione del vincolo giuridico.**

Il problema resta tuttavia aperto, perché l'art. 1322, co.2, fa riferimento all'*interesse* meritevole di tutela, cioè la meritevolezza non appare essere attributo di uno schema regolamentare o delle modalità con cui si perviene alla formazione di un vincolo, ma del concreto vantaggio per il cui perseguimento le parti stipulano il contratto.

Una possibile soluzione è indicata da un'autorevole dottrina[120], secondo la quale il giudizio di meritevolezza assolve alla funzione di **valutare "la conformità dell'interesse alle esigenze della comunità, rilevanti secondo i parametri costituzionali e secondo la concezione sociale e solidaristica dell'ordinamento"**. Si tratta di un orientamento particolarmente seguito dalla giurisprudenza, che ha non di rado ravvisato nel giudizio di meritevolezza **uno strumento di controllo giudiziale sull'equilibrio negoziale** e, talvolta, sulla giustizia sostanziale del contratto, proprio perché non sarebbe meritevole di tutela un accordo volto a realizzare finalità contrarie al principio di solidarietà sociale[121].

La Cassazione[95] ha fatto di recente un'importante applicazione del principio di cui all'art. 1322. co. 2, c.c., con riguardo ad un **contratto atipico d'intermediazione finanziaria**, denominato My Way/ 4 You, consistente nell'erogazione, a clienti di determinate banche, di un finanziamento finalizzato all'acquisto di titoli obbligazionari e fondi d'investimento venduti dalla banca mutuante stessa, poi affidati alla sua gestione e destinati a soddisfare finalità previdenziali. Si trattava di un'operazione sotto molti aspetti fortemente svantaggiosa per il cliente, il quale non veniva reso edotto dei rischi, ma di sicuro realizzo per la banca.

La Corte ha affermato che l'interesse perseguito attraverso siffatto contratto, "fondato sullo sfruttamento delle preoccupazioni previdenziali dell'utenza da parte di operatori professionali" e realizzato tramite operazioni di investimento "il cui rischio sia unilateralmente trasmesso sul cliente, al quale il prodotto venga presentato come a basso rischio e con facilità di disinvesti-

---

[120]Bianca, Diritto civile, III, cit., 459 e ss.
[121]Cfr. Cass. civ., sez. III, 1 aprile 2011, n. 755. [95]
Cass. Civ., Sez. I, 15 febbraio 2016, n. 2900.

mento, non è meritevole di tutela ex art. 1322. co. 2, c.c., ponendosi in contrasto con i principi desumibili dagli artt. 38 e 47 Cost. sulla tutela del risparmio".

2.4. La libertà di scegliere l'altro contraente.

Il principale limite che i privati incontrano nello scegliere liberamente il contraente, risiede in quelle previsioni di legge o in quegli accordi che attribuiscono ad alcuni soggetti il diritto di **prelazione**, cioè di essere preferiti rispetto ad altri contraenti a parità di condizioni, nella stipula di un contratto.

La prelazione può essere legale o convenzionale. In nessun caso essa obbliga a contrarre, generando, in capo al promittente, da un lato l'obbligo di rendere nota al prelazionario l'intenzione di concludere il contratto a certe condizioni (*denuntiatio*); dall'altro l'obbligo di non stipulare il contratto con i terzi in pendenza della *denuntiatio*.

Un importante caso di prelazione legale è quello previsto dall'art. 732 c.c. (**retratto successorio**), il quale prevede che il coerede che vuole alienare ad un estraneo la sua quota di eredità o parte di essa, deve notificare agli altri coeredi la proposta di alienazione e se questi intendono acquistare la quota, devono essere preferiti rispetto all'estraneo.

La stipula di un contratto in violazione di un diritto di prelazione di fonte legale comporta per il contraente illegittimamente pretermesso la nullità del contratto, mentre se la fonte del diritto di prelazione violato è convenzionale, la conseguenza della violazione sarà l'obbligo di risarcire il danno.

2.5. Libertà di scelta della forma del contratto (rinvio).

Sul punto si rinvia al paragrafo 4, lettera f) del presente capitolo.

2.6. Libertà di apporre elementi accidentali (rinvio).

V. capitolo XVI.

2.7. Libertà di farsi sostituire nell'attività negoziale(rinvio). V. capitolo XXIV.

3. Nozione di contratto: la definizione codicistica.

Superando la sistematica del codice del 1865, che annoverava il contratto tra i modi di acquisto della proprietà, il codice del '42 lo inserisce tra le fonti delle obbligazioni. Recita infatti l'art. 1173 c.c. "le obbligazioni derivano da contratto, da fatto illecito, o da ogni altro atto o fatto idoneo a produrle in conformità dell'ordinamento giuridico".

La norma presenta una stretta connessione con l'art. 1321 c.c., che definisce il contratto come "**l'accordo di due o più parti per costituire, regolare o estinguere tra loro un rapporto giuridico patrimoniale**". Tale norma, infatti, dipinge l'accordo come strumento di costituzione, regolazione o estinzione di rapporti giuridici, quindi come fonte di obbligazioni. Tuttavia, i contratti possono produrre due tipi di **effetti, obbligatori e reali**. I contratti ad effetti obbligatori fanno sorgere un'obbligazione (si pensi al contratto di locazione); i contratti ad effetti reali determinano il sorgere di un effetto reale (si pensi alla compravendita); i primi regolano rapporti giuridici; i secondi, trasferiscono diritti. Una critica ricorrentemente mossa alla definizione codicistica stigmatizza la mancata valorizzazione dell'effetto reale del contratto, quasi dimenticato nell'ombra dei contratti ad effetti obbligatori.[122]

Il contratto – recita poi l'art. 1321 c.c. – è l'accordo di due o più "parti". Il concetto di parte, come si è già visto, non coincide con quello di soggetto. La parte è un centro d'imputazione d'interessi e ben può esistere una parte plurisoggettiva.

Ancora, il legislatore fa riferimento all'accordo tra "**due o più" parti**. Se vi è un accordo, devono esservi almeno due parti. L'ipotesi del contratto con se stesso (art. 1395 c.c.), in realtà, non fa che riconfermare questa ovvia verità, perché ha ad oggetto il caso di chi conclude sì il contratto con se stesso, ma lo fa rappresentando un altro soggetto. (Tizio, rappresentante di Caio, è da questi incaricato di acquistare un terreno. Tizio acquista per Caio il proprio terreno, cosicché nel contratto egli assumerà la duplice veste di alienante in proprio e di acquirente come rappresentante di Caio. Sin da ora possiamo anticipare, come vedremo meglio in seguito, che questo contratto è annullabile dal rappresentato).

Il riferimento alla pluralità delle parti introduce la distinzione tra negozio unilaterale e contratto. Il primo si perfeziona con la manifestazione di volontà del suo autore; il secondo è un **accordo**, quindi nasce dall'incontro delle volontà delle parti. Sappiamo dalla teoria generale del negozio giuridico che i negozi giuridici possono essere negozi unilaterali o contratti. Il legislatore, però, ha scelto di non disciplinare né nominare la figura del negozio giuridico, la cui ricostruzione ha volutamente lasciato alla riflessione dottrinaria, per regolare invece il contratto e poi stabilire, all'art. 1324 c.c. che, "le norme che regolano i contratti si osservano, in quanto compatibili, per gli **atti unilaterali tra vivi aventi contenuto patrimoniale**".

Il contratto regola poi un rapporto "giuridico patrimoniale". Come si infatti più volte ricordato [Cap. I, §1.3], la prestazione dedotta in obbligazione deve essere suscettibile di valutazione economica e corrispondere ad un interesse, anche non patrimoniale, del creditore. Il riferimento alla regolazione e all'estinzione di negozi giuridici merita alcune precisazioni.

---

[122]Sacco, Il fatto, l'atto e il negozio giuridico, 2005, I, parte, I.

Tra i contratti che "regolano" rapporti giuridici vanno senz'altro annoverati i **contratti modificativi** di un precedente rapporto intercorrente tra le parti. Abbiamo visto che le parti che intendano modificare il titolo o l'oggetto dell'obbligazione, possono stipulare una novazione con cui sostituiscono all'obbligazione originaria, che si estingue, una nuova obbligazione con oggetto o titolo diverso. Nel diritto romano, l'unico modo per modificare l'oggetto o il titolo del contratto era proprio la novazione, la quale però comporta anche alcuni svantaggi pratici, come, principalmente, l'estinzione delle garanzie che assistevano l'obbligazione originaria.

Oggi e da lungo tempo si riconosce all'autonomia privata la facoltà di modificare alcuni aspetti del rapporto senza determinarne l'estinzione e dover procedere alla costituzione di un rapporto nuovo. I contratti modificativi sono la prima e più importante specie dei **contratti che "regolano" rapporti giuridico patrimoniali**.

Rientrano poi in tale categoria i **contratti normativi**, [cap. 9, § 2.2] con cui le parti determinano in tutto o in parte il contenuto di contratti futuri ed eventuali, senza obbligarsi a stipularli. Inoltre, possono esistere contratti che sono non *solo*, ma *anche* regolativi, di rapporti (si pensi ai contratti con cui si costituiscono società o associazioni e che regolano la vita societaria o associativa; oppure a quelli con cui una parte si obblighi a tenere determinate prestazioni nei confronti di un'altra e si regolino tempi e modalità delle stesse).

Sono infine **contratti estintivi** il mutuo dissenso ex art. 1372 c.c., la *datio in solutum* ex. art. 1197 cc. ed il contratto novativo di cui si è ripetutamente detto. Nella definizione dell'art.1321 c.c., il contratto modifica regola o estingue un rapporto giuridico "patrimoniale". Sul punto si rinvia a quanto detto circa la patrimonialità del rapporto obbligatorio [Cap I, § 1.3 e 1.4], non senza sottolineare che il requisito della patrimonialità determina l'esclusione del matrimonio dall'ambito dei contratti.

3.1 Requisiti del contratto: rinvii.

L'art. 1325 c.c. enuncia i "requisiti del contratto", che sono: l'accordo, la causa, l'oggetto e la forma quando è richiesta *ad substantiam*. Tali elementi costituiscono la struttura stessa del contratto e l'assenza anche di uno solo di essi determina, ai sensi dell'art. 1418 c.c., la nullità -perciò detta strutturale- del contratto. Per l'esame di ciascuno degli elementi essenziali si rinvia rispettivamente ai capitoli XI e XII (accordo), XIII (causa), XIV (oggetto) e XV (forma).

4. Classificazioni dei contratti.

Le principali classificazioni dei contratti sono le seguenti:

a)contratti tipici e atipici

I primi sono contratti di cui il legislatore detta una specifica disciplina; i secondi sono contratti non regolati dalla legge, frutto della creatività dei privati, che cominciano a diffondersi in determinati settori economici o commerciali e acquisiscono, nel tempo, una "tipicità sociale", perché la loro ripetizione porta alla spontanea ed empirica elaborazione di regole uniformi, che gli operatori considerano tipiche di quel contratto, per consuetudine, ma non ancora per legge.

Come abbiamo avuto modo di osservare (§ 2.3.1), il secondo co. dell'art. 1322 c.c., ponendo un limite all'autonomia negoziale, attribuisce ai privati la facoltà di **concludere contratti che non appartengono a tipi legali**, "purché siano diretti a realizzare interessi meritevoli di tutela secondo l'ordinamento giuridico". Se il contratto disciplina interessi meritevoli di tutela ed appare opportuno regolarlo legislativamente, esso viene normato tramutandosi in un contratto tipico. Un'operazione negoziale può quindi nascere come occasionale e divenire prima socialmente tipica e poi legalmente tipica. Si è già detto (§ 2.3.1) delle tecniche dell'assimilazione e della prevalenza applicate dalla giurisprudenza per individuare la disciplina applicabile ai contratti atipici.

b) contratti bilaterali e plurilaterali.

Esempio importante di contratto plurilaterale è il contratto costitutivo di società. La distinzione rileva soprattutto perché nei contratti bilaterali, se è viziata la volontà di una delle parti, il contratto è annullabile. Per contro, nei contratti con più di due parti, il vizio della volontà di una parte comporta l'annullabilità della sola adesione di questa al contratto, salvo che la partecipazione di essa debba considerarsi essenziale per gli altri contraenti. Solo in quest'ultimo caso resta travolto l'intero contratto. Detto principio è dettato non solo per il caso di annullabilità della partecipazione di una delle parti del contratto plurilaterale (art. 1446 c.c.), ma anche per la nullità (art. 1420 c.c.), per la risolubilità per inadempimento (art. 1459 c.c.), per l'impossibilità sopravvenuta (art. 1466 c.c.).

c) contratti a prestazioni corrispettive (sinallagmatici) e contratti con obbligazioni a carico di una sola parte.

Nei contratti a prestazioni corrispettive, la prestazione dovuta da una parte è in funzione della prestazione che deve essere eseguita dall'altra. Il nesso di reciprocità che lega le due prestazioni è detto **sinallagma** (ad esempio, nel caso di scambio di una cosa contro un prezzo, chi dà la cosa lo fa per ottenere il prezzo e viceversa). La ragione per cui ciascuna delle parti si obbliga ad eseguire la propria prestazione, in caso di contratti sinallagmatici, risiede nell'interesse a conseguire la controprestazione. Il meccanismo che connota i contratti sinallagmatici e quello del *do ut des*, o *do ut facias, facio ut facias* o *facio ut des*.

I contratti con obbligazioni a carico di una parte sola sono sempre contratti bilaterali, ma una sola delle parti è tenuta a porre in essere la prestazione (es: deposito gratuito).

Un importante caso di contratto con obbligazioni a carico di una parte sola è il **contratto con obbligazioni a carico del solo proponente**, in cui la parte obbligata è la stessa che formula la proposta contrattuale. Per tale contratto, l'art. 1333 c.c. detta una peculiare modalità di conclusione: esso si conclude infatti se l'oblato (cioè la parte a cui la proposta è rivolta) non rifiuta entro un certo termine. [Cap. XI, §8].

Ulteriore profilo di difformità rispetto ai contratti a prestazioni corrispettive viene in rilievo nel caso di **eccessiva onerosità della prestazione**. Infatti, nei contratti a prestazioni corrispettive si può porre il problema dell'alterazione del sinallagma ed uno dei casi principali in cui ciò accade è quello in cui una delle due prestazioni diviene, per motivi sopravvenuti ed imprevisti, eccessivamente onerosa. Di conseguenza si può verificare una grave alterazione del sinallagma e quindi il legislatore consente alle parti, ricorrendo determinate condizioni, di risolvere il contratto, oltre che, in alternativa di ricondurlo ad equità. Per contro, nel caso di contratto con obbligazioni a carico di una sola parte, non si può verificare squilibrio del sinallagma e allora l'unico rimedio offerto dal legislatore è la riconduzione ad equità (art. 1468 c.c.).

Nell'ambito dei contratti a prestazioni corrispettive si distingue poi tra:

-contratti commutativi e contratti aleatori

Con i primi, le parti stabiliscono, al momento della stipula, quali saranno i vantaggi e gli svantaggi reciproci; con i secondi le parti accettano di correre un rischio (alea) perché non è possibile sapere ab origine quale dei due contraenti trarrà vantaggio dal contratto. Un esempio classico di contratto aleatorio è il contratto di assicurazione.

Ai contratti aleatori non si applicano le norme in materia di risoluzione per eccessiva onerosità sopravvenuta (art. 1469 c.c.) e di rescissione per lesione (art. 1448, c. 4, c.c.).

- contratti di scambio e associativi

Nei contratti di scambio le prestazioni sono reciproche, mentre nei contratti associativi sono convergenti. Ciò accade perché il contratto di scambio mira a comporre interessi che sono ab origine contrapposti (Tizio ha interesse ad avere l'automobile di Caio e Caio ad avere il prezzo da Tizio), mentre il contratto associativo mira a consentire il perseguimento di un fine unico da parte di più soggetti i cui interessi, lungi dall'essere contrapposti, sono convergenti.

-contratti a titolo oneroso e contratti a titolo gratuito.

Il contratto è a titolo oneroso quando una delle parti, per conseguire un certo vantaggio, accetta un correlativo sacrificio patrimoniale; è invece è a titolo gratuito quando una delle parti consegue un vantaggio senza alcun correlativo sacrificio. Se un contraente tiene una prestazione a vantaggio dell'altro senza ricevere alcuna controprestazione, ciò non significa che non ne ritrarrà un vantaggio indiretto, sotto una forma diversa dalla controprestazione. Si pensi al pianista che si esibisce gratuitamente durante una stagione concertistica, allo scopo di conseguire un punteggio utile per la propria carriera e un ritorno pubblicitario. Il contratto è gratuito perché il pianista s'impegna a suonare senza richiedere una controprestazione. Esso tuttavia realizza un interesse patrimoniale rilevante per il pianista. Questo aspetto distingue l'atto gratuito dall'atto di liberalità, che è invece sempre un atto disinteressato.

e)contratti di durata e contratti ad esecuzione istantanea.

I contratti di durata sono connotati da prestazioni che, per loro natura o per l'accordo delle parti, devono svolgersi nel tempo, in modo continuativo oppure in modo periodico (si pensi al contratto di lavoro nel primo caso o a un contratto di somministrazione, nel secondo).

Essi si contrappongono ai contratti ad esecuzione istantanea (si pensi alla compravendita: non appena il consenso è prestato il diritto è trasferito), che a loro volta possono essere ad esecuzione immediata o differita. La distinzione tra contratti di durata e contratti ad esecuzione istantanea rileva perché il trascorrere del tempo può comportare problemi, dovuti soprattutto a fatti sopravvenuti, che per definizione non possono darsi se l'esecuzione è istantanea. Ad esempio, nei contratti di durata, la risoluzione del contratto ad esecuzione continuata o periodica non si estende alle prestazioni già eseguite (art. 1458 c.c.). Il rimedio della risoluzione per eccessiva onerosità sopravvenuta (art. 1467 c.c.) si applica poi sia ai contratti di durata che a quelli istantanei ad esecuzione differita. Non può invece per definizione applicarsi ai contratti istantanei ad esecuzione immediata, perché, non trascorrendo tempo tra la conclusione del contratto e la sua esecuzione e non svolgendosi nel tempo l'esecuzione stessa, non è possibile una sopravvenienza, cioè, nel caso di specie, il verificarsi di un fatto nuovo che renda eccessivamente onerosa una prestazione che in precedenza non lo era.

f)contratti a forma libera e a forma vincolata

Il **principio della "libertà delle forme"** comporta che i privati, di regola, siano liberi di scegliere la forma di cui rivestire i contratti da essi stipulati. In realtà questa regola conosce moltissime e rilevanti eccezioni in relazione a diversi negozi, per molti dei quali il legislatore richiede l'atto pubblico o la scrittura privata, ai fini della loro validità (***ad substantiam***) o a fini probatori (***ad probationem***). Ciò significa che se una norma richiede la forma scritta ad substantiam e l'atto è concluso verbalmente, l'atto è nullo, mentre se una norma richiede la forma scritta ad probationem e l'atto è concluso verbalmente, allora non sarà possibile fornire in giudizio la prova della sua esistenza, nemmeno per testi o per presunzioni (salvo il caso della confessione della controparte o del deferimento, a quest'ultima, del giuramento).

Le più importanti fra le **eccezioni al principio della libertà delle forme** sono raccolte nell'art. 1350 c.c., che elenca gli atti che devono farsi per atto pubblico o per scrittura privata sotto pena di nullità.

Occorre poi considerare la normativa in materia di documenti informatici di cui al d.lgs 7 marzo 2005, n. 92 (Codice dell'Amministrazione Digitale), per cui si rinvia al capitolo XV, § 2

Quanto agli **effetti** (v. cap. XVII, § 1), possono aversi:

g)*contratti ad effetti obbligatori o ad effetti reali.*

Il contratto come fonte di effetti reali è contemplato all'art. 922 c.c.: "**la proprietà si acquista... per effetto di contratti**"

Il contratto come fonte di effetti obbligatori è contemplato, come si è avuto modo di osservare, dall'art. 1173 c.c., che lo annovera tra le fonti delle obbligazioni: "**le obbligazioni derivano da contratto [...]**".

Per sapere in cosa consistano gli effetti reali occorre avere riguardo all'art. 1376 c.c., rubricato "contratto con effetti reali", dal quale si desume che producono effetti reali "i contratti che hanno per oggetto il **trasferimento della proprietà di una cosa determinata**, la costituzione o il trasferimento **di un diritto reale** ovvero il trasferimento **di un altro diritto**" (e ricordiamo che per tali contratti la norma enuncia il principio del consenso traslativo). Ci si soffermi su questo punto: è contratto ad effetti reali anche quello che trasferisce un diritto di obbligazione, non solo quello che trasferisce un diritto reali; infatti, ciò che transita da un soggetto ad un altro è la titolarità di un diritto. Anche il trasferimento del diritto di opzione o la cessione del credito sono effetti reali; infatti il trasferimento avviene attraverso la prestazione del consenso, secondo la regola del **consenso traslativo** che si applica appunto ai contratti ad effetti reali.

Occorre quindi non incorrere nell'errore di formulare il collegamento: contratto ad effetti reali- diritti reali, perché si lascerebbe fuori una grande parte di contratti ad *effetti* reali, cioè tutti quelli che trasferiscono obbligazioni. Vi è un'altra erronea simmetria in cui è facile incorrere, e cioè quella per cui se i contratti che producono effetti reali sono contratti ad effetti reali, allora i contratti che producono effetti obbligatori sono contratti ad effetti obbligatori. Ma questo non è del tutto vero. Infatti, **sono contratti ad effetti obbligatori quelli che producono** *esclusivamente* **effetti obbligatori**. I contratti che producono sia effetti obbligatori che effetti reali, sono contratti ad effetti reali. La ragione è facilmente comprensibile: gli effetti obbligatori sono presenti in quasi tutti i contratti. La compravendita, ad esempio, è un contratto ad effetti reali, ma produce anche effetti obbligatori di tipo accessorio: ad esempio, quello, gravante sul proprietario, di consegnare la cosa venduta. Allora, mentre la presenza di un effetto reale è indicativa della natura del contratto, non così è a dirsi dell'effetto obbligatorio, di per sé non significativo. Ecco il motivo per cui la categoria dei contratti ad effetti reali si definisce in positivo- sono contratti ad effetti reali tutti i contratti che producono effetti reali- mentre quella dei contratti ad effetti obbligatori si definisce in negativo: sono tali tutti i contratti produttivi di obbligazioni, che non producono effetti reali.

h)contratti consensuali e contratti reali.

i primi sono i contratti che si perfezionano attraverso la prestazione del consenso; i secondi sono quelli che si perfezionano attraverso la *traditio* di una *res* (perciò reali). Si è più volte detto del **principio del consenso traslativo** di cui all'art. 1376 c.c.: il consenso è traslativo perché attraverso esso (oltre a costituirsi i diritti reali minori) si trasferiscono i diritti ed in particolare: la proprietà di una cosa determinata; i diritti reali e gli altri diritti. Pertanto la grande maggioranza dei contratti nel nostro ordinamento giuridico è costituita da contratti consensuali, sì che si può affermare che il consenso è il modo regolare di conclusione del contratto e la realtà è l'eccezione. I contratti reali sono quelli che si perfezionano attraverso la **consegna di una cosa**. Si noti: ciò non significa che il consenso alla stipula del contratto non sia necessario, ma solo che esso deve manifestarsi attraverso questa particolare modalità, che è la c.d. *traditio rei*. E' appena il caso di rilevare che vi è differenza tra contratto ad effetti reali e contratto reale. Nel primo caso si fa riferimento agli effetti del contratto; nel secondo, al modo in cui esso si perfeziona.

5. Le fonti d'integrazione del contratto.

Al fine di definire con esattezza quali siano gli effetti del contratto, il giudice segue una serie di passaggi che devono rispettare un preciso ordine logico:

- in primo luogo occorre esaminare l'accordo ed interpretarlo, secondo le regole dettate dal codice in tema di **interpretazione** del contratto;
-in secondo luogo occorre procedere alla **qualificazione** del contratto, ponendolo a confronto con le fattispecie tipiche, onde verificare se si tratti di un contratto atipico o tipico e, nel secondo caso, di quale contratto tipico esattamente si tratti.
-in terzo luogo, solo dopo aver qualificato il contratto, si procederà alla sua **integrazione** ex. art. 1374 c.c. Questo passaggio è necessariamente successivo, perché di regola le fonti eteronome, tanto suppletive quanto cogenti, sono dettate con riguardo a tipi contrattuali individuati, ragion per cui per

individuare le norme applicabili occorrerà prima avere qualificato il contratto sotto il profilo tipologico (dobbiamo stabilire se si tratti di una compravendita, di una locazione, di un comodato, etc.). Secondo il disposto dell'art. **1374 c.c.**, "il contratto obbliga le parti non solo a quanto è nel medesimo espresso, ma anche a tutte le **conseguenze che ne derivano secondo la legge e, in mancanza, secondo gli usi e l'equità**".

La norma delinea la distinzione tra **fonti autonome**, che s'identificano con la volontà pattizia e **fonti eteronome**, che sono la legge e, in mancanza della legge, gli usi e l'equità.

Il primo problema che si è posto all'attenzione degli interpreti consiste nello stabilire quando operino le fonti eteronome e cioè se esse integrino il contratto solo quando sia presente una lacuna nel regolamento concordato dalla volontà pattizia, oppure se esse operino anche indipendentemente da siffatte esigenze suppletive, ma per perseguire altri fini.

Questo problema, allora, si risolve nello stabilire *perché* le fonti eteronome debbano integrare il contratto e quindi in ultima analisi quale sia la *ratio* alla base dell'art. 1374 c.c.

Parte della dottrina ritiene che la **ratio** sottesa all'art. 1374 c.c. sia quella di garantire la **completezza del regolamento contrattuale**, disponendo la sua integrazione con fonti eteronome che quindi opererebbero solo in caso di lacune dell'accordo negoziale.

Si è tuttavia avuto modo di osservare come il contratto sia al centro di una perenne dialettica tra libertà e norma, tra negozio ed ordinamento, che, soprattutto dopo l'avvento della Costituzione, ha conosciuto una progressiva erosione degli spazi riservati alla libertà negoziale, sempre più condizionata, esternamente ed internamente, dalla necessità di armonizzarsi con i principi di giustizia sostanziale, con le istanze equitative e regole solidaristiche che segnano, nel nostro ordinamento giuridico, i confini tra libertà ed arbitrio. Sensibile a questi mutamenti e alle istanze ad essi sottese, una parte della dottrina ha sostenuto allora che le fonti eteronome rispondano anche a queste finalità, inducendo dunque l'interprete ad accostare il giudizio di meritevolezza e le fonti di integrazione, come ambiti distinti in cui i principi costituzionali e quelli generali dell'ordinamento valutano la regola negoziale, ora negandole l'accesso alla tutela dell'ordinamento giuridico, ora condizionandone il contenuto.

Pertanto la dottrina distingue tra **fonti d'integrazione suppletive** (§ 5.1.1), che hanno il mero scopo di **colmare lacune del regolamento**, e **fonti d'integrazione cogenti** (5.1.2), "la cui logica è **contrastare le scelte dell'autonomia privata**" quando contrarie all'interesse generale. Le prime determinano un'**integrazione"in aggiunta"**, le seconde **"in sostituzione"** di clausole pattizie, con la conseguenza che le prime svolgono una funzione di supporto ed ausilio all'autonomia privata, ponendo riparo a ca-

renze del regolamento, mentre le seconde integrano limiti all'autonomia ne-goziale, sub specie di libertà di determinare il contenuto del negozio.
Dal punto di vista del modus operandi, l'integrazione può poi avvenire *ope legis* o *ope iudicis*, a seconda che sia disposta automaticamente dalla legge o che sia stabilita dal giudice dopo un'attività valutativa. L'integrazione co-gente, rappresentando una forte ingerenza nell'autonomia privata, può av-venire solo *ope legis*.
L'art. 1374 stabilisce poi che, in mancanza di legge, integrano il contratto gli usi e l'equità.
Gli usi cui la norma fa riferimento sono pacificamente gli **usi normativi**, cioè fonti del diritto contemplate agli artt. 1 e 8 delle preleggi e consistenti in costanti, generali, uniformi ripetizioni di un comportamento (elemento della *diuturnitas*), poste in essere nel convincimento di uniformarsi ad un obbligo giuridico (elemento dell'*opinio iuris ac necessitatis*). Mancando gli usi, viene in rilievo l'**equità c.d. integrativa**, che si risolve nella regola del giusto contemperamento degli interessi.
Infine, l'art. 1375, stabilendo che il contratto deve essere eseguito secondo **buona fede**, pone, secondo l'opinione oggi comune, un'ulteriore fonte di integrazione del contratto. Si tratta, in particolare, di un'integrazione *ope iudicis*, e se ne parlerà quindi, nella relativa sede (§5.2.1).

5.1. Integrazione di fonte legale.
L'integrazione di fonte legale può essere **suppletiva** o **cogente**; nel primo caso essa avviene tramite le norme dispositive, gli usi o l'equità; nel secon-do tramite norme imperative. Come si vedrà, ad essa si contrappone l'integrazione di fonte giudiziale, che può essere solo di tipo suppletivo.

5.1.1 Integrazione suppletiva: norme dispositive, usi ed equità.
Legge, usi ed equità sono le fonti legali di integrazione suppletiva, e rive-stono la funzione di **colmare lacune del regolamento contrattuale**. L'integrazione opera attraverso il seguente meccanismo: l'ordinamento pre-dispone una serie di norme, che regolano i diversi aspetti della contrattazio-ne (ad esempio, l'art. 1510, co. 1, stabilisce dove deve essere consegnata la cosa venduta). Tali norme, che regolano generalmente elementi non essen-ziali del contratto, operano senza bisogno di essere richiamate, ma **si ri-traggono ogni qualvolta la volontà pattizia disponga diversamente**, ra-gion per cui esse sono talvolta anche dette *suppletive*[123]: la loro operatività supplisce a lacune del regolamento pattizio. Il loro rapporto con la regola

---

[123]Parte minoritaria della dottrina opera una distinzione tra norme suppletive e norme disposi-tive, ma v. contra Roppo, Il contratto, 2011, p. 459, che le identifica tout *court* le une con le altre.

pattizia si risolve quindi in ciò: se vi è la regola pattizia, non vi è la norma suplettiva e viceversa.

Tuttavia, mentre, secondo un orientamento tradizionale, la volontà delle parti prevale a tal punto da poter derogare all'art. 1374, con la conseguenza che le parti potrebbero escludere l'operatività dell'integrazione suppletiva, secondo un diverso e ad oggi maggioritario orientamento[124], l'art. 1374 detterebbe una norma inderogabile, nel senso cioè che le parti non potrebbero escluderne l'operatività, pur potendo continuare a derogare alle singole norme di legge derogabili, altrimenti destinate, ex art. 1374, ad integrare il contratto – o, secondo le interpretazioni, i suoi effetti.[125]

5.1.2 L'integrazione cogente: le norme imperative.

Si è sin qui avuto modo di analizzare come operino le fonti eteronome quando devono supplire ad una lacuna del regolamento contrattuale. Occorre ora soggiungere che l'integrazione non assolve sempre ad una funzione suppletiva, volta, come visto, quasi a soccorrere un'autonomia contrattuale altrimenti pregiudicata da un' incompleta definizione del regolamento contrattuale.

A volte il rapporto tra integrazione ed autonomia negoziale è capovolto, e le norme richiamate dalle fonti eteronome, lungi dal colmare lacune del regolamento, si sostituiscono d'imperio a clausole pattizie difformi. Pertanto, mentre l'integrazione suppletiva non contrasta con la volontà pattizia, ma la supporta, integrando programmi negoziali incompleti e consentendone così l'attuazione, al contrario **l'integrazione in sostituzione,** o integrazione cogente, come si è già avuto modo di osservare, si pone in **funzione antagonista rispetto alla volontà delle parti** e costituisce un **limite alla libertà di determinare il contenuto del negozio.** Ad esempio, le norme in materia di locazioni immobiliari per uso non abitativo prevedono che tali locazioni abbiano durata minima di sei anni. Se le parti stipulano una locazione abitativa di durata inferiore, la norma integra il contratto in sostituzione della regola scelta dalle parti. Forme di integrazione cogente sono anche previste dall'art. 1679, 1932, 2066, 2115 e 2936 c.

Il fenomeno dell'integrazione cogente si scandisce in **due momenti**. **Il primo consiste nella sostituzione** di parte del contratto con il contenuto voluto dalla legge. Questo fenomeno è possibile grazie al disposto di cui all'art.1339 c.c., a mente del quale "le clausole e i prezzi di beni e servizi imposti dalla legge sono di diritto inseriti nel contratto anche in sostituzione delle clausole difformi apposte dalle parti". [Della norma, come del fenomeno dell'inserzione automatica di clausole, si è già detto al Cap XI, §

---

[124]Sacco-De Nova, Il contratto, in Tratt.Sacco, II, Torino, 1993, p. 524.

[125]Caringella – De Marzo, Manuale di diritto civile, Giuffrè, 2008, vol. III.

2.2.1, trattando dei limiti alla libertà di determinare il contenuto del negozio.]

Il secondo momento consiste nel mettere fuori gioco l'operatività dell'art. 1419 co.1, il quale dispone che quando una parte del contratto è nulla, ove risulti che le parti non avrebbero stipulato il contratto senza quella parte che è colpita da nullità, è nullo l'intero contratto. Questa funzione è affidata al secondo co. dell'art. 1419, il quale stabilisce che "**la nullità di singole clausole non importa la nullità del contratto quando le clausole nulle sono sostituite di diritto da norme imperative**".

Quelle clausole, a ben vedere, in molti casi sono nulle proprio perché violano le norme imperative destinate a sostituirle. Per esempio, una norma imperativa stabilisce che il bene x debba essere necessariamente venduto al prezzo di 10 euro. Tizio e Caio compravendono il bene x al prezzo di 20 euro, e subentra il meccanismo della sostituzione cogente ex art. 1339 c.c., che determina la sostituzione di diritto del prezzo di 10 al prezzo di 20 pattuito dalle parti. Le parti potrebbero però addurre che non avrebbero mai stipulato il contratto al prezzo di 10. Esse tuttavia, in tal caso, non potrebbero invocare l'applicazione dell'art. 1419 co. 1 ed ottenere la declaratoria di nullità dell'intero contratto, perché opererebbe comunque l'art. 1419 co. 2, che impone la conservazione del contratto anche ove risulti che le parti non lo avrebbero concluso senza quella parte che è colpita da nullità.

5.2 L'integrazione di fonte giudiziale.

Si è visto che non sempre l'integrazione del contratto può avvenire *ope legis*, perché in alcuni casi essa deve essere preceduta da un'attività valutativa, che viene quindi affidata al giudice. In tal caso l'integrazione avviene quindi *ope iudicis*. Ad es., l'art. 1709 c.c. stabilisce che il mandato si presume oneroso ed affida al giudice il potere di determinare **la misura del compenso** se essa non è stata stabilita dalle parti e non è possibile determinarla in base alle tariffe professionali o agli usi. In altri non infrequenti casi, la regola negoziale può essere priva di un **termine,** che viene allora fissato dal giudice (art. 1183 c.c.).

Mentre l'integrazione di fonte legale può essere sia suppletiva che cogente, l'integrazione di fonte giudiziale può essere solo suppletiva.

Si è detto che l'integrazione giudiziale può avvenire tramite un giudizio equitativo del giudice. Occorre però sottolineare che l'equità è la regola di un giudizio di tipo suppletivo, cui si può far ricorso solo mancando elementi necessari del regolamento contrattuale e norme di legge o usi per supplire a tali lacune.

I casi invece in cui il giudice può sindacare l'equità della regola negoziale "sostituendo" alla pattuizione iniqua una pattuizione equa sono del tutto eccezionali (si pensi soprattutto alla riduzione della penale eccessiva), non potendo il giudice sindacare l'equilibrio economico del contratto.

5.2.1 Il dovere di buona fede.

Per lungo tempo si è ritenuto che l'art. 1374 c.c. fosse l'unica norma deputata ad indicare le fonti d'integrazione del contratto e che il successivo art. 1375 c.c., stabilendo che **il contratto deve essere eseguito secondo buona fede**, altro non dettasse se non un criterio di valutazione *a posteriori* delle condotte dei contraenti[126].

Con l'entrata in vigore della Costituzione, un'ondata di profondo rinnovamento pervase interi settori dell'ordinamento giuridico, travolgendo anche le tradizionali interpretazioni assegnate alla clausola della buona fede da una dottrina e una giurisprudenza un tempo indiscusse. Il significato, la portata e la collocazione sistematica della **regola della buona fede oggettiva** si trovarono in breve, insieme alla tematica dell'abuso del diritto e a quella, connessa, dei limiti al sindacato giudiziale sull'atto di autonomia negoziale, al centro di una grande dialettica, tuttora viva ed irrisolta. In essa si scontrano e confrontano da un lato pressanti istanze di giustizia sostanziale ed una crescente opera di **valorizzazione del dato equitativo rispetto a quello formale**; dall'altro una strenua difesa dei valori della libertà d'iniziativa economica, dell'autonomia negoziale e della certezza del diritto. In tale dibattito - superata anche l'idea che l'esecuzione del contratto fosse una pedissequa attuazione del programma negoziale, e riconosciutole il ruolo di fase retta da principi autonomi, volti alla realizzazione della regola negoziale[127] - si pervenne ad attribuire alla buona fede, attraverso un lungo percorso ermeneutico di cui si cercheranno qui in breve di ricostruire le tappe, la nuova e più ampia funzione di fonte di integrazione del contratto e di limite generale all'esercizio dell'autonomia privata.

La regola della buona fede oggettiva dispone che "**il debitore e il creditore devono comportarsi secondo le regole della correttezza**" (art. 1175 c.c.) in tutte le fasi del rapporto obbligatorio, dalle trattative che precedono il contratto (art. 1337 c.c.), all'esecuzione dello stesso (art. 1375c.c.). Anche l'interpretazione del contratto deve avvenire "secondo buona fede" (art. 1376 c.c.).

La buona fede oggettiva si distingue dunque dalla buona fede soggettiva, che è uno stato soggettivo della coscienza e si sostanzia nell'ignoranza di ledere l'altrui diritto.

---

[126]Cfr. Natoli, L'attuazione del rapporto obbligatorio, 1939, 124 e sgg.; Bigliazzi Geri, Buona fede nel diritto civile, Digesto, IV edizione, 172..

[127]Corte di Cassazione, Ufficio del Massimario, Rel. N. 116/2010.

5.2.1.1 Teoria valutativa.

Un risalente orientamento, antecedente all'entrata in vigore della Carta Costituzionale, interpretava il riferimento posto dall'art. 1175 c.c. alle "regole della correttezza", come un richiamo a precise norme di diritto positivo, definite *aliunde* nel codice.

L'art. 1175 c.c. era dunque in quest'ottica una norma subprimaria, meramente ricognitiva, e le norme che regolavano il rapporto obbligatorio si connotavano per la loro **tipicità ed astratta predeterminabilità**. La funzione attribuita alla buona fede era quella **meramente valutativa della condotta dei contraenti**.

5.2.1.2 Teoria precettiva.

Tali consolidati approdi ermeneutici erano però destinati a subire un profondo mutamento a seguito dell'entrata in vigore della Carta Costituzionale e, con essa, del principio di **solidarietà sociale**, che trasfuse, nelle immutate forme di istituti risalenti, significati dalla dirompente portata innovativa. Sino ad allora, il contratto era sede di un conflitto di interessi contrapposti, espressione di una serrata dialettica in cui ciascuna delle parti era libera di perseguire in via esclusiva il proprio particolare interesse, nel libero gioco delle leggi dell'economia e con il solo limite del formale rispetto delle norme di diritto positivo che disciplinavano la materia. Nel clima di generale rinnovamento culturale che seguì l'avvento della Costituzione, la rilettura del rapporto obbligatorio alla luce del principio di solidarietà sociale portò con sé l'idea che le parti del rapporto obbligatorio, oltre a perseguire il proprio particolare interesse, dovessero altresì tenere **comportamenti solidaristicamente protesi alla tutela degli interessi della controparte**, nei limiti di un sacrificio non apprezzabile, e, in ultima analisi, che il contratto dovesse essere luogo non più di perseguimento del proprio vantaggio a scapito dell'interesse altrui, ma di congiunta e solidale ricerca di una regola negoziale protesa a trascendere la dimensione egoistica e particolaristica dei singoli, nella ricerca del soddisfacimento dell'interesse comune.

Se ne trasse la conseguenza che, allora, **il contraente è tenuto** non solo al rispetto delle singole norme di diritto positivo, ma **anche a porre in essere tutti quei comportamenti che, benché non espressamente predeterminati, si rendano necessari proprio per la tutela della controparte, pur sempre nei limiti sopra evidenziati del sacrificio non apprezzabile.** La regola della buona fede, come riletta alla luce del principio di solidarietà sociale, riflette, assieme alla crescente valorizzazione del dato equitativo rispetto a quello formale, l'idea di un primato ideologico della legittimità quale rispondenza al diritto, rispetto all'osservanza della legalità quale mera rispondenza alla legge; la clausola dettata dall'art. **1175 perde il suo valore meramente ricognitivo** di altre puntuali norme di legge, ma diviene clausola generale dotata di autonoma valenza programmatica e precettiva (**teoria precettiva**), **capace cioè di generare**, almeno secondo parte della dottrina e della giurisprudenza, **obblighi nuovi** e non espressamente pattuiti dalle parti, che si specificano e precisano in relazione alle concrete implicazioni che il principio di solidarietà assume nello svolgimento del singolo rapporto obbligatorio.

In questa nuova prospettiva, la regola della buona fede non è più mero criterio di valutazione delle condotte dei contraenti, ma diviene **"uno strumento per il giudice atto a controllare, anche in senso modificativo o integrativo, lo statuto negoziale, in funzione di garanzia degli opposti interessi"** [128].

5.2.1.3 Buona fede integrativa.

Questo mutamento presenta fondamentali implicazioni sistematiche, perché la teoria precettiva inserisce per la prima volta la regola della buona fede tra le fonti del contratto: cambia la lettura del rapporto tra l'art. 1374 e l'art. 1375, perché non solo la legge, gli usi e l'equità, ma anche la buona fede è fonte di autonome obbligazioni che integrano il contratto. Si discute, per questo, di "buona fede integrativa".

Il ruolo di integrazione del contratto, che la teoria precettiva annette alla buona fede, si declina secondo una triplice accezione.

-In primo luogo, come visto, la buona fede impone comportamenti tesi a salvaguardare l'interesse della controparte.

In particolare, secondo una recente ed articolata disamina compiuta da parte della giurisprudenza, dalla buona fede possono discendere: obblighi di esecuzione di prestazioni non previste; obblighi di modifica della condotta esecutiva del contratto o di tolleranza rispetto a modifiche della prestazione che non ne compromettano la sostanziale utilità; obblighi di avviso e di informazione; obblighi di corretto esercizio dei poteri discrezionali.

-In secondo luogo la buona fede impone comportamenti protesi a tutelare interessi dell'interlocutore anche estranei al contratto, come, in particolar modo, la sfera e la salute della controparte (si tratta di obblighi cd. di protezione, che sono ben distinti da quelli di prestazione e che non solo connotano il rapporto obbligatorio anche se non previsti in contratto, ma che possono esistere anche in assenza di un contratto, quando nascono rapporto obbligatori fondati sul contatto sociale).

-In terzo luogo la buona fede può, secondo un orientamento non unanimemente condiviso, **comportare l'obbligo di proteggere interessi di soggetti terzi rispetto al contratto, ma che si trovino con il contraente in una relazione di prossimità** (v. ad esempio il "contratto ginecologico",

---

[128]Cass., S.U. 15 novembre 2007, n. 23726

che, secondo la giurisprudenza[129] obbliga il ginecologo a proteggere non solo la gestante, ma anche il nascituro, benché questi non possa essere parte di alcun contratto).

Rilevanti le conseguenze che discendono, **sul piano dei rimedi**, dall'accoglimento della teoria precettiva: se la buona fede non è un mero canone valutativo dell'adempimento, ma una fonte di autonomi obblighi, allora la sua violazione può comportare: il sorgere di una **responsabilità contrattuale con il conseguente obbligo risarcitorio; la risoluzione del contratto, ove ricorrano i presupposti richiesti dalla legge, ed infine il rimedio** *dell'exceptio doli generalis* (v. infra).

5.2.1.4 La buona fede come limite funzionale all'esercizio del diritto: l'abuso del diritto.

Si è sin qui osservato come la buona fede possa generare **obblighi positivi di tenere determinate condotte** ai fini della tutela dell'interesse della controparte. Tuttavia la buona fede può anche comportare, al contrario, l'individuazione di **condotte che, in negativo, non devono essere tenute dai contraenti**. Vengono qui in rilievo quelle applicazioni della buona fede e dell'art. 2 Cost., che comportano l'esistenza di **limiti funzionali all'esercizio dei diritti**. Qui il principio di solidarietà viene dunque riguardato nelle implicazioni che determina non più nella sfera del debitore, ma in quella del creditore. La circostanza, infatti, che questi sia astrattamente titolare di un diritto, non è più condizione sufficiente per legittimare l'esercizio che in concreto ne faccia. Il diritto soggettivo, infatti, trova sempre **un limite funzionale nell'interesse in vista della cui realizzazione esso è riconosciuto dall'ordinamento e nel dovere di buona fede e solidarietà sociale**. Travalicare questo limite significa abusare del diritto. Nelle sue più originarie formulazioni, la dottrina dell'abuso affonda le proprie radici nella giurisprudenza francese che, vigente il *Code Napoléon*, la elaborò come correttivo alle aporie discendenti dal rigoroso formalismo e dal tendenziale assolutismo che avevano connotato le codificazioni liberali ottocentesche. Nella dottrina francese, che ne segnò le prime elaborazioni dogmatiche, l'abuso del diritto consisteva nell'esercizio di un diritto soggettivo[130] secondo modalità formalmente conformi alla legge, ma contrarie al suo "spirito". Fu in quel contesto che maturò l'autonomia concettuale della figura dell'abuso rispetto a quella dell'illecito: **l'abuso** – si disse – **si distingue dall'illecito, perché, diversamente da questo, non viola la lettera della legge, ma ne offende lo spirito.**

---

[129] Cass. 22 novembre 1993.

[130] V. in particolare R. Savatier, Traité de la responsabilité civile en droit français civil, administratif, professionnel, procédural, Parigi, 1951 ; L. Josserand, de l'esprit des droits et de leur relativité, Parigi, 1939.

In Italia la dottrina dell'abuso trovò un fertile sostrato nel clima di generale rinnovamento culturale che seguì l'entrata in vigore della Costituzione Repubblicana. Con i principi di uguaglianza e di solidarietà sociale, la Costituzione forniva una risposta alle contraddizioni delle codificazioni liberali, che "ponevano gli individui dinanzi al gioco delle leggi e dell'economia, onde si creava e si acuiva una sostanziale disuguaglianza, in contrasto stridente con l'uguaglianza formale"[131]

Nella tradizionale definizione di U. Natoli, **si ha abuso del diritto "quando un diritto viene esercitato in contrasto con la buona fede o con lo scopo in vista del quale è stato riconosciuto dall'ordinamento, di modo che il comportamento del suo titolare sia solo apparentemente conforme al diritto"**[132].

L'abuso si distingue dunque dall'illecito, perché gli atti abusivi non violano la lettera della norma, ma ne tradiscono la funzione, piegando il diritto al conseguimento di finalità emulative, abiette, contrarie a buona fede. In altri termini, mentre l'illecito si presenta come una difformità descrittiva e morfologica tra la fattispecie concreta e quella astratta, **la condotta abusiva non viola lo schema formale del diritto, ma ne tradisce la funzione.** Il riscontro dell'abuso rientra dunque nell'operazione logica della **sussunzione**, ma comporta un passaggio ulteriore. Dopo aver verificato se il fatto concreto possa dirsi tipico rispetto alla fattispecie astratta, l'interprete dev' accertare perché il fatto si sia verificato, cioè **quale sia il concreto interesse in vista del quale il diritto è stato esercitato.**

La titolarità di un diritto, infatti, come chiarito dalla giurisprudenza, **non attribuisce un potere incondizionato di porre in essere tutte le condotte che la norma attributiva del potere formalmente consente, ma solo quelle, tra esse, volte a conseguire lo scopo per il quale quel diritto è riconosciuto dall'ordinamento.**

Con una pronuncia d'importanza storica, la Suprema Corte[102] ha fornito, per la prima volta nell'esperienza giurisprudenziale italiana, una definizione generale di abuso che trascende le singole fattispecie sino ad allora descritte dall'esperienza pretoria, definendo abusiva **qualsiasi modalità di esercizio del diritto soggettivo che, benché formalmente rispettosa della cornice attributiva dello stesso, sia finalizzata al conseguimento di obiettivi ulteriori e diversi rispetto a quelli voluti dal legislatore.** I Supremi giudici individuano gli **elementi costitutividell'abuso**, che sono i seguenti: 1) **la titolarità di un diritto soggettivo** in capo ad un soggetto; 2) la possibilità che il concreto esercizio di quel diritto possa essere effet-

---

[131]Rescigno, L'abuso del diritto, Bologna, 1998. p. 28.
[132]U. Natoli, Note preliminari ad una teoria dell'*abuso del diritto* nell'ordinamento giuridico italiano, in Riv. Trim. Dir. Proc. 1958, p. 37, ss.[102] Cassazione Cass. 18 settembre 2009, n. 20106

tuato secondo una **pluralità di modalità non rigidamente predeterminate**; 3) la circostanza che tale esercizio concreto, anche se formalmente rispettoso della cornice attributiva del diritto, sia svolto secondo **modalità censurabili rispetto ad un criterio di valutazione giuridico od extragiuridico**; 4) la circostanza che, a causa di una tale modalità di esercizio, si verifichi una **sproporzione ingiustificata** tra il beneficio del titolare del diritto ed il sacrificio cui è soggetta la controparte.

E' allora importante sottolineare che la nozione di abuso, come tratteggiata dalla recente giurisprudenza, si discosta profondamente dal divieto di atti emulativi, ex. art. 833, attorno al quale ruotarono alcune originarie formulazioni della teoria dell'abuso. Nella definizione formulata dalla giurisprudenza, la nozione di abuso, riletta alla luce del principio di solidarietà sociale, è **molto di ampia di quella di atto emulativo** e, diversamente da quest'ultima, prescinde dal dolo e dalla specifica intenzione di nuocere, perché il parametro attorno al quale la valutazione dell'abuso si svolge è il rispetto della **regola della buona fede oggettiva**.

La reazione dell'ordinamento dinanzi all'esercizio abusivo del diritto consiste "nel **rifiutare la tutela** ai poteri, diritti e interessi, esercitati in violazione delle corrette regole di esercizio, posti in essere con comportamenti contrari alla buona fede oggettiva. E nella formula della mancanza di tutela, sta la finalità di impedire che possano essere conseguiti o conservati i vantaggi ottenuti – ed i diritti connessi – attraverso atti di per sé strutturalmente idonei, ma esercitati in modo da alterarne la funzione, violando la normativa di correttezza, che è regola cui l'ordinamento fa espresso richiamo nella disciplina dei rapporti di autonomia privata"[133].

Esempi concreti di esercizio abusivo del diritto possono essere tratti dalla copiosa giurisprudenza in materia.

In particolare, con la pronunzia citata, la Cassazione era stata chiamata ad esprimersi sulla sindacabilità dell'esercizio, da parte di una nota casa automobilistica, del potere di recesso *ad nutum* da un contratto di concessione di vendita stipulato con un concessionario.

La Suprema Corte enuncia il principio secondo cui l'astratta titolarità del diritto di **recesso *ad nutum***, attribuita in contratto, non è sufficiente a rendere legittimo il suo esercizio, essendo altresì necessario che esso avvenga secondo buona fede, cioè secondo modalità decise all'esito di una valutazione non indifferente all'interesse della controparte. Sarebbe quindi censurabile l'esercizio di un diritto, da parte di chi ne fosse pur formalmente titolare, ove la stessa utilità fosse perseguibile secondo diverse modalità, meno dannose o onerose per la controparte.

---

[133]Cass. civ., 18 settembre 2009, n. 20106.

Il principio comporta conseguenze di fondamentale importanza in materia di **limiti al sindacato giurisdizionale sull'atto di autonomia privata**. Non è vero, affermano i Supremi Giudici, che sia preclusa al giudice la possibilità di esercitare un controllo di ragionevolezza sugli atti di autonomia privata: al contrario, in base al principio di buon fede e a quello di solidarietà sociale ex art. 2 Cost, il giudice deve valutare il contratto, anche in senso modificativo o integrativo della regola negoziale, nell'ottica di un contemperamento tra gli interessi in gioco. Il contratto deve dunque essere strumento di contemperamento di interessi, ma non mai strumento di sopraffazione o prevaricazione della parte più forte in danno della più debole. La tematica dell'abuso si colloca chiaramente sul delicato confine tra autonomia negoziale e sindacato giurisdizionale, tra equità e certezza. Essa presuppone inoltre una discrasia tra fattispecie astratta e fattispecie concreta, perché, concretandosi in una condotta formalmente rispettosa della norma che attribuisce il diritto, ma funzionalmente tradendone la ratio, denuncia come il rispetto della legge formale non sia necessariamente garanzia di giustizia sostanziale.

5.2.1.5 (segue) L'*exceptio doli*.

In particolare, occorre ora soffermarsi a considerare due specifiche modalità di abuso.

La prima consiste nel *venire contra factum proprium*. Si pensi al caso del creditore che ingeneri con comportamenti univoci nel proprio debitore il convincimento di volergli rimettere il debito, ma che, successivamente, pretenda l'adempimento. In questo caso, la pretesa del creditore è formalmente ineccepibile: egli è titolare di un diritto di credito, e chiede l'adempimento che ha diritto ad ottenere. Tuttavia, la stessa pretesa è iniqua ed è, altresì, espressione di un comportamento scorretto, perché è in ipotesi il creditore stesso che ha indotto il debitore, con il proprio comportamento, a ritenere che il debito gli sarebbe stato rimesso ed eventualmente a liberarsi dei mezzi per l'adempimento.

La seconda modalità di abuso si concreta in ogni condotta con cui il creditore **tragga vantaggio da un proprio comportamento malizioso o scorretto**. Quale tutela può essere accordata al debitore?

Nel primo caso il creditore viola il **divieto di** *venire contra factum proprium*; nel secondo caso egli agisce comunque in modo abusivo, esercitando il diritto per avvantaggiarsi ingiustamente in danno della controparte. In entrambi i casi la giurisprudenza ritiene che la pretesa creditoria possa essere rigettata in conseguenza della proposizione dell'*exceptio doli*. E', questa, un'eccezione di origine romanistica e di creazione pretoria, con cui il *deceptus* poteva paralizzare le pretese conformi allo *ius civile*, ma contrarie all'*aequitas*.

Benché nel nostro ordinamento manchi una norma di diritto positivo che contempli l'*exceptio doli*, è tuttavia possibile identificare alcune norme che ne contemplano specifiche ed isolate applicazioni (ad esempio, l'art. 2384, comma 2, nel disciplinare i poteri di rappresentanza attribuiti agli amministratori delle società per azioni prevede che "le limitazioni ai poteri degli amministratori che risultano dallo statuto o da una decisione degli organi competenti non sono opponibili ai terzi, anche se pubblicate, salvo che si provi che questi abbiano intenzionalmente agito a danno della società"). La giurisprudenza più recente, rileggendo tali norme alla luce dei principi di buona fede e del divieto di abuso del diritto, ha ritenuto di ravvisarvi specifiche applicazioni di una regola più generale, immanente nel tessuto ordinamentale, che consente di **paralizzare le pretese che, sebbene astrattamente legittime, siano esercitate al fine di conseguire vantaggi non consentiti.**

Una delle principali applicazioni giurisprudenziali dell'*exceptio doli* riguarda il caso in cui, in un contratto autonomo di garanzia, il creditore, pur sapendo che il debitore principale ha già adempiuto la propria obbligazione, si avvalga della **clausola *solve et repete* per ottenere nuovamente la medesima prestazione**. La Cassazione ha in proposito stabilito che, ove esistano prove liquide del carattere fraudolento della pretesa creditoria, il debitore può legittimamente opporsi al pagamento e, in tal caso, tale rifiuto rinviene il proprio fondamento nell'*exceptio doli* quale reazione alla violazione del divieto di abuso del diritto.

5.2.1.6 La buona fede come regola di validità: le censure della giurisprudenza

Si è visto che, nel quadro della teoria precettiva, le **conseguenze della violazione del canone di buona fede sono**: il **risarcimento del danno**; la **risoluzione del contratto**, ove ricorrano i presupposti richiesti dalla legge, e *l'exceptio doli* per paralizzare la pretesa creditoria, se la violazione del canone di buona fede si concreta in un abuso del diritto.

Un orientamento minoritario ha proposto, con particolare riguardo al tema della violazione degli obblighi di informazione da parte dell'intermediario finanziario, un'interpretazione ancora più estensiva del ruolo da annettere al principio di buona fede, il quale costituirebbe parametro di valutazione non più solo delle condotte, ma degli atti stessi di autonomia negoziale. Pertanto, la buona fede non costituirebbe solo una fonte di integrazione del contratto, volta a consentire la compiuta realizzazione del programma negoziale, ma, ponendosi in **funzione antagonista e di controllo** rispetto allo stesso, costituirebbe un parametro di valutazione della sua validità. Infatti, si argomenta, essendo la regola di buona fede codificata da norme imperative, ed essendo la violazione di norme imperative sanzionata con la nullità virtuale ex art. 1418, allora, nei casi in cui vi sia una disparità di forze tra i contraenti, la condotta contraria a buona fede e solidarietà sociale del contraente più forte comporta una **deviazione dell'atto stesso di autonomia negoziale, sì che esso stesso debba dirsi** in violazione del parametro di buon fede dettato da una norma imperativa e quindi, in conclusione, **nullo.**La Cassazione ha tuttavia censurato nettamente siffatta ipotesi ricostruttiva, ribadendo che l'art. 1418 co.1, nel sanzionare con la nullità tutte le violazioni di norme imperative non assistite da altra specifica sanzione, non può che riferirsi a quelle norme imperative che vietano il contratto sul piano della struttura, del contenuto, della forma nonché della legittimazione a stipularlo, cioè alle **regole di validità del contratto, che non debbono essere confuse con le regole di correttezza, le quali non possono che riferirsi non già al contratto, ma al comportamento.**

Ne discende che, secondo la regola generale, le sole possibili conseguenze della violazione del dovere di buone fede sono quelle del risarcimento del danno, della risoluzione del contratto e della proponibilità dell'*exceptio doli*, mentre solo specifiche ed individuate disposizione di legge potranno, derogando alla regola generale, far discendere da scorrettezze comportamentali la conseguenza della nullità del contratto[134].

6. Gli atti unilaterali.

Si dicono unilaterali quegli atti che **si perfezionano con la dichiarazione di una sola parte.**[135]

Tali atti, per il disposto dell'art. 1324 c.c., soggiacciono alla disciplina dei contratti. Detta norma costituisce il principale fondamento di diritto positivo su cui è stata ricostruita la teoria generale del negozio giuridico, che accomuna nel suo alveo atti unilaterali e contratti. Tuttavia, "l'art. 1324 appare ispirato da una tecnica che ripudia i concetti astratti"[136]: il legislatore italiano sceglie di non disciplinare il negozio giuridico, ma solo di estendere la disciplina del contratto al negozio unilaterale, ove questo abbia contenuto patrimoniale e tale disciplina risulti con esso compatibile. Dal punto di vista del momento della produzione degli effetti, gli atti unilaterali si distinguono in **recettizi e non recettizi,** a seconda che gli effetti si producano, come vuole l'art. 1334 c.c., nel momento in cui il destinatario viene a conoscenza dell'atto, ovvero indipendentemente dalla conoscenza che il destinatario ne abbia. (es. di atto del primo tipo è il recesso; es. di atto del secondo tipo è la rinuncia ad un diritto).

---

[134]Cass., 28 settembre 2005, n. 19024

[105] Roppo, Il contratto, pag. 28.

[135]Torrente- Schlesinger, Manuale di diritto privato, Giuffrè, 2011, p. 204.

[136]Galgano, Trattato di diritto civile, Cedam 2010, p. 41

Si applica poi agli atti unilaterali recettizi la regola stabilita dall'art. 1335 c.c., per cui essi **si considerano conosciuti quando giungono all'indirizzo del destinatario**, se questi non prova di essere stato, senza sua colpa, nell'impossibilità di averne notizia.

Ancora ai soli negozi unilaterali recettizi si applica il disposto di cui all'art. 1414, co. 3, in tema di **simulazione**.

Quanto ai limiti che il legislatore appone alla libertà di dar vita a negozi unilaterali, per lungo tempo si è negato che i privati potessero porre in essere **negozi unilaterali atipici**, perché nel negozio unilaterale, capace di produrre effetti nella sfera giuridica del destinatario senza necessità del suo consenso, si ravvisava un grave *vulnus* al principio dell'accordo e quindi all'autonomia privata. Si ravvisava una conferma normativa della correttezza di tale assunto, nell'art. 1987, in materia di promessa unilaterali. Detta norma veniva considerata speculare all'art. 1322, ritenendosi che così come quest'ultima norma riconosceva ai privati la facoltà di stipulare contratti atipici, allo stesso modo la prima negava tale libertà nel campo dei negozi unilaterali. Per questo, il tema dell'ammissibilità dei negozi unilaterali atipici, oggi profondamente rimeditato in dottrina e in giurisprudenza, è stato studiato con particolare riguardo alle promesse unilaterali. Si rinvia pertanto in proposito al cap. XXVIII, §1.

CAPITOLO X

LE TRATTATIVE E LA RESPONSABILITÀ PRECON-
TRATTUALE

Sommario: 1. La buona fede precontrattuale. – 2. Natura giuridica della responsabilità precontrattuale. – 3. Il danno risarcibile.

1. La buona fede precontrattuale.

La fase delle trattative è regolata da due norme fondamentali: l'art. 1337
c.c., il quale dispone che le parti, durante le trattative, debbano **comportarsi
secondo buona fede**, e l'art. 1338 c.c., a mente del quale "la parte che, conoscendo o dovendo conoscere una **causa di invalidità del contratto**, non
ne ha dato notizia all'altra parte, è tenuta a risarcire il danno da questa ri-
sentito per aver confidato, senza sua colpa, nella validità del contratto".
Secondo una dottrina tradizionale, tali norme tutelano la libertà negoziale
delle parti, (che, nella fase delle trattative, consiste nel non essere coinvolte
in trattative inutili), preservandole dal rischio di essere coinvolte in trattative con chi non abbia una seria intenzione di contrarre (art. 1337), o di stipulare un contratto invalido (art. 1338). In questa prospettiva, si era quindi
concluso che l'obbligo di agire secondo buona fede ex art. 1337 si risolves-
se nel divieto di iniziare o portare innanzi le trattative senza una reale intenzione di addivenire alla stipula, ovvero nel divieto di recedere ingiustificatamente, cioè per ragioni futili e senza tener conto dell'interesse, del coin-
volgimento e dell'affidamento ingenerato nell'altro contraente.
Lette in questa prospettiva, allora, le due norme hanno un importante aspetto in comune: in tutti e due i casi le trattative falliscono: nel primo caso perché uno dei contraenti recede, nel secondo perché il contratto stipulato è
invalido. Questo si spiega proprio perché si muoveva dal presupposto che la
responsabilità contrattuale fosse una **responsabilità per danno da contratto non concluso**.
Dinanzi a tale regola si poneva però quella che sembrava una palese eccezione: l'art. 1140 c.c. (di cui meglio si dirà in tema di annullabilità del contratto), sanziona con l'obbligo di risarcire il danno, la condotta di chi abbia
attuato, durante le trattative, raggiri tali da incidere sulle condizioni (di regola economiche) dell'accordo (c.d. dolo incidente). In questo caso il contratto è concluso, eppure una delle parti incorre in responsabilità precontrattuale. Ad una lettura congiunta delle tre norme sin qui indicate, le condotte
contrarie alla regola della buona fede precontrattuale sono quindi: il recesso
ingiustificato, che per definizione implica che il contratto non si concluda;
la mancata comunicazione di una causa d'invalidità, che assume rilievo se

si è concluso un contratto invalido, ed infine il dolo incidente, che è allora l'unico comportamento contrario a buona fede che genera responsabilità precontrattuale benché il contratto sia concluso e sia valido. Queste peculiarità hanno fatto sì che l'art. 1440 c.c. fosse per lungo tempo considerato norma eccezionale, come tale insuscettibile di applicazione analogica; finché, rimeditandone la portata sistematica, dottrina e giurisprudenza vi hanno ravvisato le basi di un nuovo orientamento ermeneutico, destinato a condurre in breve ad una conclusione oggi pacifica: **la responsabilità precontrattuale sorge non soltanto laddove si receda ingiustificatamente** o si dia causa a specifiche forme di invalidità del contratto, **ma ogni qualvolta si violi una regola di correttezza e questa violazione incida sulla vicenda contrattuale in modo sfavorevole alla controparte**. In tale ultima ipotesi, anche se il contratto non è invalido, ogni eventuale danno conseguente al comportamento scorretto tenuto da una delle parti nella fase delle trattative, sarà risarcibile, **anche cioè al di là dello specifico caso contemplato dall'art. 1440 c.c.**, a titolo di responsabilità precontrattuale. In altri termini, è risarcibile il danno cagionato dai comportamenti scorretti di una delle parti durante la fase delle trattative.

L'obbligo di agire secondo buona fede si snoda attraverso i corollari del dovere di informazione, di chiarezza, di segreto nonché di adoperarsi per garantire la validità e l'efficacia del negozio da stipulare.

Il **dovere di informazione**, che è una specificazione del dovere di buona fede, ha ad oggetto le possibili cause di invalidità del contratto, ma, per costante insegnamento giurisprudenziale, non si estende all'obbligo di comunicare all'altra parte una causa di invalidità che essa era tenuta a conoscere in quanto prevista da una disposizione di legge[137].

Quanto alla **nozione di invalidità**, mentre parte della dottrina vi ricomprende esclusivamente nullità, annullabilità ed inefficacia, altra parte della dottrina ritiene debba rilevare a tali fini anche l'inefficacia in senso stretto (es: difetto di legittimazione negoziale del contraente).

Nell'interpretazione degli artt. 1337 e 1338 c.c. non può non tenersi conto, poi, del dato della sostanziale parità o disparità di capacità negoziale , forza contrattuale e completezza di informazioni tra i contraenti, nel senso che in caso di **rapporto asimmetrico**, gli obblighi di buona fede e quelli specifici di informazione che gravano sul contraente più forte assumono una particolare pregnanza, se si considera che anche queste norme vanno lette, come detto, alla luce del principio di solidarietà ex art. 2 Cost, del quale si considerano espressione.

---

[137]Cass. civ. 27 aprile, 2001, n. 6113.

2. Natura giuridica della responsabilità precontrattuale.

La natura giuridica della responsabilità contrattuale è stata ed in parte è ancora molto controversa in dottrina e in giurisprudenza.

Com'è noto, **per responsabilità precontrattuale si intende la lesione della libertà negoziale altrui, cagionata nel corso delle trattative per la conclusione di un contratto, mediante un comportamento doloso o colposo, oppure per l'inosservanza del precetto della buona fede.**

La ragione delle difficoltà d'inquadramento e definitorie risiede nel fatto che questa responsabilità trae origine da fatti accaduti in una fase antecedente alla stipula del contratto e quindi, a rigore, non potrebbe essere ricondota nell'alveo della responsabilità contrattuale.

Allo stesso tempo, però, sembra difficile poterla assimilare alla responsabilità extracontrattuale, perché, come noto, questa consegue alla violazione del generale precetto del *neminem laedere*, e presuppone l'assenza di un rapporto tra il danneggiante e il danneggiato antecedentemente alla verificazione del danno, laddove invece, prima che sia violato l'obbligo di buona fede precontrattuale, le parti della trattativa non sono tra loro estranee, ma sono già avvinte da una relazione che non è certo irrilevante per il diritto.

Circa la **natura giuridica della responsabilità precontrattuale** sono state formulate le tre tesi

1) della responsabilità extracontrattuale;
2) della responsabilità contrattuale;
3) del *tertium genus* di responsabilità.

L'importanza del dibattito risiede nel fatto che l'esigenza qualificatoria è funzionale all'**individuazione del regime applicabile**. Accedendo all'una o all'altra delle tesi si applicherebbero regimi giuridici profondamente diversi, in particolare quanto al termine di prescrizione, alla distribuzione dell'onere della prova, all'ammontare del danno risarcibile e alla costituzione in mora. La **tesi della natura extracontrattuale** si fonda, come accennato, sulla considerazione che tra le parti di una trattativa manca per definizione il contratto. Quindi, siccome la responsabilità non può essere contrattuale, non resterebbe che concludere che essa sia extracontrattuale ed applicare il relativo regime giuridico.

La **tesi della natura contrattuale** ha tratto linfa dall'elaborazione della teoria del contatto sociale (§ 4.1, Cap. I), che spiega come le parti delle trattative possano essere gravate da "obblighi di protezione senza prestazione" che si inscrivono nell'alveo di una responsabilità- quella da contatto sociale- assimilabile alla responsabilità contrattuale.

L'assunto sembra trovare conferma nella collocazione sistematica delle norme in tema di responsabilità precontrattuale, che sono dettate nell'ambito della disciplina del contratto. Non solo: come abbiamo visto nel paragrafo precedente, secondo un orientamento che può ormai considerarsi *ius receptum*, la responsabilità precontrattuale sorge anche nel caso in cui il contratto sia concluso, ma a condizioni svantaggiose per effetto di una violazione della regola della buona fede nella fase delle trattative. Questa responsabilità, benché derivi da un contegno antecedente alla stipula del contratto, consiste nel cagionare un danno che si produce proprio nell'assetto regolamentare del contratto e che non potrebbe darsi al di fuori di questo. Si tratta di un importante argomento a favore della natura contrattuale della responsabilità precontrattuale.

La tesi secondo cui la responsabilità precontrattuale costituirebbe un **tertium genus** è accolta solo da parte della dottrina, perché, a tacer d'altro, non sembra avere utilità pratica, in quanto non consente di individuare la disciplina applicabile alla responsabilità precontrattuale, la cui natura è stata per lungo tempo ricondotta, dalla giurisprudenza, nell'alveo della responsabilità extracontrattuale. Di conseguenza, la prova dell'esistenza e dell'ammontare del danno e quella del dolo o della colpa del danneggiante, erano poste a carico del danneggiato ed il termine di prescrizione del diritto azionato era quinquennale[138].

I tempi più recenti sono stati segnati tuttavia da un importante *revirement* della Cassazione, che ha inquadrato la responsabilità precontrattuale nell'alveo della **responsabilità contrattuale da contatto sociale**, osservando come tra le parti di una trattativa si instauri proprio, a ben vedere, quel rapporto, connotato da reciproci affidamenti e governato dalla regola della buona fede, che è il *proprium* della responsabilità da contatto sociale. Questa responsabilità, che si situa ai confini tra contratto e torto, è molto più assimilabile alla responsabilità contrattuale che non a quella extracontrattuale, con le note conseguenze in punto di disciplina applicabile. Proprio come nei rapporti fondati sul contatto sociale, il rapporto che si crea tra le parti durante le trattative è connotato da **obblighi di protezione senza prestazione** (le parti non sono tenute a porre in essere prestazioni di sorta, ma devono proteggere in senso solidaristico la sfera giuridica della controparte, per esempio evitando di coinvolgerla in trattative impegnative quando non si ha una seria intenzione di contrarre).

La giurisprudenza più recente conclude dunque che "l'elemento qualificante di quella che può ormai denominarsi *"culpa in contrahendo"* solo di nome, non è più la colpa, bensì la violazione della buona fede che, sulla base dell'affidamento, fa sorgere obblighi di protezione reciproca tra le parti[139]".

3. Il danno risarcibile.

I criteri di determinazione del danno risarcibile sono diversi a seconda della nozione di buona fede precontrattuale che s'intenda accogliere.

---

[138] v. tra le altre, Cass., Sez. Un. 26 giugno 2003, n. 10160.
[139] Cass. civ., sez. I, 12 luglio 2016, n. 14188.

Infatti, se la buona fede precontrattuale, secondo l'**impostazione tradizionale**, impone di non coinvolgere la controparte in trattative inutili (perché seguite da recesso ingiustificato o dalla stipula di un contratto invalido), allora il danno risarcibile dovrà essere contenuto nei **limiti dell'interesse negativo**, cioè esattamente l'interesse a non essere coinvolto in tali trattative. E' nitida quindi la differenza con i criteri di determinazione del danno risarcibile in caso di inadempimento contrattuale, perché tale danno comprende sia l'interesse negativo che l'interesse positivo, che è l'interesse all'esecuzione del contratto o, più precisamente, l'interesse a preservare il vantaggio patrimoniale che il contraente non inadempiente avrebbe conseguito dall'esecuzione del contratto, se la controparte non si fosse resa inadempiente.

Il danno precontrattuale poi, come quello contrattuale, si articola nella duplice componente del **danno emergente e del lucro cessante**. Volendo quindi schematizzare, in caso di danno precontrattuale sono risarcibili il danno emergente ed il lucro cessante (per le relative nozioni, v. cap. VI, § 6), **entrambi nei limiti dell'interesse negativo**; in caso di danno contrattuale sono risarcibili il danno emergente ed il lucro cessante, sia nella componente dell'interesse negativo che in quella dell'interesse positivo. Eccone alcuni esempi.

Il contraente nella fase delle trattative affronta spese di viaggio e paga un geometra per visure catastali ed altri adempimenti. Quando ormai si è prossimi alla conclusione del contratto, la controparte, inaspettatamente, recede. In questo caso, il contraente *in bonis* può lamentare che, se la controparte non avesse ingenerato in lui un affidamento circa il positivo esito della trattativa, egli non avrebbe affrontato viaggi e sostenuto spese prodromiche alla stipula. Tale danno rientra quindi nei limiti dell'interesse negativo, (cioè dell'interesse a non essere coinvolti in trattative inutili) ed è, inoltre, un danno emergente, (cioè una spesa sostenuta dal contraente). Si tratta, in conclusione si tratta di un danno risarcibile ex art. 1337 c.c. Secondo caso: Tizio intende vendere il proprio immobile. Riceve numerose proposte d'acquisto, tra cui quella di Caio, che tiene un contegno tale da ingenerare in lui il legittimo affidamento nell'imminenza della conclusione del contratto. Inaspettatamente e senza giustificato motivo, poco prima della stipula Caio recede dalle trattative. Tizio adduce che se Caio non avesse ingenerato in lui un affidamento circa il positivo esito delle trattative, egli avrebbe alienato l'immobile a Mevio e che pertanto le trattative in cui è stato inutilmente coinvolto gli hanno fatto perdere altre occasioni di vendita. Anche questo danno, che è uno dei più importanti ed ingenti che si possano verificare nella fase delle trattative, si colloca nei limiti dell'interesse negativo, perché è anch'esso espressione dell'interesse a non essere coinvolto in trattative inutili. Esso è inoltre un lucro cessante, cioè consiste in un mancato guadagno. Occorre porre attenzione a non confondere **il lucro cessante che ricade nell'interesse negativo**, con quello che rientra nell'interesse positivo. Nel primo caso, il lucro cessante non è il guadagno che sarebbe derivato dal contratto, se fosse stato adempiuto, ma **è il guadagno che il contraente in bonis avrebbe conseguito per proprio conto** (ad es. vendendo la sua casa a terzi) **se non fosse stato coinvolto in trattative inutili**[140]. Nel secondo caso il lucro cessante è proprio il guadagno che sarebbe derivato dall'esecuzione del contratto, se questo non fosse rimasto inadempiuto. Se la responsabilità precontrattuale è responsabilità per contratto non concluso, e si risarcisce nei limiti dell'interesse negativo, allora quella componente del lucro cessante che rientra nell'interesse positivo, non sarà risarcibile. Abbiamo però avuto modo di accennare al **più recente ma consolidato orientamento** che ravvisa una responsabilità precontrattuale anche in capo a chi attraverso artifizi o raggiri (art. 1440 c.c.) o più in generale condotte scorrette e contrarie a buona fede, abbia **inciso sui termini dell'accordo in modo svantaggioso per la controparte**.

In questo caso, il ragionamento fatto sopra non può essere più d'aiuto, perché la limitazione del risarcimento all'interesse negativo è proprio basata sul presupposto che il comportamento contrario a buona fede consista nel coinvolgere ingiustificatamente la controparte in trattative che non vanno a buon fine. Nell'ipotesi che stiamo ora considerando, invece, un contratto si conclude, quindi la regola dell'interesse negativo non sembra più giustificata. La giurisprudenza ha quindi elaborato il **criterio dell'"interesse positivo differenziale"**, secondo cui il risarcimento deve essere commisurato al minor vantaggio o al maggior aggravio economico subito da un contraente per effetto del comportamento illecito della controparte[141].

---

[140]V. da ultimo Cass. Civ. 10 marzo 2016, n. 4718, che specifica che il lucro cessante risarcibile può essere anche quello che sarebbe derivato dalla stipula di un contratto diverso da quello che è stato oggetto delle trattative.
[141]Caringella Buffoni, Manuale cit. pag. 681.

CAPITOLO XI

LA CONCLUSIONE DEL CONTRATTO

Sommario: 1. – L'accordo. – 2. Proposta e accettazione, natura giuridica, caducazione e revoca. – 3. Il perfezionamento del contratto: principio della cognizione e relative deroghe. – 4. La proposta irrevocabile. – 5. L'offerta al pubblico. – 6. Il contratto aperto. – 7. La conclusione mediante inizio di esecuzione (rinvio). – 8. Il contratto con obbligazioni del solo proponente.

1. L'accordo

Il contratto – stabilisce l'art. 1321 – è l'accordo di due o più parti per costituire, regolare o estinguere un rapporto giuridico patrimoniale.

Della definizione codicistica si è già detto; giova ora soffermarsi sulla nozione di accordo, cioè, sull'essenza stessa, *l'in sé* del contratto[142].

Il **principio dell'accordo** è una delle massime espressioni dell'autonomia negoziale, da un lato perché è proprio l'accordo lo strumento tramite il quale le parti pongono norma a se stesse; dall'altro perché esso stabilisce che la costituzione, regolazione ed estinzione dei rapporti privati è riservata alle parti di tali rapporti.

Si esclude così (con le debite, importanti eccezioni) da un lato, per quanto concerne l'intervento della mano pubblica, che lo Stato possa gestire i rapporti giuridico patrimoniali tra privati; dall'altro, per quanto concerne i rapporti tra privati, che taluno possa unilateralmente incidere sull'altrui patrimonio giuridico, perché la regola generale è quella della necessarietà dell'accordo (con l'eccezione degli atti unilaterali, in relazione ai quali la volontà del destinatario è però, come si è visto, opportunamente tutelata con il riconoscimento della potere di rifiuto).

Il codice civile dedica un'intera sezione all' "accordo delle parti", fornendo per la formazione del contratto, agli artt. 1326 ss., una pluralità di diversi schemi procedimentali,tra i quali le parti possano rinvenire quelli che meglio si adattano alle loro esigenze e a quelle dei mercati in cui operano.

Così, in alcuni casi il contratto si perfeziona secondo il tradizionale procedimento dato dallo scambio delle dichiarazioni (art. 1326 c.c.); in altri casi, se esigenze di celerità dell'esecuzione del contratto s'impongono, è possibile raggiungere l'accordo tramite uno schema che fonde proposta ed inizio di esecuzione; altre volte ancora, l'accordo può nascere dal mancato rifiuto di una proposta invece che dalla sua accettazione.

---

[142]P. Cirillo, in Diritto civile, diretto da Lipari -Rescignò, Giuffrè, 2009, p. 178

2. Proposta e accettazione, natura giuridica, caducazione e revoca.

L'art. 1326, primo co. c.c. offre uno schema generale di conclusione del contratto, stabilendo che "**il contratto è concluso nel momento in cui chi ha fatto la proposta ha conoscenza dell'accettazione della controparte**". Proposta e accettazione sono quindi **atti prenegoziali, unilaterali e recettizi,** il cui incontro dà vita all'accordo. (Sono recettizi gli atti che producono effetti quando giungono a conoscenza del destinatario). Perché il contratto si concluda con il semplice incontro di proposta e accettazione, però, è necessario che la proposta sia completa e che rivesta la stessa forma prescritta per il contratto che s'intende concludere. Inoltre l'accettazione deve essere:

-   conforme alla proposta (l'art. 1326, co. 5. c.c. prevede che un'accettazione non conforme equivale ad una nuova proposta);
-   tempestiva, perché deve giungere al proponente entro un termine, variamente individuato (art. 1326, co. 2)
-   formale, se la legge lo preveda o il proponente ne faccia espressa richiesta (art. 1326, co.4)

Si discute se il **silenzio** possa avere valore di accettazione. La regola generale è che l'accettazione non possa essere desunta dal mero silenzio serbato su una proposta, assumendo il silenzio valore di accettazione "soltanto se, in date circostanze, il comune modo di agire o la buona fede, nei rapporti instauratisi tra le parti, impongano l'onere o il dovere di parlare, ovvero se, in un dato momento storico e sociale, avuto riguardo alla qualità dei contraenti e alle loro relazioni d'affari, il tacere di uno possa intendersi come adesione alla volontà dell'altro"[143]. Naturalmente, a maggior ragione il silenzio è significativo se l'oblato è tenuto a rispondere per legge o per patto intercorso tra le parti. Vale in conclusione la regola *qui tacet consentire videtur si loqui debuisset ac potuisset*.

Quanto al profilo temporale, "**l'accettazione deve giungere al proponente nel termine da lui stabilito o in quello ordinariamente necessario secondo la natura dell'affare o secondo gli usi**" (art. 1326, secondo co, c.c.). Il proponente può ritenere efficace l'accettazione tardiva, purché ne dia immediatamente avviso all'altra parte (art. 1326, terzo co., c.c.). L'art. 1330 c.c. dispone che "la proposta o l'accettazione, quando è fatta dall'imprenditore nell'esercizio dell'impresa, non perde efficacia se l'imprenditore muore o diviene incapace prima della conclusione del contratto, salvo che si tratti di piccoli imprenditori o che diversamente risulti dalla natura dell'affare o da altre circostanze".

Se ne deduce che, salvo che siano fatte dall'imprenditore nell'esercizio dell'impresa, **sia la proposta che l'accettazione si caducano qualora il**

---

[143]Cass. civ., sez. III, 14 maggio 2014, n. 10533.

proponente o l'oblato muoiano o diventino legalmente incapaci prima della conclusione del contratto,

Quanto alla **revoca della proposta e dell'accettazione**, esse possono avvenire finché il contratto non è concluso, quindi **fino a che il proponente non ha conoscenza dell'accettazione**. Questo significa che se l'oblato vuole revocare l'accettazione, per farlo prima della conclusione del contratto, deve far sì che la revoca giunga all'indirizzo del proponente ancor prima dell'accettazione. Si badi: a poco servirebbe *inviare* la revoca dell'accettazione prima dell'arrivo dell'accettazione stessa, perché il proponente non può avere conoscenza della revoca se non al momento in cui la riceve, non certo quando essa viene inviata. In sintesi, per la revoca dell'accettazione **vale la regola della ricezione** e non quella della spedizione, perché è la regola della ricezione che si segue per la conclusione del contratto.

Viceversa**, per quanto concerne la proposta, vale la regola della spedizione**, perché, siccome il contratto si conclude quando l'accettazione giunge all'indirizzo del proponente, se, in quel momento, la proposta non è più sorretta dalla volontà del proponente, ciò che accade è che l'accettazione non incontra più la proposta, (che è stata revocata), ma cade irrimediabilmente nel nulla.

Il sistema favorisce dunque sotto più profili il proponente, così che il legislatore avverte la necessità di tutelare l'accettante stabilendo che se questi ha **in buona fede intrapreso l'esecuzione del contratto** prima di avere notizia della revoca, ha diritto di essere indennizzato delle spese e delle perdite subite per l'iniziata esecuzione (art. 1328, primo co., c.c.). Viene così a delinearsi in capo al proponente una forma di **responsabilità da atto lecito**.

3. Il perfezionamento del contratto: principio della cognizione e relative deroghe.

Stabilire con esattezza il momento della conclusione del contratto è operazione di non poco rilievo pratico. E'infatti al momento della conclusione che occorre avere riguardo per stabilire se le parti avevano la capacità di agire; per individuare la norma applicabile in caso di fenomeni di successioni di leggi nel tempo; per stabilire il luogo di conclusione del contratto.

Già sappiamo, dal primo co. dell'art. 1326 c.c., che il contratto è concluso quando il proponente ha conoscenza dell'accettazione dell'oblato. Quale regola generale per il perfezionamento del contratto, il legislatore adotta cioè, tra i vari criteri possibili, quello della cognizione. Tuttavia è difficile sapere e più ancora provare che il proponente abbia avuto conoscenza dell'accettazione. Per risolvere il problema, l'art. 1335 c.c., introduce un temperamento alla regola della cognizione e, basandosi *sull'id quod plerumque accidit*, stabilisce una presunzione di conoscenza che si applica non solo alla proposta, ma a tutte le dichiarazioni recettizie: "**la proposta, l'accettazione, la loro revoca e ogni altra dichiarazione diretta ad una determinata persona si reputano conosciute quando giungono all'indirizzo del destinatario, se questi non prova di essere stato senza sua colpa nell'impossibilità di averne notizia**".

Un altro importante temperamento alla regola della cognizione è poi introdotto dall'art. 1327 c.c., il quale regola l'esecuzione prima della risposta dell'accettante stabilendo che "**qualora,** su richiesta del proponente o per la natura dell'affare o secondo gli usi la **prestazione debba eseguirsi senza una preventiva risposta, il contratto è concluso nel tempo e nel luogo in cui ha avuto inizio l'esecuzione.** L'accettante deve dare prontamente avviso all'altra parte dell'iniziata esecuzione e, in mancanza, è tenuto al risarcimento del danno".

Nel caso poi **di contratto con obbligazioni a carico del solo proponente** contemplato dall'art. 1333 c.c., (come si vedrà, secondo la dottrina dominante, la figura negoziale in parola, nonostante il **nomen iuris** attribuitole dalla legge, non integra un contratto ma un negozio unilaterale), poiché l'accettante non si obbliga e non deve tenere prestazione alcuna, non si applica la regola per cui il contratto è concluso se l'oblato accetta, ma quella per cui il **contratto non è concluso se l'oblato rifiuta nel termine richiesto dalla natura dell'affare o dagli usi.** Vale a dire che l'accettazione si presume. Si noti che **questo principio non vale per la donazione**, che richiede l'accettazione nelle forme stabilite dalla legge. Il luogo di conclusione del contratto è quello dell'indirizzo del destinatario, cui l'art. 1335 c.c. fa riferimento.

4. La proposta irrevocabile.

L'art. 1329, primo co., c.c. prevede che "**se il proponente si è obbligato a mantenere ferma la proposta per un certo tempo, la revoca è senza effetto**". In caso di proposta irrevocabile, "**la morte o la sopravvenuta incapacità non toglie efficacia alla proposta** salvo che la natura dell'affare o altre circostanze escludano tale efficacia".

Quanto alla **natura giuridica della proposta irrevocabile, due sono i principali orientamenti dottrinari**: per il primo, la proposta irrevocabile è non già un atto negoziale ma un **negozio unilaterale procedimentale**, che attribuisce all'oblato un diritto potestativo di concludere il contratto; per il secondo è **la sintesi di una proposta semplice e di una rinunzia al potere di revoca.** A tale ultima opzione ermeneutica autorevole dottrina[144] obietta però che, poiché, come visto, la proposta semplice si caduca alla morte del proponente, allora, se la proposta irrevocabile fosse una proposta semplice,

---

[144]Gazzoni, Manuale cit., p.848.

anche la proposta irrevocabile dovrebbe caducarsi, ciò che contrasta con il disposto del secondo co. dell'art. 1329 c.c.

Il principale problema che si pone agli interpreti in tema di proposta irrevocabile consiste nell'individuazione delle **conseguenze dell'omessa fissazione del termine**.

Un primo orientamento ritiene che un termine non sia necessario, perché l'art. 1326 c.c. prevede che l'accettazione debba giungere al proponente entro il termine da lui stabilito o secondo gli usi. Mancando quindi il termine fissato dal proponente, subentrerebbe quello stabilito dalla natura dell'affare o dagli usi.

Si osserva però in dottrina che l'art. 1326 fa riferimento al termine entro il quale deve giungere l'accettazione, cioè al termine che delimita l'efficacia della proposta. Tuttavia, altro è il termine che delimita l'efficacia di una proposta, altro è il termine che ne delimita l'irrevocabilità.

Ad esempio, il proponente può formulare una proposta assegnando, come termine per l'accettazione, il 30 gennaio, ed impegnarsi a mantenerla irrevocabile fino al 15 gennaio. In tal caso, il 15 gennaio viene meno l'irrevocabilità della proposta, ma non la sua efficacia, con la conseguenza che l'oblato fino al 30 può sempre accettare, ma, fino a che non avrà accettato, il proponente potrà sempre revocare, secondo la regola generale, essendo venuta meno l'irrevocabilità. L'esempio chiarisce che termine di efficacia della proposta e termine della sua irrevocabilità sono concettualmente distinti, anche se talora possono temporalmente coincidere.

Chiarisce la giurisprudenza che "**l'irrevocabilità della proposta** contrattuale consiste nella temporanea privazione degli effetti di una eventuale revoca voluta dal proponente ed **ha lo scopo di accordare al destinatario per l'accettazione della proposta uno** *spatium deliberandi* **maggiore** di quello ordinariamente necessario secondo la natura dell'affare o secondo gli usi. Elemento normativamente richiesto per l'irrevocabilità è la determinazione del tempo fino alla consumazione del quale il proponente è obbligato a mantenere ferma la proposta, ragion per cui, l'essenzialità e la funzione di tale termine escludono che la limitazione della facoltà di revoca possa risolversi nella negazione definitiva di essa e nella subordinazione dell'efficacia della proposta esclusivamente alla volontà del suo destinatario"[145]. Ciò significa quindi che il termine è necessario e che alla sua scadenza il proponente deve poter riacquistare automaticamente la possibilità di revoca. Pertanto, in caso di omessa fissazione del termine, **le soluzioni possibili sono due: la prima, sostenuta dai fautori della teoria della doppia dichiarazione, risiede nel considerare la proposta irrevocabile alla stregua di**

---

[145]Cass. civ., sez. II, 2 agosto 2010, n. 18001.

una proposta semplice; la seconda, sostenuta dai fautori della teoria unitaria, consiste nel considerarla nulla.

5. L'offerta al pubblico.

Dispone l'art. 1336 c.c.: "l'offerta al pubblico, quando contiene gli estremi essenziali del contratto alla cui conclusione è diretta, **vale come proposta**, salvo che risulti diversamente dalle circostanze o dagli usi. **La revoca** dell'offerta, se è fatta nella stessa forma dell'offerta o in forma equipollente, **è efficace anche in confronto di chi non ne ha avuto notizia**". L'offerta al pubblico è un particolare tipo di proposta rivolta a destinatari indeterminati, di cui abbiamo ricorrenti esempi nella vita quotidiana: si pensi ad un abito esposto in una vetrina e corredato dal relativo prezzo o ad un distributore automatico di prodotti di qualsiasi genere.

In quanto proposta contrattuale, l'offerta al pubblico soggiace alla disciplina delle proposte, ma se ne discosta per uno specifico profilo: quello della revoca; infatti, mentre, come visto, la revoca della proposta deve essere portata a conoscenza dell'oblato (art. 1328 c.c.), la **revoca** dell'offerta al pubblico è efficace anche ne confronti di chi sia venuto a conoscenza dell'offerta ma non della revoca, sebbene sotto condizione che quest'ultima sia fatta nelle stesse forme dell'offerta.

6. Il contratto aperto.

L'art. 1332 c.c. dispone che "se ad un contratto possono aderire altre parti e non sono determinate le modalità dell'adesione, questa dev'essere diretta all'organo che sia stato costituito per l'attuazione del contratto o, in mancanza di esso, a tutti i contraenti originari".

La norma fa riferimento ai c.d. "**contratti aperti**", (Cap. XII § 10), cioè a contratti già perfezionati, nei quali sia stata apposta una clausola, c.d. "di adesione", che consente la successiva adesione di nuove parti. Ciò avviene tipicamente nei contratti **con comunione di scopo** (ad es. societari). I contratti aperti non vanno confusi con i contratti per adesione. Con quest'ultima espressione si fa riferimento ad un particolare procedimento di formazione del contratto, che viene predisposto da una parte in modo unilaterale, sì che all'altra non resti che la scelta tra aderire o meno, senza possibilità di negoziazione. Mentre il contratto per adesione si perfeziona proprio con l'adesione dell'altro contraente, il contratto aperto è un contratto **già perfezionatosi tra due o più parti** e al quale gli altri possono poi aderire.

Mentre il contratto per adesione darà luogo a tanti rapporti giuridici quanti saranno gli aderenti, il contratto aperto è un contratto plurilaterale, che è fatto oggetto di specifica disciplina normativa per un profilo specifico, cioè per le **modalità di adesione**, che possono essere tre, l'una subordinata all'altra: o quelle convenzionalmente stabilite dalle parti, o, in mancanza, l'invio dell'adesione all'organo costituito per l'esecuzione del contratto o, ancora, in mancanza di tale organo, l'invio dell'adesione a tutti i contraenti.

Il contratto aperto, soprattutto, in quanto contratto plurilaterale, soggiace alla **disciplina della nullità e dell'annullabilità parziale**: essendo un contratto associativo, è possibile sciogliere il vincolo anche solo relativamente a quella, tra le parti, la cui adesione è inficiata da un vizio. Solo se la partecipazione della parte la cui adesione è viziata, doveva considerarsi essenziale, l'invalidità travolgerà l'intero contratto.

7. La conclusione mediante inizio di esecuzione (rinvio). v. par. 3.

8. Il contratto con obbligazioni del solo proponente.
La proposta diretta a concludere un contratto da cui derivino obbligazioni solo per il proponente è **irrevocabile appena giunge a conoscenza della parte alla quale è desinata**. (art. 1333, primo co., c.c.). Il destinatario può rifiutare la proposta nel termine richiesto dalla natura dell'affare o dagli usi. **In mancanza di** tale **rifiuto, il contratto è concluso** (art 1333, secondo co.).

La conclusione del contratto delineato dalla norma, come si vede, non avviene - come vuole la regola generale - in conseguenza dell'accettazione dell'oblato, bensì per effetto del suo mancato rifiuto. Si tratta di un aspetto che ha generato un lungo ed acceso dibattito, nel cui seno si sono andati delineando diversi possibili percorsi ermeneutici: da un lato si è cercato di ricostruire il mancato rifiuto come un'accettazione tacita o come comportamento legalmente tipizzato; dall'altro, mancando un'accettazione, si è provato a ricostruire la fattispecie non già come contratto, ma come **negozio unilaterale**. Tale ultima proposta, pur sembrando per diversi aspetti preferibile, ha tuttavia per lungo tempo dovuto arrestarsi dinanzi ad un problema che pareva invalicabile: **il principio di tipicità delle promesse unilaterali** sancito dall'art. 1987 c.c., il quale stabilisce che la promessa unilaterale di una prestazione non produce effetti al di fuori dei casi previsti dalla legge. Per molto tempo si è infatti ritenuto che la *legge* a cui l'art. 1987 c.c. faceva riferimento, dovesse essere identificata nelle sole norme dello stesso titolo IV del libro delle obbligazioni, con la conseguente in configurabilità di un negozio unilaterale ex art. 1333 c.c. Non restava dunque che ritenere la natura contrattuale della fattispecie delineata da detta norma.

Quando fu in larga parte recepito **il nuovo orientamento ermeneutico** che, nel rinvio posto dall'art. 1987 c.c. vedeva un riferimento a qualsiasi norma di legge, non necessariamente contenuta nel titolo IV, tale limite venne meno, e si aprì la strada ad una nuova considerazione della fattispecie disciplinata dall'art. 1333 c.c., oggi considerata dalla dottrina e dalla giurisprudenza maggioritarie, ad onta nel *nomen iuris*, come un negozio unilaterale[146]. Secondo l'orientamento attualmente dominante, **l'art. 1987 c.c., attraverso il collegamento con l'art. 1333 c.c., costituirebbe lo strumento per ammettere l'esistenza di un'ampia categoria di promesse unilaterali atipiche rifiutabili.** Più in particolare si ritiene oggi che il mancato rifiuto non sia giuridicamente significativo e che sia invece il rifiuto in sé, a determinare la caducazione degli effetti prodotti dal negozio unilaterale. Se la fattispecie di cui all' art. 1333 c.c. è un negozio unilaterale e il silenzio non è significativo, allora se ne deve dedurre che il negozio produce i suoi effetti indipendentemente da qualsiasi contegno del destinatario e quindi **il rifiuto** da questi opposto, **ha carattere** non già impeditivo, bensì **risolutivo** di effetti già prodottisi, che vengono così eliminati retroattivamente[147]. Il dibattito attorno all'art. 1333 c.c. coinvolge anche un altro importante tema: quello della relatività della regola negoziale e **dell'intangibilità della sfera patrimoniale altrui.** E' infatti chiaro che con il negozio in parola, se si accede alle più recenti ed ormai consolidate impostazioni ermeneutiche, un soggetto è posto in condizione di produrre unilateralmente effetti nella sfera giuridico patrimoniale altrui. Tuttavia, il contrasto tra il principio citato e la norma in commento non è che apparente, perché l'intangibilità dell'altrui sfera patrimoniale può essere garantita in modi diversi, a seconda che il negozio unilaterale produca effetti **sfavorevoli** o favorevoli al destinatario. Nel primo caso, vige necessariamente il principio dell'accordo, e gli effetti sfavorevoli possono prodursi nel patrimonio del destinatario solo in presenza del suo **consenso;** nel secondo caso, invece, cioè quando gli **effetti** che l'atto mira a produrre in capo al destinatario sono **favorevoli,** l'intangibilità della sfera patrimoniale altrui è sufficientemente garantita dal riconoscimento della titolarità, in capo al destinatario, di un **potere di rifiuto** (v. ad esempio la figura del contratto a favore di terzo art. 1411 c.c.) Non a caso la giurisprudenza qualifica ricorrentemente la figura di cui all'art. 1333 c.c. come "**negozio unilaterale rifiutabile**".

Alla struttura di cui all'art. 1333 c.c. si ricorre frequentemente nella prassi per stipulare fideiussioni e mandati di credito, nonché per conferire un diritto di prelazione (naturalmente senza corrispettivo).

---

[146]ma v. contra Roppo, Il Contratto, 2011, p. 122.
[147]Chinè, Fratini, Zoppini, Nel Diritto, Manuale di diritto civile, 2015, pag.1142.

CAPITOLO XII

LA FORMAZIONE PROGRESSIVA DEL CONSENSO

Sommario: 1. Il contratto preliminare. – 1.1 Gli effetti dei vizi del prelimi-nare sul definitivo. -1.2 Gli effetti dei vizi del definitivo sul preliminare. – 2. L'esecuzione in forma specifica dell'obbligo di contrarre. – 3. Il prelimi-nare ad effetti anticipati. – 4. La forma del preliminare. – 5. La trascrizione del preliminare. – 6. L'opzione. – 7. La prelazione (rinvio). – 8. Il contratto normativo. – 9. Inserzione automatica di clausole: le clausole imposte e le clausole d'uso. (rinvio). – 10. Le condizioni generali di contratto e le clau-sole vessatorie. Differenza con le clausole abusive.

1. Il contratto preliminare.

Si definisce *preliminare* il contratto con cui **le parti si obbligano a presta-re il consenso alla stipula di un successivo contratto,** definitivo, che rea-lizza l'assetto d'interessi in esso programmato. Il preliminare può essere bilaterale o unilaterale, a seconda che l'obbligo di prestare il consenso gravi su una sola delle parti o su entrambe. La giurisprudenza più recente ammet-te poi che possa validamente concludersi anche un preliminare di prelimina-re[148].

Poiché con esso le parti si obbligano a prestare il consenso, il preliminare è sempre un contratto ad **effetti obbligatori,** mentre il definitivo può essere tanto ad effetti obbligatori quanto ad effetti reali. Tre sono le principali teo-rie elaborate in merito alla **natura giuridica del preliminare.** In relazione a ciascuna di esse, varia la ricostruzione dei rapporti tra preliminare e defini-tivo (I), la causa ravvisata alla base di quest'ultimo (II) e la tipologia di ri-medi esperibili per i vizi del il preliminare (III).[149]

a) **Secondo l'orientamento tradizionale, il preliminare ha una funzione meramente preparatoria.** Da esso non nasce che l'obbligo di prestare il consenso al definitivo e **la prestazione del consenso esaurisce gli obblighi nascenti dal preliminare,** dandovi piena attuazione.

a1) In termini di ricostruzione dei **rapporti con il definitivo,** questa tesi implica che ciascuno dei due contratti riposi in piena autonomia su una pro-pria causa: mentre il preliminare è finalizzato alla prestazione del consenso al definitivo, la funzione del definitivo è quella di realizzare l'assetto di in-teressi divisato dalle parti.

a2) **la causa del definitivo** varia a seconda del contratto stipulato dalle par-ti, (che potrebbe essere una vendita, una locazione etc.) e quindi della fun-

---

[148]Cass. S. U. 6 marzo2015, n. 4628.
[149]Chinè Fratini Zoppini cit., pag. 1172.

zione che esse intendano affidargli. Se il preliminare è solo una promessa di consensi, allora **tutta la funzione della complessiva operazione negoziale sarà realizzata dal definitivo**.

a3) infine, dal puto di vista **dei rimedi esperibili**, se il preliminare non è che una promessa di consensi, allora l'unica condotta inadempitiva configurabile in relazione ad esso è il rifiuto di prestare il consenso. Di conseguenza non possono essere esperiti verso il preliminare la risoluzione per impossibilità sopravvenuta (salvo che non si tratti di impossibilità di prestare il consenso, per morte o incapacità sopravvenuta di una delle parti) e in generale i rimedi volti a far valere le sopravvenienze rilevanti rispetto all'operazione finale. Saranno invece esperibili avverso il preliminare l'**azione di nullità per difetto di forma** *ad substantiam* e l'**azione di annullamento per incapacità o vizi del consenso**.

Non sarebbero azionabili, invece, i mezzi di conservazione della garanzia patrimoniale generica, mentre le azioni surrogatoria e revocatoria sarebbero esperibili solo verso il definitivo, in quanto unico atto dal contenuto dispositivo.

b) Secondo un **più recente e consolidato orientamento** inaugurato con una storica pronuncia delle Sezioni Unite[150], **il preliminare svolge la funzione di controllo delle sopravvenienze**. Si tratta della c.d. **tesi del doppio contratto**, che **ascrive al preliminare una duplice natura: quella di promessa di consensi** (in vista della conclusione del contratto definitivo) **e quella di promessa di prestazioni** (in ragione del fatto che esso già contiene il regolamento contrattuale che dovrà essere riprodotto dal definitivo). Se il preliminare è anche una promessa di prestazioni, ne discende che **integra inadempimento anche l'omissione delle attività preparatorie** necessarie alla stipula del definitivo o al fine di rendere possibile il conseguimento del risultato finale voluto dalle parti.

b1) In termini di **rapporti tra il preliminare ed il definitivo**, detta tesi deve spiegare quale sia la funzione di quest'ultimo contratto, se già con il preliminare le parti si obbligano a tenere le prestazioni che dovranno discendere dal definitivo. Tale funzione viene ravvisata nel **controllo delle sopravvenienze**: la sequenza preliminare - definitivo consente alle parti di cautelarsi per il caso di eventi sopravvenuti che incidano sfavorevolmente sulla convenienza dell'affare.

b2) secondo la tesi della doppia causa, **il definitivo sarebbe sorretto da due cause, una fissa ed una variabile**. La prima consisterebbe nell'adempiere agli obblighi assunti con il preliminare (quindi una *causa solvendi*); la seconda sarebbe la specifica causa variabile relativa alla produzione dell'assetto d'interessi voluto dalle parti.

---

[150]Cass., Sez. Un., 25 febbraio 1985, n. 1720 e Sez. Un., 18 maggio 2006, n. 11624.

In questo caso, dunque, alla **doppia funzione del preliminare (promessa di consensi e di prestazioni) corrisponderebbe una doppia causa del definitivo (adempimento della promessa di consensi e sintesi degli effetti in concreto perseguiti dalle parti)**;

b 3) l'arricchimento contenutistico della causa del preliminare determina un aumento dei rimedi esperibili verso di esso. D'altra parte, se con il preliminare ci si impegna a tenere tutte le attività preparatorie ed i comportamenti necessari a rendere possibili le prestazioni contemplate nel definitivo, allora, ove queste diventino impossibili, **è consentito risolvere il contratto preliminare per impossibilità sopravvenuta.** Lo stesso è a dirsi per l'eccessiva onerosità sopravvenuta; sarà inoltre possibile agire per **inadempimento non solo per omessa prestazione del consenso**, ma anche ove la controparte ometta di tenere quelle attività preparatorie necessarie a rendere possibile la stipula del definitivo.

Infine, la parziale anticipazione della causa del definitivo comporta l'esperibilità dell'azione di nullità non soltanto per vizio di forma *ad substantiam*, ma anche, ad esempio, per illiceità dell'oggetto o della causa. Per le stesse ragioni, il preliminare sarà anche **revocabile** ex art. 2901 c.c., mentre si discute se i creditori del contraente non inadempiente possano esperire l'azione surrogatoria ex art. 2900 c.c. al fine di ottenere la conclusione del definitivo.

c) secondo **una dottrina isolata, il contratto preliminare sarebbe un definitivo ad effetti obbligatori**: la fonte di tutti gli obblighi della complessiva operazione negoziale data dai due contratti risiederebbe nel preliminare, il quale obbligherebbe le parti direttamente al pagamento del prezzo e al trasferimento del bene. Tali effetti, cioè, non deriverebbero dal definitivo, ma già dal preliminare.

La tesi è stata fatta oggetto di non poche critiche, in particolare osservandosi come la circostanza che con la stipula del definitivo le parti adempiano ad un obbligo precedentemente assunto, non sia sufficiente a negare la natura contrattuale al definitivo stesso, essendo ben nota la categoria dei **negozi solutori**, chiaramente recepita anche dallo stesso art. 2932 c.c. E' ben possibile, si è dunque osservato, stipulare un contratto per adempiere ad un altro contratto, attraverso un negozio che è, contemporaneamente, contratto e atto di adempimento. Ne discende che non vi è incompatibilità tra doverosità ed autonomia privata.

c1) quanto poi alla funzione del **contratto definitivo,** essa verrebbe identificata dalla tesi in esame, nella realizzazione dell'effetto traslativo già disposto dal preliminare (la tesi è stata formulata con particolare riguardo al preliminare di vendita). Pertanto, tale contratto costituirebbe un **mero atto solutorio**, (secondo alcuni un negozio traslativo con causa esterna, secondo altri un atto in senso stretto, v. Cap. IV §2.1) c2) se l'unica funzione del definitivo risiede nell'adempiere agli obblighi assunti con il preliminare, il definitivo è un mero atto di adempimento e non un negozio, perciò non è sorretto, per definizione, da alcuna causa e **l'unica causa dell'intera operazione è racchiusa nell'unico negozio stipulato**: il preliminare.

c3) in questa ottica **la maggior parte dei rimedi contrattuali sarebbe esperibile nei confronti del preliminare e non del definitivo**.

1.1 Gli effetti dei vizi del preliminare sul definitivo.

L'indagine circa gli effetti prodotti sul definitivo dai vizi del preliminare, conduce ad esiti diversi a seconda della natura che si attribuisca a questi due contratti e ai rapporti da cui si ritenga essi siano avvinti. Occorre quindi nuovamente distinguere secondo le tre tesi sopra prospettate.

a) se il preliminare è una **mera promessa di consensi** e non ha altra funzione che vincolare le parti a prestare il consenso definitivo, allora, una volta che il consenso è stato prestato, il preliminare ha realizzato la sua funzione. In tal caso, **i vizi eventuali del preliminare non possono in alcun modo inficiare il definitivo**, che dispone autonomamente il programma negoziale cui le parti dovranno consentire;

b) se il definitivo ha una **doppia causa** (una *causa solvendi* ed una autonoma), occorre ulteriormente **distinguere**:

b₁)se, con parte della dottrina, si annette **importanza preponderante alla causa esterna o variabile**, (cioè alla causa precipua del definitivo, che sorregge proprio gli effetti concreti che ne deriveranno), allora la soluzione sarà la stessa fornita con la tesi sub a): **i vizi del preliminare non incideranno sul definitivo** perché, una volta che questo sia stipulato, gli effetti da esso prodotti non dipendono in alcun modo dal preliminare;

b₂) se, come secondo altra parte della dottrina, si annette **importanza preponderante alla** *causa solvendi* o causa interna, allora, in caso di vizi del preliminare, **il definitivo dovrebbe essere nullo per carenza di causa**.

c) se, infine, il definitivo è un **mero atto di adempimento** degli obblighi del preliminare sorretto da *causa solutionis* e non è un negozio, **allora la nullità o l'annullabilità del preliminare non possono che ripercuotersi sul definitivo**, quindi la soluzione non può che essere la stessa abbracciata dai fautori della teoria della doppia causa, i quali annettono preponderante importanza alla *causa solvendi* rispetto alla causa esterna.

1.2 Gli effetti dei vizi del definitivo sul preliminare.

Ove invece ad essere viziato sia il definitivo, e si debba stabilire quali effetti detti vizi producano sul preliminare, le vie percorribili sono due.

-Se il preliminare obbliga ad una **mera prestazione di consensi, allora il definitivo, pur con tutti i suoi vizi, adempie il preliminare**. I problemi derivanti dai vizi del definitivo sono circoscritti solo al definitivo, ma non riguardano in alcun modo il preliminare, che ha realizzatola propria funzione, cioè portare alla stipula del definitivo.

-Se il preliminare non è indifferente al risultato finale avuto di mira dalle parti, perché, come **promessa di consensi e di prestazioni**, viene letto, in sinergia con il definitivo, come collegamento negoziale funzionalmente proteso a realizzare un certo risultato, **allora il fallimento del definitivo è anche il fallimento del preliminare**, perché i due contratti miravano al raggiungimento di un esito unitario. Più puntualmente: se il definitivo è nullo, il preliminare, che rimane valido ed efficace, è un contratto che ancora attende di essere adempiuto, perché non si adempie al preliminare con la mera prestazione dei consensi, ma realizzando, tramite il definitivo, quel programma negoziale che nel preliminare è già in potenza contenuto. Le parti potranno procedere alla **conclusione di un nuovo definitivo**, immune da vizi. Se invece il definitivo è annullabile o rescindibile, sarà necessario prima ottenerne l'annullamento o la rescissione e solo successivamente sarà possibile procedere alla stipula di un nuovo definitivo.

2. L'esecuzione in forma specifica dell'obbligo di contrarre.

L'art. 2932 c.c. prevede che "se colui che è obbligato a concludere il contratto non adempie l'obbligazione, l'altra parte, qualora sia possibile e non sia escluso dal titolo, può ottenere una **sentenza che produca gli effetti del contratto non concluso**" (co. 1). Se si tratta di contratti che hanno per oggetto il trasferimento della proprietà di una cosa determinata o la costituzione o il trasferimento di un altro diritto, la domanda non può essere accolta se la parte che l'ha proposta non esegue la sua prestazione o non ne fa offerta nei modi di legge, a meno che la prestazione non sia ancora esigibile (co. 2)".

Come è emerso analizzando i limiti all'autonomia negoziale [§ 2.2, Cap. IX], gli obblighi di contrarre, sia di fonte legale che di fonte convenzionale, sono assistiti dal **rimedio dell'esecuzione in forma specifica** per il caso del loro inadempimento. Si tratta di una tutela particolarmente incisiva, che prevede che il giudice emetta una sentenza sostitutiva del contratto non concluso e costitutiva degli effetti che quel contratto avrebbe prodotto ove adempiuto. Tale rimedio, previsto per la prima volta dal codice del '42, da un lato rappresenta **una delle principali ferite inferte al dogma dell'autonomia negoziale**, perché contempla la possibilità che una sentenza si sostituisca al consenso dovuto; dall'altro, secondo alcuni, integra una deroga al principio dell'incoercibilità delle azioni umane infungibili[151]. Si osserva, però, da altra parte della dottrina,[152] che, in realtà, il rimedio in parola

---

[151]Catricalà, L'esame, cit., p. 45.
[152]Chinè, Fratini, Zoppini cit. p. 1189.

non realizza alcuna coercizione, perché non impone al contraente la prestazione del consenso, ma ricorre ad una modalità alternativa ad esso – cioè la sentenza – atta ad ottenere gli effetti che dal consenso sarebbero derivati.

2. Il preliminare ad effetti anticipati.
Nelle compravendite immobiliari è molto comune che le parti convengano di anticipare al momento della conclusione del preliminare alcuni effetti propri del definitivo, come ad esempio l'immissione nel possesso del bene ed il pagamento di una parte del prezzo.

E' discusso se, in tali casi, il preliminare possa dirsi realmente tale o se piuttosto esso non integri un vero e proprio definitivo con posticipazione di una parte degli effetti. Le Sezioni Unite sono intervenute nel dibattito con una sentenza storica ed innovativa[153], nella quale hanno ricondotto la fattispecie in esame ad una forma di **collegamento negoziale** tra il **preliminare**, un contratto di **comodat**o (da cui deriva la consegna del bene) e uno di **mutuo gratuito** (da cui deriva il pagamento di quella somma che è una parte del prezzo totale).

3. La forma del preliminare.
L'art. 1351 c.c. richiede per il contratto preliminare, a pena di nullità, **la stessa forma richiesta dalla legge per il definitivo**. Si discute se tale principio trovi applicazione anche alle forme richieste per il definitivo dalla volontà privata. L'orientamento dominante ritiene che il chiaro dettato normativo "stessa forma richiesta dalla legge" non autorizzi un'interpretazione estensiva.

4. La trascrizione del preliminare.
Dopo la stipula del preliminare, il promissario acquirente versa in una situazione di incertezza e di particolare debolezza, perché da un lato, egli avrà anticipato - com'è consuetudine nel ricorrente caso del preliminare ad effetti anticipati - il pagamento di parte del prezzo senza essere ancora proprietario del bene; dall'altro, si troverà esposto al rischio che il promittente venditore compia atti di disposizione sul bene oggetto del preliminare. Al fine di accordargli tutela, la legge n. 69 del 1996 ha quindi previsto la trascrivibilità di alcune tipologie di contratti preliminari risultanti da atto pubblico o scrittura privata autenticata o con sottoscrizione accertata giudizialmente. A seguito della trascrizione del preliminare, **i contratti definitivi, le sentenze di esecuzione in forma specifica ed ogni altro atto diretto a dare esecuzione al preliminare prevalgono sulle trascrizioni eseguite contro il promittente alienante dopo la trascrizione del preliminare.**

---

[153]Cass., Sez. Un., 27 marzo 2008, n. 7930.

In altri termini, la trascrizione del preliminare ha un'**efficacia "prenotativa"**, dopo di che, se il definitivo viene stipulato, si consolida l'effetto prenotativo e il terzo che abbia acquistato dal promittente alienante soccombe definitivamente; se invece il definitivo non viene stipulato, si caducano gli effetti della prima trascrizione. Tali effetti soggiacciono tuttavia ai perentori e ristretti limiti temporali disposti dalla stessa legge n. 69 del 1996.

5. L'opzione.

L'art. 1331 c.c. prevede che "quando le parti convengono che **una di esse rimanga vincolata alla propria dichiarazione e l'altra abbia facoltà di accettarla o meno**, la dichiarazione della prima si considera quale **proposta irrevocabile** per gli effetti previsti dall'art. 1329 c.c." (co. 1).] Se per l'accettazione non è stato fissato un termine, questo può essere stabilito dal giudice" (co. 2).

La *ratio* della norma è la stessa sottesa all'art. 1329 c.c., cioè quella di consentire al destinatario di valutare la convenienza dell'affare, nella certezza che, nel frattempo, la proposta indirizzatagli non verrà revocata. Tuttavia, diversamente dalla proposta irrevocabile, **l'opzione è un contratto**, di regola oneroso, che si inserisce in una fattispecie a **formazione progressiva**, costituita, inizialmente, da un accordo avente ad oggetto l'irrevocabilità della proposta (accordo che si concreta nel patto di opzione) e, successivamente, dall'accettazione del promissario che, saldandosi con la proposta, determina il perfezionamento del nuovo contratto.

L'opzione si distingue dal preliminare, perché quest'ultimo determina il sorgere di un obbligo reciproco a stipulare il definitivo, mentre l'opzione determina il sorgere, in capo al beneficiario, di un **diritto potestativo di accettare il contratto e, con la tale accettazione, determinare il perfezionamento del definitivo**.

L'opzione va infine distinta dalla prelazione, con cui una parte si impegna a preferire il prelazionario, a parità di condizioni, qualora si dovesse concludere un successivo contratto, che richiederebbe necessariamente il consenso di entrambe le parti.

6. La prelazione (rinvio).

Come si è avuto modo di rilevare nell'esaminare i limiti all'autonomia negoziale, la prelazione si inserisce tra i limiti alla libertà di scelta del contraente. Si rinvia pertanto, in proposito, al Cap.1, §2.4.

7. Il contratto normativo.

Quando **le parti fissano in tutto o in parte il contenuto di futuri contratti che esse saranno libere di stipulare o meno**, raggiungono un accordo noto come contratto normativo.

Il contratto normativo (diversamente dal contratto preliminare) non obbliga le parti a stipulare futuri contratti, ma solo ad attenersi a quel dato contenuto in esso convenuto, nell'eventualità che decidano di stipulare. Esso pertanto non limita la libertà dell'*an* della contrattazione, ma la libertà di scegliere il contenuto della stessa.

Proprio perché non vi è obbligo a contrarre, se una delle parti rifiuterà, nella stipula dei successivi contratti, di attenersi agli accordi stabiliti nel contratto normativo, l'altra parte non potrà agire ex art. 2932 c.c., ma avrà a disposizione il solo rimedio del risarcimento del danno.

8. Inserzione automatica di clausole: le clausole imposte e le clausole d'uso. (rinvio).

Ad onta della loro collocazione sistematica, gli art. 1339 e 1340 c.c. non disciplinano particolari modalità di conclusione del contratto, ma limitazioni dell'autonomia negoziale, sotto lo specifico profilo della libertà di determinare il contenuto del contratto. Di tali clausole si è pertanto detto in sede di esame della libertà delle parti di determinare il contenuto del contratto (§. 2.2.1 inserzione automatica di clausole e 2.2.3 clausole d'uso. Cap. IX).

9. Le condizioni generali di contratto e le clausole vessatorie. Differenza con le clausole abusive.

Si è già avuto modo di trattare delle condizioni generali di contratto nello studio dei **limiti di fonte negoziale alla libertà di scegliere il contenuto del contratto** (2.2.3. Le condizioni generali di contratto). In quella sede si è osservato che le clausole disciplinate dall'art. 1341 c.c. si pongono all'attenzione dell'interprete anche sotto un diverso profilo: la loro predisposizione comporta delle rilevanti deroghe all'ordinario metodo di conclusione del contratto, di norma congegnato in modo tale che entrambe le parti siano ben a conoscenza del suo contenuto; la proposta, infatti, deve essere completa perché la sua accettazione comporti la conclusione del contratto quando il proponente ne giunge a conoscenza. Proponente e accettante hanno quindi piena conoscenza della proposta e dell'accettazione, nonché del loro contenuto.

Al contrario, l'art. 1341 c.c. reputa sufficiente la **mera conoscibilità** delle condizioni generali di contratto perché esse entrino a far parte del contenuto contrattuale, vincolando la controparte. Tali condizioni, infatti, sono efficaci nei confronti del contraente non predisponente "se al momento della conclusione del contratto questi le ha conosciute o avrebbe dovuto conoscerle usando l'ordinaria diligenza". Si tratta quindi di un procedimento di **formazione** *per relationem*, con cui una parte aderisce ad un regolamento unilateralmente predisposto *aliunde*.

La dottrina denomina quindi "**contratti per adesione**" gli accordi che si perfezionano secondo questa modalità, nonché quelli conclusi mediante moduli o formulari (art. 1342 c.c.). Si è visto, ad esempio, che un caso molto comune di predisposizione di condizioni generali di contratto riguarda il trasporto in treno o in aereo. Che si conoscano o meno le condizioni che lo regolano, si è ad esse vincolati al momento dell'acquisto del biglietto. Così come il contraente non predisponente è gravato da un onere di diligenza che gli impone di informarsi circa le condizioni generali, allo stesso modo il predisponente ha un onere di pubblicità che gli impone di renderle conoscibili senza sforzi apprezzabili, nonché di renderle chiare ed intelligibili. In caso contrario, l'art. 1370 c.c. dispone che esse si interpretano a favore del contraente non predisponente.

Di regola la predisposizione unilaterale di condizioni generali avviene da parte di un contraente più forte, generalmente un imprenditore, che con esse intende regolare tutti i successivi rapporti giuridici che stipulerà successivamente.

La loro funzione è simile a quella del contratto normativo, con la grande differenza che mentre quest'ultimo è per definizione frutto di un accordo delle parti, le condizioni generali di contratto sono predisposte unilateralmente, quindi in primo luogo non vengono negoziate ed in secondo luogo possono vincolare anche chi non le conosceva, nei casi e alle condizioni stabilite dall'art. 1341 c.c.

La maggior forza contrattuale del predisponente, l'unilateralità della predisposizione, l'attitudine delle condizioni generali a vincolare anche chi non ne conosca il contenuto, impongono una **tutela del contraente più debole** nel caso in cui le condizioni generali ne aggravino in modo sensibile la posizione, ed infatti, il secondo co. dell'art. **1341 c.c. elenca le clausole, c.d. vessatorie, che non hanno effetto se non sono specificamente approvate per iscritto** (occorre quindi, oltre alla sottoscrizione del contratto, anche la sottoscrizione della clausola).

Ai sensi di detta norma sono clausole vessatorie: le condizioni che stabiliscono, a favore di chi le ha predisposte, limitazioni di responsabilità, facoltà di recedere dal contratto o di sospendere l'esecuzione del medesimo; le clausole che sanciscono a carico, del contraente, decadenze, limitazioni alla facoltà di opporre eccezioni, restrizioni alla libertà contrattuale nei rapporti con i terzi, tacita proroga o rinnovazione del contratto, clausole compromissorie o deroghe alla competenza dell'autorità giudiziaria. Si tratta di un'elencazione considerata tassativa, suscettibile di interpretazione estensiva ma non di applicazione analogica.

La giurisprudenza ha ribadito a più riprese che la predisposizione unilaterale da parte di uno dei contraenti non è sufficiente ai fini della qualificazione come vessatoria di una delle clausole elencate nel secondo co. dell'art. 1341 c.c., essendo a tal fine necessario che tale predisposizione sia anche destinata a regolare una **serie potenzialmente indefinita di contratti** e non si esaurisca nella predisposizione unilaterale, ma negoziabile e rifiutabile, del contenuto di uno specifico contratto.

Quanto alle **conseguenze della mancata approvazione**, l'art. 1341, co. 2., c.c. le identifica nella mancata produzione di "effetti", ed è controverso se il termine vada inteso come inefficacia in senso stretto, nullità o inopponibilità.

La **tesi dell'inefficacia** trae argomento dal dato letterale della norma e comporta da un lato che l'inefficacia sia limitata solo alla singola clausola e non si estenda all'intero contratto; dall'altro che, essendo essa posta nell'interesse del contraente debole, questi possa non avvalersene, ove non lo ritenga conveniente.

La **tesi della nullità** muove invece dalla constatazione della contrarietà della clausola non specificamente approvata per iscritto alla norma imperativa di cui all'art. 1341, secondo co. c.c., con le conseguenze previste dall'art. 1418 co. 1 c.c.

Se la clausola vessatoria non sottoscritta è nulla, allora ad essa si applica la disciplina della nullità ed in particolare il secondo co. dall'art. 1419 c.c. che, come si avrà modo di vedere in tema di studio della nullità, prevede che la nullità di singole clausole comporta la nullità dell'intero contratto (solo) se risulta che le parti non lo avrebbero voluto senza quella parte che è colpita da nullità. Se la clausola nulla non era fondamentale a giudizio delle parti, allora la dichiarazione di nullità colpirà solo quella clausola, mentre verrà "conservato" il contratto.

La **tesi dell'inopponibilità** nega che la clausola vessatoria non sottoscritta possa dirsi invalida, affermando che essa è semplicemente inopponibile alla parte che non l'ha sottoscritta. La tutela del contraente debole si sposterebbe così sul piano delle azioni processuali, di cui il predisponente non disporrebbe ove volesse conseguire l'adempimento della clausola vessatoria non sottoscritta.

Le clausole vessatorie di cui all'art. 1341 c.c. vanno poi tenute ben **distinte** da quelle disciplinate dal codice del consumo (che, per non ingenerare confusione, vengono talvolta denominate **"clausole abusive"**); infatti, sebbene in entrambi i casi esse si inseriscano in un rapporto asimmetrico tra un contraente più forte ed uno più debole, si distinguono per numerosi rilevanti profili.

Anzitutto, mentre l'art. **1341** c.c. definisce le clausole vessatorie fornendone un **elenco tassativo**, il **codice del consumo fornisce una definizione generale** delle clausole abusive ed un elenco di clausole che si presumono abusive fino a prova contraria (art. 33).

In secondo luogo, sul piano soggettivo, le **clausole abusive sono inserite nei contratti tra professionista e consumatore**, mentre le clausole vessatorie possono essere inserite in qualsiasi contratto, indipendentemente dalla qualifica assunta dalle parti.

In terzo luogo, sul piano oggettivo, **possono dirsi clausole vessatorie solo quelle contenute in condizioni generali di contratto** (che, come si è detto, sono destinate a disciplinare una moltitudine di successivi contratti), **mentre possono essere considerate abusive anche clausole inserite in contratti individuali.**

In quarto luogo, **il controllo esercitato dal giudice sulle clausole vessatorie è di tipo meramente formale.** Al contrario, **il controllo esercitato sulle clausole abusive è di tipo sostanziale, perché annette rilevanza all'equilibrio economico tra le prestazioni.**

In quinto luogo vengono in considerazione le sanzioni: alla mancata approvazione per iscritto delle **clausole vessatorie** segue l'**inefficacia** delle stesse e si discute, come visto, se si tratti di nullità, inefficacia in senso proprio oppure inopponibilità. Se si accede alla tesi della nullità, opererà, ove ne ricorrano le condizioni, la conservazione del contratto ex. art. **1419 co.1 c.c.**, cioè *ope iudicis*. Per contro, le **clausole abusive** vanno incontro alla nullità (ed in particolare a quella figura di nullità nota come "**nullità di protezione**", perché stabilita a tutela di una sola delle parti) e tale nullità non opera *ope iudicis*, ma *ope legis*, perché la legge stabilisce che il contratto in cui è inserita una clausola abusiva si conserva e che va dichiarata la nullità della sola clausola abusiva.

CAPITOLO XIII

LA CAUSA

Sommario: 1. Definizione. – 2. Teoria della causa come funzione economico sociale; principali rilievi critici. – 3. Teoria soggettiva o dello scopo ultimo. – 4.Teoria della causa come funzione economico individuale (o della causa concreta). – 5. La causa e le sopravvenienze; rapporto tra causa e motivi. – 6.La patologia della causa: mancanza ed illiceità. – 6.1 mancanza della causa. – 6.2. La causa illecita. – 6.3 Il contratto in frode alla legge. – 7. Il collegamento negoziale. – 8. Negozio indiretto, negozio fiduciario e trust. – 9. Il contratto in frode alla legge.

1. Definizione.

Si è avuto modo di osservare che le diverse teorie contrattualistiche elaborate dalla dottrina italiana ruotano tutte attorno ad un nodo cruciale: quello della **dialettica tra autonomia privata e ordinamento giuridico**. A questo cardine, nei cui gangli si compongono e contrappongono in infiniti rimandi libertà e obbligo, autonomia e ordinamento, negozio e norma, possiamo ora assegnare il nome ed il volto sfuggente della causa.

Se è vero che "tutto ciò che si genera è necessariamente effetto di una causa, ché senza una causa è impossibile che qualsiasi cosa si generi"[154] non è meno vero che questa consapevolezza ci porta comunemente ad identificare la causa con la causa efficiente, come avviene oggi nel linguaggio comune. Anche nelle scienze penali assume un ruolo dirimente l'individuazione della causa efficiente degli eventi di reato (es. la causa della morte è stata il veleno)[155]. Molto diverso è il concetto di causa cui si fa riferimento quando si discute della causa del contratto. Forse non ci si discosterebbe molto dal vero se si dicesse che la nozione di "causa" impiegata dal legislatore con riferimento al contratto rientra in quella categoria della causa che la logica aristotelica definiva "causa finale" e che esprime cioè il fine, lo scopo per il quale l'efficiente è sollecitato ad agire. Nel caso del contratto, come meglio

---

[154]Platone, Timeo, 28 a

[155]Nel linguaggio comune, il rapporto causale è inteso in senso scientifico, e le origini di questa accezione semantica del termine causa possono essere ricondotte alle opere di Galilei, incentrate sulla causalità efficiente e destinate ad influenzare, anche mediante l'affermarsi delle filosofie meccanicistiche, tutta la cultura ed il linguaggio contemporanei. Anche le scienze penali si occupano spesso di fenomeni fisici e materiali. Invece la causa del contratto non si inserisce in una catena di eventi naturali, perché il contratto è opera dell'uomo finalizzata al conseguimento di un risultato pratico, e quindi è plasmato principalmente funzione del fine pratico che con esso s'intenda conseguire. Perciò, quella causa finale ripudiata sin da Bacone come idonea a comprendere la natura quanto una "vergine consacrata a Dio che non partorisce nulla", può spiegare le funzioni umane ed è oggi il vero cuore dello studio del contratto.

avremo modo di vedere al paragrafo seguente, la causa è il programma negoziale divisato dalle parti, l'assetto di interessi che esse, con il contratto, intendono realizzare.

Non si tratta di una causa in senso fisico e meccanicistico, o in senso efficiente, ma di una causa in senso teleologico. Il fine diviene causa perché chi agisce- nel nostro caso i contraenti- prima si propone di realizzare un fine (acquistare una casa per trascorrervi le vacanze contro il corrispettivo di un certo prezzo) e poi, orientando la propria condotta verso di esso, stipula il contratto, rispetto al quale quindi l'acquisto della casa per le vacanze diviene quella che i civilisti chiamano causa e che nella logica si suole definire *causa finale*.

Si tratta di una precisazione fondamentale, perché "l'autonomia privata è ammessa dall'ordinamento **in vista e in dipendenza dello scopo** che essa persegue" [156] . Perciò risulterà ora più chiaro perché il controllo sull'autonomia privata transita soprattutto attraverso il controllo della causa.

Volgendo lo sguardo verso il diritto positivo, inutilmente cercheremmo nel codice civile una definizione della nozione di causa, benché essa sia annoverata tra gli **elementi essenziali del contratto** (art. 1325 c.c.). Gli sforzi definitori si devono tutti alla dottrina e alla giurisprudenza, e le diverse accezioni della causa da esse elaborate nel tempo possono essere sinteticamente compendiate nelle tre teorie: oggettiva, soggettiva e della causa concreta.

2. Teoria della causa come funzione economico sociale; principali rilievi critici.

Nella sua *Teoria generale del negozio giuridico*[157], E. Betti definì la causa come "sintesi degli effetti essenziali" o "**funzione economico sociale**" del contratto. Si tratta di una storica definizione, sottesa al codice civile del 1942 e destinata ad influenzare l'elaborazione pretoria fino a tempi molto recenti. Nella definizione formulata da Betti, il termine "funzione" esprime in maniera molto efficace il concetto di causa finale, che è stato esposto al paragrafo precedente. Esso indica, in via di prima approssimazione, gli effetti che il contratto è deputato a realizzare.

Ora, il concetto di funzione del contratto può darsi sia sul piano dell'esperienza concreta, che su quello dell'astrazione.

Noi potremmo pensare alla funzione in concreto come alla funzione perseguita da Tizio e Caio che, un determinato giorno, stipulano un contratto di compravendita avente ad oggetto il bene x, per il prezzo y. Ad esempio: Ti-

---

[156]Santoro Passarelli, Dottrine generali del diritto civile, Napoli, 1971, p. 173.
[157]Torino 1955, 166 ss.

zio il 7 agosto compra la casa romana di Caio per adibirla a casa vacanze ad uso turistico.

Oppure potremmo fare un'operazione di astrazione e sintesi di tutte le operazioni analoghe svolte in un certo contesto socio economico, cioè potremmo pensare alla funzione come al risultato che la generalità dei contratti di quel tipo (nel nostro esempio, compravendite), astrattamente mira a realizzare.

Individuiamo allora cosa hanno in comune tutti i contratti di compravendita. Che comprino per rivendere, per iniziare un'attività, che comprino realmente o simulatamente, che comprino per uso abitativo o per costituire una garanzia reale o per donare la casa al figlio, tutte le parti di tutti quei contratti di compravendita intendono scambiare una cosa contro un prezzo. La causa del contratto di compravendita, intesa, nell'accezione bettiana, come funzione oggettiva ed astratta - come funzione economico sociale- è lo **scambio della cosa contro il prezzo**. Questo s'intende dire quando si definisce la causa, nell' accezione bettiana, come sintesi degli effetti essenziali: l'**astrazione**, da tutti i particolari e contingenti contratti di un certo tipo, degli effetti essenziali che sono comuni a tutti e costituiscono la struttura del contratto. Le ragioni pratiche del contratto non entrano nella causa, ma restano relegate al livello dei motivi, irrilevanti salvo il caso dei motivi illeciti comuni a entrambe le parti (art. 1345 c.c.).

Questa teoria pose ben presto agli interpreti una serie di problemi complessi. I) In primo luogo, **il concetto di causa così inteso finiva per coincidere con quello di tipo**.

Come detto, infatti, il tipo è lo schema astratto, la struttura del contratto, cioè, nel caso della compravendita, ancora una volta, lo scambio di una cosa contro un prezzo, elemento comune a tutte le compravendite nella loro concreta varietà. Se questo è il tipo, allora che differenza intercorre tra tipo e causa? Nessuna, evidentemente. Allora se si definisce la causa come "funzione economico sociale", e la si fa coincidere con il tipo, si nega alla relativa nozione ogni autonoma rilevanza. Eppure la causa è uno degli elementi essenziali del contratto (art. 1325), e quindi forse occorre percorrere la via una diversa ricostruzione ermeneutica.

II) Seconda importante obiezione mossa alla teoria della funzione economico sociale, fu quella che poneva in luce il seguente paradosso: diverse norme codicistiche fanno riferimento all'**illiceità della causa**.

Poiché la causa, secondo la teoria bettiana, è predeterminata in astratto dal legislatore in modo omogeneo per tutti i contratti appartenenti allo stesso tipo, il contratto tipico sarebbe sorretto da una causa individuata per esso dal legislatore. **Tale causa, allora, non potrebbe mai essere *contra legem***. Ne deriverebbe che solo i contratti atipici potrebbero avere causa illecita. Eppure il legislatore stabilisce, all'art. **1343** c.c., che "**la causa è illecita** quando è contraria a norme imperative, all'ordine pubblico e al buon costume", senza operare distinzioni tra contratti tipici ed atipici, (§6.2) e l'art. 1418 – ancora una volta senza operare distinzioni di sorta – sanziona l'illiceità della causa con la nullità del contratto. Il paradosso della causa illecita emerge anche dall'esegesi dell'art. **1344 c.c.,** laddove si stabilisce che *"si reputa* **illecita"** la **causa** del contratto, quando questo **costituisce lo strumento per eludere norme imperative** – ed appare chiaro l'imbarazzo del legislatore nel riconoscere che la causa da esso tipizzata e consacrata, possa porsi contro la legge stessa (§6.3).

III) Terza critica: se la causa coincide con il tipo, **in cosa consiste la causa dei contratti atipici?** Qualsiasi definizione ne volessimo dare, infatti, perverremmo ad attribuire allo stesso concetto (causa) significati del tutto eterogenei se non incompatibili, a seconda che ci riferissimo a contratti tipici o atipici.

IV) La critica di fondo, però, arriva alla teoria bettiana da quel grande rivolgimento culturale ed ideologico che scolpì il proprio manifesto nella Costituzione Repubblicana e che sostituì all'ideologia dirigista del ventennio fascista, il riconoscimento e la **valorizzazione delle libertà individuali.** In quel clima di fermento culturale si rivendicò all'autonomia negoziale una propria dignità in quanto espressione della signoria del volere e della libertà d'iniziativa economica, nonché in quanto strumento atto a conseguire l'**interesse dei contraenti,** e si rifiutò definitivamente l'idea dirigistica che aveva sino ad allora informato di sé i rapporti tra autonomia privata e ordinamento giuridico e che aveva trovato espressione anche nella teoria bettiana della causa come funzione economico sociale.

3. Teoria soggettiva o dello scopo ultimo.

Questa teoria, nota anche come teoria mista, ravvisa la causa del contratto nello scopo ultimo che le parti perseguono stipulandolo, cioè nel risultato che esse vorrebbero ottenere attraverso il contratto.

La principale critica mossa a questa teoria è che essa sovrappone la causa del contratto con i motivi personali, normalmente irrilevanti (art. 1345 c.c.). Per l'analisi del rapporto tra causa e motivi si rinvia al paragrafo1.4.

4. Teoria della causa come funzione economico individuale (o della causa concreta).

Nel tentativo di superare i limiti delle due precedenti teorie, una parte della dottrina[158] ha elaborato una nuova teoria della causa, nota come **teoria**

---

[158]Ferri, Causa e tipo del negozio giuridico, Milano, 1965; bianca, diritto civile, vol 3, Il contratto, Milano, 1987, 425 e ss; Gazzoni, Manuale di diritto privato, Napoli, 2008, 808.

"della causa concreta", o "dello scopo pratico", o ancora "della funzione economico individuale".

Le matrici di questo orientamento risiedono negli stringenti rilievi critici mossi alla teoria della funzione economico sociale, ed in particolare in quello che evidenzia come essa porterebbe a far coincidere la causa con il tipo.

Se la causa è la sintesi degli effetti essenziali, quindi un'astrazione degli effetti fondamentali prodotti da tutte le compravendite nella loro concreta varietà, essa è lo schema, la struttura stessa del contratto. Abbiamo visto che la causa della compravendita consisterebbe, in questa accezione, nelo scambio della cosa contro il prezzo e questa nozione verrebbe a coincidere con quella di tipo.

Si tratta di una conclusione difficilmente accettabile. La **nozione di tipo è statica, ed ha la funzione di qualificare il contratto tramite il procedimento della sussunzione**, per individuare la disciplina applicabile; la **nozione di causa è dinamica, ed ha la funzione di indagare la liceità e la meritevolezza del contratto**. Il contratto come schema astratto costruito dal legislatore è certamente lecito. Il problema della liceità si pone però in concreto, nell'utilizzo che di quell'astratto schema regolamentare le parti possano fare. La prassi pretoria mostra che non di rado le parti piegano uno schema tipico al raggiungimento di fini illeciti, oppure collegano sapientemente diversi schemi tipici per raggiungere un risultato concreto illecito. Allora è qui, in questa concretezza, in questa dimensione particolare che risiede la causa e che essa può assumere un suo autonomo valore: la causa è la sintesi non già degli effetti essenziali, ma degli **effetti reali del contratto**; non è la sua funzione economico- sociale, ma la sua funzione economico- individuale, vale a dire, in altri termini, che non è la funzione che svolge in astratto per tutti gli operatori del diritto, cioè per la società, ma è la funzione che svolge in concreto per i soli individui che hanno stipulato il contratto, cioè per le parti.

Delineata la distinzione tra la teoria della funzione economico sociale e quella della funzione economico individuale, occorre ora distinguere quest'ultima dalle teorie soggettive. La differenza risiede in ciò, che mentre le teorie soggettive identificano la causa con il risultato che le parti hanno di mira, la teoria della causa concreta identifica la causa con il risultato che il (singolo) contratto, (non già le parti), concretamente realizza.

Quest'ultima teoria viene accolta con una dalla giurisprudenza di legittimità con una storica pronuncia, nella quale si legge testualmente che "la definizione del codice è, in definitiva, quella di funzione economico-sociale del negozio riconosciuta rilevante dall'ordinamento ai fini di giustificare la tutela dell'autonomia privata (così, testualmente, la relazione del ministro guardasigilli); ma è noto che, da parte della più attenta dottrina, e di una assai sporadica e minoritaria giurisprudenza (Cass. Sez. 1^, 7 maggio 1998, n.

4612, in tema di Sale & lease back) Sez. I, 6 agosto 1997, n. 7266, in tema di patto di non concorrenza; Sez. II, 15 maggio 1996, n. 4503, in tema di rendita vitalizia), si discorre da tempo di una fattispecie causale "concreta", e si elabori una ermeneutica del concetto di causa che, sul presupposto della obsolescenza della matrice ideologica che configura la causa del contratto come strumento di controllo della sua utilità sociale, affonda le proprie radici in una serrata critica della teoria della predeterminazione causale del negozio (che, a tacer d'altro, non spiega come un contratto tipico possa avere causa illecita), ricostruendo tale elemento in termini di sintesi degli interessi reali che il contratto stesso è diretto a realizzare (al di là del modello, anche tipico, adoperato). Sintesi (e dunque ragione concreta) della dinamica contrattuale, si badi, e non anche della volontà delle parti. Causa, dunque, ancora iscritta nell'orbita della dimensione funzionale dell'atto, ma, questa volta, **funzione individuale del singolo, specifico contratto posto in essere**, a prescindere dal relativo stereotipo astratto, seguendo un iter evolutivo del concetto di funzione economico-sociale del negozio che, muovendo dalla cristallizzazione normativa dei vari tipi contrattuali, si volga alfine a cogliere l'uso che di ciascuno di essi hanno inteso compiere i contraenti adottando quella determinata, specifica (a suo modo unica) convenzione negoziale"[159]. L'accoglimento della teoria della causa in concreto ha infine comportato l'ammissione alla risarcibilità dei danni anche non patrimoniali derivanti da contratto, ove la causa del contratto consistesse nella realizzazione di un interesse non patrimoniale.[160]

5. La causa e le sopravvenienze; rapporto tra causa motivi.

La svolta giurisprudenziale è stata successivamente a più riprese confermata dalla giurisprudenza di legittimità. Di particolare interesse sono due pronunce in merito al c.d. "pacchetto turistico tutto compreso"[161], di cui si è già fatta menzione nell'analizzare gli elementi essenziali del rapporto obbligatorio [v. Capitolo I, § 1.4]. In quella occasione si è avuto modo di accennare alla vicenda esaminata dalla Cassazione ed occorsa ad un turista il quale, dopo avere acquistato un "pacchetto turistico tutto compreso" per trascorrere un periodo di svago in una nota località esotica, veniva a conoscenza del diffondersi di una grave epidemia di dengue e rifiutava così di onorare gli impegni contrattualmente assunti. Se si fosse continuata ad intendere la causa come funzione economico sociale del contratto, essa sarebbe stata individuata nello scambio dell'insieme delle prestazioni alberghiere, di vitto e di trasporto, contro il corrispettivo di un prezzo. Nessun rilievo causale

---

[159]Cass. civ, sez. III, 8 maggio 2008, n. 10490.
[160]Cass. civ., S.U. 11 novembre 2008, n. 26972.
[161]Cass., sez. III, 24 aprile 2008, n. 10651 e Cass., sez. III, luglio 2007, n. 16315.

avrebbe invece assunto lo scopo di svago, relegato a livello di mero motivo, come tale irrilevante ex art. 1345 c.c.

Nella nuova accezione di causa quale concreta funzione economico individuale, però, la causa è proprio lo scopo di svago, che costituisce il fine ultimo che il contratto è deputato a realizzare. Ecco quindi che appare plasticamente la distinzione tra causa in astratto, come sintesi degli effetti essenziali di tutti i contratti dello stesso tipo, e causa in concreto, come ragione pratica del contratto. Nella seconda e più moderna accezione, la stessa epidemia di dengue che in passato non presentava alcun rilievo causale, ora è un fatto sopravvenuto che rende impossibile la realizzazione della causa del contratto. Al capitolo I si è detto del rilievo che tale vicenda ha assunto nell'elaborazione giurisprudenziale della figura dell'"impossibilità sopravvenuta di utilizzazione della prestazione". Ora è possibile inquadrare la vicenda in un'ottica sistematica e ricostruttiva ed osservare che, **se il difetto della causa è originario, allora il contratto è nullo (per il combinato disposto degli art. 1325 c.c. e 1418 c.c.); se invece il difetto della causa è sopravvenuto ed è tale da rendere impossibile la realizzazione della** *causa contractus*, **allora il contratto è risolubile per applicazione analogica dell'art. 1463 c.c.** (impossibilità sopravvenuta non già "della prestazione" ma della sua utilizzazione: la prestazione è ancora possibile, ma non è più idonea a realizzare l'interesse di svago perseguito dal contraente).

Tale vicenda mostra come, con l'accoglimento della teoria della causa in concreto, molti interessi che prima si situavano a mero livello di motivi, abbiano fatto ingresso proprio nel cuore della causa, così che se ne sia riconosciuta l'attitudine a condizionare in modo rilevante le vicende del rapporto obbligatorio.

Se si abbraccia la teoria della causa concreta, la distinzione tra causa e motivi risiede allora in ciò, che la causa è il concreto interesse che il contratto è destinato a soddisfare in via diretta, mentre **il motivo è l'intima ragione individuale che ha spinto il contraente ad obbligarsi.**

Questa ragione, sovente non esplicitata, è **generalmente irrilevante, con alcune importanti eccezioni**: quando le parti si siano determinate a contrarre esclusivamente per un motivo illecito comune ad entrambe, il contratto è nullo (art. 1343 c.c.); quando il contratto è stipulato per un errore di diritto (anche) sui motivi, che sia stato determinante del consenso, esso è annullabile (art. 1429 c.c., n. 4); inoltre, al di fuori della materia del contratto, i motivi assumono rilevanza ex artt. 624 e 626 c.c. in materia di testamento, ed ex artt. 787 e 788 c.c in materia di donazione.

La ragione principale dell'irrilevanza del motivo risiede nel fatto che esso non è oggettivato nel contratto, ma resta un elemento estrinseco. E' questo il motivo per cui la giurisprudenza non ha accolto quell'orientamento minoritario (§ 3) che ravvisava la causa del contratto nello scopo perseguito dai contraenti: lo scopo resta racchiuso nel foro interno e non si traduce in elementi o aspetti del regolamento contrattuale. Esso si situa dunque, più correttamente, a livello dei motivi, mentre la causa, che va riferita, come visto (par.4) sempre oggettivamente al contrattoe non alle parti, è il risultato concreto che il contratto assicura. Apparirà ora chiaro che **il motivo diventa causa quando trascende la sfera psichica del singolo e viene oggettivato nel regolamento contrattual**e, perché lo indirizza al raggiungimento del risultato voluto. Ed infatti, il caso esaminato dalla Cassazione e sopra citato, aveva ad oggetto l'acquisto di un pacchetto di viaggi- vacanza, che recava già nel nome una chiara indicazione della finalità che era destinato a realizzare e che includeva servizi e prestazioni chiaramente destinati ad offrire momenti di svago e di relax. D'altra parte, esiste un'altra via che le parti possono percorrere per conferire rilevanza al motivo, ed è quella di tradurlo in una condizione del contratto. Anche in questo caso, il motivo rileva perché oggettivato nel regolamento contrattuale.

6. La patologia della causa: mancanza ed illiceità.
Come abbiamo avuto modo di osservare, la causa è contemplata dall'art. 1325 c.c. n. 2 tra gli elementi essenziali del contratto. L'art. 1418, comma 2, c.c., sanziona poi la mancanza della causa con la nullità del contratto.

6.1 La mancanza della causa.
Le ipotesi di mancanza della causa possono essere distinte in: mancanza totale, parziale, genetica e sopravvenuta.

Un caso di **mancanza totale della causa** è stato riscontrato dalla giurisprudenza nella già citata sentenza Cass. civ., sez. III, 8 maggio 2006, n. 1490, con cui si dichiarava la nullità del contratto di consulenza stipulato tra l'amministratore di una società e la società stessa, cui il consulente già doveva quelle stesse prestazioni nella sua qualità di amministratore. Il contratto di consulenza, nel giudizio della Corte, appare privo di giustificazione pratica, perché volto ad assicurare prestazioni già dovute alla controparte. La **mancanza parziale** viene invece generalmente ravvisata nei contratti a prestazioni corrispettive e consiste in una sproporzione tra le prestazioni dovute dalle parti e nella conseguente alterazione dell'equilibrio negoziale. La **mancanza genetica** della causa è la mancanza originaria, cioè quella che sussiste sin dal momento della conclusione del contratto. La **mancanza sopravvenuta** è determinata da sopravvenienze che fanno venir meno l'originaria giustificazione causale del contratto.

Pertanto, secondo una recente impostazione ermeneutica, accolta anche in giurisprudenza, così come la carenza originaria della causa dà luogo ad un vizio di invalidità originaria, allo stesso modo la carenza sopravvenuta darebbe luogo all'inefficacia sopravvenuta del contratto.

Si è esaminato, al paragrafo precedente, il tema del sopravvenuto difetto dell'elemento funzionale del contratto, con riguardo al contratto di viaggio vacanza tutto compreso. In relazione a quella vicenda la giurisprudenza ha avuto modo di chiarire che mentre l'impossibilità della prestazione consiste in un impedimento assoluto all'adempimento, l'impossibilità funzionale sopravvenuta pregiudica la realizzazione della funzione per cui il contratto è stato stipulato, escludendo non la materiale possibilità di porre in essere la prestazione, ma la sua attitudine a realizzare gli interessi creditori. Si determinerebbe cioè un caso di "impossibilità di utilizzazione della prestazione" da parte del creditore. L'irrealizzabilità della finalità essenziale in cui consiste la causa concreta del contatto determinerebbe quindi l'estinzione dell'obbligazione.[162]

6.2. La causa illecita.

Ai sensi dell'art. 1343 c.c. **la causa è illecita quando è contraria a norme imperative, all'ordine pubblico e al buon costume.**
Le norme imperative sono quelle norme poste a tutela di interessi di rilievo pubblico o generale e, pertanto, non derogabili dalla volontà privata. L'ordine pubblico è l'insieme dei principi giuridici posti alla base dell'ordinamento giuridico e generalmente espressi nella Carta Costituzionale. Il buon costume è il complesso dei principi etici costituenti la morale sociale. La conseguenza dell'illiceità della causa è la nullità del contratto, come stabilito dall'art. 1418, comma 2, c.c.
Come si è avuto modo di osservare, accedendo alla teoria della causa in concreto, l'illiceità della causa si può configurare anche in relazione ai contratti tipici; anzi, è forse proprio qui che la teoria della causa concreta ha mostrato l'importanza delle proprie ricadute applicative: nel mostrare l'illiceità di negozi che, riguardati nell'ottica della causa in astratto, illeciti non apparivano.
Uno dei casi emblematici in tal senso è proprio quello, più volte analizzato, della vendita a scopo di garanzia. Questa operazione, vestita di tipi legali, mira a realizzare risultati illeciti che emergono solo se si ha riguardo ai concreti effetti che il contratto assicura ai privati. Riguardata in astratto, detta vendita altro non è che un contratto tipico, arricchito con clausole, (come il patto di riscatto o di retrovendita), che non si pongono astrattamente in contrasto con alcuna norma imperativa. In questo ed analoghi casi, l'indagine sulla funzione economico-sociale del contratto non pone in rilievo alcun profilo di illiceità. E' solo valutando la conformità alla legge, del risultato in concreto perseguito dalle parti attraverso quell'operazione negoziale, che

---

[162]Cass., sez. III, 20 dicembre 2007, n. 26958, ma v. in senso critico Barbiera, nota a Cass., sez. III, 20 dicembre 2007, n. 26958, in I Contratti, 8 settembre 2008, 891 e ss.

sono emersi i profili di illiceità ed è stato possibile dichiarare la nullità del contratto. Allo stesso modo, la giurisprudenza[163] ha dichiarato **la nullità dell'accordo simulatorio del prezzo**, con riferimento ad un contratto di locazione ad uso abitativo in cui le parti si erano accordate per un **canone di locazione superiore a quello indicato nel contratto registrato**, allo scopo di occultare al fisco una parte del prezzo effettivamente pagato. Gli esempi si moltiplicano, in una casistica giurisprudenziale che si arricchisce nel tempo, ma che in diversi casi non si sottrae alle voci critiche di parte della dottrina[164].

6.3 Il contratto in frode alla legge.

La frode alla legge consiste nel piegare la causa del contratto al conseguimento di finalità disvolute dal legislatore, **senza commettere violazioni formali**, non dissimilmente da quanto accade, in tema di diritti soggettivi, con l'abuso del diritto [§ 5.2 Cap. I], che viene piegato al perseguimento di finalità disvolute dal legislatore, sia pur nel pieno rispetto della cornice attributiva dello stesso.

Nell'un caso vi è un**'alterazione del fattore causale**; nell'altro una deviazione dalle regole della buona fede; in entrambi casi - e diversamente da quanto è a dirsi per la causa illecita o per l'eccesso dal diritto - non vi è alcuna difformità morfologica e strutturale del contratto e dell'esercizio del diritto, rispetto allo schema formale previsto dalla legge, ma solo il tradimento della loro funzione, che pone come dirimente un**'indagine sulle finalità** perseguite dai contraenti o dall'autore dell'abuso.

Il riferimento normativo della figura del contratto in frode alla legge va individuato nell'art. 1344 c.c., il quale prevede che "**si reputa altresì illecita la causa quando il contratto costituisce il mezzo per eludere l'applicazione di norme imperative**".

Detta norma delinea una distinzione tra i contratti *contra legem* – che violano direttamente il comando della norma imperativa, con cui si pongono in aperto contrasto – e i contratti in *fraudem legis*, che sono formalmente rispettosi del dato normativo, ma lo aggirano, realizzando indirettamente i risultati da esso vietati[165]. Per questo la dottrina maggioritaria riconduce il contratto in frode alla legge nell'alveo dei **negozi indiretti** o al fenomeno del **collegamento negoziale**, che combina un negozio mezzo, lecito, ed un negozio-fine, illecito (quindi la frode alla legge può avvenire sia attraverso un unico atto, che realizza indirettamente un fine illecito, sia attraverso più

---

[163]Cass., civ. 17 settembre 20015 n. 18213.

[164]Roppo, Causa concreta: una storia di successo? Dialogo (Non reticente, né compiacente) con la giurisprudenza di legittimità e di merito, in Riv. Dir. Civ, 2013, ,4, 957; Galati, contratto di viaggio *all inclusive* e "causa concreta", in "I Contratti, 2009, 309 ss.

[165]Cass. civ., 14 novembre 2006, n. 24274.

atti tra loro collegati in modo che i loro effetti combinati realizzino quel fine)[166].

La norma ha avuto un ruolo di grande rilevanza nell'epoca in cui la teoria della causa come funzione economico sociale era prevalente in dottrina e in giurisprudenza. Infatti, come si è avuto modo di osservare, quella dottrina faceva in ultima analisi coincidere causa e tipo, ma si trovava poi dinanzi al problema di non potere ipotizzare una causa illecita nei contratti tipici e di non avere uno strumento per reagire proprio alla stipula di contratti che con ogni evidenza, nel loro concreto atteggiarsi, eludevano il comando normativo. Stabilendo che la causa di questi contratti, pur non essendo illecita "si reputava" tale, il legislatore introduceva una sorta di valvola di sicurezza,[167] che consentisse di comminare la sanzione della nullità di quei contratti che producevano effetti elusivi di norme imperative.

Una parte della dottrina ritiene dunque che oggi, abbracciata ormai da dottrina e giurisprudenza la teoria della causa in concreto, la figura del contratto in frode alla legge **perda di utilità pratica**, perché la sua funzione rimarrebbe comunque assorbita nel precetto di cui all'art. 1343 c.c.[168]. La giurisprudenza ha fatto ampio ricorso all'art. 1344 c.c. in una serie di casi in cui si riscontra un collegamento tra negozio mezzo (lecito) e negozio fine (illecito) ed in particolare nel caso di vendita con patto di riscatto stipulata con l'intento di eludere il patto commissorio. Altri esempi ricorrenti sono il **contratto costitutivo di un diritto reale di abitazione, stipulato per eludere le norme in tema di locazione**, o ancora i **plurimi contratti di lavoro a tempo determinato stipulati con lo stesso lavoratore, per evitare un'assunzione a tempo indeterminato**[169].

7. Il collegamento negoziale.

Il collegamento negoziale consiste in un legame di interdipendenza tra una pluralità di negozi, collegati dall'autonomia privata per il raggiungimento di un risultato unitario, che emerge dalla sintesi degli effetti dei contratti collegati. Esiste quindi un **nesso teleologico** e strutturale che avvince i singoli negozi e, come parti di un meccanismo unitario, ne indirizza sinergicamente i regolamenti verso il conseguimento del fine perseguito dai contraenti. Secondo la ricostruzione più accreditata in giurisprudenza, perché si dia collegamento negoziale, deve ricorrere non solo l'elemento oggettivo dell'**interdipendenza funzionale dei negozi**, ma anche quello soggettivo,

---

[166]L. Cariota Ferrara, Il negozio giuridico CIT? pag. 619; Bigliazzi Geri, Breccia, Bisnelli, Natoli. Diritto civile, fatti e atti giuridici, Napoli, vol. I, pp. 726 ss.; Gazzoni, Manuale cit. pag. 823.
[167]Gazzoni, p. 824 cit.
[168]Caringella- De Marzo, Manuale di diritto civile, Il contratto, cit., pag. 190.
[169]Cass. 8 gennaio 2015, n.62.

costituito dal **comune intento delle parti di volere non solo l'effetto tipi-co dei singoli negozi, ma anche il risultato complessivo** conseguito trami-te il collegamento negoziale.

Nel collegamento negoziale è possibile distinguere una **causa unitaria** o complessiva, che è quella che esprime la sintesi degli interessi reali perse-guiti dalle parti tramite il collegamento tra negozi, e più cause parziali, che sono le cause che sorreggono i singoli negozi, atomisticamente considerati. Il collegamento negoziale è, sotto questo profilo, l'opposto del contratto misto,[170] che è un unico contratto tramite il quale si perseguono due cause.

Il collegamento negoziale può essere **genetico** (quando un contratto esercita un'influenza sul procedimento di formazione di un altro contratto, come avviene nel rapporto tra preliminare e definitivo), o **funzionale** (quando il condizionamento tra i due negozi opera al momento della produzione degli effetti: si pensi alla ratifica di un contratto annullabile); **volontario** (quando è la volontà delle parti che ha collegato contratti che possono esistere anche autonomamente l'uno dall'altro), o **necessario** (quando uno o più contratti collegati presuppongono necessariamente l'esistenza di un altro in relazione al quale spiegano i propri effetti: si pensi ai negozi preparatori, di accerta-mento, risolutivi etc. In questi casi il collegamento trae origine non dalla volontà pattizia, ma dalla legge). Ancora, il collegamento può essere **unila-terale** (se solo uno dei due contratti presuppone l'altro, che può essere in-vece stipulato anche autonomamente), o **bilaterale**, (quando i due contratti si condizionano a vicenda). Un esempio di collegamento unilaterale può essere ancora una volta ravvisato nel collegamento tra preliminare e defini-tivo: si può stipulare un definitivo senza preliminare, ma non l'inverso. Al fenomeno del collegamento negoziale si applica il principio *simul sta-bunt simul cadent*, in base al quale, poiché i contratti non sono voluti in sé e per sé, ma come ingranaggi di un meccanismo che solo nella sua unitarie-tà produce il risultato voluto, l'invalidità di uno dei contratti determina l'invalidità di tutti i contratti collegati, ma si ricordi quanto osservato al cap. XII, § 1.1 per quanto concerne il rapporto tra invalidità del preliminare e del definitivo. Se la forma di invalidità che viene in rilievo è quella della nulli-tà, la giurisprudenza ritiene poi **applicabile anche al collegamento nego-ziale il dettato di cui all'art. 1419 c.c.**

8.Negozio indiretto, negozio fiduciario e trust.

L'accoglimento della teoria della causa in concreto ha portato molti autori a riconoscere autonomia concettuale alla figura del negozio indiretto. E', que-sto, un **negozio attuato dalle parti con l'obiettivo di realizzare gli effetti di un negozio diverso** (non necessariamente illecito).

---

[170]Catricalà, L'esame cit., p. 59.

Una delle figure più ricorrenti di negozio indiretto è il **mandato irrevocabile a vendere senza obbligo di rendiconto**, con cui in realtà il mandante vuole donare un bene al mandatario, ma vuole evitare che l'operazione figuri come **donazione** (per esempio, per sottrarre il bene donato alla collazione). Se accogliessimo la teoria della causa come funzione economico sociale, in questa operazione ravviseremmo un mandato, ma se accogliamo la teoria della causa come funzione economico individuale e guardiamo agli effetti concreti che il negozio produce, allora dobbiamo concludere che questo è un contratto con causa di liberalità.

Il negozio indiretto va distinto da alcune figure affini ed in primo luogo dal negozio simulato; infatti, il negozio indiretto è voluto dalle parti, benché per realizzare effetti diversi da quelli suoi tipici, mentre **il negozio simulato non è voluto**: quando le parti dichiarano simulatamente di vendere, o non vogliono vendere affatto (simulazione assoluta), o vogliono ad esempio donare (simulazione relativa); quando il mandante dà mandato a vendere senza rendiconto, vuole realmente dare il mandato, perché sa che così facendo conferirà al mandatario una posizione analoga a quella del proprietario, pur senza avere mai trasferito il diritto di proprietà.

Il negozio indiretto si distingue poi dal **negozio in frode alla legge**, perché il secondo è una *species* del primo, potendosi qualificarlo come un **negozio indiretto con causa illecita**.

La categoria più importante di negozi indiretti è costituita dai **negozi fiduciari**, con cui un soggetto, (fiduciante), trasferisce ad altro soggetto, (fiduciario), la titolarità di un bene, con il patto (*pactum fiduciae*) che questi lo utilizzerà e ne disporrà esclusivamente in conformità alle istruzioni dettate dal fiduciante, per poi ritrasferirlo a lui o ad un terzo.

Più precisamente, esistono due tipi di fiducia: **la fiducia romanistica**, con la quale il fiduciante trasferisce al fiduciario la **proprietà** del bene, e questi assume l'obbligo, che non rileva all'esterno (rispetto ai terzi) di ritrasferirgliela su sua richiesta o nei tempi e modi stabiliti; la **fiducia germanistica**, con la quale il fiduciante trasferisce al fiduciario non già la piena proprietà del bene, ma **solo la legittimazione ad esercitare un diritto** sul bene, in nome proprio ma nell'interesse del fiduciante. In quest'ultimo caso, rispetto ai terzi il proprietario del bene resta il fiduciante.

Si è per molto tempo ritenuto che questa seconda forma di negozio fiduciario non potesse avere cittadinanza nel nostro ordinamento, perché incompatibile con il principio di tipicità dei diritti reali. Nel momento in cui questo principio ha iniziato ad incrinarsi, il tema dell'ammissibilità della fiducia germanistica è tornato di grande attualità. La distinzione tra fiducia romanistica e germanistica si ripercuote sul versante delle **tutele**: infatti, nel caso di fiducia germanistica, il fiduciante potrà agire in rivendica anche rispetto ai terzi, giacché, come si è detto, egli conserva anche rispetto ad essi il diritto di proprietà. Per contro, nel caso di fiducia romanistica, il fiduciante potrà agire nei confronti del fiduciario solo ove sul bene oggetto del *pactum fiduciae* non siano sorti diritti di soggetti terzi.

Ulteriore distinzione in materia di negozio fiduciario riguarda le figure della **fiducia cum amico** e **cum creditore**. La *fiducia cum amico* è quella di cui si è detto sin qui. La *fiducia cum creditore* viene invece in rilievo quando il fiduciario sia un creditore del fiduciante e riceva un bene in garanzia, cioè con il patto che esso sarà restituito al fiduciante debitore quando questi avrà saldato il proprio debito. La figura può essere ammessa nei ristretti limiti di compatibilità con l'art. 2744 c.c., di cui si è già detto (divieto di patto commissorio ed ammissibilità del patto Marciano).

Ciò che connota in sintesi il patto fiduciario rispetto agli altri negozi indiretti è **l'eccedenza del mezzo (effetto reale) rispetto al fine**, caratteristica che infatti rende necessario il *pactum fiduciae* con l'accordo per il ritrasferimento del bene.

In margine alle presenti considerazioni sul patto fiduciario, giova soggiungere che, nonostante sia ad esso frequentemente accostato, il ***trust*** se ne discosta sotto più profili.

Riconosciuto in Italia con la legge 16 ottobre 1989, n. 364, che ha dato esecuzione alla convenzione dell'Aia, del 1 luglio 1985, il *trust* è un istituto del diritto inglese che prevede che un soggetto (*settlor*) trasferisca la proprietà di uno o più beni ad un altro soggetto (*trustee*), che ha l'obbligo di amministrarli e gestirli, rispettando gli scopi indicati dal disponente, a favore di un terzo soggetto (*beneficiary*), il quale avrà diritto a godere dei frutti e dei vantaggi che discendono dai beni oggetto del trust, ma potrà diventarne proprietario soltanto successivamente alla scadenza. I beni che costituiscono il *"trust found"*, in forza del vincolo di destinazione ad essi impresso, rimangono distinti dal patrimonio del *trustee*, così che i creditori e gli aventi causa del *trustee* non potranno aggredirli, salvo che si tratti di creditori di obbligazioni derivanti dalla gestione del trust. **Questa separazione non si verifica invece con il *pactum fiduciae***, perché il bene nella fiducia romanistica entra a far parte del patrimonio del fiduciario e non è connotato da uno specifico vincolo di destinazione che lo distingua dagli altri beni del fiduciario. Ne discende che, **non essendo il *pactum fiduciae* opponibile ai terzi creditori del fiduciario**, questi, per effetto dell'art.2740 c.c., possono rivalersi su tutti i beni del loro debitore, quindi anche su quelli trasferitigli fiduciariamente, ed al fiduciante non spetterà altra tutela, in questo caso, se non quella data dall'azione risarcitoria.

Non solo: proprio perché i beni che formano parte del trust sono oggetto di uno specifico vincolo di destinazione e formano un patrimonio separato, è possibile che nel trust il *settlor* e il *trustee* vengano a coincidere, perché ciò che conta è la separazione dei patrimoni. Viceversa il negozio fiduciario presuppone sempre una distinzione tra la persona del fiduciante e quella del fiduciario.

Inoltre, nel trust, il *trustee* si obbliga nei confronti del beneficiario, cioè di un terzo soggetto, mentre nella fiducia il fiduciario si obbliga nei confronti del fiduciante.

L'art. **2645-ter** ha introdotto poi nel nostro ordinamento la possibilità di costituire un patrimonio separato con vincolo di destinazione per una determinata persona fisica o giuridica, per un tempo massimo di novant'anni, a condizione che la costituzione del patrimonio sia volta a realizzare interessi meritevoli di tutela. Anche l'istituto così introdotto presenta tratti di forte eterogeneità rispetto al trust. Tra le non poche differenze, si sottolinea che nel **negozio di destinazione** il **patrimonio** destinato non viene trasferito ad un *trustee*, ma **resta all'interno del patrimonio del destinante**, benché se ne distingua perché dovrà essere destinato a favore del beneficiario.

CAPITOLO XIV

L'OGGETTO

Sommario.1. La nozione di oggetto del contratto; requisiti dell'oggetto. – 2. L'arbitraggio.

1. La nozione di oggetto del contratto; requisiti dell'oggetto.

Pur dedicando all'oggetto gli artt. dal 1346 al 1349 c.c., il codice civile non ne fornisce una definizione.

Parte della dottrina e della giurisprudenza si cimentano in un articolato dibattito volto a sopperire a tale carenza definitoria, mentre altra parte della dottrina nega rilevanza al problema, sottolineando come le soluzioni ai dubbi ermeneutici in materia transitino più proficuamente attraverso le norme offerte dal codice che non attraverso l'elaborazione di una sfuggente quanto incerta definizione. Mentre dunque il dibattito ermeneutico coglie l'essenza dell'oggetto ora nel suo contenuto sostanziale, ora nel bene-interesse da esso tutelato, ora infine nella prestazione dovuta dalle parti, il codice descrive i requisiti dell'oggetto, il quale, a norma dell'art. 1346 c.c., deve essere **possibile, lecito, determinato o determinabile**. Mancando uno di questi requisiti, il contratto è **nullo**, secondo il disposto dell'art. 1418, co. 2, c.c. L'impossibilità può essere materiale o giuridica.

L'impossibilità materiale è l'assoluta inidoneità del bene a diventare oggetto del contratto (si pensi alla vendita di un bene inesistente, o ad un'assicurazione sulla vita di una persona già morta). L'impossibilità giuridica, invece, viene in rilievo quando la legge rende impossibile dedurre un certo bene quale oggetto dell'obbligazione (si pensi alla vendita di un bene demaniale).

La possibilità dell'oggetto dev'essere valutata al momento della produzione degli effetti del contratto; di conseguenza, il contratto sottoposto a condizione sospensiva o a termine è valido se la prestazione inizialmente impossibile diviene possibile prima dell'avveramento della condizione o della scadenza del termine (art. 1347 c.c.).

Quanto alla liceità, essa si concreta nella non contrarietà dell'oggetto a norme imperative, ordine pubblico e buon costume.

Diversamente da quanto si è detto circa il momento di verificazione della possibilità, l'illiceità va valutata al momento della conclusione del contratto. Quindi, il contratto non si sottrae alla censura della nullità se il suo oggetto, originariamente illecito, diviene lecito successivamente, magari prima di essere portato ad esecuzione.

L'oggetto deve poi essere determinato o determinabile, vale a dire che può essere anche non puntualmente definito nel contratto, benché esso possa essere con precisione identificato *per relationem* (in ciò consiste la determinabilità).

Il tema della determinatezza dell'oggetto ha acquisito una particolare centralità nel dibattito attorno all'ammissibilità della fideiussione omnibus (art. 1938 c.c.), una garanzia personale che ha per oggetto "l'adempimento di obbligazioni dipendenti da operazioni bancarie di qualunque natura, già consentite o che venissero in seguito consentite dal debitore principale o a chi gli fosse subentrato". La l. 159/92 è intervenuta a modificare l'art. 1928 c.c., introducendo il limite dell'individuazione dell'importo massimo garantito, al fine di assicurare la determinatezza dell'oggetto.

Non è incompatibile con il requisito della determinatezza l'identificazione dell'oggetto con una cosa futura, salvi i divieti stabiliti dalla legge (art. 1348 cc.). Esempi di contratto aventi oggetto cose future sono la vendita di cosa futura (art. 1472 c.c.), la servitù a vantaggio o a carico di edificio da costruire (art. 1029 c.c.), l'ipoteca su beni futuri (art 2823 c.c.). Per contro, tra i più importanti divieti posti dalla legge ricorrono la donazione di cosa futura ed i patti successori.

2. L'arbitraggio.

L'art. 1349, co. 1 c.c. stabilisce che "se la **determinazione della prestazione** dedotta in contratto è **deferita ad un terzo** e non risulta che le parti vollero rimettersi al suo mero arbitrio, il terzo deve procedere con **equo apprezzamento**".

La norma si ritiene applicabile ad ogni tipo di contratto, ma anche alla più ampia categoria del negozio.

Dottrina e giurisprudenza maggioritaria riconducono nell'ambito del mandato collettivo la clausola che deferisce all'arbitro i poteri di determinazione dell'oggetto,[171] .

Si discute se l'atto di arbitraggio abbia natura negoziale[172] (con conseguente applicabilità della disciplina in materia di vizi della volontà), di atto in senso stretto[163] (perché la legge riconnetterebbe alla determinazione dell'arbitro gli effetti da essa predisposti, sulla scorta della mera volontarietà della determinazione stessa) o di fatto (perché sarebbe la volontà dei privati a riconnettere gli effetti voluti alla determinazione del terzo, intesa come mera attività intellettiva)[164]. IL primo co. dell'art. 1349 c.c. contempla il

---

[171]Cass., 26 marzo 2002, n. 4283.

[172]Capozzi, Il Contratto cit, 363

[163] Gazzoni, Manuale, cit. p. 878

[164] Bessone, Trattato, cit.557.

c.d. *"arbitrium boni viri"*, cioè l'equo apprezzamento che l'arbitratore deve svolgere con imparzialità e nel rispetto di criteri obiettivi, desumibili dal settore di attività in cui il contratto si colloca e considerando tutte le circostanze del caso concreto. Si tratta di una discrezionalità tecnica, limitata e sindacabile dal giudice, che può ritenerla erronea o manifestamente iniqua, procedendo quindi a decidere di persona in luogo dell'arbitratore. Il secondo co. disciplina la determinazione rimessa al "mero arbitrio" del terzo, configurabile solo laddove le parti abbiano così espressamente stabilito. In questo caso l'apprezzamento del terzo, pur soggiacendo alle regole della buona fede, dell'imparzialità e della diligenza, può essere svolto in piena discrezionalità. Questa determinazione sarà impugnabile solo provando la mala fede del terzo.

L'arbitraggio va tenuto distinto dall'arbitrato, che è figura disciplinata dal codice di rito, mediante la quale una o più arbitri pongono fine ad una controversia definendo vincolativamente le pretese dei contendenti. L'arbitraggio può anche consistere nello svolgimento di una perizia contrattuale, ma i due concetti restano distinti, perché il perito determina uno o più profili della prestazione dovuta, alla stregua di una valutazione esclusivamente tecnica e sottratta ad ogni profilo di discrezionalità. Con la perizia le parti di un accordo affidano ad uno o più esperti l'incarico di effettuare un accertamento di natura tecnica che le stesse preventivamente si obbligano ad accettare, qualunque ne sia l'esito.[173]

---

[173]Cass. civ., 4 settembre 2003, n. 12880.

CAPITOLO XV

LA FORMA

Sommario. 1. La forma del contratto – 2. Il contratto telematico.

1.La forma del contratto.

L'art. 1325 c.c. indica **tra gli elementi essenziali del contratto** anche la forma, **ove prescritta dalla legge a pena di nullità**.

La forma può dunque essere sia un elemento essenziale dell'atto, cioè un requisito che deve sussistere perché l'ordinamento riconosca all'atto validità ed efficacia[174], sia il momento dell'esterno rivelarsi della volontà[175]. Si è già detto, in tema di autonomia negoziale, che vige nel nostro ordinamento il **principio di libertà delle forme**, il quale trova fondamento tanto nell'autonomia privata quanto nel combinato disposto degli artt. 1325 e 1350 cc, il primo dei quali individua la forma come elemento essenziale del contratto solo quando richiesta a pena di nullità, ed il secondo dei quali elenca gli specifici atti che devono stipularsi per iscritto.

I vincoli di forma, trovino essi fonte nella legge (formalismo legale) o nella volontà pattizia (formalismo convenzionale) s'inquadrano pertanto come **deroghe al principio generale della libertà delle forme**. Le norme che li prevedono non sono pertanto suscettibili di fondare interpretazioni analogiche (ex. art. 14 preleggi). Dette norme possono in particolare richiedere il rispetto di una specifica forma:

a) *ad substantiam* o *ad probationem*, cioè ai fini della validità dell'atto o ai fini della prova della sua avvenuta stipulazione (le forme convenzionali si presumono invece sempre richieste *ad substantiam*);

b) per l'opponibilità o per la pubblicità, cioè per consentire l'opponibilità dell'atto a soggetti determinati oppure alla generalità dei consociati.

Le forme che la legge o la volontà pattizia possono richiedere sono in particolare:

a) l'**atto pubblico** redatto da notaio o da altro pubblico ufficiale autorizzato ad attribuirgli pubblica fede nel luogo dove l'atto è formato (art. 2699 c.c.). Ai sensi dell'art. 2700 c.c. l'atto pubblico fa piena prova, fino a querela di falso, della provenienza del documento dal pubblico ufficiale che lo ha

---

[174]Di Giovanni F., La forma, i Gabrielli e., a cura di, I contratti in generale, II, Torino 2006, 887 ss.

[175]E. Betti, Teoria generale del negozio giuridico, Napoli, 2002, 125 ss., Santoro Passarelli, dottrine generali del diritto civile, Napoli, 1966, 133 ss.

formato, nonché delle dichiarazioni delle parti e degli altri fatti che il pubblico ufficiale attesta avvenuti in sua presenza o da lui compiuti.

b) la **scrittura privata**, che fa piena prova, fino a querela di falso, della provenienza delle dichiarazioni da chi l'ha sottoscritta, se colui contro il quale la scrittura è prodotta ne riconosce la sottoscrizione, ovvero se questa è legalmente considerata come riconosciuta.

La dottrina maggioritaria[176] ritiene che i requisiti di forma richiesti dalla legge s'intendano soddisfatti ove essi siano rispettati dagli elementi essenziali del contratto, a nulla ostando una difformità delle forme rivestite dagli elementi accidentali.

Inoltre, poiché, come visto, le parti possono determinare *per relationem* l'oggetto del contratto, si discute se la *relatio* **nei negozi formali** implichi che anche il documento richiamato rivesta gli stessi requisiti di forma richiesti dalla legge per il contratto che opera il rinvio. L'orientamento prevalente opta per la soluzione negativa, a condizione però che la clausola di rinvio rivesta la forma prescritta.

2.Il contratto telematico.

Il d.lgs 7 marzo 2005, n. 92 (Codice dell'Amministrazione Digitale), ha introdotto una specifica normativa in materia di documenti informatici. Il Codice definisce il **documento informatico** come la"rappresentazione informatica di atti, fatti o dati giuridicamente rilevanti" e dispone poi che detto documento, da chiunque formato, la sua registrazione su supporto informatico e la trasmissione con strumenti telematici, sono validi e rilevanti a tutti gli effetti di legge, se conformi alle disposizioni del codice stesso e alle regole tecniche ivi prescritte (art. 20).

Ove questo documento sia sottoscritto con firma elettronica qualificata con firma digitale, soddisfa il requisito legale della forma scritta se formulato nel rispetto delle regole tecniche suddette, garantendo l'identificabilità dell'autore e l'integrità del documento; data e ora di formazione del documento informatico sono opponibili ai terzi e apposte in conformità alle regole tecniche sulla validazione temporale.

L'art. 21 del citato d.lgs prevede poi che il documento informatico cui è apposta una firma elettronica, sia, sul piano probatorio, liberamente valutabile in giudizio, tenuto conto delle sue caratteristiche oggettive di qualità e sicurezza e, ove sottoscritto con firma digitale o con altro tipo di firma elettronica qualificata, abbia l'efficacia prevista dall'art 2702 c.c., con riguardo alla scrittura privata.

---

[176]Bianca, Diritto Civile, vol. 3, IL contratto, Milano, 1987, 287 e ss.

CAPITOLO XVI

GLI ELEMENTI ACCIDENTALI DEL CONTRATTO

Sommario: 1. Premessa. – 2. La condizione. – 2.1 La pendenza della condizione. – 2.2 Avveramento della condizione e retroattività reale degli effetti. – 2.3 Illiceità ed impossibilità della condizione. 3. La presupposizione. 4. Il termine. – 5. Il modus.

1. Premessa.

Gli elementi del negozio giuridico si distinguono in *essentialia negotii*, in mancanza dei quali il negozio è nullo (art. 1418 c.c.) ed *accidentalia negotii*, che le parti sono libere di apporre o meno.

Gli elementi accidentali sono tuttavia tali solo in potenza: è bensì vero che le parti possono non apporli al contratto, ma se lo fanno, essi **divengono parte a tutti gli effetti del regolamento contrattuale**, del quale sono in grado di condizionare le sorti.

Gli elementi accidentali del contratto sono: la condizione, il termine ed il modus. Di questi, specialmente la condizione ed il modus possono costituire un veicolo per dare ingresso nella regolamentazione contrattuale ad interessi altrimenti destinati a restare estranei ad essa, per collocarsi al livello dei meri motivi.

2. La condizione.

L'art. 1353 c.c. prevede che "le parti possono **subordinare l'efficacia o la risoluzione del contratto** o di un singolo patto ad un **avvenimento futuro ed incerto**", che si definisce "condizione".

Dalla lettera della norma si desume che all'avverarsi della condizione le parti possono subordinare la produzione degli effetti del contratto, oppure la loro eliminazione (risoluzione del contratto). Nel primo caso la condizione si dice **sospensiva**; nel secondo, **risolutiva**. Esempio del primo caso: Tizio si impegna ad acquistare un certo immobile se otterrà il trasferimento nella città in cui questo si trova. Esempio del secondo caso: Tizio acquista un certo immobile sotto la condizione risolutiva del suo trasferimento in un'altra città. In questo caso, se Tizio sarà trasferito, il contratto cesserà di produrre effetti.

L'avvenimento cui l'art. 1353 c.c. fa riferimento è individuato dalla volontà delle parti ("le parti possono subordinare"). Ne consegue che quando, invece l'elemento che condiziona l'efficacia del contratto è previsto dalla legge, non si è in presenza di una condizione in senso tecnico.

La condizione contemplata dall'art. 1353 cc., cioè individuata dalla volontà pattizia, si definisce *condicio facti*; quella individuata dalla legge si definisce *condicio iuris* e ad essa, per le ragioni dette, non si applicano le norme in materia di condizione, le quali si riferiscono solo alla *condicio facti*. La condizione – stabilisce l'art. 1353 – è essere un avvenimento futuro ed incerto. Non è quindi ammessa la *condicio de praesenti* o *de preterito*, cioè che abbia ad oggetto un evento passato o presente non conosciuto dalle parti. Esistono alcuni negozi, detti *actus legitimi*, che non tollerano l'apposizione di elementi accidentali e quindi della condizione: si pensi a matrimonio, ai negozi di diritto familiare, all'accettazione dell'eredità, alla cambiale, o all'accettazione e girata della cambiale.

La condizione può poi essere **casuale, potestativa o mista** a seconda che essa dipenda dal caso o da terzi (farò l'abbonamento al Teatro dell'Opera se quel tale ballerino sarà nel corpo di ballo), dalla volontà di una delle parti (se partirò per la Cina, ti affiderò la custodia della mia casa), oppure in parte dal caso o da terzi ed in parte dalla volontà di uno dei contraenti (se supererò l'esame di abilitazione acquisterò questa toga).

Una precisazione s'impone in merito alla condizione potestativa, la quale dipende, come detto, dalla volontà di una delle parti. Tale volontà non può essere identificata con l'arbitrio o con il futile capriccio (se schioccherò le dita), ma deve essere sempre l'espressione di una scelta che condiziona gli effetti del contratto perché li subordina ad un determinato assetto di interessi o ad un insieme di valutazioni rilevanti per la parte da cui la condizione potestativa dipende. Deve cioè sussistere un legame, nel giudizio e nella personale valutazione della parte, tra gli effetti del contratto ed il fatto dedotto nella condizione potestativa: ti affiderò la custodia della mia casa se partirò per la Cina, perché solo in tal caso avrò interesse a che qualcuno la custodisca.

Se invece la condizione altro non fa che subordinare l'efficacia del contratto al mero capriccio della parte, l'art. 1355 c.c. dispone che "è nulla l'alienazione di un diritto o l'assunzione di un obbligo subordinata a una condizione sospensiva che la faccia dipendere dalla mera volontà dell'alienante o, rispettivamente, da quella del debitore". In questo caso la **condizione meramente potestativa** *vitiatur e vitiat*, perché la **nullità colpisce l'intero contratto**. La ragione è chiara: le ipotesi contemplate dall'art. 1355 c.c. hanno in comune il fatto che chi si obbliga è lo stesso soggetto da cui dipende la condizione meramente potestativa: venderò se vorrò; mi obbligherò se vorrò. Questo non è un serio impegno, perché da questa dichiarazione non discende alcun reale vincolo e quindi l'ordinamento non offre la propria tutela ad un simile accordo. Al contrario, se il soggetto in capo al quale nasce l'obbligo è diverso da quello da cui dipende l'avverarsi della condizione meramente potestativa, allora l'operazione si riassumerà nell'obbligarsi o meno secondo il mero arbitrio della controparte. In questa dichiarazione l'ordinamento ravvisa un reale *animus obligandi*, ed infatti chi aliena un diritto sotto condizione dipendente dalla volontà dell'acquirente si assoggetta ad un vicolo, il cui venire in essere dipende da variabili indipendenti dalla volontà dell'obbligato: non vi è dunque ragione per ritenere invalido questo negozio.

L'art. 1353 c.c. fa riferimento alla **condizione meramente potestativa** sospensiva e non anche a quella **risolutiva**: dottrina e giurisprudenza concordano infatti nel ritenere l'**ammissibilità** di quest'ultima, quand'anche meramente potestativa, perché essa si risolve in una semplice facoltà di recesso accordata ad una delle parti ex art. 1373 cc.[177]

2.1 La pendenza della condizione.

L'art. 1356 c.c. stabilisce che "in pendenza della **condizione sospensiva** l'acquirente di un diritto può compiere **atti conservativi**" (co. 1). "L'acquirente di un diritto sotto **condizione risolutiva** può, in pendenza di questa, **esercitarlo**, ma l'altro contraente può compiere atti conservativi" (co. 2).

Durante la pendenza della condizione permane l'incertezza circa il suo avveramento ed il codice consente all'acquirente sotto condizione sospensiva, di tutelare l'**aspettativa di diritto** di cui è titolare (e che è trasmissibile *inter vivos* o *mortis causa*), compiendo atti conservativi. Il co. 1 disciplina, in altri termini, la seguente situazione: Tizio vende a Caio il proprio immobile sotto condizione sospensiva. Finché la condizione non si avvera, il diritto non si trasferisce e Tizio continua quindi ad essere proprietario mentre Caio è titolare di una mera aspettativa. Tizio, essendo proprietario, eserciterà tutte le facoltà che gli competono, ma Caio avrà un interesse, durante questo periodo, a che il bene di cui forse diverrà proprietario, sia conservato in senso materiale e giuridico e, inoltre, a che sia garantita la permanenza delle condizioni che possono consentire l'avveramento della condizione. A tali fini egli potrà dunque compiere atti conservativi.

Il secondo co. prevede la situazione uguale e contraria: l'acquirente sotto condizione risolutiva è divenuto titolare del diritto e potrà pienamente esercitarlo, ma l'alienante può tutelare il bene che forma oggetto del diritto condizionatamente trasferito, compiendo atti conservativi.

L'art. 1358 c.c. stabilisce poi che "colui che si è obbligato o che ha alienato un diritto sotto condizione sospensiva, ovvero lo ha acquistato sotto condizione risolutiva, deve, in pendenza della condizione, **comportarsi secondo buona fede** per conservare integre le ragioni dell'altra parte.

---

[177]Cass. civ., 10 febbraio 2004, n. 2497.

Si tratta di una norma che enuncia una particolare applicazione della regola della buona fede esecutiva, dettata dall'art. 1345 c.c.

Tra i comportamenti contrari alla regola della buona fede, l'art. 1359 c.c. ne contempla uno, di particolare gravità, stabilendo che "la condizione si considera avverata qualora sia mancata per causa imputabile alla parte che aveva interesse contrario all'avveramento di essa" (**finzione di avveramento della condizione**).

2.2 Avveramento della condizione e retroattività reale degli effetti.

L'art. 1360 c.c. stabilisce che "gli effetti dell'avveramento della condizione retroagiscono al tempo in cui è stato concluso il contratto, salvo che, per volontà delle parti o per la natura del rapporto, gli effetti del contratto o della risoluzione debbano essere riportati a un momento diverso" (co. 1). La norma stabilisce così la **regola della retroattività della condizione**, ammettendone tuttavia la derogabilità. La retroattività, quindi, non è un elemento essenziale, ma un effetto naturale della condizione.

In dottrina[178] si osserva che la retroattività degli effetti dell'avveramento della condizione può definirsi "reale", perché **gli effetti retroagiscono non solo per le parti, ma anche rispetto a terzi**. La retroattività reale viene così contrapposta alla retroattività c.d. obbligatoria, che si verifica ad esempio in tema di risoluzione del contratto per inadempimento e che produce effetti solo rispetto alle parti. L'avveramento o il mancato avveramento della condizione, in virtù di una *fictio*, devono considerarsi come avvenuti al momento della conclusione del contratto, anche rispetto a terzi, con la conseguenza che chi ha acquistato un diritto reale immobiliare *sub condicione*, soggiace agli effetti dell'avveramento o del mancato avveramento. Ad esempio: Tizio acquista un bene immobile sotto condizione sospensiva il giorno primo gennaio. Il primo maggio, in pendenza della condizione, lo vende a Caio. Successivamente, la condizione si verifica. Il carattere reale della retroattività comporta che la condizione si consideri avverata il primo gennaio non solo rispetto a Tizio, ma anche rispetto a Caio, con la conseguenza che deve ritenersi che Caio, il primo maggio, abbia acquistato una proprietà piena, e non già condizionata. Lo stesso ragionamento può farsi per la condizione risolutiva, i cui effetti retroagiscono al momento della stipula, così determinandosi, anche rispetto ai terzi, la stessa situazione che si sarebbe verificata se il contratto non fosse mai stato stipulato.

Perché la retroattività operi anche nei confronti dei terzi, però, è necessario che questi siano posti **in condizione di conoscere l'esistenza della condizione**. Si applica pertanto l'art. 2659 co. 2 c.c., relativamente all'onere di **annotazione**.

---

[178]V. ex multis Torrente, Manuale di diritto privato, Milano, 1999 pag. 231.

Il secondo co. dell'art. 1360 c.c. stabilisce che "Se però la condizione risolutiva è apposta a un **contratto ad esecuzione continuata o periodica**,
l'avveramento di essa, in mancanza di patto contrario, non ha effetto riguardo alle prestazioni già eseguite" (co. 2).
Si sottraggono alla retroattività della condizione anche gli atti di ordinaria
amministrazione compiuti dalla parte cui spettava, durante il periodo di
pendenza della condizione, l'esercizio del diritto e i frutti percepiti in tale
lasso di tempo (art. 1331 c.c.).

2.3 Illiceità ed impossibilità della condizione.
La condizione è illecita quando è **contraria a norme imperative, ordine
pubblico o buon costume**.
L'illiceità della condizione determina conseguenze diverse in ragione del
tipo di negozio cui la condizione è apposta: nel caso di **negozi** *mortis causa*, la condizione illecita si considera come **non apposta** (*vitiatur sed non
vitiat*: art. 634 c.c.); al contrario, nel caso di **negozi** *inter vivos* (art. 1354
c.c.) essa **rende illecito l'intero negozio**. Il principio espresso dall'art 634
c.c. trova però un limite nell'art. 626 c.c., il quale stabilisce che "il motivo
illecito rende nulla la disposizione testamentaria, quando risulta dal testamento ed è il solo che ha determinato il testatore a disporre".
Quanto alla condizione **impossibil**e, si definisce tale quella che consiste in
un avvenimento naturalisticamente o giuridicamente irrealizzabile. Le conseguenze della sua apposizione ancora una volta variano: nel caso di negozi
mortis causa l'art. 643 c.c. prevede le stesse conseguenze che discendono
dall'apposizione della condizione illecita; nel caso di negozi *inter vivos*,
l'art. 1354 c.c. apre un'ulteriore distinzione: se la condizione impossibile è
sospensiva, il contratto è nullo; se è risolutiva si ha per non apposta.
Si noti che sin qui si è detto della "apposizione" di condizione impossibile:
infatti, se si appone una condizione possibile e questa diviene impossibile in
un successivo momento, non si applicano le regole appena illustrate, ma la
condizione deve considerarsi come non avverata

3.La presupposizione.
L'istituto della presupposizione non è contemplato dal codice civile; la sua
definizione e sistemazione dogmatica da parte della dottrina e della giurisprudenza sono in costante divenire. Tradizionalmente, la presupposizione è
definita come "**condizione non sviluppata del negozio**" e con essa ci si
riferisce a fatti, situazioni o circostanze che, sebbene non espresse nel negozio, sono determinanti ai fini della stipula.
L'esempio di scuola che suole generalmente portare in proposito, è quello di
chi lochi un balcone al fine, non espresso nel contratto, di assistere al passaggio di un corteo regale: se, concluso l'accordo, il corteo viene annullato,

per il locatore viene meno qualsiasi interesse all'esecuzione del contratto, che però è stato sottoscritto ed è per lui vincolante. Il problema posto dalla presupposizione consiste nel verificare se, ed in che modo, sia possibile annettere rilievo a questa condizione inespressa e come contemperare i contrapposti interessi di chi abbia perduto interesse all'esecuzione del contratto e di chi abbia riposto affidamento sulla sua validità ed efficacia.

L'elaborazione giurisprudenziale in materia di presupposizione si è sviluppata secondo due direttrici.

-La prima consiste nella elaborazione di una **figura generale** capace di annettere rilievo contrattuale ad **interessi atipici,** non disciplinati dalle parti nel regolamento contrattuale e tuttavia dalle stesse ritenuti determinanti per la formazione della volontà negoziale.

L'aspetto più critico di tale operazione risiede nella difficoltà di individuare un **riferimento normativo** che consenta di fondare la figura della presupposizione in una norma di diritto positivo, senza tuttavia ridurla ad un inutile duplicato di strumenti o principi già esistenti.

-La seconda consiste nell'individuare gli **strumenti di tutela** esperibili dalla parte incorsa in una falsa presupposizione.

I due temi sono strettamente connessi. Volendo infatti esemplificare, se la presupposizione viene inquadrata nell'alveo della nozione di causa in concreto, allora la falsa presupposizione di un evento passato coinciderà con un vizio genetico della causa, determinando conseguentemente la nullità del contratto; se essa viene ricondotta all'istituto delle sopravvenienze, il contratto che riposi su una falsa presupposizione si rivelerà risolubile; se, ancora, si ritenesse di inquadrare la presupposizione nella disciplina dell'errore, allora la falsa presupposizione comporterebbe l'annullabilità del contratto.

Nella giurisprudenza di legittimità, la presupposizione viene ricorrentemente definita come "**obiettiva situazione di fatto o di diritto** (passata, presente o futura) **tenuta in considerazione - pur in mancanza di un espresso riferimento nelle clausole contrattuali - dai contraenti nella formazione del loro consenso come presupposto condizionante la validità e l'efficacia del negozio** (cd. condizione non sviluppata o inespressa), il cui venir meno o verificarsi è del tutto indipendente dall'attività e volontà dei contraenti, e non corrisponde - integrandolo - all'oggetto di una specifica obbligazione dell'uno o dell'altro"[179]. In tale definizione si avverte la chiara eco di un tradizionale approccio ermeneutico che ravvisa nella presupposizione una sorta di condizione di efficacia non dedotta in contratto.

In altre pronunce si fa riferimento ad "**una condizione implicita o inespressa** comune ad entrambe le parti", di cui si rinviene il fondamento

[179]Cass. 25 maggio 2007, n. 12235; Cass., 23 settembre 2004, n. 19144; Cass., 4 marzo 2002, n. 3052; Cass., 21 novembre 2001, n. 14629;

nell'art. 1353 c.c. [180]. In questa prospettiva,la presupposizione è assimilabile alla condizione non solo perché i contraenti condizionano volontà degli effetti del contratto al verificarsi del fatto presupposto (loco questo balcone perché so che sotto di esso passerà il corteo che desidero vedere), ma anche perché, come nella condizione, il verificarsi del fatto presupposto non dipende dalla volontà delle parti. Ed è proprio tale aspetto che consente, allora, di distinguere il mancato verificarsi del fatto presupposto, dalla condotta inadempitiva di uno dei contraenti e di osservare che il fatto presupposto non rientra nell'oggetto della prestazione, ma è, in conclusione, un **elemento accidentale del contratto**.

Si è tuttavia osservato che la condizione è un evento futuro ed incerto, mentre la presupposizione ha ad oggetto un fatto dato erroneamente per sicuro dalle parti.

Secondo altra opzione ermeneutica, la presupposizione potrebbe essere assimilata ad una **clausola *rebus sic stantibus*** implicitamente apposta al contratto, oppure ricondotta alla disciplina dell'**errore sui motivi**, mentre non è mancato chi l'ha in quadrata nell'**istituto della buona fede**, che impone alle parti di non esigere determinate prestazioni o di rinegoziare le condizioni del contratto, quando non si verifica o viene meno il fatto che forma oggetto di presupposizione.

Un forte impulso innovativo al dibattito in tema di presupposizione è venuto dall'affermarsi delle **teorie della causa in concreto**. La presupposizione, infatti, è, come visto, una situazione di fatto o di diritto che condiziona la realizzazione del concreto assetto di interessi divisato dalle parti del contratto. Finché la causa è stata ravvisata nella astratta funzione economico sociale del contratto, causa e presupposizione sono rimaste ben distinte; tuttavia, nel momento in cui si è ritenuto di identificare la causa con la sintesi degli effetti reali del contratto, quindi proprio con il concreto assetto di interessi per la cui realizzazione questo è stato stipulato, allora **la distinzione tra causa e presupposizione è venuta a situarsi sul mero profilo cronologico**, perché la presupposizione, contrariamente alla causa, concerne **fatti sopravvenuti che incidono sulla realizzabilità della funzione** del contratto[181]. Pertanto, in giurisprudenza si è osservato come la presupposizione venga in rilievo quando "dal contenuto del contratto si evinca che una situazione di fatto considerata, ma non espressamente enunciata dalle parti in sede di stipulazione, quale presupposto imprescindibile della volontà negoziale, venga successivamente mutata…", in modo tale che l'assetto che le

---

[180]Cass. 23 settembre 2004 n. 19144; Cass. civ. n. 6631 del 2006; In dottrina, v. Sacco, Il contratto a cura di Sacco e De Nova, I, in Trattato di diritto civile diretto da Sacco, Torino 2004, 448.

[181]Caringella, Manuale di diritto civile, Giuffrè, 2008, p. 392

parti hanno dato ai loro interessi "[...] venga a trovarsi a poggiare su una base diversa da quella in forza della quale era stata convenuta l'operazione negoziale, così da comportare la **risoluzione del contratto stesso ex art. 1467 c.c.**"[182]. Si consegue in tal modo anche l'obiettivo di tutelare gli interessi dei terzi, grazie all'applicazione dell'art. 1468 c.c. Tornando all'esempio del balcone di cui sopra, secondo l'orientamento sin qui enunciato, si dovrebbe concludere che: se *ab origine* le parti hanno fatto affidamento su una falsa presupposizione, stipulando il contratto nell'erroneo convincimento che il corteo sarebbe passato sotto il balcone locato, allora questa vicenda deve essere ricondotta ad un difetto della causa (loco un balcone per un uso per il quale esso non potrebbe mai servirmi); se, al contrario, le parti stipulano il contratto perché effettivamente il corteo deve passare sotto il balcone locato, (sempre senza esplicitare tale ragione), ma sopravviene un fatto che impone un mutamento dell'originario tragitto, allora la vicenda va ricondotta all'istituto della presupposizione, e determina, come visto, la risoluzione del contratto, sempre a condizione che siano state entrambe le parti ad aver riposto affidamento nel fatto presupposto e non esplicitato.

Un ulteriore orientamento è stato poi espresso da una giurisprudenza affatto innovativa, secondo la quale la presupposizione non è da ricondursi né ai motivi, né all'oggetto, né alla causa del contratto, ma, se si vuole riconoscerle un'autonomia concettuale e quindi una concreta utilità nella disciplina del contratto, deve essere individuata "in una **circostanza esterna** ad esso, che, pur se non specificamente dedotta come condizione, ne costituisce uno specifico ed oggettivo presupposto di efficacia, assumendo per le parti valore determinante ai fini del mantenimento del contratto, e la cui mancanza legittima l'esercizio del **diritto di recesso**[183]".

4.Il termine.

Il termine consiste in **un avvenimento futuro e certo** a partire dal quale o fino al quale il contratto produrrà i suoi effetti. Mentre il termine è di certa verificazione, potendo essere incerto solo il momento della sua scadenza, (*certus an, incertus quando*), la condizione è un evento di cui si ignora non solo *quando*, ma anche *se* si verificherà. (*incertus an, incertus quando*).
Come osserva autorevole dottrina,[184] il termine adempie a due distinte funzioni: la prima consiste nel limitare nel tempo l'**efficacia del contratto**, se-

---

[182]Cass. Civ. 24 marzo 2006, n. 6631.
[183]Cass. Civ., sez. III, 25 maggio 2007, n. 12235.
[184]Santoro Passarelli, Dottrine cit. p. 204.
[160] Santoro Passarelli, Dottrine, cit. p.205.
[161] Caringella, Manuale cit. p. 64.

condo la volontà delle parti; la seconda, regola non già l'efficacia del contratto, ma il **tempo di esecuzione della prestazione**.

-Sotto il primo profilo, nella funzione cui il termine assolve si possono cogliere alcune similitudini con la condizione. Infatti, come questa può essere sospensiva o risolutiva, così il termine può dirsi iniziale o finale e, come la condizione sospensiva, il **termine iniziale impossibile comporta la nullità del contratto**.

Prima del compimento del termine iniziale o della scadenza del termine finale, secondo parte della dottrina, alla parte interessata alla scadenza spetta un'aspettativa, tutelata con gli strumenti ex art. 640, 1347, 1465 e 1523[160].

Altro orientamento[161] ritiene invece che, poiché il termine è un momento di certa verificazione, la posizione del soggetto che trae vantaggio dalla sua scadenza non possa essere assimilata a quella di chi sia interessato all'avverarsi della condizione (ed essere come questa qualificata alla stregua di aspettativa), ma debba essere qualificata come diritto soggettivo, esercitabile tuttavia solo a partire da - o solo fino a - un dato momento.

-Sotto il secondo profilo, il codice regola agli artt. 1183 ss. **il termine di adempimento** delle obbligazioni.

Un'importante conseguenza della distinzione illustrata si coglie nel fatto che se taluno, ignorando il termine di adempimento dell'obbligazione, paga anticipatamente, non può ripetere quanto pagato (art. 1185 c.2), perché quel pagamento estingue l'obbligazione. Al contrario, se taluno adempie prima del termine a cui è subordinata la nascita del diritto di credito (e non il suo adempimento) oppure prima dell'avverarsi della condizione sospensiva, allora può ripetere quanto pagato, non potendo quel pagamento integrare l'adempimento di un'obbligazione non ancora sorta[185]. E' appena il caso di soggiungere che, mentre gli effetti dell'avveramento della condizione retroagiscono, non così è a dirsi per il termine.

5. Il modus.

Il codice civile non disciplina l'onere o *modus* tra gli elementi accidentali del contratto, ma con norme collocate nella materia della donazione (art. 793794 c.c.) e del testamento (647.648 c.c.).

L'onere è una clausola accessoria con cui le parti **non incidono**, a differenza di termine e condizione, **sull'efficacia del contratto, ma appongono limiti ad un atto di liberalità**, gravando il beneficiario di un'obbligazione di dare, di fare o di non fare, stabilita a favore del disponente o di un terzo. Secondo l'orientamento maggioritario l'onere può poi essere apposto a qualsiasi atto a titolo gratuito.

---

[185]Santoro Passarelli, Dottrine cit. p 205.

Il **modus**, benché si concreti in una prestazione suscettibile di valutazione economica, **non diviene mai una controprestazione**. Ciò si porrebbe in contraddizione, a tacer d'altro, con la natura dell'atto (gratuito o di liberalità) cui esso accede.

L'adempimento dell'onere, nei limiti del valore della liberalità, può essere preteso da qualsiasi interessato (art. 641 co. 1c.c.; 693 co. 2 e 3 c.c.) ed il suo inadempimento può dare luogo in ogni caso al **risarcimento del danno nonché alla risoluzione del contratto, a condizione che essa sia stata prevista dal disponente come conseguenza dell'inadempimento o che l'adempimento dell'onere abbia costituito il solo motivo determinante della disposizione** (art. 648 c.c.).

In questo caso la risoluzione consegue ad una sentenza **costitutiva** e produttiva di effetti *ex tunc* (ciò che vale ulteriormente a distinguere l'inadempimento dell'onere dall'avveramento della condizione risolutiva, che avviene automaticamente ed *ex tunc* al verificarsi dell'evento dedotto in condizione).

L'onere impossibile o illecito si considera come non apposto (*vitiatur sed non vitiat*).

CAPITOLO XVII

GLI EFFETTI DEL CONTRATTO TRA LE PARTI E RISPETTO A TERZI

Sommario: 1. Effetti del contratto tra le parti. – 2. Il principio di relatività del contratto ed i suoi limiti. – 2.1 Gli effetti indiretti del contratto; la relatività delle qualificazioni giuridiche. – 2.2 L'opponibilità: nozione e rinvio. – 2.3 La lesione del credito. – 2.4 Il contratto in danno di terzi. – 3. L'opponibilità del contratto. – 4. Il contratto a favore di terzo. – 4.1 La prestazione dopo la morte dello stipulante e divieto di patti successori. – 5. La promessa del fatto del terzo.

1. Effetti del contratto tra le parti.

L'art. 1372 co.1. statuisce che "il contratto ha forza di legge tra le parti. Non può essere sciolto che per mutuo consenso o per cause ammesse dalla legge". Le parti, dunque, **non possono sciogliersi unilateralmente dal vincolo contrattuale,** salvo che sia stato lo stesso contratto (o la legge) ad attribuire ad una di esse o ad entrambe il diritto di recedere unilateralmente. Esse possono invece sciogliersi dal contratto mediante un successivo accordo (mutuo consenso).

Nonostante la rubrica dell'art. 1372 operi un espresso richiamo agli "effetti" del contratto, la "forza di legge" si traduce non già nell'efficacia, ma nella **vincolatività** del contratto. Si tratta di concetti distinti. Nella teoria generale del diritto, la nozione di "vincolatività" è stata ricondotta a quella di "rilevanza dei fatti giuridici".[186] Un contratto è vincolante quando genera obblighi giuridici per le parti; è invece efficace quando produce effetti. Un contratto sottoposto a condizione sospensiva oppure a termine, ad esempio, è vincolante ma non ancora efficace.

Prevedendo lo scioglimento del contratto per "mutuo consenso", l'art. 1372 c.c. ha fatto riferimento al c.d. patto di risoluzione, che è a sua volta un contratto e che, se produce un effetto reale immobiliare, deve essere annotato a margine della trascrizione del contratto risolto, ai sensi dell'art. 1655 co. 4. La volontà pattizia o la legge possono poi attribuire alle parti, oltre che un diritto di recedere dal contratto o scioglierlo per mutuo consenso, anche uno *ius variandi*, cioè il potere di modificarne unilateralmente il contenuto. Quanto agli effetti che il contratto può produrre tra le parti, come si evince dall'art. 1321 c.c., essi possono essere costitutivi, modificativi o estintivi di un rapporto giuridico patrimoniale.

---

[186]Falzea, voce "Efficacia giuridica, in Enc. Dir, XIV, Milano, 1965, pp. 432 ss.

I contratti costitutivi possono distinguersi in contratti ad effetti obbligatori e ad effetti reali. Di questa centrale distinzione abbiamo avuto modo di occuparci alla lettera g) par. 4 Cap. IX, cui si rinvia.

2. Il principio di relatività del contratto ed i suoi limiti.

Enunciando il principio per cui **il contratto non produce effetto rispetto ai terzi, salvo i casi previsti dalla legge**, l'art. 1372, co. 2., detta il **principio di relatività degli effetti del contratto.**

L'idea sottesa a tale principio è quella dell'intangibilità della sfera giuridico patrimoniale altrui, che si traduce, sul piano soggettivo, nella distinzione tra la nozione di parte e quella di terzo. Se la parte è infatti un centro d'imputazione d'interessi, soggetto di una relazione giuridica fondata sul contratto, il terzo è invece colui cui il contratto *neque nocet neque prodest*, in quanto *res inter alios acta*.

Costituisce applicazione del principio di relatività del contratto, la regola secondo cui **la promessa dell'obbligazione o del fatto del terzo non obbligano il terzo, ma obbligano solo il promittente a risarcire il danno in caso di inadempimento della promessa** (art. 1381 c.c.)

Fino a tempi non lontani, si è ritenuto che, in omaggio al principio di relatività degli effetti del contratto, dovesse recisamente escludersi la possibilità che il contratto potesse produrre effetti rispetto a terzi, fossero essi favorevoli o sfavorevoli. Tale rigorosa interpretazione del principio di cui all'art. 1372 c.c., è andata tuttavia mitigandosi con il tempo, essendo oggi unanimemente **ammessa la possibilità che il contratto produca effetti giuridici favorevoli nel patrimonio del terzo, purché rifiutabili**. Così, quelle norme codicistiche che ammettono espressamente effetti favorevoli per i terzi (si pensi al contratto a favore di terzo, ex art. 1411 c.c., al contratto con obbligazioni a carico del solo proponente, ex art. 133 c.c., o alla donazione obnuziale, ex art. 785 c.c.) e che in passato erano lette come vistose eccezioni alla regola generale, appaiono oggi null'altro che specifiche applicazioni di quella regola, nella sua più innovativa interpretazione: il principio di relatività degli effetti comporta il **divieto di incidere unilateralmente in senso negativo** la sfera patrimoniale altrui, oppure il **divieto di produrvi unilateralmente effetti positivi non rifiutabili.**

Si ritiene, infatti, che meriti oggi tutela, non solo l'interesse alla protezione della sfera individuale da ingerenze altrui, ma anche quello, di non poca importanza in sistemi economici fondati anche sulla velocità dei commerci, a produrre effetti vantaggiosi secondo modalità più agili di quelle necessarie per il perfezionamento di un accordo.

2.1 L'opponibilità: nozione e rinvio.

Oltre agli effetti diretti, il contratto può produrre anche effetti meramente indiretti, eppure di grande rilevanza, rispetto a terzi. In particolare, il contratto con cui taluno acquisti un certo diritto, può prevalere sul titolo in forza del quale altri ritenga di avere acquistato il medesimo diritto. In tal caso si dice che il contratto che prevale è "opponibile" a terzi: l'opponibilità è, infatti, la **prevalenza del contratto su altri titoli con esso incompatibili** e, a ben vedere, costituisce un mero effetto indiretto del contratto. Infatti la volontà pattizia non ha ad oggetto l'opponibilità, ma gli effetti modificativi, costitutivi o estintivi propri del contratto stipulato, i quali si producono solo nella sfera giuridica delle parti. L'opponibilità del contratto a terzi sarà una conseguenza indiretta, voluta dalla legge, idonea non già a produrre effetti giuridici nel patrimonio di terzi, ma a risolvere un conflitto tra titoli. Sarà questa soluzione a determinare, inevitabilmente, conseguenze di fatto e di diritto nelle sfere giuridiche dei soggetti coinvolti.

Del tema dell'opponibilità ci si occuperà al paragrafo 3 del presente capitolo.

2.2 La lesione del credito.

Un'altra forma **di rilevanza (ma non di efficacia) del contratto rispetto a terzi** risiede nella **tutela aquiliana del credito**. Si tratta di una figura di elaborazione pretoria, la quale presuppone che il dovere del *neminem laedere* includa anche il dovere di non ingerirsi in rapporti obbligatori tra soggetti terzi, ledendo il diritto di credito altrui (§2, Cap. 1).

A ben vedere, qui non si verte propriamente in tema di effetti del contratto rispetto a terzi, ma di **mera rilevanza del contratto**, perché il dovere generale di astensione, che è anche dovere di non ledere la posizione creditoria, discende dalla legge e non è un effetto prodotto dal contratto in capo ai terzi, così come discende dalla violazione della legge, l'obbligo di risarcire il danno eventualmente cagionato al creditore.

2.3 Il contratto in danno di terzi.

Parte della dottrina osserva che contratto può essere anche, nella prospettiva inversa, fonte di danno per i terzi. Si pensi semplicemente al caso del **promittente alienante che**, nelle more della stipula del definitivo, **aliena il bene promesso in vendita, a persona diversa dal promissario acquirente**, oppure al caso della doppia alienazione immobiliare, quando, in virtù della priorità della trascrizione, prevalga l'acquisto del secondo acquirente. Anche in questo caso, può osservarsi che il danno subito dal terzo non è un effetto giuridico del contratto, ma che **in questi casi il contratto rileva piuttosto come atto**, perché viene considerato come inadempimento di un obbligo convenzionalmente assunto o come fatto illecito che lede altrui situazioni giuridiche ex. art. 2043 c.c. [187].

Volendo quindi schematizzare, possiamo dire che, a fronte della regola della relatività degli effetti del contratto, che vuole che tali effetti si producano solo tra le parti, (art. 1371, co. 2), si pone la possibilità che il contratto produca **effetti diretti favorevoli** (che si producono in capo al terzo salvo rifiuto) ed **effetti indiretti,** (tra cui principalmente l'opponibilità, cioè l'attitudine del contratto a prevalere su titoli incompatibili vantati da terzi).

Inoltre, **accanto alla efficacia** del contratto rispetto a terzi, si pone il diverso tema della sua *rilevanza* **rispetto a terzi,** nel cui contesto s'inquadrano la **lesione del credito** ed il **contratto in danno di terzi**.

Al paragrafo che segue ci si occuperà dell'opponibilità.

3. L'opponibilità del contratto.

Il problema dell'opponibilità è, come si è avuto modo di anticipare, un problema di **conflitto tra titoli incompatibili.** Ad esempio, Tizio vende a Caio il suo aranceto di Cefalù e Caio lo rivende a Sempronio. Successivamente, il contratto tra Tizio e Caio viene annullato, cosicché sia Tizio che Sempronio pretendono ora di essere proprietari dello stesso aranceto. Chi prevale tra Tizio e Sempronio? Si tratta, in altri termini, di stabilire se il contratto tra Caio e Sempronio è opponibile a Tizio.

Il problema non è di agevole soluzione perché, a ben vedere, se si applicasse la regola più semplice ed immediata, cioè quella che fa prevalere colui che ha acquistato per primo, ne conseguirebbe che chiunque acquistasse un diritto si troverebbe esposto al rischio di vedersi opporre un acquisto cronologicamente antecedente, e quindi prevalente, rispetto al proprio.

Il codice civile detta allora alcune norme volte da un lato a risolvere tali conflitti, dall'altro soddisfare le **esigenze di certezza** che connotano le vicende circolatorie. Tali norme variano a seconda che si tratti: a) di doppia alienazione immobiliare; b) di conflitto tra dominus ed acquirente a non domino; c) di conflitto tra alienante ed avente causa dell'acquirente; d) di conflitti tra l'acquirente ed i creditori dell'alienante. Giova esaminare distintamente i diversi casi.

a) Pensiamo anzitutto al caso della **doppia alienazione immobiliare**: Tizio vende lo stesso bene prima a Caio e poi a Sempronio. Se si applicasse la regola *prior in tempore potior in iure*, Sempronio potrebbe non aver modo di sapere della precedente vendita, e ciò significa che chiunque acquistasse un bene sarebbe sempre esposto al rischio di sentirne rivendicare la proprietà da un precedente acquirente. Si genererebbe in tal modo un'inammissibile condizione di incertezza.

---

[187]Catricalà, L'Esame, cit. pag. 174 cit.

Pertanto il legislatore ha elaborato criteri di risoluzione dei conflitti fondati sulla **pubblicità delle vicende circolatorie:** ai sensi dell'art. 2644 c.c. **prevale chi trascrive per primo il proprio acquisto.**

Se invece ad essere conteso è un **bene mobile,** allora si applica l'art. 1155 c.c.: "se taluno, con successivi contratti, aliena a più persone un bene mobile, quella tra esse che ne ha **acquistato in buona fede il possesso** è preferita alle altre, anche se il suo titolo è di data posteriore".

I conflitti tra più aventi causa dallo stesso autore possono avere ad oggetto anche **diritti personali di godimento** oppure diritti di credito. Nel primo caso, (ad es. se Tizio concede la propria casa in locazione per lo stesso periodo con successivi contratti prima a Caio e poi a Sempronio), prevale **chi per primo ha conseguito il godimento. Se nessuno ha conseguito il godimento del bene, si ha riguardo al titolo di data certa anteriore** (art. 1380 c.c.).

Nel secondo caso viene in questione un conflitto **tra più diritti di credito,** e qui si applica l'art. 1265, co. 1, con la conseguenza che prevarrà **chi per primo abbia notificato la cessione** al debitore ovvero abbia conseguito l'accettazione con atto di data certa.

b) Oltre ai conflitti tra più aventi causa dallo stesso autore, possono poi verificarsi **conflitti tra acquirente** *a non domino* e *dominus,* quando taluno (Caio) alieni ad altri (Sempronio, acquirente *a non domino*) il bene altrui (di Tizio, *dominus*).

In questo caso l'alienante (Caio) non ha mai acquistato il suo diritto dal dominus, nemmeno con un titolo invalido o inefficace, e pur tuttavia lo trasferisce a terzi (l'esempio di scuola è quello di chi, dopo aver commesso un furto, alieni la refurtiva). La soluzione offerta dal codice è diversa a seconda che il bene alienato sia mobile o immobile. **Se il bene è mobile,** si applica la regola **"possesso vale titolo",** di cui all'art. 1153 c.c., in base al cui primo co. "colui al quale sono alienati beni mobili da parte di chi non ne è proprietario [...] ne **acquista la proprietà mediante il possesso,** purché sia in **buona fede** al momento della consegna e sussista un **titolo idoneo** al trasferimento della proprietà." (In questo caso il titolo è il contratto stipulato tra il terzo subacquirente ed il suo dante causa, cioè tra Caio e Sempronio. Il titolo che invece manca è quello tra Tizio e Caio ed infatti Caio - nel nostro esempio l'autore del furto - è un *non dominus*). Il principio si applica anche ai diritti di usufrutto, di uso e di pegno (co. 3). Se invece il bene è **immobile** non si può applicare la regola della priorità nella trascrizione, perché l'art. 2644 c.c. risolve i conflitti tra più aventi causa dallo stesso autore, non i conflitti tra il vero proprietario e l'acquirente a non domino. L'unica ipotesi in cui il quest'ultimo può prevalere è quella in cui egli abbia **usucapito il bene ex. art. 1159 c.c.** Se il bene è poi un **diritto di credito, l'acquisto dal non dominus non è mai opponibile al dominus.**

b) Una terza classe di ipotesi che può verificarsi è quella del **conflitto tra l'alienante e un avente causa dall'acquirente**. In questo caso il conflitto si può dare perché il primo contratto (tra alienante e acquirente) può essere invalido, inefficace o può essere risolto ed in questi casi, se l'acquirente ha a sua volta trasmesso il bene a titolo particolare ad un terzo subacquirente, sorge un conflitto tra l'alienante originario e l'avente causa dall'acquirente (anche detto subacquirente).

E' l'esempio che si è portato in origine: Tizio, che vende un bene a Caio, il quale lo rivende a Sempronio, ottiene successivamente l'annullamento (o la declaratoria di nullità o d'inefficacia) del contratto stipulato tra lui e Caio. Qui, secondo la regola *resoluto iure dantis resolvitur et ius accipientis*, una volta dichiarata l'invalidità dell'acquisto compiuto da Caio, se questi non è divenuto proprietario, non può certo aver trasmesso la proprietà a Sempronio. In altri termini Sempronio ha acquistato *a non domino*, o meglio da qualcuno che, sebbene non fosse proprietario, appariva tale. Questo aspetto **dell'apparenza della titolarità del diritto in capo al dante causa** (Caio) **spiega la differenza di disciplina rispetto** al caso, precedentemente esaminato, in cui pure veniva in rilievo un **acquisto a non domino**. Infatti, in quel caso l'acquirente dal primo proprietario, cioè il non dominus (Caio), non aveva un titolo, neppure invalido o inefficace, su cui fondare il proprio acquisto e pertanto il suo successore a titolo particolare non poteva che soccombere davanti al vero proprietario.

Nel caso che stiamo esaminando ora, invece, è vero che Caio non è il dominus, ma è pur vero che sembra esserlo, perché ha acquistato dal proprietario in forza di un titolo che appariva valido ed efficace. Perciò il legislatore non applica integralmente la regola *resoluto iure dantis resolvitur et ius accipientis*, in base alla quale, caduto il primo contratto cadono sempre, come tessere di un domino, anche quelli dei successivi aventi causa, ma, in caso di trasferimento immobiliare, fa **salvo l'acquisto del subacquirente ex art. 2652 c.c.**, norma che, nel caso in cui il contratto tra il dominus (nel nostro esempio, Tizio) ed l'acquirente (Caio) sia nullo o annullabile, **fa prevalere i terzi di buona fede** (Sempronio)che abbiano acquistato **a titolo oneroso in base ad atto iscritto o trascritto anteriormente alla trascrizione della domanda di nullità o di annullamento**.

Si noti: quando si pone un problema di doppia alienazione immobiliare, si confronta il tempo della trascrizione dei due atti di acquisto dal comune dante causa. Quando vi è un problema di acquisto a non domino, si confrontano il titolo acquisto del subacquirente, da una parte, e il momento di trascrizione della domanda volta a caducare il contratto stipulato dal dante causa con il primo acquirente, dall'altra.

d) Da ultimo può darsi un **conflitto tra l'acquirente (o i suoi aventi causa) e i creditori dell'alienante**. Questi ultimi hanno interesse alla conservazione del patrimonio del loro debitore per poter successivamente esperire l'azione esecutiva e, come si è visto, l'ordinamento riconosce loro a tal fine lo strumento dell'azione revocatoria. Nel conflitto tra i creditori e il subacquirente dal debitore, quest'ultimo potrà dunque prevalere, opponendo il proprio titolo, in caso di alienazioni mobiliari, se ricorreranno i requisiti richiesti dall'art. **1153** c.c.; in caso di alienazioni immobiliari se ricorreranno i requisiti richiesti dall'art. **2652, n. 5.** In quest'ultimo caso, quindi, il conflitto si risolve nello stesso modo in cui si è visto risolversi quello tra subacquirente ed alienante, al punto c).

4. Il contratto a favore di terzo.

L'art. 1411 recita: "È' valida la stipulazione a favore di un terzo, qualora lo stipulante vi abbia **interesse** (co.1). Salvo patto contrario, il terzo acquista il diritto contro il promittente per effetto della **stipulazione**. Questa però **può essere revocata** o modificata dallo stipulante, **finché il terzo non abbia dichiarato**, anche in confronto del promittente, **di volerne profittare** (co.2). In caso di revoca della stipulazione o di rifiuto del terzo di profittarne, la prestazione rimane a beneficio dello stipulante, salvo che diversamente risulti dalla volontà delle parti o dalla natura del contratto (co.3)". Il contratto a favore di terzo non integra un autonomo tipo contrattuale, ma è una particolare forma che il singolo contratto può assumere ove un'apposita clausola (la stipulazione) ne indirizzi gli effetti favorevoli verso un terzo invece che verso una delle parti.

I contraenti sono: il promittente (che è colui che deve tenere la prestazione nei confronti del terzo) e lo stipulante (che è colui nel cui patrimonio si sarebbero prodotti gli effetti del contratto se egli non avesse indicato un terzo quale loro destinatario). Il contratto a favore di terzo è quindi un contratto **bilaterale**, concluso cioè tra promittente e stipulante. Il terzo, proprio perché terzo e non parte, non partecipa all'accordo, non presta consenso alla stipulazione del contratto e non è in alcun modo coinvolto nella conclusione dello stesso. Il contratto a favore di terzo è quindi un accordo tra promittente e stipulante e si perfeziona quando il promittente ha conoscenza dell'accettazione dello stipulante o viceversa.

Tra gli effetti che il contratto produce vi è quello di far acquistare al terzo il diritto nei confronti del promittente e, correlativamente, di far sorgere in capo al quest'ultimo l'obbligo di eseguire la prestazione nei confronti del terzo. Perché vi sia contratto a favore di terzo, dunque, il diritto del terzo alla prestazione deve sorgere dal contratto tra promittente e stipulante e non dalla legge. Inoltre **il terzo** deve essere destinatario non già di un semplice effetto economico vantaggioso, ma di una prestazione, che egli deve avere diritto a pretendere, acquistando così un diritto soggettivo nei confronti del promittente.[188] Si noti, però, che la titolarità del diritto in capo al terzo non va confusa con la titolarità del rapporto contrattuale. **Del rapporto è titolare lo stipulante, che ne è parte; del diritto alla prestazione è titolare il terzo.**

Da ciò derivano importanti conseguenze: legittimati ad esperire le **azioni di annullamento, rescissione e risoluzione** saranno solo stipulante e promittente, che sono parti. Nel caso, ad esempio, di inadempimento del promittente, potrà agire per la risoluzione chi sia parte del rapporto, giacché solo le parti di un rapporto possono determinarne lo scioglimento. Per identificare chi sia parte del rapporto, dobbiamo chiederci chi ha stipulato il contratto e pagato il corrispettivo. Poiché questi è lo stipulante, allora sarà lo stipulante a poter agire per la risoluzione.

Ove invece, a fronte dell'inadempimento del promittente, si voglia agire per l'**adempimento**, chi sarà legittimato ad esperire la relativa azione?

Per poter pretendere l'adempimento occorre avervi diritto, e nel contratto a favore di terzo il soggetto che ha diritto ad ottenere l'adempimento è il terzo. Schematizzando: lo stipulante paga il corrispettivo, è parte del contratto, quindi può agire per la risoluzione, ma non ha diritto alla prestazione (salvo il rifiuto del terzo). Il terzo non è parte, non paga il corrispettivo, ma ha diritto alla prestazione, quindi può agire per l'adempimento. Naturalmente anche il promittente potrà agire per la risoluzione, ove ne ricorrano le ragioni.

Per l'azione di nullità, invece, il problema non si pone perché, la legittimazione all'azione di nullità ex art. 1421 spetta a chiunque vi abbia interesse.

Il promittente convenuto in giudizio per l'adempimento, a sua volta, potrà opporre al terzo le **eccezioni** fondate sul contratto, perché è il contratto la fonte della pretesa del terzo. Lo stesso promittente, però, non potrà opporre al terzo le eccezioni relative ai propri rapporti con lo stipulante. La prestazione tenuta dal promittente entra nel sinallagma contrattuale: Tizio paga 1000 euro a Caio perché questi impartisca lezioni di pianoforte a Sempronio. E' Sempronio che acquista il diritto ad usufruire delle lezioni, ma queste integrano una prestazione che è, per Caio, un corrispettivo del prezzo pagato.

Se conclude un contratto a favore del terzo, lo stipulante deve evidentemente avere un **interesse** a che il terzo acquisti i vantaggi che ne derivano. Questo interesse può essere meramente morale, può poggiare su una causa solutoria (ad esempio ove lo stipulante sia debitore del terzo in forza di altro, precedente rapporto), su una causa sinallagmatica (cioè il terzo tiene una prestazione nei confronti dello stipulante e questi stipula come controprestazione un contratto in suo favore), oppure su una causa di liberalità (in

---

[188]Cass. civ., sez. II, 12 maggio 2014, n. 10272.

questo caso il contratto a favore di terzo integra una donazione indiretta ex. art. 809 c.c.). Ciò che rileva è che un interesse dello stipulante sussista, perché l'art. 1411 c.c. lo richiede **ai fini della validità** della stipulazione, che è nulla **se manca o è illecito l'interesse** dello stipulante. Più precisamente, in tal caso si ritiene che sia nulla la stipulazione a favore del terzo, cioè l'attribuzione al terzo della prestazione, ma non l'intero contratto: il promittente dovrà di conseguenza tenere la prestazione nei confronti dello stipulante. Si dovrà invece optare per la nullità dell'intero contratto, solo ove risulti, secondo il disposto dell'art. 1419 c.c., che le parti non lo avrebbero stipulato senza quella parte che è colpita da nullità.

Il terzo può **dichiarare di voler profittare della stipulazione**. Questa dichiarazione, per quanto si è detto, non ha valore di accettazione, perché il terzo acquista il diritto già per effetto della conclusione del contratto tra promittente e stipulante. La sua funzione è dunque un'altra: quella di **impedire la revoca** della stipulazione da parte dello stipulante e di **consumare la facoltà di rifiuto** da parte del terzo stesso.

La dottrina maggioritaria attribuisce a tale dichiarazione **natura negoziale**, con la conseguenza di considerarla annullabile per incapacità o vizi della volontà.

A presidio del principio di intangibilità della sfera giuridica altrui, il codice prevede poi che il terzo possa **rifiutare** l'attribuzione patrimoniale disposta in suo favore.

Il rifiuto è, secondo l'orientamento dominante, una **rinuncia ad un diritto già acquisito** per effetto della conclusione del contratto (tra promittente e stipulante)[189], oppure una *condicio iuris* risolutiva.[190]

4.1 La prestazione dopo la morte dello stipulante e divieto di patti successori

L'art. 1412 c.c. dispone che "se la prestazione deve essere fatta al terzo dopo la morte dello stipulante, questi può revocare il beneficio anche con una disposizione testamentaria e quantunque il terzo abbia dichiarato di volerne profittare, salvo che, in quest'ultimo caso, lo stipulante abbia rinunciato per iscritto al potere di revoca (1). La prestazione deve essere eseguita a favore degli eredi del terzo se questi premuore allo stipulante, purché il beneficio non sia stato revocato o lo stipulante non abbia disposto diversamente (2)". La norma è dettata in ossequio al principio, inderogabile e di ordine pubblico, dell'intangibilità della libertà deltestatore nella formalizzazione delle proprie ultime volontà. Si noti che in questa fattispecie è riconosciuto allo

---

[189]Messineo, Contratti nei rapporti col terzo, in Enc. Dir., X, Milano, 1962, 196, 203.
[190]Gazzoni, Manuale, cit. 953.

stipulante **un potere di revoca anche successivo alla dichiarazione del terzo di voler profittare della stipulazione, in deroga quindi alla regola posta dall'art.1411 c.c.**

La dottrina maggioritaria ha messo in luce come questa norma non deroghi al generale divieto di patti successori ex art. 458 c.c., perché se le parti stabiliscono che la prestazione deve essere eseguita nei confronti del terzo dopo la morte dello stipulante, l'evento "morte" non costituisce la giustificazione causale del trasferimento, ma il **termine iniziale** a decorrere dal quale si produrranno gli effetti di un'attribuzione che si è già perfezionata mentre lo stipulante era in vita. Inoltre il *discrimen* tra contratto a favore di terzo e patto successorio emerge anche sotto il profilo della partecipazione del terzo all'atto dispositivo. Quando infatti il beneficiario dell'atto assuma la qualità di parte, è esclusa la riconducibilità della vicenda alla figura del contratto a favore di terzo.

5. La promessa del fatto del terzo

L'art. 1381 c.c. disciplina la promessa del fatto del terzo o contratto a carico del terzo, disponendo che "colui che ha promesso l'obbligazione o il fatto di un terzo, **è tenuto a indennizzare l'altro contraente, se il terzo rifiuta di obbligarsi o non compie il fatto promesso**".

Dalla promessa del fatto del terzo nasce dunque un'obbligazione non certo a carico del terzo, ma a carico del promittente. Questi infatti, per effetto della promessa, è tenuto ad adoperarsi affinché il terzo si obblighi oppure adempia. Ad esempio: il venditore di un fondo può garantire che il proprietario del fondo confinante concederà il diritto di costruire un nuovo fabbricato in aderenza a quello di sua proprietà o comunque a distanza inferiore a quella legale. L'obbligo che deriva dalla promessa in capo al promittente è quello di attivarsi per ottenere dal proprietario del fondo confinante l'agognata concessione. Se il terzo non compie quanto promesso, il promittente potrà essere chiamato a rispondere di un indennizzo, ove si sia diligentemente attivato presso il terzo per soddisfare l'interesse del promissario, oppure a risarcire il danno ove nel suo comportamento siano ravvisabili profili di negligenza o di colpa. Si noti che, ove il promittente prometta che il terzo adempirà ad un proprio obbligo verso il promissario, si è comunque del tutto al di fuori della causa di garanzia, perché, come detto, il promittente dovrà solo adoperarsi per ottenere che il terzo adempia, ma non è tenuto a garantire con il proprio patrimonio l'adempimento di questi, né esiste tra l'obbligazione del terzo e quella del promittente alcun rapporto di accessorietà.

Si discute poi se l'art. 1381 c.c. contempli una promessa unilaterale o un contratto, cioè se sia necessaria o meno l'accettazione del promissario perché la promessa produca i propri effetti. L'orientamento maggioritario, ritenendo non potersi disattendere il dato letterale della norma che fa riferimento ad un "altro contraente", opina nel senso della natura contrattuale della figura in esame.

CAPITOLO XVIII

L'INVALIDITA'

Sommario: 1. L'invalidità. – 2. Invalidità e inefficacia. – 3. Invalidità e inesistenza.

1. L'invalidità.

L'invalidità non è un istituto del diritto positivo, ma una categoria di elaborazione dottrinaria, con cui si esprime un giudizio di difformità della regola contrattuale nel suo rapporto con la regola legale[191], da cui discende la negazione, da parte dell'ordinamento giuridico, del valore precettivo del contratto stesso.

Secondo un'autorevole dottrina, "la legge stabilisce l'invalidità del negozio, allorché manchi uno degli elementi costitutivi del negozio tipico, quali volontà, forma, causa, oppure nel caso in cui la causa stessa o uno degli elementi aggiunti nel negozio concreto, o il motivo, o le modalità - nei limiti in cui questi hanno rilevanza giuridica - sia illecito, o la modalità sia impossibile, oppure l'oggetto o il soggetto non abbiano i requisiti stabiliti dalla legge, o infine la volontà sia viziata"[192].

In tali violazioni la legge individua le figure della nullità e dell'annullabilità, entrambe riconducibili all'invalidità. Secondo una dottrina minoritaria, poi, anche la rescindibilità costituirebbe una forma d'invalidità[193], mentre la dottrina dominante ritiene che la rescindibilità debba essere piuttosto ricondotta tra le ipotesi di semplice inefficacia del negozio.[194]

2. Invalidità ed inefficacia.

L'invalidità si distingue dall'inefficacia, che è l'inettitudine del contratto a produrre effetti.

Un contratto può essere invalido ma efficace, come accade nel caso di annullabilità (il contratto annullabile, come si vedrà, è viziato, ma produce effetti fino a che non intervenga la sentenza di annullamento); oppure può essere valido ma inefficace (per esempio si pensi ad un contratto immune da vizi, che non produca effetti semplicemente perché sottoposto a condizione sospensiva). Il contratto invalido è minato da un vizio intrinseco del suo regolamento, ed è soggetto ad un giudizio di disapprovazione, in conseguenza

---

[191]Amadio Macario, Diritto Civile, vol. I, p.783.

[192]Santoro Passarelli, Dottrine cit., p.244.

[193]Bianca, Dir. Civ, Vol III, Il Contratto, Giuffrè, 2000, p. 610.

[194]Santoro Passarelli, Dottrine cit, p. 244.

del quale esso "non vale", **non può ricevere la protezione dell'ordinamento** giuridico per realizzare la propria funzione. Un contratto inefficace, se si fa riferimento all'inefficacia in senso stretto, è tale per una carenza estrinseca al regolamento[195] (ad esempio non si è ancora verificata la condizione sospensiva), ma soprattutto non è stigmatizzato dall'ordinamento giuridico; se non produce i propri effetti è per una ragione esterna che può ben avere anche natura transitoria.

Le ragioni di inefficacia del contratto possono più analiticamente essere distinte in motivi di mera inefficacia (vale l'esempio della condizione sospensiva) e ragioni di invalidità: infatti l'inefficacia può essere (ma non necessariamente è) anche una conseguenza dell'invalidità.

3. Invalidità e inesistenza

La distinzione tra invalidità ed inesistenza non pone particolari problemi quando si faccia riferimento all'annullabilità. Essa si fa invece complessa quando si risolve nel tracciare il confine tra il negozio nullo e quello inesistente.

Superate le tradizionali impostazioni di derivazione romanistica, che facevano coincidere le nozioni di nullità e di inesistenza, oggi si ritiene che la nullità sia un attributo del contratto, quindi di una sostanza che esso necessariamente presuppone. **Il contratto nullo è infatti oggetto di considerazione da parte dell'ordinamento**: esso esiste e si pone in relazione con altre fattispecie giuridicamente rilevanti, diversamente dal contratto inesistente, che si dà in *rerum natura* come sostanza, ma che non si riflette in alcun modo nel mondo del giuridicamente rilevante.

La distinzione non è senza conseguenze: basti pensare alla sanatoria del testamento e della donazione nulli, (prevista dagli artt. 590 e 799 c.c.), che è possibile per il negozio nullo, ma non certo per quello inesistente[196].

---

[195]Amadio Macario, p. 786 cit.
[196]Santoro Passarelli, p. 243, cit.

CAPITOLO XIX

LA NULLITA'

1. Definizione

Nella disciplina dei contratti **la nullità è la figura generale dell'invalidità**. Essa è cagionata da un **vizio originario** e quasi sempre radicale del contratto, che **impedisce *ab origine* la produzione di effetti** ed è (di regola) sancita a **tutela di interessi superindividuali**. Si tratta di principi che, come si vedrà, sono fatti oggetto di non infrequenti eccezioni, ma che costituiscono regole cardine, da cui discendono alcuni importanti corollari:

1. ex. art. 1423 c.c. il contratto nullo è **insuscettibile di essere convalidato**, se la legge non dispone diversamente; il contratto nullo può però, ai sensi dell'art. 1424 c.c., produrre gli effetti di un contratto diverso, del quale contenga i requisiti di sostanza e di forma, qualora possa ritenersi, avuto riguardo agli scopi perseguiti dalle parti, che le stesse lo avrebbero voluto se avessero conosciuto la nullità (**conversione** del contratto nullo).

2. la nullità può essere **rilevata d'ufficio** dal giudice (perché posta a tutela di interessi generali: art. 1421 c.c.).

3. **la legittimazione** all'azione di nullità **è assoluta** (se il contratto non ha prodotto effetti, non li ha prodotti per nessuno), vale a dire che la nullità può essere rilevata da chiunque vi abbia interesse (art. 1421 c.c.).

4. ex art. 1422 c.c. l'azione di nullità è **imprescrittibile** (l'assoggettamento a prescrizione dell'azione di nullità, si risolverebbe, a tacer d'altro, in una – inammissibile – convalida del negozio nullo);

5. l'azione di nullità ha carattere di **accertamento** mero;

6. la **sentenza** che definisce l'azione di nullità ha **natura dichiarativa** (non è la sentenza che pone nel nulla gli effetti. Questi, al contrario, non si sono mai prodotti e la sentenza si limita a dichiararlo).

Ai sensi dell'art. 1418 c.c., "**il contratto è nullo quando è contrario a norme imperative**, salvo che la legge disponga diversamente (co.1). Producono nullità del contratto la **mancanza di uno dei requisiti indicati dall'art. 1325, l'illiceità della causa, l'illiceità dei motivi nel caso indicato dall'art. 1345 e la mancanza nell'oggetto dei requisiti stabiliti dall'art. 1346 (co. 2). Il contratto è altresì nullo negli altri casi stabiliti dalla legge** (co. 3)". La norma delinea tre categorie di nullità: la nullità virtuale (co.1), le nullità strutturali (co. 2) e le nullità stabilite dalla legge (co.3). Già conosciamo la nullità strutturale, perché essa costituisce la conseguenza della mancanza di uno dei requisiti del contratto, di cui si è detto al capitolo IX, o dell'illiceità di causa o motivi, di cui si è detto nel capitolo dedicato alla causa, o infine di mancanza dei requisiti dell'oggetto che, come visto, deve essere possibile, lecito, determinato o determinabile ai sensi dell'art. 1346, co. 2, c.c. Il tema della nullità virtuale merita invece alcune precisazioni. Di essa si dirà dunque al paragrafo che segue.

1.1 La nullità virtuale.

Si definisce *virtuale* quella nullità che consegue alla contrarietà del contratto a norme imperative, cioè a norme preposte, com'è noto, alla **tutela di interessi generali** e pertanto assistite da una sanzione di particolare gravità. Onde delimitare l'ambito di operatività di tale categoria di nullità, giova ricordare che, come osservato al paragrafo precedente, il secondo co. dell'art. 1418 commina la sanzione della nullità c.d. strutturale, per la violazione di norme, anch'esse imperative, che impongono la sussistenza di alcuni elementi, c.d. strutturali, del contratto.

Per il principio di specialità, quindi, può concludersi che la nullità virtuale consegue alla violazione di norme imperative, salvo che: a) " la legge disponga diversamente"; b) le norme imperative violate rientrino in quelle contemplate dal co.2,, caso nel quale esse sono assistite dalla sanzione della nullità strutturale.

Anche così, residuano però rilevanti incertezze circa l'ambito di operatività della nullità virtuale. Dottrina e giurisprudenza si sono infatti chieste se possano rientrarvi anche le violazioni di norme imperative che regolano "condotte" che devono essere tenute dalle parti, come, ad esempio, quelle che impongono obblighi di informazione durante la fase delle trattative. Nel fornire risposta negativa a tale quesito, la giurisprudenza ha tradizionalmente limitato l'applicazione dell'art. 1418 co. 1 alle violazioni di norme che regolino "**elementi intrinseci del contratto**", formulando una importante **distinzione tra norme di validità e norme di condotta,** secondo la quale solo la violazione di norme di validità potrebbe determinare la nullità del contratto. Né ha avuto seguito l'obiezione secondo cui la contrarietà alla legge di "elementi intrinseci" al contratto finirebbe per coincidere con le violazioni previste al secondo co. dell'art. 1418 e non già al primo. Infatti la giurisprudenza ha chiarito che l'area delle norme inderogabili la cui violazione può determinare la nullità del contratto in conformità del disposto dell'art. 1418 c.c., co.1, comprende in primo luogo le **norme che disciplinano il contenuto del contratto** (nozione ben distinta da quella di "elemento strutturale) e, in secondo luogo, "anche le **norme che**, in assoluto, oppure in presenza o in difetto di determinate condizioni oggettive o soggettive, direttamente o indirettamente, **vietano la stipulazione stessa del** contratto. [...] Neppure in tali casi, tuttavia, si tratta di norme di comportamento afferenti alla concreta modalità delle trattative prenegoziali o al modo in cui è stata data di volta in volta attuazione agli obblighi contrattuali gravanti su una delle parti, bensì del fatto che il contratto è stato stipulato in situazioni che lo avrebbero dovuto impedire"[197].

Un esempio che ricorrentemente si adduce in proposito, è quello del contratto concluso in assenza delle necessarie autorizzazioni amministrative ovvero da soggetti non legittimati a contrarre[198]. Le autorizzazioni richieste dalla legge e la legittimazione a contrarre, pur non rientrando nel "contenuto" del contratto, devono ciò nondimeno considerarsi elementi "intrinseci", cioè attinenti pur sempre al contratto e non ai comportamenti delle parti. La loro mancanza, pertanto, ponendosi in violazione di norme imperative, comporta la nullità del contratto.

In conclusione, l'ambito di operatività dell' art. 1418, co.1, è più ristretto di quanto non appaia ad una interpretazione meramente letterale della norma, perché esso non comprende tutte le norme imperative con esclusione di quelle per cui la legge prevede diversamente e quelle assistite da nullità strutturale, bensì solo quelle, tra le norme imperative residue, che vietano la stipulazione del contratto o che ne disciplinano il contenuto - nell'accezione chiarita dalla Suprema Corte.

2. La nullità parziale.

L'art. 1419 c.c. dispone che "la nullità parziale di un contratto o la nullità di singole clausole importa la nullità dell'intero contratto **se risulta che i contraenti non lo avrebbero voluto senza quella parte del suo contenuto che è colpita da nullità**" (co.1)

"**La nullità di singole clausole non importa la nullità del contratto, quando le clausole nulle sono sostituite di diritto da norme imperative**" (co. 2). La norma costituisce un'importante applicazione del **principio di conservazione del contratto**, che è a sua volta una specificazione di un più generale principio di conservazione, che informa di sé non il solo diritto civile, ma l'intero ordinamento giuridico. Non deve quindi dichiararsi nullo un atto se la sua parte che non è colpita da nullità, realizza un interesse delle parti (*utile per inutile non vitiatur*).

La giurisprudenza di legittimità ha avuto modo di chiarire in proposito che "a norma dell'art. 1419 c.c., al fine di stabilire se la nullità di una clausola contrattuale importi la nullità dell'intero contratto, la scindibilità del contenuto del contratto deve essere accertata soprattutto attraverso la valutazione della **potenziale volontà** delle parti in relazione all'ipotesi che nel contratto

---

[197]Cass., S.U. 19 dicembre 2007, n. 26724.
[198]Caringella, p. 811, cit.

no fosse stata inserita la clausola nulla.[199]

Il co. 2 dell'art. 1419 c.c. contempla invece il caso in cui **le clausole nulle siano sostituite di diritto da norme imperative**, rinviando al meccanismo previsto dall'art. 1339 c.c. In tal caso, sostituita la clausola nulla con una clausola valida, non viene più in rilievo la questione della nullità del contratto, che quindi **si conserva sempre**. La conservazione, pertanto, mentre nel caso di cui al co. 1 dipende dalla volontà delle parti, ed opera *ope iudicis* dopo un'indagine in proposito, nel caso di cui al co. 2, prescinde da tale volontà ed avviene anche contro di essa, perché si verifica *ope legis* ed automaticamente. Nel caso di cui al primo co., quindi, la conservazione è finalizzata a realizzare l'interesse delle parti (ed è per questo che si indaga la loro volontà), nel caso di cui al secondo co., essa è finalizzata a consentire l'operatività di norme integrative del contratto. Questa osservazione vale a mettere in dubbio l'assunto, non di rado sostenuto, che il principio di conservazione dell'atto sia una forma di tutela dell'autonomia negoziale, perché, come si vede, **talvolta la conservazione avviene anche indipendentemente e addirittura contro la volontà delle parti**. Un altro importante esempio in proposito può essere rinvenuto nel principio, ricorrentemente affermato in giurisprudenza, secondo il quale "la disciplina di cui alla legge 7 marzo 1996, n. 108 si applica ai contratti (nella specie, conto corrente con tasso d'interesse superiore a quello legale) contraenti tassi usurari, anche se stipulati prima della sua entrata in vigore, ove i rapporti non siano esauriti. Ne consegue che, in applicazione dell'art. 1 della l. 108 de. 1996 e degli artt. 1319 c.c. e 1419 c.c., secondo co. opera la **sostituzione automatica dei tassi convenzionali con i tassi soglia** applicabili in relazione ai diversi periodi"[200].

Lo stesso principio che è alla base dell'art. 1419, è sotteso poi al successivo art. 1420, a mente del quale "**nei contratti con più di due parti**, in cui le prestazioni di ciascuna sono dirette al conseguimento di uno scopo comune, la nullità che colpisce il vincolo di una sola delle parti non importa la nullità del contratto, salvo che la partecipazione debba, secondo le circostanze, considerarsi essenziale".

3. Imprescrittibilità, insanabilità e conversione.

Il codice civile detta due fondamentali norme che regolano l'**azione di nullità**: l'art. 1421c.c., che sancisce la regola secondo cui la nullità può essere fatta valere da chiunque vi abbia interesse e può essere rilevata d'ufficio dal giudice; e l'art. 1422, che stabilisce che "l'azione per far dichiarare la nulli-

---

[199]Cass. civ., sez. II, 11 luglio 2011, n. 15214.
[200]Cass. civ., sez. I, 11 gennaio 2013, n. 602.

tà non è soggetta a prescrizione, salvi gli effetti dell'usucapione e della prescrizione delle azioni di ripetizione".

L'azione di nullità è dunque **assoluta**. Essa può essere fatta valere non solo dalle parti, ma da chiunque vi abbia interesse. E' "interessato", in senso processuale, il terzo che dal contratto nullo possa subire una lesione attuale ad un suo diritto o un danno alla propria sfera giuridica[201].

Inoltre la nullità **può essere rilevata** *ex officio* **dal giudice**, proprio perché posta a salvaguardia di interessi generali o, come si vedrà in seguito, di soggetti deboli.

La delimitazione dei poteri di rilevazione d'ufficio della nullità, ha posto non pochi problemi agli interpreti, soprattutto per la necessità di armonizzare l'esercizio di tali poteri con i **principi processuali della domanda (art. 99 c.p.c.) e di corrispondenza tra chiesto e pronunciato (art. 112 c.p.c.)**, per cui il giudice non può pronunciarsi oltre i limiti della domanda. In considerazione di tale esigenza, la giurisprudenza ha per lungo tempo ritenuto che il giudice potesse pronunciarsi ex officio solo sulle eccezioni non rientranti tra quelle proponibili esclusivamente dalle parti. Di conseguenza, la giurisprudenza era concorde nel ritenere che il giudice potesse **rilevare** *ex officio* **la nullità del contratto solo ove l'attore agisse per l'adempimento**, mentre, ove l'attore agisse per la risoluzione, l'annullamento o la rescissione, il giudice che avesse rilevato *ex officio* la nullità sarebbe incorso nel vizio di ultrapetizione e avrebbe favorito l'attore in violazione di un principio di imparzialità, perché gli avrebbe attribuito un'utilità (la declaratoria di nullità del contratto) diversa e addirittura superiore a quella da egli domandata[202].

A questo tradizionale orientamento se n'è nel tempo contrapposto uno di segno contrario, che ha propugnato un'interpretazione estensiva dell'art.1421, ammettendo la rilevazione *ex officio* della nullità anche nel caso in cui l'attore agisca per la risoluzione. Infatti – si è sostenuto – per quanto si possa predicare il rispetto del principio della domanda, tale principio non può giungere a fondare la risoluzione di un contratto nullo, il quale è *ne- ullus*, quindi *nullum producit effectum*, con la conseguenza che non è possibile risolvere effetti che non si sono mai prodotti.

La tesi è stata accolta dalle Sezioni Unite di Cassazione, le quali hanno chiarito come il precedente orientamento fosse viziato da un'inversione logica, perché "per il timore dell'extra petizione e quindi di ampliare indebitamente la formazione del giudicato, anziché ragionare sulla portata della decisione conseguente al rilievo officioso della nullità, si è preferito restringere l'area in cui detta questione è rilevabile, limitandola all'azione di

---

[201]Cass. civ., sez. II, 15 aprile 2002, n. 5420.

[202]V. *ex multis*, Cass, 11 marzo 1988, n. 2398.

adempimento"[203]. Nella pronuncia, nel cui solco si è collocata la giurisprudenza di legittimità sino ai giorni nostri, si osserva che, in realtà, **la funzione dell'art. 1421 c.c. consiste nell'impedire che un contratto affetto da nullità e rispetto al quale l'ordinamento esprime un giudizio di disvalore, possa continuare a produrre effetti. Il giudice deve dunque accertare la mancanza di fondamento di quelle domande che presuppongono la validità di un negozio invece invalido.** L'orientamento da ultimo espresso si pone in continuità con la giurisprudenza della Corte di Giustizia Europea, la quale ha affermato che, ove si trovi in presenza di una clausola contrattuale abusiva, il giudice non ha la mera facoltà, ma il dovere di dichiararne la nullità, anche d'ufficio[204].

Le Sezioni Unite esclusero tuttavia in quell'occasione, che, in caso di domanda di risoluzione, fossero rilevabili *ex officio* anche le **nullità di protezione**, in relazione alle quali – si osservò – "il rilievo del vizio genetico è espressamente rimesso alla volontà della parte".

Tale *dictum* è stato tuttavia superato da altra storica sentenza a Sezioni Unite[205], in cui si confuta il diffuso convincimento che le nullità di protezione siano poste esclusivamente a tutela di interessi particolari dei soggetti più deboli, rilevandosi invece come con tali interessi conviva **un interesse generale sia all'uguaglianza, quanto meno formale, tra contraenti forti e contraenti deboli** (art. 3 Cost.), **sia al corretto funzionamento del mercato** (art. 41 Cost.), che non trae giovamento da situazioni di forte disparità tra categorie di contraenti.

Da tale impostazione l'organo della nomofilachia fa discendere l'esistenza di un potere di rilievo officioso della nullità di protezione, tuttavia precludendo, in difetto di specifica domanda di parte, la conseguente declaratoria[206].

---

[203]Cass., Sez. Un. 4 settembre 2012, n. 14828; Cass., Sez. Un. 12 dicembre 2014, n. 26242 e 26243; Cass. 23 giugno 2016, n. 12996.

[204]CGE 4 giugno 2009, in C-243-08.

[205]Cass., S.U. 12 dicembre 2014, n. 26242.

[206]Quanto alle conseguenze, in termini di giudicato, delle diverse statuizioni che può adottare il giudice in tema di nullità, per le S.U. 12 dicembre 2014, n. 26242: "I rapporti tra nullità negoziale ed impugnative contrattuali vanno così sintetizzati:
1)il giudice ha l'obbligo di rilevare sempre una causa di nullità negoziale;
2)il giudice, dopo averla rilevata, ha la facoltà di dichiarare nel provvedimento decisorio sul merito la nullità del negozio […] e rigettare la domanda – di adempimento, risoluzione, annullamento, rescissione – specificando che la *ratio decidendi* della pronuncia di rigetto è costituita dalla nullità del negozio, con una decisione che ha attitudine a divenire cosa giudicata in ordine alla nullità negoziale;
3)il giudice deve rigettare la domanda di adempimento, risoluzione, rescissione, annullamento, senza rilevare – né dichiarare – l'eventuale nullità, se fonda la decisione sulla base della individuata ragione più liquida: non essendo stato esaminato, neanche *incidenter tantum*, il tema della validità del negozio, non vi è alcuna questione circa la nullità;

La generalità dell'interesse all'accertamento della nullità trova espressione, oltre che nella regola che riconosce la legittimazione assoluta all'esercizio della relativa azione, anche in quella che ne dispone l'**imprescrittibilità**. Tuttavia, anche la regola dell'imprescrittibilità incontra precisi limiti, che non attengono all'azione, ma ad altri istituti che con essa interferiscono. In primo luogo viene in rilievo l'**usucapione**. Ove un bene venduto in forza di un contratto nullo fosse usucapito, esperire l'azione di nullità sarebbe del tutto inutile per il venditore, perché l'acquirente avrebbe *medio tempore* acquistato a titolo originario.

In secondo luogo, l'alienante in forza di un contratto nullo, potrebbe vedersi preclusa la possibilità di ottenere la restituzione del bene alienato, a causa della **prescrizione delle azioni di ripetizione**.

Inoltre, "se la domanda diretta a far dichiarare la nullità del contratto è trascritta dopo cinque anni dalla data di trascrizione dell'atto impugnato, (tre anni in caso di beni mobili registrati) la sentenza che l'accoglie non pregiudica i **diritti acquistati a qualunque titolo dai terzi in buona fede in base ad un atto trascritto anteriormente alla trascrizione della domanda stessa**" (art. 2652 n. 6, c.c.).

Altro grande principio che connota la disciplina della nullità (distinguendola, come vedremo, da quella dell'annullabilità) è quello per il quale, come si è visto, **il contratto nullo non può essere convalidato**, salvo che la legge disponga diversamente (v. artt. 590 e 799 c.c., che costituiscono in realtà una forma di conferma e non di convalida).

L'art. 1424 c.c. stabilisce però, come si è visto, che "il contratto nullo può produrre **gli effetti di un contratto diverso**, del quale contenga i requisiti di sostanza di forma, qualora, avuto riguardo allo **scopo** perseguito dalle parti, debba ritenersi che esse lo avrebbero ugualmente voluto se avessero conosciuto la nullità". Torna, sotto una nuova veste, **il principio di conservazione** dell'atto, che opera, in questo caso, tramite il meccanismo detto della **conversione sostanziale**, se ricorrono due condizioni:

-la prima è che il contratto "diverso", nel quale quello nullo potrebbe essere convertito, presenti requisiti di sostanza e di forma già contenuti in quello nullo.

-la seconda è che, interpretando il contratto, si pervenga a ritenere che le parti avrebbero voluto questo diverso negozio, se avessero conosciuto la

---

4) il giudice 'dichiara la nullità del negozio nel dispositivo' della sentenza [...] all'esito della eventuale domanda di accertamento proposta da una delle parti, con effetto di giudicato in assenza di impugnazione;

5)il giudice dichiara la nullità del negozio nella motivazione della sentenza, in mancanza di domanda di accertamento proposta da una delle parti, con effetto di giudicato in assenza di impugnazione;

6)in appello e in Cassazione, in caso di mancata rilevazione officiosa della nullità in primo grado, il giudice ha sempre facoltà di rilevare d'ufficio la nullità.".

nullità di quello che stavano stipulando. Questa formula richiama quella enunciata dall'art. 1419 c.c., in tema di nullità parziale, quando richiede al giudice di indagare se le parti avrebbero voluto il contratto anche senza quella parte che è colpita da nullità. Il meccanismo contemplato dall'art. 1424, però, non prevede la chirurgica asportazione di una parte dell'accordo, ma una conversione, nei limiti di compatibilità con i requisiti di sostanza e di forma presenti nel contratto nullo.

Il fenomeno della **conversione sostanziale** è ben distinto da quello della **conversione formale**, che comporta una diversa qualificazione dell'atto, operata da una disposizione normativa e non dal giudice. Si suole non di rado addurre come esempio di conversione formale il disposto dell'art. 607 c.c., a mente del quale il testamento segreto che manca di qualche requisito suo proprio, vale come testamento olografo se contiene tutti i requisiti richiesti dalla legge per la validità di quest'ultimo. Tuttavia, come nota attenta dottrina,[207] questo fenomeno ha poco a vedere con la conversione ed anche con la conservazione, ma consegue all'applicazione del criterio ermeneutico che consente di qualificare un atto senza essere vincolati al *nomen iuris* impostogli dalle parti. Quando il giudice stabilisce che un testamento segreto privo di qualche requisito valga come testamento olografo, opera cioè un'interpretazione fondata non già sull'art. 1367c.c. ("conservazione del contratto"), bensì ex art. 1362 c.c. (intenzione dei contraenti)[208].

4. La nullità di protezione.

Prevedendo che la nullità possa essere fatta valere da chiunque vi abbia interesse "salvo diverse disposizioni di legge", l'art. 1421 ammette la possibilità di una deroga di fonte legislativa alla regola della legittimazione assoluta da esso stesso enunciata.

In tale spazio si è inizialmente collocata un'importante categoria di nullità di nuovo conio, che ha ben presto travalicato gli angusti limiti assegnati all'eccezione, per assumere una portata ben più ampia: si tratta della **nullità c.d. di protezione**.

Questa figura, che è una *species* del più ampio *genus* delle **nullità relative**[209], raccoglie forme di nullità che sono poste a **tutela** di particolari categorie **di soggetti deboli**, i quali sono quindi i soli a potersene avvalere. Come chiarito da una copiosa giurisprudenza di legittimità (v. §3), la nullità di protezione trova fondamento nell'elaborazione di una nuova nozione di ordine pubblico, che presuppone l'esistenza di interessi generali alla tutela dei soggetti più vulnerabili, poste anche le istanze equitative e solidaristiche

---

[207]Catricalà, L'Esame cit. p. 121 cit.

[208]Nell'interpretazione del testamento si applicano come noto, con gli opportuni adattamenti, le norme dettate dal codice civile per l'interpretazione dei contratti.

[209]Mazzamuto, Il contratto di diritto europeo, seconda edizione, Torino, p. 253.

che permeano il nostro ordinamento a partire dalla sua Carta Costituzionale. Pertanto, non v'è contraddizione tra il fine perseguito (tutela dei soggetti deboli) ed il carattere generale degli interessi alla cui tutela è deputata la sanzione della nullità.

Questa nuova figura di nullità a legittimazione relativa ha, ciò nondimeno, suscitato profonde difficoltà definitorie e di inquadramento sistematico. Vero è che la nozione di **nullità**, un tempo connotata da unitarietà dogmatica e agevole collocazione sistematica, è andata nel tempo frantumandosi in una **pluralità di figure non più omogenee**, sì che oggi si suole parlare non più della nullità, ma delle nullità, proprio ad indicare che le diverse categorie comparse nella legislazione più recente non sono sussumibili sotto una figura unitaria, salvo che non si intenda avere riguardo al solo aspetto *funzionale* delle nullità di nuovo conio, che riflette cioè non più la natura e l'essenza della categoria, ma le scelte di politica legislativa discrezionalmente perseguite dal legislatore.

Paradigmatico della nuova forma di nullità in commento è l'**art. 36 del codice del consumo** (D. lgs. 206/2005), che individua nella nullità la conseguenza della stipulazione del contratto contenente clausole vessatorie ex art. 33 e 34 dello stesso codice. In particolare il co. 3 dell'art. 36 recita: "**la nullità operasoltanto a vantaggio del consumatore e può essere rilevata d'ufficio dal giudice**".

Oltre ad essere una forma di nullità relativa, la nullità di protezione è in tal caso anche una **nullità parziale**, perché colpisce soltanto clausola o la parte del regolamento contrattuale *contra legem*[210].

5. La nullità sopravvenuta.

Si è visto, (§ 1 del presente capitolo), che **la nullità è un vizio originario**. Cosa succede allora se un contratto, lecito al momento della sua stipulazione, si ponga successivamente in contrasto con una norma entrata in vigore dopo che esso è stato stipulato, ma prima che sia portato ad esecuzione?

E' consentito dare esecuzione ad un negozio vietato dalla legge sotto sanzione di nullità? E, d'altra parte, è consentita la declaratoria di nullità di un negozio che era valido al momento in cui è stato stipulato, posto che, come detto, la nullità è un vizio originario?

Il problema si pone quindi con riguardo a due tipologie di contratti: quelli ad **esecuzione continuata** e quelli ad **esecuzione differita**.

Il tema è stato esaminato con particolare riguardo alla **fideiussione omnibus**, quando, con la l. 154 del 1992, il legislatore ha modificato l'art. 1938 c.c. decretando la nullità della fideiussione omnibus assunta senza l'indicazione di un importo massimo garantito. Ci si chiese, allora, se le fi-

---

[210]S. Mazzamuto, cit. pag. 253.

deiussioni omnibus stipulate prima del '92 e prive dell'indicazione di tale importo dovessero considerarsi nulle o potessero essere portate ad esecuzione. Sul punto si pronunciò la **Corte Costituzionale** con una sentenza di storica importanza, **chiarendo che le fideiussioni omnibus senza indicazione dell'importo massimo garantito potessero azionarsisolo con riguardo alle obbligazioni principali sorte prima della riforma.** La soluzione fornita con riguardo alla fideiussione omnibus ha poi trovato applicazione in molti altri casi analoghi. Tra questi, ad esempio, il problema della disciplina dei contratti di mutuo che prevedevano interessi usurari ed in relazione ai quali furono introdotti, da un lato, i limiti fissi imposti dalla legge antiusura e, dall'altro, quelli variabili stabiliti dai decreti ministeriali periodici previsti dalla legge.

In questo caso, il problema si risolse stabilendo che le clausole che prevedevano interessi divenuti usurari solo in base allo *ius superveniens,* fossero azionabili solo relativamente agli interessi maturati fino all'entrata in vigore del nuovo decreto.

Si è pertanto pervenuti a definire la **nullità successiva** come "**il fenomeno in virtù del quale il contratto, che pure ha prodotto in gran parte degli effetti, non è più valido con riferimento alla parte che non ha ancora avuto esecuzione**" trattandosi, in particolare, di una nullità priva di efficacia retroattiva, operante *ex nunc*[211].

Ecco quindi un'ulteriore importante deroga alla disciplina della nullità, che, riguardando vizi originari, opera di regola *ex tunc*.

Un problema non dissimile si è posto con riguardo alla figura della c.d. **usura sopravvenuta**, la cui configurabilità è stata **esclusa da una recente pronuncia delle Sezioni Unite.** Il problema si è posto perché la l. 108/1996, introducendo nuovi criteri per la determinazione dei tassi soglia (oltre i quali gli interessi devono considerarsi usurari), ha fatto riferimento a tassi variabili nel tempo. Di conseguenza, può accadere che interessi inferiori al tasso soglia al momento della pattuizione, diventino superiori ad esso in un momento successivo. Dinanzi a tale fenomeno, talvolta indicato come dell'usura sopravvenuta, si è posta una netta alternativa: se l'applicabilità degli artt. 644 c.p. e 1815 c.c., (che, rispettivamente, vietano l'usura e decretano la nullità delle clausole che pattuiscono interessi usurari), deve essere valutata con riguardo al momento della pattuizione, allora gli interessi che superano solo successivamente il tasso soglia non sono usurari né nulli; se, viceversa, i presupposti per l'applicabilità di tali norme devono sussistere al momento del pagamento, allora detti interessi devono comunque dirsi usurari, e sono nulle le clausole che ne prevedono la deben-

---

[211]Caringella, pag. 819 cit.

za. In tale ultimo caso si configurerebbe una nuova ipotesi di nullità successiva.

Sul dibattito è intervenuto il legislatore con una norma d'interpretazione autentica, con la quale si chiariva che «ai fini dell'applicazione dell'articolo 644 del c.p. e dell'articolo 1815, 2° comma, c.c. si intendono usurari gli interessi che superano il limite stabilito dalla legge nel momento in cui essi sono promessi o comunque convenuti, a qualunque titolo, indipendentemente dal momento del loro pagamento». (l. 24/2001).

La norma non pose fine ai dubbi ermeneutici che intendeva sopire, perché, chiarito che gli interessi che superano la soglia dell'usurarietà in un tempo successivo alla loro pattuizione non sono soggetti all'applicazione degli artt. 644 c.p. e 1815, secondo co. c.c., non specificava quale dovesse esserne la qualifica e quindi la sorte. Infatti, se si fosse dovuto concludere nel senso della loro validità ed efficacia, si sarebbe accordata tutela a pretese volte, come si è sostenuto, ad ottenere prestazioni contrarie a norme imperative al momento dell'adempimento[212] Sul punto (ed in disparte il problema della qualificazione degli interessi pattuiti prima dell'entrata in vigore della l. 108 del 1996), si sono di recente pronunciate le Sezioni Unite della Cassazione[213], chiarendo come non sia più sostenibile, dopo l'entrata in vigore delle leggi n. 108 del 96 e n. 24 del 2001, la tesi della nullità delle clausole che pattuiscono interessi divenuti usurari in tempo successivo alla loro pattuizione, né sia percorribile la via che nega l'esigibilità dei relativi crediti in omaggio alla regola della buona fede esecutiva. "Infatti – conclude la Suprema Corte – la violazione del canone di buona fede non è riscontrabile nell'esercizio in sé dei diritti scaturenti dal contratto, bensì nelle particolari modalità di tale esercizio in concreto".

---

[212] Per una panoramica circa i diversi orientamenti giurisprudenziali, si veda l'ordinanza di rimessione del 31 gennaio 2017, n. 2484

[213] Cass. Civ., SS.UU., sentenza 19/10/2017 n° 24675.

CAPITOLO XX

L'ANNULLABILITA'

1.   L'annullabilità.

L'art. 1425 c.c. stabilisce che "il contratto è annullabile se una delle parti era **legalmente incapace di contrattare**" (co.1). E' parimenti annullabile, quando ricorrono le condizioni stabilite dall'art. 428 c.c., il contratto stipulato da persona **incapace di intendere o di volere**" (co.2).

Inoltre, ex art. 1427 c.c. può chiedere l'annullamento del contratto "il contraente il cui **consenso** fu **dato per errore, estorto con la violenza o carpito con dolo**".

Come si evince già dagli artt. 1425-1427c.c., l'annullabilità, diversamente dalla nullità, è dunque posta a presidio di **interessi disponibili** delle parti, essendo volta principalmente a tutelare l'integrità del volere. Nonostante sia anch'esso un negozio invalido, il **contratto annullabile**, contrariamente a quello nullo, **produce i propri effetti fino all'annullamento**. Si tratta quindi di un caso di contratto invalido ma efficace, (benché l'efficacia sia interinale e precaria), il cui **annullamento ha effetto retroattivo**.

Dagli aspetti sin qui evidenziati discendono alcuni importanti corollari:

1) **il negozio annullabile**, diversamente da quello nullo, **può essere convalidato** (proprio perché è volto a tutelare interessi disponibili; v. art. 1444).

2) **la legittimazione all'azione annullamento è relativa** (mentre, come si è visto, l'azione di nullità è a legittimazione generale), perché spetta solo al contraente "nel cui interesse [l'annullamento] è stabilito dalla legge". (Se l'istituto è posto a tutela del soggetto la cui volontà negoziale è viziata, perché, ad esempio, carpita con dolo, allora sarà questo soggetto e non altri a poter invocare l'annullamento del contratto, adducendo il vizio della propria volontà: v. art. 1441).

3) discende dal punto 2), che l'**annullabilità**, diversamente dalla nullità, **non può essere rilevata d'ufficio dal giudice**, perché il contraente a cui tutela è posta, potrebbe in concreto non avere interesse a farla valere;

4) **l'azione annullamento si prescrive in cinque anni** (mentre quella di nullità è imprescrittibile).

5) la sentenza di annullamento ha carattere costitutivo (mentre quella di nullità ha carattere di accertamento mero) **ed effetti retroattivi.**

2. La convalida del negozio annullabile.

"Il contratto **annullabile può essere convalidato dal contraente al quale spetta l'azione di annullamento**, mediante un atto che contenga la menzione del contratto e del motivo di annullabilità, e la dichiarazione che s'intende convalidarlo (1). Il contratto è pure convalidato se il contraente al quale spettava l'azione di annullamento vi ha dato **volontariamente esecuzione** conoscendo il motivo di annullabilità (2). La convalida non ha effetto se chi l'esegue non è **in condizione di concludere validamente il contratto**" (art. 1444) (3).

Il contratto annullabile può dunque essere convalidato. In tal caso gli effetti interinali da esso prodotti divengono definitivi e ciò si può verificare o per il **decorso del termine di prescrizione dell'azione di annullamento** (salva la regola, che si vedrà, della perpetuità dell'eccezione, ove il negozio non sia stato ancora eseguito), oppure tramite la **convalida.**

Il negozio annullabile, una volta sanato, diventa **valido *ex tunc***, e i diritti acquistati in dipendenza di esso divengono intangibili.

La convalida è un "**negozio integrativo**, unilaterale, di dichiarazione o di attuazione, secondo che avvenga mediante conferma od esecuzione del negozio annullabile, da parte di colui cui spetti il diritto all'annullamento e che sia in condizione di concludere validamente anche il negozio principale"[214].

3. L'azione di annullamento: legittimazione, prescrizione, natura ed effetti della sentenza.

Come si è già osservato, l'annullabilità del contratto non può essere rilevata d'ufficio dal giudice, perché "l'annullamento del contratto può essere domandato solo dalla parte nel cui interesse è stabilito dalla legge", con una eccezione: "l'incapacità del condannato in stato di interdizione legale, può essere fatta valere da chiunque vi ha interesse" (art. 1441 c.c.).

3.1 La legittimazione.

La legittimazione all'azione di annullamento è dunque **relativa**, ed il negozio annullabile si dice pertanto "claudicante"[215].

La regola della relatività della legittimazione **non si applica** quando la causa dell'annullabilità è l'**interdizione legale**. In tal caso, infatti, è legittimato

---

[214]Santoro Passarelli, Dottrine cit. p. 257; Gazzoni, Manuale cit. p.1002 cit.
[215]Santoro Passarelli, pag. 255 cit.

chiunque vi ha interesse. Quest'ultima regola si applica altresì nei negozi a causa di morte.

3.2 La prescrizione.

L'art. 1442 dispone, al suo primo co., che "l'azione di annullamento si prescrive in **cinque anni**". Il termine decorre dal giorno della conclusione del contratto o dal giorno in cui è cessato il vizio o l'incapacità legale; per i negozi *mortis causa*, il termine decorre dal giorno dell'esecuzione o da quello in cui si è avuta notizia del vizio.

La prescrizione dell'azione di annullamento non impedisce che l'annullabilità possa essere opposta in via d'eccezione dalla parte convenuta per l'esecuzione del contratto (art. 1442 co. 4, c.c.). Vige infatti in materia di annullamento la regola *"quae temporalia ad agendum, perpetua ad excipiendum"*.

3.3 La sentenza di annullamento ed i suoi effetti.

La sentenza di annullamento ha **carattere costitutivo** perché, come visto, elimina *ex tunc* gli effetti prodotti dal contratto.

Si pone il problema di tutelare **i terzi di buona fede** che abbiano *medio termpore* acquistato diritti da chi a sua volta li abbia acquistati in forza di un contratto poi annullato. In proposito l'art. 1445 c.c. dispone: "l'annullamento che non dipende da incapacità legale **non pregiudica i diritti acquistati a titolo oneroso dai terzi di buona fede, salvi gli effetti della trascrizione della domanda di annullamento**".

Quindi anzitutto il codice civile distingue tra acquisto a titolo oneroso e a titolo gratuito. E' chiaro infatti che nel primo caso il terzo di buona fede godrà di una tutela più penetrante. Il meccanismo è il seguente: Tizio trasferisce un diritto a Caio, che lo trasferisce a Sempronio. Successivamente, il contratto tra Tizio e Caio viene annullato. In questo caso, nel conflitto tra Tizio e Sempronio, l'art. 1445 fa prevalere Sempronio se è in buona fede e se ha acquistato a titolo oneroso. Senonché questa regola incontra un limite nella priorità della trascrizione della domanda di annullamento, rispetto alla trascrizione del contratto, perché in tal caso viene in rilievo l'**effetto prenotativo della trascrizione**: se Tizio trascrive la domanda di annullamento prima che Sempronio trascriva il proprio acquisto, l'esito del giudizio sulla domanda trascritta (per esempio, l'annullamento) si considererà come verificatosi al momento stesso della trascrizione della domanda e quindi sarà opponibile agli aventi causa dal convenuto (nel nostro caso, Sempronio) (art. 2652 c.c., v. Cap. XVII, §3). L'art. 1445, oltre alla priorità della trascrizione, richiede come visto la **buona fede del terzo** e l'**onerosità** del suo acquisto. Se manca anche uno solo di questi due requisiti, verranno travolti anche gli effetti del negozio tra acquirente e subacquirente (Caio e Sempronio). Ne conseguirà la ripetibilità di quanto prestato. Può essere utile mettere a confronto la vicenda sin qui esaminata, con quella, di cui si è già detto, in cui il contratto tra Tizio e Caio, invece che essere annullato, sia dichiarato nullo, per ricordare che in tal caso Sempronio prevale solo se il contratto nullo viene trascritto con cinque o più anni di anticipo rispetto alla domanda di nullità. La diversità di disciplina si spiega se si pensa che chi acquista in base al contratto annullabile, acquista in base ad un contratto si invalido, ma efficace, ben diversamente da chi acquisti in forza di un contratto nullo. Il codice detta poi alcune disposizioni con riguardo all'**incapace**: il già visto art. 1445 dispone che la regola da esso dettata non si applichi all'annullamento che dipende da incapacità legale, mentre l'art. 1443 dispone, in tema di restituzioni, che "se il contratto è annullato per incapacità di uno dei contraenti, questi non è tenuto a restituire all'altro la prestazione ricevuta se non nei limiti in cui è stata rivolta a suo vantaggio".

4. Le cause dell'annullabilità: l'incapacità e i vizi della volontà.
Come si è osservato al §1, le cause di annullabilità del contratto sono l'incapacità delle parti e i vizi della volontà.

4.1 L'incapacità.
L' art. 1425 c.c. dispone l'annullabilità del contratto se una delle parti era **legalmente incapace di contrattare oppure incapace di intendere o di volere**, e se, al momento della conclusione del contratto, ricorrevano le **condizioni previste dall'art. 428**.
Legalmente incapaci di contrattare sono i minori di età (art. 2 c.c.), gli interdetti giudiziali e legali (art. 44 c.c.) e gli inabilitati (art. 415 c.c.). Per i soggetti incapaci di intendere o di volere, cioè quelli che versano in uno stato d'incapacità naturale ma non sono stati interdetti, si pone il problema di contemperare l'esigenza di assicurare loro un'adeguata tutela con l'esigenza di tutelare i terzi di buona fede (cioè ignari della loro incapacità) che abbiano stipulato con essi.
L'annullabilità dei contratti stipulati dall'incapace naturale è consentita perciò alle condizioni dettate dall'art. 428 c.c.

4.2 I vizi della volontà.
L'art. 1427 c.c. prevede che "il contraente, il cui consenso fu dato per errore, estorto con la violenza o carpito con dolo, può chiedere l'annullamento del contratto, secondo le disposizioni che seguono".
La ratio della norma consiste nel fornire tutela alla parte la cui volontà non si sia formata in modo libero e consapevole ovvero alla parte che abbia manifestato una volontà diversa da quella che intendeva manifestare.

4.2.1 L'errore.

L'errore cui fa riferimento l'art. 1427 c.c. può essere "**errore vizio**", (anche detto "errore motivo") o "**errore ostativo**": il primo inficia il processo formativo della volontà negoziale e consiste in un'inesatta rappresentazione della realtà che induce il contraente a volere qualcosa che, in assenza dell'errore, non avrebbe voluto; il secondo consiste in un errore nella dichiarazione, sì che la volontà, formatasi in modo libero, venga espressa in una dichiarazione ad essa non conforme (vi è, in tale ultimo caso, una divergenza tra voluto e dichiarato).

L'art. 1428 c.c. stabilisce che l'errore è causa di annullamento del contratto quando è **essenziale e riconoscibile all'altro contraente**.

L'errore è **essenziale** nei casi indicati dall'art. 1429 c.c., cioè 1) quando cade **sulla natura o sull'oggetto** del contratto; 2) quando cade **sull'identità dell'oggetto della prestazione, ovvero sopra una qualità dello stesso che**, secondo il comune apprezzamento o in relazione alle circostanze, **deve ritenersi determinante del consenso**; 3) quando cade **sull'identità o sulle qualità della persona dell'altro contraente**, sempre che l'una o le altre siano state **determinanti del consenso**; 4) quando, trattandosi di **errore di diritto**, è stato la **ragione unica o principale del contratto**.

L'essenzialità dell'errore va valutata alla stregua di criteri oggettivi.

Il caso di cui al punto 1) contempla la rilevanza del c.d. "*error in negotio*", che si risolve nella mancata consapevolezza, in capo alle parti, degli effetti giuridici essenziali che deriveranno dal contratto (es: si crede di stipulare una compravendita ed invece si stipula un comodato).

Il secondo punto riguarda l'"*error in corpore*", cioè l'errore che cade sul bene stesso che forma oggetto della prestazione (credevo di acquistare il saggio storico di un certo autore ed invece ho acquistato un romanzo dello stesso autore), o anche su una qualità essenziale dell'oggetto (credevo di acquistare un anello d'oro ed invece l'ho acquistato d'ottone). Secondo la dottrina queste due ipotesi devono considerarsi equiparabili.

Nel terzo punto rientrano in particolare i **contratti in cui rileva** *l'intuitus personae*.

Quanto al quarto punto, con una risalente sentenza a Sezioni Unite, [216]la Cassazione ha definitivamente chiarito la differenza tra errore di diritto ed errore di fatto, pronunziandosi con particolare riguardo alla fattispecie riguardante l'acquisto di un terreno che si credeva erroneamente edificabile e chiarendo che ogni qualvolta l'inesatta conoscenza del dato giuridico si ripercuote in un'errata conoscenza di dati afferenti alle caratteristiche essenziali del bene (come nel caso *sub iudice*), l'errore in cui sia caduta la parte

---

[216]Cass. civ., Sez. Un. 5900 del1997.

deve considerarsi errore di fatto. **L'errore "di diritto"** è invece quello **che cade sull'esistenza, il contenuto o la portata di una norma giuridica,** ovvero il modo in cui questa deve essere interpretata o applicata.

Giova sottolineare che, come si vede, errore essenziale ed errore determinante del consenso non coincidono; può cioè darsi un errore determinante del consenso che non è causa di annullamento del contratto perché non è essenziale, in quanto non rientra in uno dei casi contemplati dall'art. 1429. Ciò si verifica tipicamente nel caso di **errore sui motivi**, che non è rilevante (diversamente da quanto è a dirsi, ex art. 624, in materia di testamento e, ex art. 787, di donazione): se Tizio acquista un computer nuovo credendo erroneamente che il suo sia rotto, questo errore, benché determinante del consenso, non è causa di annullamento del contratto, perché non è essenziale, ma cade sui motivi.

Oltre ad essere essenziale, per dare causa all'annullamento del contratto, l'errore deve essere **riconoscibile all'altro contraente**, cioè deve trattarsi di errore che una persona di normale diligenza avrebbe potuto rilevare in relazione al contenuto, alle circostanze del contratto ovvero alla qualità dei contraenti. La norma è espressione di uno sforzo di contemperamento tra l'esigenza di tutela dell'integrità del volere e quella, parimenti importante, di tutela degli affidamenti.

4.2.2 La violenza.

La violenza può essere **fisica** (*vis absoluta*) o **psicologica** (o *vis compulsiva*); nel primo caso (mano guidata con la forza) il contraente non esprime una volontà propria, benché viziata, ma pone in essere un atto che non gli appartiene e che quindi non gli è imputabile o, secondo diversa dottrina, deve considerarsi nullo; nel secondo caso viene inficiato il procedimento di formazione della volontà e, ricorrendo le condizioni richieste dalla legge, il contratto può essere annullato. Tali condizioni sono specificate agli artt. 1434-1438 c.c. Stabilisce in particolare l'art. 1435 c.c., che "la violenza deve essere di tal natura da **fare** impressione sopra una persona sensata e da farle temere di esporre sé o i suoi beni **a un male ingiusto e notevole**. Si ha riguardo, in questa materia, all'età, al sesso e alla condizione delle persone" (art. 1435 c.c.). La violenza è altresì causa di annullamento del contratto se posta in essere contro un terzo o da un terzo, nei casi stabiliti dalla legge (artt. 1434 e 1436 c.c.).

Il solo timore reverenziale non è causa di annullamento del contratto (art. 1437c.c.), mentre lo è la minaccia di far valere un diritto, quando rivolta a conseguire un vantaggio ingiusto (art. 1438 c.c.).

4.2.3 Il dolo.

"Il dolo è causa di annullamento del contratto quando i **raggiri** usati da uno dei contraenti sono stati **tali che, senza di essi, l'altra parte non avrebbe contrattato**" (art. 1439, co. 1, c.c.). La norma definisce **il dolo c.d. determinante** del consenso anche detto dolo *causam dans*, ad indicare che deve esistere uno stretto nesso di causalità tra il comportamento doloso ed il consenso prestato dalla controparte. Diverso dal dolo determinante è poi il **dolo incidente**, che è non causa della prestazione del consenso, ma induce il *deceptus*, ad accettare condizioni diverse e meno vantaggiose rispetto a quelle alle quali si sarebbe concluso il contratto se il dolo non fosse stato esercitato. **Mentre il dolo determinante è causa di annullamento del contratto, il dolo incidente comporta solo l'obbligo di risarcire il danno.**

I raggiri, come chiarito da costante giurisprudenza, devono essere tali da ingannare una persona di normale diligenza. Non rientra nel dolo contemplato dall'art. 1439 il c.d. *dolus bonus*, cioè il comportamento volto ad elogiare, anche in maniera eccessiva, le qualità del bene oggetto della prestazione o l'utilità della stessa o altre sue positive caratteristiche, al fine di indurre la controparte a superare l'incertezza in cui versa circa la conclusione del contratto. Il confine tra *dolus bonus* e *dolus malus* è segnato dalle regole della buona fede precontrattuale, anche nell'aspetto più specifico concernente gli obblighi di informazione. In particolare, costituisce *dolus malus* anche la **reticenza**, cioè l'omessa comunicazione di informazioni che avrebbero indotto la controparte a non stipulare.

Il dolo è causa di annullamento del contratto anche quando i raggiri siano stati attuati da un terzo, ma a condizione che il contraente che ne ha tratto vantaggio ne fosse a conoscenza (art. 1439, co.2).

Come si nota in dottrina[217], nel giudizio volto a verificare se il dolo sia stato determinante del consenso, possono eccezionalmente assumere rilevanza i **motivi**. Questi infatti, generalmente irrilevanti (con le eccezioni di cui si è detto al Cap. XIII, § 5), balzano in primo piano ove si debba indagare quale sia il fattore che ha determinato le parti a contrarre.

Immaginiamo che taluno acquisti un pizzo pregiato, nell'erroneo convincimento, suscitato dai truffaldini artifizi del *deceptor*, che provenga dal suo paese d'origine. La provenienza da un luogo caro all'acquirente non costituisce che un mero motivo e, tuttavia, è proprio questa la ragione che lo induce a contrarre. Se, dunque, i raggiri hanno in ipotesi sortito l'effetto di indurlo a prestare il consenso, è proprio perché hanno avuto ad oggetto il motivo (la provenienza del pizzo) per cui si era determinato a contrarre.

---

[217]Gazzoni, p. 970 cit.

Ci si potrebbe chiedere come mai i motivi, che sono irrilevanti in caso di errore, divengono rilevanti in caso di dolo, posto che l'effetto della condotta dolosa è pur sempre quello di indurre il *deceptus* in errore. La ragione risiede nel fatto che, **non venendo in rilievo un'esigenza di tutela del contraente *in bonis*, ai fini dell'annullabilità per dolo la legge non richiede l'essenzialità dell'errore** in cui il cui il *deceptus* sia stato dolosamente indotto, né, naturalmente, la riconoscibilità dell'errore, che in questo caso è volutamente causato dal *deceptor*.

CAPITOLO XXI

LA RESCISSIONE

Sommario: 1. Nozione e fondamento. – 2. Il contratto concluso in stato di pericolo. 3. La lesione *ultra dimidium*. – 4. L'azione. – 5. La riconduzione ad equità. – 6. Rescissione ed usura.

1. Nozione e fondamento.

La parte che, versando in **stato di pericolo o di bisogno**, abbia concluso un contratto svantaggioso, può agire in giudizio per ottenere, ove ricorrano le condizioni previste dagli artt.1447 e 1448 c.c., una **sentenza costitutiva** che **elimini il contratto con efficacia** *ex tunc*, con il conseguente diritto alla ripetizione di quanto pagato e salvo sempre il risarcimento del danno. Del fondamento della rescissione molto si è discusso e ancora si discute in dottrina, essendone controversa la riconducibilità alla categoria delle invalidità[218] o, piuttosto, a quella della mera "impugnabilità".

Nell'odierno contesto di una giurisprudenza sempre più sensibile al dato equitativo e ad esigenze di giustizia sostanziale, nonché a valorizzare i poteri di controllo del giudice sull'equilibrio contrattuale, merita una particolare attenzione la considerazione della rescissione quale **eccezione al generale principio di irrilevanza dello squilibrio economico originario del contratto**. E' bensì vero, infatti, che le parti sono libere di concludere il contratto che esse reputano economicamente più conveniente, nell'esercizio della loro autonomia negoziale, ed anche di stipulare un contratto economicamente squilibrato, ma è anche vero che la **rescissione può avvenire proprio in due casi in cui,** per il contesto e le modalità in cui tale squilibrio si origina, esso diventa rilevante per l'ordinamento, che consente al contraente danneggiato dal contratto rescindibile, di potersi sciogliere dai relativi effetti. Il primo è quello del contratto concluso in stato di pericolo: il secondo è quello della rescissione per lesione.

2. Il contratto concluso in stato di pericolo.

L'art. 1447 c.c. prevede in particolare che "il contratto con cui una parte ha assunto obbligazioni a condizioni inique, per la necessità, nota alla controparte, di salvare sé o altri dal pericolo attuale di un danno grave alla persona, può essere rescisso sulla domanda della parte che si è obbligata. Il giudice nel pronunciare la rescissione, può, secondo le circostanze, assegnare

---

[218]in senso contrario si esprimono Santoro Passarelli, Dottrine cit. p. 262.263; L. Cariota Ferrara, Il negozio Giuridico nel diritto privato italiano, p. 368, Gazzoni, Manuale cit. p. 979.

un equo compenso all'altra parte per l'opera prestata". I presupposti per poter agire ex art. 1447 c.c. sono quindi:

a) lo **stato di pericolo** (il pericolo deve essere attuale, grave e dev'essere causa efficiente della contrattazione);

b) **l'iniquità delle condizioni;**

c) la **conoscenza dello stato di pericolo da parte di chi ne ha tratto vantaggio.** L'esempio di scuola che viene solitamente portato è quello di chi, trovandosi sul punto di annegare, prometta tutto il proprio patrimonio a chi riesca a salvarlo.

3. La lesione *ultra dimidium*.

L'art. 1448 c.c. contempla invece la rescissione per lesione, disponendo che "se vi è stata **sproporzione** tra la prestazione di una parte e quella dell'altra, e la sproporzione è **dipesa dallo stato di bisognodi una parte, del quale l'altra ha approfittato per trarne vantaggio,** la parte danneggiata può domandare la rescissione del contratto (co.1). L'azione non è ammissibile se la lesione non eccede la **metà del valore** che la prestazione eseguita o promessa dalla parte danneggiata aveva al tempo del contratto (co.2)."

La norma in esame, diversamente dalla precedente, misura dunque la sproporzione tra le prestazioni in termini oggettivi, cioè quelli della "metà del valore".

L'azione di rescissione, che implica il perdurare della lesione al momento in cui la domanda è proposta, presuppone la ricorrenza del triplice requisito dello stato di bisogno, dell'approfittamento della controparte (che può anche concretarsi in un atteggiamento meramente passivo, senza che sia necessaria un'attività diretta a promuovere la stipulazione) e della lesione *ultra dimidium.*

Lo stato di bisogno, come chiarito dalla giurisprudenza, "non va necessariamente inteso come assoluta indigenza essendo sufficiente ad integrarlo anche una contingente situazione di difficoltà economica per carenza di liquidità, tale da non consentire di far fronte ad impegni di pagamento con mezzi normali e da incidere sulla libera determinazione a contrarre"[219]

Sono esclusi dall'ambito di applicazione dell'art. 1448 c.c. i contratti aleatori.

La l. 7 marzo 1996, n. 108, che ha tra l'altro modificato l'art. 644 c.p., ha sollevato un'accesa disputa volta a stabilire se, per effetto di detta norma, il contratto viziato da lesione debba essere ritenuto non più rescindibile, ma nullo, oppure se sussista uno spazio di operatività per la disciplina della rescissione per lesione *ultra dimidium*, nei casi in cui il contratto non integri il reato di usura. Si rinvia in proposito al par. 5.

---

[219]Cass. Civ., sez. II, 1 febbraio 2010, n. 2328.

4. L'azione.

"**L'azione di rescissione si prescrive in un anno dalla conclusione del contratto, ma se il fatto costituisce reato, si applica l'ultimo co. dell'art. 2947.**" (art. 1449, co.1): il riferimento è all'usura penalmente rilevante. "**La rescindibilità del contratto non può essere opposta in via di eccezione quando l'azione è prescritta**" (co. 2): la regola "*quae temporalia ad agendum, perpetua ad excipiendum*" che abbiamo visto valere in caso di annullabilità, non si applica in caso di rescissione, ragion per cui con la prescrizione della relativa azione si estingue ogni possibilità di annettere rilevanza alle cause di rescissione del contratto.

Altro elemento di differenziazione tra rescissione e annullamento risiede nella **non convalidabilità** del contratto rescindibile (art. 1451 c.c.) contrariamente a quanto visto per il contratto annullabile.

Inoltre, la sentenza che pronuncia la rescissione ha **efficacia retroattiva obbligatoria**: essa è infatti retroattiva tra le parti (che sono tenute alle relative restituzioni), ma non rispetto ai terzi, i cui acquisti non vengono travolti, salvi sempre gli effetti della priorità della trascrizione della domanda di rescissione.

Si è visto invece che per l'annullamento, questa regola della salvezza degli acquisti dei terzi subisce tre eccezioni nei casi: a) di gratuità dell'acquisto del terzo; b) di mala fede del terzo e c) di annullamento dipendente da minore età, interdizione ed inabilitazione di uno dei contraenti. In questi tre casi, come visto, gli acquisti del terzo vengono travolti in caso di annullamento del contratto. Non così, invece, nel caso della sua rescissione.

5. La riconduzione ad equità.

L'art. 1450 c.c., in omaggio al principio di conservazione dell'atto, statuisce che "**il contraente contro il quale è domandata la rescissione può evitarla offrendo una modificazione del contratto sufficiente per ricondurlo ad equità**".

La natura dell'offerta è controversa in dottrina, perché mentre taluno le attribuisce natura processuale (perché la sua funzione sarebbe quella di paralizzare l'azione proposta dal contraente leso), altri vi ravvisano una dichiarazione unilaterale, recettizia produttiva *ipso iure* di effetti modificativi. La distinzione non è senza conseguenze: nel primo caso infatti, l'offerta può essere revocata fino al momento dell'accettazione; nel secondo, fino al momento in cui essa perviene al destinatario.

6. Rescissione ed usura.

Il reato di usura, codificato all'art. 644 c.p., presenta rilevanti interferenze con la figura della rescissione.

Il problema è stato reso particolarmente complesso dall''introduzione della già citata l. 108 del '96, che individua un "tasso soglia" fissato periodicamente con decreto ministeriale, oltre il quale il tasso d'interesse o vantaggio deve dirsi usurario.

Per brevi linee si può affermare che le clausole che pattuiscono interessi usurari e che sono contenute in contratti di mutuo, ricadono nell'ambito di applicazione del secondo co. dell'art. 1815 c.c., che ne decreta la nullità. Pertanto il contratto di mutuo si trasforma da oneroso in gratuito.

A tutti gli altri contratti si applica l'art. 1447 c.c., ma si pongono problemi di coordinazione con l'art 644 c.p.. Infatti **lo stato di bisogno**, che è un presupposto indispensabile per la rescindibilità, ex art. 1447 c.c., del contratto che comporti una lesione *extra dimidium*, **non è invece necessario perché sia integrato il reato di usura.** Per la legge penale, infatti, lo stato di bisogno rappresenta solo un'aggravante. Le condizioni di difficoltà economica dell'usurato rilevano solo se l'interesse o il vantaggio estorto è inferiore al tasso usurario, ma pur sempre "sproporzionato" (art. 644, co. 3, c.p.), perché in tal caso concorrono, insieme agli altri requisiti richiesti dalla legge, a determinare l'usurarietà di tale interesse.

Pertanto: se l'usura è commessa attraverso un contratto rescindibile, il rimedio civilistico può essere applicato, ma se vi è usura ai sensi della legge penale, ma contratto non rescindibile ai sensi della legge civile (perché manca lo stato di bisogno), la mancata integrazione dei presupposti richiesti dall'art. 1447 c.c. per la rescissione, non può giustificare la pedissequa conclusione che il contratto resti valido e debba essere onorato, perché esso è pur sempre il mezzo attraverso il quale viene commesso un reato. La giurisprudenza ritiene che, in questo caso, l'usurato abbia diritto al risarcimento del danno,[220] ma la dottrina sottolinea come, ad oggi, gli sforzi degli interpreti non abbiano ancora prodotto risultati definitivi ed appaganti [221].

---

[220]Cass. 22 gennaio 1997, n. 628, in Giur. It., 1998, 926
[221]Roppo, Il Contratto, 2011, p. 846

CAPITOLO XXII

LA RISOLUZIONE

1. Premessa.

Mentre la declaratoria di nullità, l'annullamento o la rescissione privano il
contratto di effetti, in ragione di un vizio genetico che lo inficiava *ab origine*, in altri casi il rapporto contrattuale può essere **sciolto per fatti e circostanze sopravvenuti**. Ciò si verifica nei casi di **mutuo dissenso, recesso e
risoluzione**.

La **risoluzione**, a sua volta, si verifica per quelle **sopravvenienze che incidono sull'equilibrio del sinallagma** e che costituiscono quindi le tre sue
possibili cause di scioglimento: l'inadempimento, l'impossibilità sopravvenuta della prestazione e la sua sopravvenuta eccessiva onerosità. Nei casi
del mutuo dissenso e del recesso unilaterale, invece, lo scioglimento del
rapporto avviene esclusivamente perché voluto da ambo le parti, che stipulano un contratto con effetti estintivi, o, rispettivamente, da una sola di esse,
che esercita un diritto potestativo di sciogliersi unilateralmente dal contratto. Tale diritto trova fonte o nella volontà pattizia o nella legge.

2. Il mutuo dissenso.

Nell'enunciare la regola secondo cui il contratto ha forza di legge tra le parti, l'art. 1372 c.c. stabilisce che esso non può essere sciolto che per "mutuo
consenso" e negli altri casi previsti dalla legge.

**Il mutuo consenso, *rectius* "mutuo dissenso", è il contratto, di natura
solutoria** e liberatoria, con cui le parti risolvono consensualmente un con-

tratto da esse precedentemente stipulato, estinguendone gli effetti. Esso s'inquadra, rispetto alla classificazione operata dall'art. 1321 c.c., tra quei contratti che producono "**effetti estintivi**" di altri contratti e si distingue dalla revoca, dal recesso, dalla disdetta, dalla rinuncia, che sono atti unilaterali recettizi e non contratti.

In particolare l'estinzione del precedente contratto si situa a livello di **causa**, così che saranno ben distinte la causa del contratto che viene sciolto e quella del contratto che ne determina lo scioglimento. Questo aspetto distingue anche il mutuo dissenso dal c.d. "retrocontratto", (per esempio, retrovendita), perché mentre il mutuo dissenso è un contratto estintivo, quindi scioglie il contratto precedentemente stipulato, il retrocontratto non ha ad oggetto un altro contratto, ma produce degli effetti che, di fatto, finiscono per neutralizzare quelli prodotti da un precedente contratto, perché sono uguali e contrari ad essi (ad esempio, Tizio vende un bene a Caio e poi Caio lo rivende a Tizio). La **distinzione tra mutuo dissenso e retrocontratto** è espressa più astrattamente come **distinzione tra *contrarius consensus* e *contrarius actus***. Secondo la giurisprudenza il mutuo consenso deve essere prestato con la stessa forma di cui era rivestito il contratto che s'intenda sciogliere, se richiesta a pena di nullità.

Per quanto concerne gli **effetti** tra le parti, in giurisprudenza si afferma che, in assenza di patto, essi devono intendersi come **irretroattivi**[222] mentre il tema è controverso in dottrina.

Come sempre, lo scioglimento del vincolo determina il venir meno della giustificazione causale che sorregge le prestazioni poste in essere dalle parti, che sono quindi tenute alle relative restituzioni. Applicando al mutuo dissenso la regola generale per cui il contratto non produce effetti rispetto a terzi, se ne fa discendere la conseguenza che esso non possa pregiudicare i diritti acquistati dai terzi in dipendenza del contratto consensualmente risolto, **escludendosi quindi l'efficacia reale del mutuo dissenso, salvo il caso dell'opponibilità di tale contratto,** eventualmente discendente dalla sua trascrizione[223]

3. Il recesso.

Si è visto che l'art. 1372 c.c. enuncia la regola secondo cui "il contratto ha forza di legge tra le parti", le quali non possono dunque scioglierserne se non "per mutuo consenso o per cause ammesse dalla legge".

Tuttavia, è proprio l'autonomia negoziale delle parti che consente loro di attribuire convenzionalmente, ad una di esse o ad entrambe, un **diritto potestativo di recedere unilateralmente dal contratto,** tramite un **atto ne-**

---

[222]Cass. 6 agosto 1997, n. 7270; Cass. 29 aprile 1993, n. 5065.
[223]Chinè-Fratini-Zoppini, Manuale di diritto civile, Roma, 2015, p.1364.

goziale, unilaterale e recettizio[224], che comporta lo scioglimento del rapporto contrattuale.

L'art. 1373 stabilisce al suo primo co. che "se ad una delle parti è attribuito il diritto di recedere dal contratto, tale facoltà può essere **esercitata finché il contratto non abbia avuto un principio di esecuzione**".

Ne discende che, attesa l'operatività della regola del consenso traslativo, **non è di regola possibile recedere dai contratti traslativi**, perché non appena il contratto è stipulato (con la prestazione del consenso), l'effetto si produce. Le parti possono tuttavia apporre al contratto una condizione potestativa risolutiva, la cui efficacia retroattiva è disposta dalla legge. Il recesso si distingue dalla revoca, perché è destinato ad incidere sul rapporto, mentre la revoca incide su un atto giuridico (revoca della proposta e dell'accettazione; revoca della procura, etc.). Pertanto, mentre la revoca ha necessariamente effetti *ex tunc*, il recesso produce effetti *ex nunc*.

Qualora poi sia stata pattuita la prestazione di un corrispettivo per il recesso, come accade nel caso della caparra penitenziale o della multa penitenziale, "questo ha effetto quando la prestazione è eseguita".

La funzione del recesso è qui quella di attribuire un diritto di ripensamento, contro il corrispettivo di un prezzo.

Nel caso invece della caparra confirmatoria, che prevede l'esercizio del recesso con ritenzione della caparra in caso di inadempimento della controparte, il recesso ha la funzione di riequilibrare il sinallagma ed è denominato per questo come "recesso di impugnazione".

E' noto che durante tutte le fasi del rapporto obbligatorio le parti sono soggette al dovere di buon fede e al divieto di **abuso del diritto**. Ebbene, uno dei settori nei quali più comunemente vengono riscontrate forme di abuso è proprio quello dell'esercizio del recesso.

La giurisprudenza ha pertanto puntualizzato che l'esercizio del recesso, pur se formalmente rispettoso della cornice attributiva del diritto, integra abuso quando sia utilizzato per perseguire **fini diversi rispetto a quelli consentiti** (ad esempio, danneggiare la controparte o conseguire un vantaggio indebito). Esso inoltre, si è soggiunto, deve essere esercitato a condizioni e secondo modalità tali da non generare una indebita sproporzione tra il vantaggio assicurato al contraente che recede ed il danno cagionato alla controparte[225]. Si è detto sin qui del recesso convenzionale, ma **il recesso può avere anche fonte legale,** come del resto già si evince dall'art. 1372 che, tra le eccezioni alla regola che vieta lo scioglimento unilaterale dal rapporto contrattuale, rinvia alle "cause ammesse dalla legge". Esistono due tipi di recesso legale: quello legale ordinario, anche detto re-

---

[224]Gazzoni, p. 873 cit.
[225]Cass. civ., sez. III, 8 giugno-18 settembre 2009, n. 20106.

cesso ad *nutum*, o recesso determinativo, e quello legale straordinario.
- Il primo è il diritto potestativo – attribuito alle parti da specifiche disposizioni di legge (es. art. 1569, 1750, 1810 c.c.) – di recedere a propria discrezione (*ad nutum*) dal rapporto, in genere in casi in cui esso sia a tempo indeterminato.

Qui, al principio di stabilità degli effetti del contratto, canonizzato dall'art. 1372, si contrappone il principio di temporaneità, secondo cui nessuno può vincolarsi a tempo indeterminato e senza avere la possibilità di sciogliersi dal vincolo. Questa forma di recesso è dunque espressione della valutazione negativa che l'ordinamento esprime verso vincoli di durata illimitata, che si risolvono in altrettanto illimitate compressioni della libertà delle parti. Si suole generalmente affermare che in questi casi il recesso svolge la funzione di integrare il contratto, stabilendo un termine non precedentemente determinato. Da qui il nome di recesso determinativo.

Stante la molteplicità delle norme che attribuiscono diritti di recesso da contratti a tempo indeterminato, la giurisprudenza ha enucleato da tali casi l'esistenza di una regola generale, in base alla quale è **sempre possibile recedere da un rapporto a tempo indeterminato**, pur in difetto di un'espressa previsione pattizia o di una specifica disposizione di legge, stante l'avversione dell'ordinamento verso i vincoli di natura perpetua[226] Anche un così ampio potere di recesso, tuttavia, soggiace pur sempre al limite della buona fede e al divieto di abuso del diritto di cui si è detto sopra. In particolare, in molti casi la legge impone alle parti l'obbligo di un congruo preavviso, prevedendo anche, ove questo manchi, l'obbligo di corrispondere un'indennità, ma anche quando la legge non imponga il preavviso, occorre valutare se questo non sia dovuto secondo le regole della correttezza e della buona fede, non potendo il recesso essere comunque esercitato con modalità e tempistiche emulative[227]. Il recedente dovrà comunicare alla controparte il recesso con un congruo preavviso, in mancanza del quale alcune norme prevedono la corresponsione di un'indennità.

-Il recesso legale straordinario è contemplato da alcune norme di legge che attribuiscono ad uno o ad entrambi i contraenti il diritto di recedere per "giusta causa" (v. art. 1845, co. 1.c,c, in materia di recesso della banca dal contratto di apertura di credito bancario) o per "giustificato motivo" (come nel caso del recesso del conduttore dal contratto di locazione abitativa) Quanto agli **effetti del recesso**, essi si producono di regola *ex nunc*, a far data dal momento in cui la dichiarazione di recesso giunge al destinatario, diversamente da quanto si vedrà circa gli effetti della risoluzione, che si

---

[226]Cass. civ., 7 marzo 2002, n. 3296.

[227] Cass. civ., 14 novembre 2006, n. 24274

producono *ex tunc*, salvo il caso che essa abbia ad oggetto contratti ad esecuzione continuata o periodica.

Da ultimo, occorre dare conto della specifica disciplina prevista per **il recesso del consumatore** ex art. 64 ss. del d.lgs. 6 settembre 2005, n. 206 (Codice del Consumo), il quale attribuisce al consumatore un "diritto di ripensamento" che può essere esercitato in modo incondizionato, discrezionale e gratuito, entro un breve termine di decadenza.

A maggior tutela del consumatore, l'art. 143 del codice del consumo prevede l'irrinunciabilità di tale tipo di recesso, nonché la nullità per contrarietà a norme imperative delle pattuizioni che ne rendano più gravoso l'esercizio. Una delle principali differenze in punto di disciplina rispetto al recesso disciplinato dall'art. 1373, del risiede poi nel fatto che il recesso del consumatore può essere esercitato anche ove il contratto abbia avuto un principio di esecuzione.

4. La risoluzione.

Mentre l'invalidità comporta l'estinzione del contratto per vizi genetici, la risoluzione è un **rimedio ad anomalie nel funzionamento del sinallagma**, determinate da fatti che sopravvengono dopo la conclusione del contratto. Tali fatti possono essere: a) l'inadempimento; b) l'impossibilità sopravvenuta della prestazione; c) l'eccessiva onerosità sopravvenuta della prestazione.

Nella loro diversità, essi hanno in comune l'attitudine ad alterare l'equilibrio del sinallagma e a precludere la realizzazione del programma negoziale. Il rimedio offerto dal codice civile consiste nello scioglimento rapporto contrattuale, con **effetto liberatorio *ex nunc* ed effetto recuperatorio *ex tunc*** delle prestazioni già eseguite. Si suole generalmente affermare in proposito che la **risoluzione incide non sull'atto, ma sul rapporto**.[228]

Quanto all'ambito di applicazione, vista la sua funzione di rimedio alle alterazioni del sinallagma, la risoluzione **si applica solo ai contratti a prestazioni corrispettive**.

5. La risoluzione per inadempimento, suo fondamento ed ambito di applicazione.

L'art. 1453 stabilisce che "nei contratti a prestazioni corrispettive, quando uno dei contraenti non adempie le sue obbligazioni, l'altro può a sua scelta chiedere l'adempimento o la risoluzione del contratto, salvo sempre il risarcimento del danno" (co.1).

---

[228]Gazzoni, p. 1017 cit.

Posta dinanzi all'**inadempimento di una parte**, l'altra può dunque percorrere diverse soluzioni, a seconda che abbia o meno ancora interesse all'adempimento.

In particolare:

a) se la parte ha ancora interesse all'adempimento, occorre ulteriormente distinguere:

a1) se essa non ha ancora adempiuto, può opporre **l'eccezione d'inadempimento** prevista dall'art. 1460 c.c., rifiutandosi cioè di adempiere sinché non adempirà l'altra parte,

a2) se il contraente *in bonis* ha già adempiuto la propria prestazione, può **costituire in mora la controparte**, sempre al fine di ottenere l'adempimento, se del caso anche con l'esecuzione forzata,

b) Se la parte non ha più interesse all'adempimento, allora potrà domandare la **risoluzione del contratto**.

In ambo i casi è fatto salvo sempre il diritto al risarcimento del danno per l'inadempimento o il ritardo nell'adempimento.

Quanto al suo fondamento, poiché nei contratti a prestazioni corrispettive, a cui si applica il rimedio risolutorio, la ragione della prestazione di ciascuna delle parti risiede nella controprestazione, la risoluzione consegue ad un'alterazione del sinallagma, cui ha la funzione di porre rimedio[229] L'ambito di applicazione delle norme in tema di risoluzione per inadempimento è quello dei contratti a prestazioni corrispettive. Nei contratti con obbligazioni a carico di una sola parte, quindi, la parte non obbligata dispone com'è ovvio del solo rimedio dell'azione di adempimento, non avendo essa un vincolo dal quale potersi sciogliere, ma solo una pretesa da far valere. Questo significa che tale parte non può rifiutare di porre in essere quelle prestazioni meramente accessorie e non corrispettive, che quasi sempre essa è comunque tenuta a porre in essere anche nei contratti c.d. unilaterali (nel mandato gratuito, accanto all'obbligazione assunta da mandatario vi è l'obbligazione del mandante di rimborsare al mandatario le spese sostenute. Il mandatario non può rifiutare di rimborsare le spese adducendo un preteso inadempimento da parte del mandante, perché questo rimborso non rappresenta una controprestazione). La giurisprudenza ritiene poi che, ove sia con sicurezza accertato il rapporto di interdipendenza tra distinti negozi e si evidenzi una corrispettività tra le prestazioni derivanti dai contratti collegati, si possa applicare il rimedio risolutorio, nonostante l'autonomia strutturale dei contratti stessi[230].

---

[229]F. Messineo, Dottrina generale del contratto, rist. terza ed. Milano, 1952, 457; Cass.,10 febbraio 1984, n. 1021.

[230]Cass, 11 marzo 1981, n. 1389, . In dottrina cfr. G. Lenier, Profili del collegamento negoziale, Milano, 1999, p. 227.

5.1 L'onere della prova

Componendo un annoso contrasto giurisprudenziale, le Sezioni Unite[231] hanno stabilito che **l'onere della prova è identico per l'azione di adempimento e per quella di risoluzione**: in entrambi i casi il creditore "deve dare la prova della fonte negoziale o legale del suo diritto e, se previsto, del termine di scadenza, mentre può limitarsi ad allegare l'inadempimento della controparte: sarà il debitore convenuto a dover fornire la prova del fatto estintivo del diritto, costituito dall'avvenuto adempimento". Si tratta di applicazioni del principio di vicinanza della prova, di cui si è detto al Capitolo IV. La stessa regola vale, a ruoli invertiti, ove si voglia sollevare l'eccezione d'inadempimento ex. art. 1460: "chi formula l'eccezione può limitarsi ad allegare l'altrui inadempimento: sarà la controparte a dover neutralizzare l'eccezione, dimostrando il proprio adempimento o la non ancora intervenuta scadenza dell'obbligazione a suo carico".

5.2 Rapporti tra azione di adempimento, risoluzione e risarcimento ed esercizio del recesso.

"La risoluzione può essere domandata anche quando il giudizio è stato promosso per ottenere l'adempimento, ma non può più chiedersi l'adempimento quando è stata domandata la risoluzione" (art.1453, co. 2). La ratio di questa regola è chiara: se la parte ha domandato la risoluzione, l'altra parte può essersi liberata dei mezzi per adempiere o essersi comunque posta in condizione di non poter più adempiere.

Se invece la parte non inadempiente ha domandato l'adempimento, da un lato questo problema non si pone; dall'altro – e soprattutto – ben può accadere che, continuando a trascorrere altro tempo, essa perda interesse all'adempimento. In tal caso, non può essere obbligata ad accettare una prestazione ormai inutile, perché l'inutilità è stata determinata dal ritardo del debitore. Pertanto la parte non inadempiente potrà domandare la risoluzione anche dopo aver agito per l'adempimento.

L'art. 1453, co.3 c.c. stabilisce poi che **"dalla data della domanda di risoluzione, l'inadempiente non può più adempiere la propria obbligazione"** e ciò perché la domanda di risoluzione costituisce inequivocabile espressione della perdita, da parte del debitore, di un interesse all'adempimento.

5.2.1 Esercizio dello *ius variandi* e proposizione della domanda di risarcimento.

La giurisprudenza si è interrogata sulla questione se, convertita in corso di causa la domanda di adempimento in quella di risoluzione, sia consentita,

---

[231]Sez. Un., 30 ottobre 2001, n 13533.

contestualmente alla *variatio*, la proposizione della domanda di risarcimento dei danni.

Sul punto si sono confrontati **due orientamenti giurisprudenziali, uno che nega, l'altro che ammette la possibilità di affiancare la domanda di risarcimento del danno a quella di risoluzione del contratto nascente dalla conversione dell'originaria domanda di adempimento.**

Il primo orientamento nega tale possibilità sull'assunto che l'art. 1453 c.c. integri una deroga alle norme processuali che vietano la *mutatio libelli* nel corso del processo. Tale deroga, tuttavia, non si estenderebbe all'ulteriore domanda di risarcimento del danno consequenziale a quella di risoluzione, trattandosi di domanda del tutto diversa per *petitum* e *causa petendi*, rispetto a quella originaria.

Per contrapposto orientamento pretorio, la facoltà di mutamento della domanda di adempimento in domanda di risoluzione, prevista dall'art. 1453 c.c., si estende anche alla conseguente domanda di risarcimento dei danni, "essendo quest'ultima domanda sempre proponibile quale domanda accessoria sia di quella di adempimento sia di quella di risoluzione, come espressamente previsto dall'art. 1453, primo co. cod. civ.". Sul punto sono intervenute le **Sezioni Unite**, che **hanno aderito al secondo degli orientamenti** esposti, osservando che "l'azione di risoluzione e quella di adempimento costituiscono due diversi rimedi a tutela del diritto che dal rapporto sostanziale deriva al contraente in regola: pur presentando diversità di *petitum*, entrambe mirano a soddisfare lo stesso interesse del creditore insoddisfatto, consistente nell'evitare il pregiudizio derivante dall'inadempimento della controparte. E lo testimonia il fatto che la proposizione della domanda di adempimento ha effetto interruttivo della prescrizione anche con riferimento al diritto di chiedere la risoluzione del contratto [...] Lo *ius variandi* della vittima dell'inadempimento non può cogliere di sorpresa il debitore. Questi, infatti, è rimasto inadempiente nonostante sia stato sollecitato ad eseguire la prestazione richiesta".[232].

Sotto il profilo processuale, le Sezioni Unite, osservano che "precludere a chi in prima battuta abbia agito per l'adempimento e si sia poi rivolto alla tutela risolutoria di azionare, nell'ambito dello stesso giudizio [...] la tutela restitutoria e risarcitoria, vanificherebbe la finalità di concentrazione che il codice civile ha inteso perseguire accordando al contraente in regola lo *ius variandi* nel corso di uno stesso ed unico giudizio. La vittima dell'inadempimento, infatti [...] sarebbe costretta ad intraprendere un nuovo e separato processo, con la frammentazione delle istanze giurisdizionali

---

[232]Sez. Un. 10 aprile 1995, n. 4126.

e l'allungamento dei tempi necessari ad ottenere integrale soddisfazione delle proprie ragioni".[233]

5.2.2 Esercizio del diritto di recesso e ritenzione della caparra dopo la domanda di risoluzione.

Un altro annoso problema in tema di risoluzione si è posto di recente all'attenzione degli interpreti ed è quello che riguarda i **rapporti tra risoluzione e recesso.**

La giurisprudenza ha di recente ribadito, dopo alcune isolate pronunce che si erano espresse in senso difforme, il tradizionale orientamento secondo il quale **deve essere rigettata la domanda, proposta in appello, di ottenere il doppio della caparra confirmatoria e recedere dal contratto.** Ciò sul rilievo che qualora il contraente non inadempiente abbia agito per la risoluzione ed il risarcimento del danno, costituisce domanda nuova inammissibile in appello quella volta ad ottenere la declaratoria dell'intervenuto recesso con ritenzione della caparra o pagamento del doppio, avuto riguardo oltre che alla disomogeneità esistente tra la domanda di risoluzione giudiziale e quella di recesso e all'irrinunciabilità dell'effetto conseguente alla risoluzione di diritto - all'incompatibilità strutturale e funzionale tra ritenzione della caparra e domanda di risarcimento.

Così la Cassazione ha riconfermato *il dictum* delle Sezioni Unite che, con la sentenza n.553 del 2009 avevano affermato che "i rapporti tra azione di risoluzione e di risarcimento integrale da una parte, e azione di recesso e di ritenzione della caparra dall'altra, si pongono in termini di assoluta incompatibilità strutturale e funzionale."

La funzione della caparra, osserva l'organo nomofilattico, è quella di "consentire una liquidazione anticipata e convenzionale del danno", per evitare l'instaurazione di un giudizio contenzioso. Se si ammettesse la conversione della domanda di risoluzione e risarcimento in domanda di recesso e ritenzione, **si consentirebbe "alla parte non inadempiente di scommettere puramente e semplicemente sul processo"**, ciò che non può considerarsi consentito, tanto più dopo l'entrata in vigore del nuovo art. 111 Cost.

5.3 Importanza dell'inadempimento.

L'art. 1455 c.c. dispone che "Il contratto non si può risolvere se l'inadempimento di una delle parti ha **scarsa importanza**, avuto riguardo all'interesse dell'altra". Il requisito della "non scarsa importanza" è espressione del criterio della **buona fede oggettiva** (artt. 1175 e 1375 c.c.). Si ritiene poi che anche l'inadempimento di una prestazione accessoria pos-

---

[233]Cass. civ., Sez. Un. 11 aprile 2014, n. 8510.

sa essere di non scarsa importanza, se fa venire meno l'utilità della prestazione principale o la pone a rischio[234].

Per quanto concerne poi la materia consumieristica, il codice del consumo stabilisce all'art. 130, che un difetto di conformità di lieve entità, per il quale non sia possibile o sia eccessivamente onerosa la riparazione o la sostituzione, non dà luogo alla risoluzione del contratto.

5.4 Modi di risoluzione del contratto.

La risoluzione può essere di diritto o giudiziale. Alla risoluzione **di diritto si perviene mediante diffida ad adempiere, clausola risolutiva espressa o termine essenziale.**

Alla risoluzione giudiziale si perviene tramite una sentenza costitutiva.

5.4.1 Diffida ad adempiere.

L'art. 1454 c.c. dispone che: "alla parte inadempiente l'altra può **intimare per iscritto di adempiere in un congruo termine**, con dichiarazione che, decorso inutilmente detto termine, il contratto s'intenderà senz'altro **risoluto**". La diffida è uno strumento di autotutela in senso lato, che dà vita ad un meccanismo di risoluzione stragiudiziale, attribuendo *ex lege*, al contraente non inadempiente, un diritto potestativo allo scioglimento del contratto. Secondo l'orientamento dominante, benché non univoco, la dichiarazione contenuta nella diffida è un **atto negoziale** che consiste nell'esplicazione di un **potere di disposizione unilaterale del rapporto contrattuale,** di cui determina ipso iure la risoluzione.

La diffida è pertanto soggetta alla disciplina dei contratti. Ne discende che si applica alla diffida, ove proveniente da un terzo, la norma che pretende per la procura il requisito di forma prescritto per il relativo negozio. La giurisprudenza[235] ha pertanto posto fine ad un annoso contrasto interpretativo, chiarendo che, ai fini della produzione degli effetti di cui all'art. 1454 c.c., il terzo autore della diffida deve essere munito di procura scritta del creditore, allegata o comunque portata a conoscenza del debitore con mezzi idonei.

La giurisprudenza maggioritaria ritiene poi che in caso di diffida il giudice debba procedere alla valutazione della gravità dell'inadempimento ex art. 1455[236]. Il punto è invece molto controverso in dottrina, essendo non infrequentemente sostenuta la tesi secondo cui la risoluzione dovrebbe conseguire automaticamente al mero infruttuoso decorso del termine ed in assenza di ulteriori valutazioni[237].

---

[234]Cass. civ., sez. III, 22 aprile 2013, n. 9735

[235]Cass. civ., Sez. Un. 15 giugno 2010, n.14292.

[236]v. ex multis, Cass. civ., 18 aprile 2007, n. 9314; Cass. civ., 13 marzo 2006, n. 5407.

[237]Collura, Importanza dell'inadempimento e teoria del contratto, Milano, 1992, 118.

5.4.2 La clausola risolutiva espressa.

L'art. 1456 c.c. prevede che "i contraenti possono **convenire espressamente che il contratto si risolva nel caso che una determinata obbligazione non sia adempiuta secondo le modalità stabilite** (co. 1). In questo caso la risoluzione si verifica di diritto quando la parte interessata dichiara all'altra che ha intenzione di avvalersi della clausola risolutiva (co. 2)".

Le parti possono annettere rilevanza alla loro soggettiva valutazione circa l'essenzialità di determinate pattuizioni, stabilendo espressamente che il loro inadempimento comporterà la risoluzione di diritto del contratto. Esse in tal modo sottraggono al giudice la valutazione (oggettiva) circa la gravità dell'inadempimento e annettono rilevanza a motivi e valutazioni soggettive.

Perché la clausola risolutiva espressa produca il proprio effetto risolutorio, la parte non inadempiente **deve dichiarare espressamente di volersene avvalere**. Solo a seguito di tale dichiarazione si produrrà l'effetto risolutorio.

Fino a che il contraente non inadempiente non abbia dichiarato di volersi avvalere della clausola risolutiva espressa, la controparte può adempiere, ma il creditore può rifiutare l'adempimento tardivo secondo le regole generali. Dopo la risoluzione del contratto, la parte interessata può agire in giudizio per ottenere una sentenza di accertamento dell'avvenuto effetto risolutorio. La giurisprudenza si è interrogata circa le **differenze che intercorrono tra la clausola risolutiva espressa e la condizione d'inadempimento**. Infatti, come si è avuto modo di osservare nello studio degli elementi accidentali del contratto, le parti possono subordinare l'efficacia o la risoluzione del contratto ad un evento futuro ed incerto. Ma questo evento ben potrebbe anche essere l'inadempimento della controparte: se la controparte si renderà inadempiente, allora il contratto s'intenderà risolto. In questo caso, qual è la differenza tra la condizione d'inadempimento e la clausola risolutiva espressa?

La giurisprudenza ha chiarito in proposito che la condizione risolutiva postula "che le parti subordinino la risoluzione del contratto o di un singolo patto ad un evento futuro ed incerto il cui verificarsi priva di effetti il negozio *ab origine*, laddove invece con la clausola risolutiva espressa le stesse prevedono lo scioglimento del contratto qualora una determinata obbligazione non venga adempiuta affatto o lo sia secondo modalità diverse da quelle prestabilite, sicché la risoluzione opera di diritto ove il contraente non inadempiente dichiari di volersene avvalere, senza necessità di provare la gravità dell'inadempimento della controparte".[238] Volendo quindi schematizzare:

---

[238]Cass. civ., sez. II, 2 ottobre 2014, n 20854.

a) la **clausola risolutiva espressa opera solo dopo la dichiarazione,** fatta da una delle parti, di volersene avvalere, mentre la condizione d'inadempimento opera automaticamente;

b) l'operare della **clausola risolutiva** determina gli effetti della risoluzione per inadempimento che, salvo il caso dei contratti ad esecuzione continuata o periodica, sono **retroattivi tra le parti, mentre la retroattività che connota la condizione è reale, perché opponibile a terzi.**

5.4.3 Il termine essenziale.

"Se il termine fissato per la prestazione di una delle parti deve considerarsi essenziale nell'interesse dell'altra, questa, salvo patto o uso contrario, **se vuole esigerne l'esecuzione nonostante la scadenza del termine, deve darne notizia all'altra parte entro tre giorni (co.1). In mancanza il contratto s'intende risoluto di diritto"** (co.2). (art. 1457 c.c.).

L'esempio comunemente richiamato in tema di termine essenziale è quello apposto all'ordine di un abito da sposa. Il termine è essenziale perché l'abito non servirà se consegnato dopo la data fissata per le nozze. Il termine essenziale **opera ipso iure,** dopo tre giorni dalla scadenza, (v. anche Cap. V, § 2.3). Inoltre, proprio perché l'art. 1457 c.c. prevede l'automaticità dell'effetto risolutorio una volta decorsi i tre giorni dalla scadenza del termine, il creditore che voglia avvalersi della prestazione deve dichiararlo, per impedire la risoluzione.

5.4.4 La risoluzione giudiziale.

Ove non abbia la possibilità o l'interesse a ricorrere ad uno dei rimedi che conducono alla risoluzione stragiudiziale, la parte non inadempiente può adire il giudice chiedendo la risoluzione giudiziale.

La legittimazione ad agire spetta soltanto alle parti. Ne consegue che nel contratto a favore di terzo e nella cessione del credito, **il terzo ed il cessionario,** che non sono parti del contratto, in forza del quale acquistano solo un diritto rispettivamente ad ottenere la prestazione e ad esigere il credito, possono agire solo per l'adempimento (e per il risarcimento del danno), ma **non possono mai domandare la risoluzione del contratto.** Diverso è il caso in cui sia ceduto non il solo credito, ma l'intero rapporto. Nel caso di **cessione del contratto,** così come nel **contratto per persona da nominare,** il cessionario o il contraente nominato acquistano la qualità di parti e possono dunque esperire tutte le azioni che competono alle parti, ivi compresa la risoluzione.

La prescrizione dell'azione di risoluzione soggiace all'ordinario termine decennale. Per l'azione di risoluzione, così come per l'azione di adempimento e per quella risarcitoria valgono poi, quanto agli **oneri probatori,** i principi espressi dalle **S. U. nel 2001,** di cui si è già detto nella *relativa se-*

des materiae: chi agisce per la risoluzione deve fornire la prova della fonte del suo diritto e del termine entro cui è dovuto l'adempimento, e può limitarsi ad allegare l'inadempimento della controparte, la quale invece deve dimostrare di avere adempiuto o che sia comunque avvenuto un fatto estintivo della pretesa creditoria. **La sentenza che accoglie la domanda di risoluzione ha carattere costitutivo**, determinando lo scioglimento del vincolo contrattuale. Gli effetti della risoluzione giudiziale o stragiudiziale sono i medesimi e di essi si dirà al par. 8.

5.5 Tecniche di autotutela privata.

Prima di percorrere la via della risoluzione del contratto, la parte non inadempiente può ricorrere ad alcuni strumenti di autotutela privata contemplati agli artt. 1460-1462 c.c., che disciplinano l'eccezione d'inadempimento, la sospensione dell'esecuzione e la clausola *solve et repete*.

5.5.1 Eccezione d'inadempimento.

L'art. 1460 c.c. contempla l'*exceptio inadimpleti contractus*, prevedendo infatti che "**nei contratti con prestazioni corrispettive, ciascun contraente può rifiutarsi di adempiere la sua obbligazione, se l'altro non adempie o non offre di adempiere contemporaneamente la propria,** salvo che termini diversi per l'adempimento siano stati stabiliti dalle parti o risultino dalla natura del contratto".

La norma codifica dunque la regola "*inadimplenti non est adimplendum*", assoggettandola, tuttavia, al limite della buona fede.

Stabilisce infatti il secondo co. dell'art. 1460 che, "tuttavia non può rifiutarsi l'esecuzione se, avuto riguardo alle circostanze, il rifiuto è contrario alla **buona fede**". Ciò comporta, tra l'altro, che la reazione opposta con l'eccezione debba essere proporzionata alla **gravità dell'inadempimento**. Pertanto, mentre si dubita dell'applicabilità della regola di cui all'art. 1455 c.c. alla diffida ad adempiere, vi è concordia di opinioni nel ritenerla invece applicabile all'eccezione di inadempimento.

La giurisprudenza ritiene inoltre che scopo dell'eccezione d'inadempimento sia quello di superare la condizione d'incertezza generata dall'inadempimento della controparte, consentendo di evitare uno squilibrio del sinallagma che si determinerebbe se la controprestazione fosse attuata e successivamente l'inadempimento diventasse definitivo. Se ne è fatta discendere l'**inammissibilità dell'***exceptio inadimpleti contractus* **in caso di inadempimenti definitivi**, che devono essere fronteggiati non già con mere eccezioni, ma con il ricorso al rimedio risolutorio oppure all'azione di adempimento e/o all'azione risarcitoria, stante la temporaneità e precarietà della soluzione offerta dall'eccezione d'inadempimento[239].

Si è avuto modo di osservare che la risoluzione per inadempimento è rimedio applicabile anche al caso dei contratti collegati che siano legati da rapporto di interdipendenza. La giurisprudenza ha delineato, secondo lo stesso criterio, anche l'ambito di proponibilità dell'eccezione di inadempimento, esprimendosi nel senso della praticabilità di tale rimedio come reazione all'inadempimento di un'obbligazione della controparte, dovuta in forza non già dello stesso contratto, ma di un **contratto collegato**[240].

5.5.2 La sospensione dell'esecuzione della prestazione.

L'art. 1461 offre poi al contraente non inadempiente la possibilità di "**sospendere l'esecuzione della prestazione da lui dovuta, se le condizioni patrimoniali dell'altro sono divenute tali da porre in evidente pericolo il conseguimento della controprestazione, salvo che sia prestata idonea garanzia**".

La Cassazione ha chiarito che i rimedi di cui agli artt. 1460 e 1461 **possono applicarsi anche al preliminare**, legittimando il rifiuto della stipula del definitivo, nel primo caso, e la richiesta di risoluzione del preliminare, nel secondo [241].

5.5.3. La clausola *solve et repete*

"**La clausola con cui si stabilisce che una delle parti non può opporre eccezioni al fine di evitare o ritardare la prestazione dovuta, non ha effetto per le eccezioni di nullità, di annullabilità e di rescissione del contratto**. Nei casi in cui la clausola è efficace, il giudice, se riconosce che concorrono gravi motivi, può tuttavia sospendere la condanna, imponendo, se del caso, una cauzione" (art. 1462 c.c.).

Come si deduce dalla norma, ma come si potrebbe anche far discendere dal principio di autonomia negoziale, le parti possono inserire in contratto una clausola con cui si stabilisce che una di esse non possa opporre eccezioni per evitare o ritardare la prestazione.

La clausola, quindi, non comporta una rinuncia ad opporre eccezioni, ma solo l'obbligo, per il contraente cui si rivolge, di **adempiere prima l'obbligazione e, solo dopo, sollevare eventuali eccezioni** (da cui il nome di clausola *solve et repete*). Si comprende dunque la *ratio* posta alla base del primo comma: in mancanza di tale regola, si consentirebbe ad una parte di imporre all'altra l'esecuzione di un contratto invalido o rescindibile.

---

[239]Cass. 31 marzo 1988, n. 2721.
[240]Cass. civ., sez. III, 19556 , 2003.
[241]Cass. civ. sez II, 30 gennaio 2013 , n. 2217.

La clausola *solve et repete*, ove sia formulata a carico del contraente non predisponente, rientra nell'elenco delle **clausole vessatorie** per la cui efficacia l'art. 1341 c.c. richiede la specifica approvazione scritta.

5.5.4 La caparra confirmatoria.

"Se al momento della conclusione del contratto una parte dà all'altra, a titolo di caparra, una somma di danaro o una quantità di altre cose fungibili, **la caparra, in caso di adempimento, deve essere restituita o imputata alla prestazione dovuta** (1). Se la parte che ha dato la caparra è inadempiente, l'altra può recedere dal contratto, ritenendo la caparra; se inadempiente è invece la parte che l'ha ricevuta, l'altra può recedere dal contratto ed esigere il doppio della caparra. Se però la parte che non è inadempiente preferisce domandare l'esecuzione o la risoluzione del contratto, il risarcimento del danno è regolato dalle norme generali (2)". (art. 1385).

La caparra confirmatoria, retaggio dell'istituto romanistico dell'*arrha*, è un **contratto reale** che si perfeziona con la consegna che una parte fa all'altra di una somma di danaro o di una quantità di altre cose fungibili. Essa **accede poi ad altro contratto, principale, così che la declaratoria di nullità di quest'ultimo travolge anche la caparra**, obbligando le parti alle conseguenti restituzioni.

La funzione della caparra confirmatoria è quella di spingere il debitore ad adempiere, ma anche di **liquidare in via anticipata e convenzionale il risarcimento del danno**, al fine di evitare l'instaurazione di un giudizio contenzioso[242]. La giurisprudenza esclude invece che la caparra possa svolgere una funzione sanzionatoria, **distinguendola così dalla caparra penitenziale, che costituisce un corrispettivo per il diritto di recesso**. Inoltre, mentre la caparra confirmatoria opera nel caso di inadempimento di una delle parti, sì che la somma ritenuta dall'altro contraente possa dirsi una liquidazione del danno, **la caparra penitenziale non presuppone un inadempimento**, ma è semplicemente il corrispettivo che una parte paga per poter esercitare un diritto di recesso.

La caparra confirmatoria si distingue anche dalla clausola penale, perché mentre la caparra presuppone l'inadempimento, la clausola penale può essere pattuita anche per il mero ritardo; contrariamente alla clausola penale, la caparra confirmatoria è un contatto reale; infine la clausola penale, diversamente dalla caparra, limita il risarcimento, salvo che sia diversamente pattuito.

Ancora diverso è l'acconto, che rappresenta un adempimento parziale preventivo.

---

[242]Cass. civ., Sez. Un.,14 gennaio 1009, n. 553.

La parte non inadempiente può, infine, scegliere di agire per l'adempimento o per la risoluzione, ma, in tal caso, il risarcimento del danno è regolato dalle norme generali,(art. 1385, ultimo co.)

Dei rapporti tra domanda di recesso e ritenzione della caparra da un lato e domanda di risoluzione dall'altro, si è già detto al par.5.2.2 di questo capitolo.

Per costante giurisprudenza, infine, la caparra confirmatoria d'importo manifestamente eccessivo non può essere **ridotta d'ufficio dal giudice**[243].

6. La risoluzione per impossibilità sopravvenuta.

Dell'impossibilità sopravvenuta della prestazione, che l'art. 1256 c.c. annovera tra i **modi di estinzione dell'obbligazione diversi dall'adempimento**, si è già detto al Cap. IV, § 6.2, lettera c).

Gli artt. 1463 ss. c.c. disciplinano invece le **conseguenze che si verificano nei contratti a prestazioni corrispettive** per effetto dell'impossibilità sopravvenuta, identificandole principalmente nell'estinzione del diritto alla controprestazione. L'esito sarà dunque la **risoluzione di diritto** del contratto. Stabilisce infatti l'art. 1463 che, "nei contratti a prestazioni corrispettive, la parte liberata per la sopravvenuta impossibilità della prestazione dovuta, non può chiedere la controprestazione, e deve restituire quella che abbia già ricevuta, secondo le norme relative alla ripetizione dell'indebito". L'impossibilità sopravvenuta produce allora **effetti sia risolutori che restitutori**.

Se il contratto è ad effetti reali, l'impossibilità sopravvenuta si risolve nel **perimento del bene per causa non imputabile al contraente che costituisce o trasferisce il diritto reale** e per stabilire su quale contraente gravino le conseguenze dell'accaduto, basta applicare la regola *res perit domino*, ciò che comporta la previa identificazione del *dominus*. Per il principio del consenso traslativo, di cui si è più volte detto, la proprietà e gli altri diritti reali si trasmettono per effetto del consenso delle parti legittimamente manifestato (art.1376 c.c.). Quindi: prima della manifestazione del consenso delle parti - cioè della conclusione del contratto- il proprietario è il dante causa e perciò fino a quel momento su di lui grava il rischio del perimento del bene; dopo la manifestazione del consenso delle parti, il proprietario è l'acquirente e quindi a partire da quel momento è su di lui che grava il rischio. In quest'ultimo caso, quindi, (cioè se il bene perisce dopo la prestazione del consenso), l'acquirente dovrà pagare il corrispettivo, indipendentemente dal fatto che la consegna sia avvenuta o meno, perché l'alienante avrà già eseguito la propria prestazione (che consiste nel trasferire il bene mediante prestazione del consenso; art. 1465 c.c.).

---

[243] v. da ultimo Cass. civ., 30 giugno 2014, n.14776.

Ad esempio: Tizio vende a Caio un quintale di grano. Dopo la vendita, il grano si trova ancora nel deposito di Tizio, quando un incendio divampa ed il grano viene bruciato. In questo caso, il grano bruciato è già di proprietà di Caio, il quale deve comunque pagare il corrispettivo, (salvo eventuali responsabilità di Tizio in quanto custode).

Lo stesso principio si applica ove l'effetto traslativo o costitutivo sia differito fino alla scadenza di un **termine,** perché in tal caso, è bensì vero che fino a quel momento l'avente causa non avrà acquistato il diritto e non sarà ancora *dominus*, ma è anche vero che ciò dipende da un mero fattore estrinseco (il trascorrere del tempo fino alla scadenza del termine), perché il dante causa avrà già tenuto la propria prestazione e fatto tutto ciò che doveva e poteva per consentire il prodursi dell'effetto traslativo.

Infine, in **deroga al principio di retroattività della condizione**, il **rischio relativo al perimento della cosa, che avvenga in pendenza della condizione sospensiva, grava sull'alienante** (art. 1465, ultimo co.).

7. La risoluzione per eccessiva onerosità sopravvenuta.

Nei contratti ad esecuzione differita, continuata o periodica, intercorre un certo lasso di tempo tra la conclusione del contratto e la sua esecuzione. In questo periodo possono verificarsi delle sopravvenienze, cioè degli eventi che modificano l'originaria valutazione delle parti sulla convenienza dell'affare. Tali fatti di regola non possono essere invocati dalle parti per sciogliersi dal contratto, perché ne conseguirebbe una inammissibile condizione di incertezza. Tuttavia, esistono alcuni casi eccezionali in cui essi possono giustificare la risoluzione del contratto, e tali casi sono quelli che rendono eccessivamente onerosa una delle prestazioni dovute.

Entro questi ristretti limiti il codice accoglie dunque la clausola "*rebus sic stantibus*", che vorrebbe limitata la vincolatività di un accordo al mantenimento delle condizioni esistenti al momento della sua conclusione. Pertanto **il contratto può essere risolto per eccessiva onerosità quando ricorrono le condizioni stabilite dall'art. 1467 c.c.** e cioè:

a) che si tratti di **contratti "ad esecuzione continuata o periodica ovvero a esecuzione differita**", cioè di contratti che prevedono il decorso di un certo lasso di tempo tra la conclusione e l'esecuzione, come la somministrazione, o la vendita a termine di cose fungibili (fungibili perché se fossero infungibili, come visto, la proprietà si trasmette per effetto della mera prestazione del consenso, anche ove sia dilazionata la consegna);

b) che si verifichi un'**eccessiva onerosità sopravvenuta della prestazione di una delle parti**. Sul piano della delimitazione temporale, la sopravvenienza deve essersi verificata dopo la conclusione del contratto, ma prima che il contraente che domanda la risoluzione sia eventualmente messo in mora, per l'intuitiva ragione che, in questo caso, se il contraente avesse adempiuto nei termini, la sopravvenienza non si sarebbe verificata (o non lo avrebbe danneggiato) e quindi egli non può invocarla come motivo di risoluzione.

Questa onerosità deve essere eccessiva, cioè deve causare un grave squilibrio economico tra le prestazioni. Essa deve inoltre riguardare uno scambio non ancora perfezionato. La sopravvenienza deve aver alterato il valore economico delle prestazioni (e non, semplicemente, resa più difficile la loro esecuzioni per ragioni personali relative ad una delle parti).

c) **l'eccessiva onerosità deve dipendere**, ai sensi dell'art.1467c.c., **da eventi "straordinari ed imprevedibili"** (ad es. una calamità che determini un improvviso vertiginoso rialzo dei prezzi di determinate materie prime). La prevedibilità non va valutata in astratto, ma in concreto ed ex ante, cioè alla luce del giudizio che un uomo medio avrebbe potuto formulare al momento della conclusione del contratto[244].

Il secondo co. dell'art. 1467 c.c. dispone poi che "la risoluzione non può essere domandata se la sopravvenuta onerosità rientra nell'alea normale del contratto" (ad es. le oscillazioni dei costi che avvengono normalmente e notoriamente su mercato).

La risoluzione per eccessiva onerosità **non si applica** poi **ai contratti aleatori**, cui è connaturato l'elemento del rischio, **né ai contratti con obbligazioni di una sola parte** (ad es. donazione ad esecuzione differita).

L'art. 1468 c.c. stabilisce che in tal caso la parte obbligata può solo chiedere una riduzione della sua prestazione o una modificazione nelle modalità di esecuzione, in modo da ricondurla ad equità.

Il terzo co. dell'art. 1467c.c. prevede infine che "la parte contro la quale è domandata la risoluzione può evitarla offrendo di modificare equamente le condizioni del contratto". In tal caso invece che alla risoluzione, si fa luogo alla revisione del contratto.

8. Gli effetti della risoluzione tra le parti e rispetto ai terzi.

"La risoluzione del contratto per inadempimento ha **effetto retroattivo tra le parti, salvo il caso dei contratti ad esecuzione continuata o periodica**, riguardo ai quali l'effetto della risoluzione non si estende alle prestazioni già eseguite (1). La risoluzione, anche se è stata espressamente pattuita, **non pregiudica i diritti acquistati dai terzi, salvi gli effetti della trascrizione della domanda di risoluzione**" (art. 1458 c.c.).

Nonostante l'art. 1458 c.c. faccia espresso riferimento alla risoluzione per inadempimento, è pacifico che esso sia applicabile anche in caso di impossibilità sopravvenuta ed eccessiva onerosità sopravvenuta. La risoluzione determina lo scioglimento del rapporto obbligatorio rimuovendo *ex tunc* gli

---

[244]Torrente Schlesinger, Manuale di diritto privato, pag. 522.

effetti del contratto. In tal modo **le prestazioni poste in essere dalle parti divengono prive di giustificazione causali e pertanto ripetibili secondo le norme per la ripetizione dell'indebito.**

Nel caso in cui la risoluzione abbia ad oggetto un contratto ad effetti traslativi, la risoluzione del contratto determina automaticamente il venir meno dell'effetto traslativo prodottosi, così che il dante causa torna ad essere titolare *ex tunc* del diritto che aveva trasferito e può domandare la restituzione del bene. (Le restituzioni devono essere domandate dalle parti, non potendo il giudice disporle d'ufficio).

Dette regole non valgono per la risoluzione dei **contratti ad esecuzione continuata o periodica**, che produce **effetti *ex nunc***, onde evitare di pregiudicare gli effetti utili già prodotti del contratto, per quelle prestazioni che sono state regolarmente eseguite.

Per quanto concerne gli effetti della risoluzione rispetto ai terzi, l'art. 1458 c.c. dispone al suo secondo co. che **i diritti dei terzi non vengono pregiudicati dalla risoluzione, salvi gli effetti della trascrizione della domanda di risoluzione.** Ciò significa che la **risoluzione produce una retroattività c.d. "obbligatoria" e non "reale".**

Se la parte inadempiente ha alienato il bene ad un terzo, quando il bene è mobile si ha riguardo alla regola stabilita dall'art. 1153 c.c.

CAPITOLO XXIII

LA CESSIONE DEL CONTRATTO

1. Cessione del contratto e cessione del rapporto. - 2. Perfezionamento. - 3. Ambito della cessione. - 4. Limiti della cessione. - 5. Effetti della cessione.

1. Cessione del contratto e cessione del rapporto.

L'art. 1406 c.c. prevede che "**ciascuna parte può sostituire a sé un terzo nei rapporti derivanti dal contratto con prestazioni corrispettive, se queste non sono state ancora eseguite, purché l'altra parte vi consenta**". La norma contempla una **successione** *inter vivos*, **a titolo particolare,** di un soggetto **nella posizione contrattuale** di altro soggetto. Questo fenomeno è dunque ben distinto da quello della successione nel rapporto obbligatorio, cioè nei soli diritti ed obblighi del cedente, come avviene con la cessione del credito (1265 c.c.). La cessione del contratto comporta infatti che siano ceduti anche tutti i diritti potestativi, le aspettative e le azioni processuali nascenti dal contratto, (come ad es. il diritto di recesso, o l'azione di risoluzione). Vista la necessarietà del consenso del ceduto (v. par. seguente), si esclude rientrino nella cessione disciplinata dall'art. 1407 alcune forme, impropriamente dette di "cessione" *ex lege*, come quella prevista dall'art. 1558 c.c. in caso di trasferimento di azienda. Si tratta di fenomeni del tutto eterogenei e, pertanto, si ritiene che non sia estensibile alle ipotesi di cessione *ex lege*, nemmeno analogicamente, la disciplina prevista dall'art. 1407 c.c.[245] .

2. Perfezionamento.

Poiché la cessione opera nei contratti a prestazioni corrispettive, in cui ciascuna delle parti è ad un tempo debitrice e creditrice dell'altra, la cessione del contratto comporta necessariamente la sostituzione di un debitore. Per questa ragione, secondo dottrina e giurisprudenza maggioritarie, la cessione è un **contratto trilaterale**, che si conclude con l'**incontro dei consensi di cedente, ceduto e cessionario**. Di conseguenza, perfezionamento coinciderà con la conoscenza, da parte del proponente, dell'ultima accettazione. Fino a questo momento, secondo la regola generale, la proposta è revocabile. E' anche possibile che una parte inserisca in contratto il proprio preventivo consenso alla cessione. In tal caso, l'art. 1407 c.c. stabilisce che "se una parte ha consentito preventivamente che l'altra sostituisca a sé un terzo nei rapporti derivanti dal contratto, la sostituzione è efficace nei suoi confronti dal momento in cui le è stata notificata o in cui essa l'ha accettata" (co. 1).

---

[245]Cass. civ. Sez. II, 16 marzo 2007, n. 6157.

La *ratio* della norma risiede nel fatto che quella parte, sinché non è stata posta a conoscenza della cessione (tramite la notifica), potrebbe legittimamente adempiere nei confronti dello stipulante originario.

Il secondo co. della stessa norma prevede una modalità di cessione del credito particolarmente veloce: "se tutti gli elementi del contratto risultano da un documento del quale è inserita la clausola "all'ordine" o altra equivalente, la girata del documento produce la sostituzione del giratario nella posizione del girante" (art. 1407 co. 2).

3. Ambito della cessione.

L'ambito della cessione è limitato dallo stesso art. 1406 c.c. ai contratti ai prestazioni corrispettive.

Si discute della cedibilità dei contratti traslativi, cui sembra ostare il principio del consenso traslativo (art 1376 c.c.) , per cui, come si è già detto per il recesso, poiché la prestazione del consenso determina la produzione (di regola istantanea) dell'effetto traslativo, non sembra esservi spazio, sotto il profilo temporale, per la cessione di un contratto che o ancora manca, (perché non ancora concluso), oppure ha già prodotto il proprio effetto traslativo (perché conseguente istantaneamente alla prestazione del consenso). Pertanto, quella parte della dottrina che ritiene che, per aversi cessione, le prestazioni principali debbano essere ancora ineseguite, esclude che si possa cedere il contratto con effetti traslativi.

Secondo altra parte della dottrina, seguita anche da una giurisprudenza più recente, la cessione del contratto ad effetti traslativi sarebbe possibile nel caso in cui una delle prestazioni previste non fosse stata ancora eseguita. A questa tesi si è da più parti obiettato che, quando sia stata eseguita anche una sola delle prestazioni, ciò che residua è semplicemente un debito o un credito, non più un contratto.[246] Ad esempio, se Tizio vende a Caio il proprio immobile, dopo che Tizio ha prestato il consenso e Caio ha quindi acquistato la proprietà del bene, Tizio – si afferma – non sarà titolare che di un diritto di credito alla controprestazione. In questa fase, cioè, non vi sarebbe più la possibilità di cedere il contratto nella sua interezza.

Si tratta di un'obiezione a cui si è agevolmente replicato che, **dopo aver prestato il consenso al trasferimento del bene, Tizio è titolare non solo del diritto alla controprestazione, ma anche di tutte le azioni e i diritti potestativi derivanti dal contratto** e che in base al contratto possono ancora essere esercitati. Ad esempio, se Caio non paga il corrispettivo, Tizio può agire non solo per l'adempimento, ma anche per la risoluzione del contratto. Ciò dimostra che, dopo l'esecuzione di una prestazione, non vi è solo un

---

[246]Capozzi, il contratto in generale; Gazzoni, Manuale cit. pag. 1041; Cass. 2 luglio 2000, n. 7319.

credito da cedere, ma anche la posizione di Tizio nel contratto. Pertanto, in ultima analisi, ben può essere ceduto un contratto ad effetti traslativi in parte ancora ineseguito.

4. Limiti della cessione.

Quanto ai limiti della cessione, per tradizionale orientamento della giurisprudenza di legittimità, il rapporto contrattuale deve rimanere sostanzialmente immutato nel momento in cui viene ceduto. Sono ammesse infatti solo marginali modifiche al momento della cessione, ma a condizione che non riguardino gli elementi essenziali del contratto.[247] Dopo la cessione, invece le parti del contratto possono disporre del rapporto secondo le regole generali, quindi anche novarlo. Inoltre, poiché la cessione fa subentrare il cessionario nella stessa posizione del cedente, **non sarà possibile una cessione parziale**.

5. Effetti della cessione.

La **causa** sottesa al contratto di cessione può essere molto **varia**, potendo questa avvenire dietro corrispettivo o per causa di liberalità, a scopo transattivo o con funzione solutoria.

Quanto ai **rapporti tra ceduto e cedente**, l'art. 1408 c.c. stabilisce che "**il cedente è liberato** dalle sue obbligazioni verso il contraente ceduto **dal momento in cui la sostituzione diviene efficace** nei confronti di questo. Tuttavia il contraente ceduto, se ha dichiarato di non liberare il cedente, può agire contro di lui qualora il cessionario non adempia le obbligazioni assunte. Nel caso previsto dal comma precedente, il contraente ceduto deve dare notizia al cedente dell'inadempimento del cessionario entro 15 giorni da quello in cui l'inadempimento si è verificato; in mancanza è tenuto al risarcimento del danno".

L'art. 1409 c.c. disciplina invece i **rapporti tra ceduto e cessionario,** stabilendo che "il contraente ceduto può opporre al cessionario tutte le eccezioni derivanti dal contratto, ma non quelle fondati su altri rapporti con il cedente, salvo che ne abbia fatto espressa riserva al momento in cui ha consentito alla sostituzione". Il ceduto può opporre quindi al cessionario anche l'invalidità o l'inefficacia del contratto[248].

Nonostante il silenzio della legge, si ritiene altresì che il cessionario possa opporre al ceduto tutte le eccezioni derivanti dal contratto e che avrebbe potuto opporre al cedente.

Da ultimo, l'art. 1410 c.c. disciplina i **rapporti tra cedente e cessionario,** stabilendo che "il cedente è tenuto a garantire la validità del contratto. Se il

---

[247]Cass. civ., 6 dicembre 1995, n.12576.
[248]Gazzoni, pag. 1043 cit.

cedente assume la garanzia dell'adempimento del contratto, egli risponde come fideiussore per le obbligazioni del contraente ceduto". L'unica garanzia che quindi il cedente è obbligato a fornire è che il contratto ceduto sia valido. Questo significa che non rileva il fatto che egli ad esempio, non fosse a conoscenza dell'invalidità dello stesso o che l'invalidità non dipendesse da lui. La garanzia è dovuta per il solo fatto oggettivo dell'invalidità del contratto.

CAPITOLO XXIV

LA RAPPRESENTANZA

1. Premessa.

La rappresentanza può distinguersi, quanto alla fonte, in volontaria e legale (art. 1387 c.c.): la **rappresentanza volontaria** è lo strumento attraverso il quale i soggetti capaci di agire esercitano la **libertà di farsi sostituire nell'attività negoziale**; la **rappresentanza legale è invece lo strumento attraverso cui i soggetti incapaci di agire divengono centro di imputazione di situazioni soggettive derivanti dal negozio giuridico.**

Si tratta di fenomeni eterogenei: sebbene uniti dal comune denominatore della capacità, attribuita ad un soggetto, di **rappresentarne un altro di fronte a terzi nell'attività giuridica**, rappresentanza legale e volontaria si distinguono non solo perché promanano da fonti diverse, ma anche perché la prima è posta a tutela di interessi superidividuali, mentre la seconda avviene nell'interesse e per volontà dell'interessato.

In questa sede ci si occuperà della sola rappresentanza volontaria. Il tema d'indagine verrà poi ulteriormente delimitato in omaggio a quell'autorevole dottrina,[249] tutt'oggi maggioritaria, che nega la riconducibilità del fenomeno della c.d. "rappresentanza indiretta" nell'alveo della rappresentanza, mancando, nel primo caso, un elemento consustanziale alla rappresentanza propriamente detta, cioè la **spendita del nome** del rappresentato o comunque la dichiarazione di agire in nome altrui. Infine, nell'ambito della rappresentanza diretta, il tema della sostituzione nell'attività giuridica, che verrà qui esaminato, riguarda non già il rapporto interno tra rappresentato e rappresentante, che attiene allo studio di singoli negozi, ma il potere di agire di fronte a terzi.

2. La rappresentanza volontaria.

Le diverse figure di sostituzione di un soggetto nell'altrui attività negoziale, che il codice civile contempla, possono essere divise in **due grandi gruppi**

---

[249] Santoro Passarelli, Dottrine Generali del diritto civile, pag. 268

a seconda che la sostituzione avvenga o non avvenga nell'ambito di un rapporto autorizzatorio. Nel primo gruppo si colloca la rappresentanza; nel secondo gruppo la *negotiorum gestio* e le attività del *falsus procurator e del procuratore apparente*.

La rappresentanza è quindi un'ipotesi tipica di sostituzione nell'attività negoziale, fondata su un rapporto autorizzatorio, che può sorgere anche successivamente al compimento dell'attività.

Rappresentare significa, letteralmente, *rendere presente* l'altro; non si tratta cioè della semplice sostituzione di un soggetto ad un altro, ma di una sostituzione capace di rendere presente l'altro, perché si è autorizzati a spenderne il nome. Secondo la definizione di un'autorevole dottrina[250] "si sogliono designare complessivamente col nome di rappresentanza le varie specie di sostituzione nell'attività giuridica in nome altrui, si appoggi la sostituzione a un potere d'agire di fronte ai terzi conferito, come dice brevemente il codice, dalla legge o dall'interessato (art. 1387) , oppure a una successiva accettazione dello stesso (artt. 1399, 1402, co.2)" .

Il rapporto autorizzatorio trova quindi fondamento o nella legge o nella volontà del rappresentato, la quale può essere manifestata sotto forma di procura o di ratifica.

La sostituzione nell'attività giuridica avviene poi "in nome altrui". Infatti "il contratto concluso dal rappresentante in nome e nell'interesse del rappresentato, nei limiti delle facoltà conferitegli, **produce direttamente effetto nei confronti del rappresentato**" (art. 1388 c.c.). Questo meccanismo quindi funziona attraverso una scissione tra parte in senso formale e parte in senso sostanziale.

Come si è già avuto modo di osservare, la parte in senso formale è l'autore della regola negoziale, mentre la parte in senso sostanziale è il soggetto nella cui sfera giuridica si producono gli effetti dell'atto. La rappresentanza si fonda proprio sulla scissione tra parte in senso formale e parte in senso materiale dell'atto o del negozio giuridico.

La parte in senso formale è il rappresentante, che compie attività giuridiche nel nome e per conto del rappresentato; la **parte in senso sostanziale è il rappresentato**, che non compite atti e non stipula negozi, ma nella cui sfera si producono direttamente gli effetti degli atti compiuti in suo nome dal rappresentante.

Lo strumento che consente l'*imputatio* al rappresentato degli atti compiuti al rappresentante è la ***contemplatio domini***, cioè la spendita del nome del rappresentato. Il rappresentante si presenta dunque a terzi come tale, dichiarando di agire in nome e per conto del rappresentato e, grazie al meccanismo predisposto dall'art. 1388, gli effetti degli atti da esso compiuti **si pro-**

---

[250]Santoro Passarelli, Dottrine cit, p. 268.

ducono direttamente nel patrimonio del rappresentato, nei limiti delle facoltà conferitegli. (Tizio stipula un contratto di compravendita con Caio, dichiarando di acquistare in nome e per conto di Sempronio. Quando Tizio e Caio prestano il consenso alla vendita, la proprietà del bene passa direttamente da Caio a Sempronio).

Ambito della rappresentanza.

Quanto alla natura degli atti per i quali si può far ricorso alla rappresentanza, afferma autorevole dottrina che "ove, in qualunque modo, l'ordinamento richieda l'iniziativa della volontà consapevole del privato, perché si verifichino certi effetti, **sia poi la volontà consapevole soltanto determinante del fatto o altresì determinante degli effetti**, ivi la sostituzione nell'iniziativa all'interessato di un soggetto diverso, che agisca in sua vece, dà luogo a un fenomeno di rappresentanza, con la conseguenza, praticamente importante, dell'applicazione diretta delle regole sulla rappresentanza"[251]. Questo autorevole orientamento, accolto dalla dottrina maggioritaria, ritiene dunque che le norme dettate dall'art. 1388 ss. in tema di rappresentanza si applichino non solo ai negozi giuridici, ma anche agli atti in senso stretto, (essendo irrilevante che la volontà consapevole sia diretta a sorreggere il solo fatto) nonché alla determinazione degli effetti (come nel negozio). **Sarà dunque possibile farsi rappresentare, tra l'altro, per il compimento di diffide, pagamenti, notificazioni, partecipazioni.**

E' controverso se possa poi darsi una rappresentanza meramente passiva, che si concreti, cioè, nel ricevere comunicazioni (si pensi agli atti giuridici recettizi). Una parte della dottrina si esprime in senso contrario, sulla scorta del rilievo della centralità che assume nella rappresentanza la manifestazione di volontà. Dove non si manifesta la volontà altrui non vi potrebbe, secondo questo orientamento, essere rappresentanza.

Altra parte della dottrina[252] è propensa ad accogliere una nozione sotto questo aspetto più ampia di rappresentanza, osservando che il *proprium* della rappresentanza consiste nell'imputazione degli effetti giuridici al rappresentato invece che al rappresentante, ciò che appunto si verifica nella rappresentanza passiva. L'assunto sembra avvalorato dalla previsione dell'art. 1188, che legittima il rappresentante del creditore a ricevere il pagamento.

Vi sono poi negozi per i quali non è possibile farsi rappresentare da terzi. Tra questi principalmente gli atti personalissimi, tra cui i negozi familiari (tra cui il matrimonio), la disposizione testamentaria, la donazione (salve le deroghe stabilite dall'art. 778 co. 1).

---

[251]Santoro Passarelli, p. 274, cit.
[252]Santoro Passarelli, p. 275 cit.

Si noti che le "procure" che la legge talvolta ammette in relazione a questi atti, sono in realtà delle deleghe e non integrano eccezione alla regola per cui non è consentita la sostituzione nel compimento di atti personalissimi. Come detto in premessa, **non sembra poi riconducibile alla nozione di rappresentanza la c.d. rappresentanza indiretta,** che appunto manca proprio del carattere dell'imputazione diretta al rappresentato degli effetti dell'attività compiuta dal rappresentante. In questi casi, che si verificano tipicamente quando il rapporto tra "rappresentante" e "rappresentato" è regolato da un mandato senza rappresentanza, gli effetti si producono in capo al mandatario, che è tenuto poi a ritrasferirli al mandante, con un'attività che si colloca chiaramente al di fuori del fenomeno della rappresentanza.

3. Il potere rappresentativo.

Il potere di rappresentanza è uno specifico potere di agire appartenente alla **categoria delle potestà** ed è un requisito soggettivo dell'atto compiuto dal rappresentante. Esso si articola nel **duplice potere di spendere il nome del rappresentato** (*contemplatio domini*), imputandogli gli effetti degli atti compiuti, e di **formare la volontà negoziale.**
Parte della dottrina[253] ritiene poi che anche l'attività di chi non formi la regola negoziale, ma si limiti a dichiarare la volontà del rappresentato, possa essere ricondotta alla rappresentanza a condizione che sussista un potere di iniziativa del rappresentante, per esempio nella scelta del momento o del soggetto a cui dichiarare la volontà. Chi invece si limiti a trasmettere la dichiarazione altrui senza alcun potere di iniziativa, non può essere considerato un rappresentante, ma un mero *nuncius*.
Il rappresentante non può a sua volta trasmettere il potere rappresentativo se a ciò non autorizzato dal rappresentato, perché il potere di rappresentanza è attribuito *intuitu personae,* sul presupposto di un rapporto di fiducia con il rappresentato e nell'esercizio di una libera scelta di questi.

4. La procura.

La procura è il negozio unilaterale a carattere autorizzatorio con cui l'interessato attribuisce a terzi il potere di rappresentarlo imputandogli direttamente gli effetti degli atti da esso compiuti.

4.1 Recettizietà.

E' discusso se la procura debba considerarsi anche un atto recettizio. Da un lato si osserva, infatti, che la recettizietà dell'atto è in genere richiesta a tutela del soggetto che lo riceve, mentre in questo caso, poiché l'atto si limita ad attribuire un potere (che può anche non essere esercitato, salvo che il

---

[253]Santoro Passarelli, p. 276 cit.

rappresentato non assuma il correlativo obbligo), non sembra che il suo destinatario necessiti di tutela alcuna; dall'altro, perché gli effetti dell'atto compiuto dal rappresentante si producano in capo al rappresentato, è necessario che una procura sia stata rilasciata, ma non anche che sia stata ricevuta. Lo stesso dicasi per il terzo, che può richiedere di prendere visione della procura a propria tutela, ma non certo ai fini della produzione degli effetti della stessa.

4.2 Causa.

Sebbene abbia la **funzione di autorizzare il rappresentante a spendere il nome del rappresentato** di fronte a terzi, la procura è allo stesso tempo un **negozio astratto**, perché è irrilevante rispetto a terzi il sottostante rapporto di gestione (principio di separazione).

Dal punto di vista causale, la procura è intimamente collegata all'atto per il cui compimento essa è rilasciata: l'illiceità di quest'ultimo si riflette infatti sull'illiceità della procura.

4.3 Ampiezza.

Quanto al novero delle attività che il rappresentante può compiere, la procura può essere **generale o speciale**, a seconda che comprenda tutti gli atti che riguardino una generalità di atti (necessari per la tutela di un certo interesse o di tutti gli interessi del rappresentato), oppure uno o più atti specifici.

4.4 Revoca e modifiche.

La procura è un negozio sempre **liberamente revocabile o modificabile** dal rappresentato, salvo che essa non sia conferita, in modo riconoscibile, anche nell'interesse del rappresentante (*procurator in rem suam*) o di terzi e non sia diversamente stabilito o non ricorra una giusta causa, come può dedursi dall'art. 1723, co.2.

Le modificazioni o la revoca della procura devono però essere portate a conoscenza del terzo con mezzi idonei. In mancanza, l'art. 1396 c.c. prevede che esse non siano opponibili ai terzi, se non si prova che costoro le conoscevano al momento del contratto.

In realtà, come nota attenta dottrina[254], la c.d. "revoca" della procura è un **recesso**, perché non ha effetto retroattivo ed infatti gli atti compiuti dal rappresentante prima della revoca restano validi ed efficaci. La procura deve essere sempre sostenuta dalla volontà del rappresentato, quindi è sempre revocabile o modificabile ed è per questo che, se muore il rappresentato, o se diviene incapace, essa si estingue. La procura si estingue, infine, per la

---

[254]Gazzoni, p. 1054 cit.

scadenza del termine o per il compimento dell'affare.

4.5 Forma.

Dal punto di vista della forma, poi, l'art. 1392 c.c. stabilisce che "la procura non ha effetto se non è conferita nelle **forme prescritte per il contratto che il rappresentante deve concludere**".

4.6 Rapporti tra procura e negozio gestorio.

Come si è avuto modo di osservare, la procura, in quanto negozio autorizzatorio, si limita ad attribuire un potere; in quanto negozio unilaterale del rappresentante, non obbliga il rappresentato, il quale può anche non esercitare il potere di rappresentanza attribuitogli, ed in quanto negozio che attribuisce il potere di spendita del nome rispetto a terzi, non regola i rapporti tra il rappresentato e il rappresentante, ma determina solo l'acquisizione al patrimonio del rappresentato degli effetti degli atti conclusi dal rappresentante con i terzi.

E' nitida quindi la distinzione tra la procura ed il **negozio gestorio**, che regola i rapporti interni tra rappresentante e rappresentato. Detto negozio è generalmente (ma non esclusivamente) un mandato, cioè un contratto consensuale ad effetti obbligatori con cui una parte si obbliga a compiere uno o più atti giuridici per conto dell'altra (art. 1703 c.c.) e tanto può fare sia a titolo oneroso che a titolo gratuito. **Procura e mandato sono dunque due atti distinti ed autonomi.** E' infatti possibile rilasciare una procura senza mandato, lasciando libero il rappresentante di scegliere se fare o meno uso dei poteri attribuitigli. Allo stesso modo è possibile rilasciare un mandato senza procura. In quest'ultimo caso il mandatario si obbliga a compiere gli atti nell'interesse del mandante, ma, mancando una procura, non potrà imputargli direttamente gli effetti degli atti da lui compiuti. Tali effetti quali si produrranno quindi nella sfera del mandatario e questi li ritrasferirà successivamente al mandante (es. Tizio, mandante, incarica Caio, mandatario, di acquistare un'automobile per lui. Mancando una procura, quando Caio acquisterà l'automobile ne diverrà proprietario. Successivamente dovrà quindi con autonomo atto trasferire a Tizio la proprietà del bene acquistato).

5. Capacità, vizi della volontà e stati soggettivi rilevanti.

Poiché, come visto, con la rappresentanza si verifica una scissione tra parte in senso formale e parte in senso materiale, si pone il problema di vedere in capo a quali di questi due soggetti debbano sussistere:

a) la capacità d'intendere e di volere;

b) la capacità di agire

c) l'integrità del volere, quale assenza di vizi della volontà

d) ove rilevante, la buona fede soggettiva

Il codice detta una serie di norme, ma vi sono due grandi criteri guida grazie ai quali esse possono essere spiegate.

-Il primo criterio consiste nel considerare sempre che **il rappresentante forma la volontà del rappresentato**, cioè forma o concorre a formare la regola negoziale, e anche laddove si ammetta che egli si limiti a manifestare la volontà del *dominus*, si ritiene, come visto, che non vi sia rappresentanza se al rappresentante non sia attribuito un potere di iniziativa.

Questa considerazione spiega molte delle norme dettate dal codice in materia. In particolare:

1) se il **rappresentante** concorre a formare la regola negoziale, allora questi deve essere **capace d'intendere e di volere l'atto** che pone in essere (come richiesto dall'art. 1389, primo co.). In caso contrario il contratto è **annullabile (ex art. 428. "atti conclusi dall'incapace")** e dottrina e giurisprudenza hanno chiarito che il "grave pregiudizio" richiesto dalla norma deve essere riferito all'autore sostanziale del negozio e non all'autore formale.

2) secondo le regole generali, il negozio giuridico è annullabile in presenza di un vizio della volontà. Quindi: **se il vizio riguarda elementi predeterminati dal rappresentato**, allora il vizio della volontà del rappresentato comporterà l'annullabilità del contratto (Tizio vede un'automobile presso un concessionario. Credendola nuova, invia Caio ad acquistarla in sua rappresentanza. Se dalla procura risulta che la scelta dell'automobile è stata compiuta da Tizio, allora il contratto sarà annullabile secondo le norme in materia di annullamento per errore, cioè se l'errore era essenziale e riconoscibile all'altro contraente, a nulla valendo l'integrità del volere di Caio). **Se invece il vizio riguarda elementi voluti dal rappresentante**, allora sarà il vizio della volontà del rappresentante a rilevare. (Tizio, poco esperto di automobili, chiede a Caio di acquistare in suo nome e per suo conto un'autovettura, incaricandolo anche di scegliere quella che egli ritenga più adatta alle sue esigenze. Caio stabilisce che sia meglio comprare una macchina a benzina, e per errore, ne compra una diesel. In questo caso rileverà l'errore commesso da Caio).

In sintesi, la volontà che sorregge la regola negoziale deve essere integra, chiunque ne sia l'autore. I vizi della volontà che si riflettono nel contratto, ne comportano l'annullabilità. Di regola il contratto sarà annullabile per vizi della volontà del rappresentante, salvo esserlo per vizi della volontà del rappresentato, per quelle parti del negozio che siano state da questi predeterminate.

1) ancora, se è il rappresentante che forma la regola negoziale, quando gli stati soggettivi "di buona o mala fede, di scienza o ignoranza di determinate circostanze" influiscano sulla validità del contratto, occorre avere riguardo agli stati soggettivi del rappresentante, salvo che per gli aspetti del contratto

predeterminati dal rappresentato (art. 1391, co.1). Secondo criterio guida: **mentre la regola negoziale è formata e voluta dal rappresentante, gli effetti si producono nel patrimonio del rappresentato**.

Questo aspetto dà conto:

2) del perché sia **solo il rappresentato e non il rappresentante a dover disporre della capacità di agire (art. 1389 co.1)**. La capacità di agire è necessaria in capo al soggetto nel cui patrimonio si producono gli effetti del negozio giuridico. Siccome gli effetti del negozio compiuto dal rappresentante si producono in capo al rappresentato, è il rappresentato a dover essere capace di agire e, ove non lo sia, il contratto è annullabile; mentre non rileva l'incapacità di agire del rappresentante.

3) del perché influisca sulla validità o efficacia dell'atto la mala fede del rappresentato, malgrado la buona fede o ignoranza de rappresentante (art. 1391 co.1): **siccome gli effetti si producono nel patrimonio del rappresentato, se questi è in mala fede, non può giovarsi della buona fede del rappresentante** per sottrarsi alle conseguenze che la legge prevede per il caso di mala fede di una delle parti.

4) infine, quanto ai vizi della volontà in cui sia incorso il rappresentante nel conferimento della procura, questi potrà **revocarla fino al momento della spendita** del nome. Successivamente, invece si ritiene[255] applicabile la disciplina del *falsus procurator*, di cui si dirà al par. 7.

6. La *contemplatio domini*.

Perché gli effetti del negozio stipulato dal rappresentante si producano nel patrimonio del rappresentato **è necessaria la spendita del nome** di questi. In mancanza, gli effetti si producono nel patrimonio del rappresentante, a nulla rilevando il fatto che questi sia munito di procura. Sul piano probatorio, ove la spendita del nome sia contestata, la prova contraria incombe sul rappresentante.

7. Falsa procura.

"**Colui che ha contrattato come rappresentante senza averne i poteri** o eccedendo i limiti della facoltà conferitegli, **è responsabile del danno che il terzo contraente ha sofferto** per aver confidato senza sua colpa nella validità del contratto" (art. 1398 c.c.). Infatti, il contratto che il *falsus procurator* abbia stipulato in nome del rappresentato, non può certo essere imputato a quest'ultimo, mancando in capo al rappresentante la legittimazione ad agire per il rappresentato. D'altra parte, lo stesso contratto non può nemmeno essere imputato al rappresentante, perché non è stato concluso in suo nome, bensì nel nome di un altro soggetto (il rappresentato). La giurispru-

---

[255]Gazzoni, 1056 cit.

denza è quindi ferma nel ritenere che il **contratto concluso dal** *falsus procurator* non sia nullo né annullabile, ma solo **inefficace, fino all'eventuale ratifica del rappresentato**[256] La ratifica è un negozio unilaterale[257], recettizio nei confronti del terzo, attraverso il quale il falso rappresentato si appropria dell'affare concluso dal *falsus procurator*. Se il rappresentato non ratifica il contratto, il terzo potrà solo domandare al rappresentante il risarcimento del danno, in virtù del principio dell'apparenza e dell'affidamento incolpevole. La ratifica ha carattere retroattivo. Essa in ogni caso non pregiudica la posizione dei terzi, aventi causa dal *dominus* ratificante, che abbiano acquisito diritti incompatibili con l'atto compiuto dal *falsus procurator*.

8. Procura apparente.

Mentre nel caso del *falsus procurator* è il rappresentante ad ingenerare una falsa apparenza, presentandosi falsamente come rappresentante, al contrario, **nel caso della procura apparente, la falsa apparenza è ingenerata dal rappresentato**, il quale suscita nei terzi, con il suo comportamento, la convinzione che taluno agisca in come suo rappresentante, senza che ciò corrisponda al vero. La differenza tra le due figure è già nel *nomen*: *falsus procurator* e procura apparente sono espressioni che evidenziano come nel primo caso la discrasia tra realtà ed apparenza cada sul procuratore, e nel secondo, **sulla procura**: nel primo caso chi appare procuratore in realtà non lo è; nel secondo caso è la procura che sembra esistere, mentre invece non è mai stata rilasciata.

La figura della procura apparente è una **creazione della giurisprudenza,** chiamata a risolvere il problema che si pone quando terzi di buona fede stipulino un contratto con chi appaia essere il rappresentante di una persona o un ente che, con il proprio comportamento, abbia ingenerato questa falsa apparenza. La soluzione elaborata dalla giurisprudenza è la seguente: **gli effetti del contratto stipulato dall'apparente procuratore si producono nel patrimonio del** *dominus*, **se ricorrono tre condizioni**[258]:

a) **un'apparenza di poteri rappresentativi;**

b) **l'imputabilità di tale apparenza al contegno colposo del rappresentato apparente,** che deve cioè averla colpevolmente ingenerata, con comportamenti in taluni casi anche meramente omissivi;

b) **l'affidamento incolpevole del terzo,** animato dalla ragionevole convinzione che il potere di rappresentanza sia stato effettivamente e validamente conferito al rappresentante apparente.

---

[256]ex multis, Cass. 24 ottobre 2013, n. 24133.

[257]Bianca, Diritto civile, Il contratto, Milano, 2000, p.110.

[258]Cass. 9 marzo 3787, n. 2012.

I casi più importanti che si rinvengono nell'esperienza pretoria riguardano soprattutto enti, come grandi società o banche, talvolta considerati responsabili di aver creato false apparenze non solo con comportamenti commissivi, ma, come accennato, anche omissivi: è, ad esempio, il caso della banca che non informi i clienti del licenziamento di un soggetto da essa normalmente preposto alla raccolta di risparmi a domicilio per finalità di investimenti nelle attività della banca stessa.

9. La procura tacita.

Si configura la procura tacita quando il potere di rappresentanza è stato conferito tacitamente, mediante comportamenti concludenti, purché inequivoci.
Qui la procura esiste realmente, i comportamenti concludenti configurano un negozio giuridico vero e proprio quindi i contratti conclusi dal procuratore producono effetti validi ed efficaci nel patrimonio del *dominus*. Naturalmente, l'ambito entro il quale può farsi luogo alla procura tacita è per definizione limitato ai casi in cui per la procura **non sia richiesta la forma scritta**.
In conclusione, volendo confrontare le tre figura del *falsus procurator,* procura apparente e procura tacita, possiamo affermare che: il *falsus procurator* non imputa gli effetti delle proprie attività al *dominus*; al contrario, in caso di procura apparente, poiché è il *dominus* che ha creato l'apparenza, è a lui che si imputano gli effetti degli atti compiuti dal rappresentante; infine in caso di procura tacita gli effetti si imputano regolarmente al rappresentato, per effetto della legittimazione da questi tacitamente conferita al rappresentante.

10. L'abuso di potere.

"Il contratto concluso dal rappresentante in conflitto d'interessi col rappresentato può essere annullato su domanda del rappresentato, se il conflitto era conosciuto o riconoscibile dal terzo" (art. 1394 c.c.). Di regola il rappresentante riceve la legittimazione ad agire nel nome del rappresentato per curare un interesse di questi. Può però accadere che il rappresentante abusi del potere conferitogli, spendendolo nel proprio personale interesse o nell'interesse di persona diversa dal rappresentante. Non ricorre abuso di potere quando il rappresentante agisce nell'interesse del rappresentato, ma realizza in via collaterale anche un interesse proprio. Perché l'operazione conclusa dal rappresentante possa dirsi abusiva, essa deve essere stata posta in essere nell'esclusivo interesse del rappresentante. Il legislatore risolve il conflitto d'interessi che si cela nell'abuso disponendo l'annullabilità, su domanda del rappresentato, del contratto concluso dal rappresentante, se il conflitto era conosciuto o riconoscibile dal terzo. L'art.

1395 c.c. dispone poi che " è **annullabile il contratto che il rappresentante conclude con se stesso,** in proprio o come rappresentante di un'altra parte **a meno che il rappresentato lo abbia autorizzato** specificamente **ovvero che il contenuto del contratto sia determinato in modo da escludere la possibilità di conflitto d'interessi.** L'impugnazione può essere proposta soltanto dal rappresentato". Il contratto che il rappresentante concluda in nome del rappresentato con se stesso integra una particolare ipotesi di conflitto d'interessi. La norma descrive due ipotesi nelle quali il contratto non è annullabile. Si tratta del caso in cui il rappresentato sia stato autorizzato a contrarre con se stesso e del caso in cui il contratto sia determinato in modo da escludere la possibilità del conflitto d'interessi. Al di fuori di questi due casi, la norma dispone l'annullabilità del contratto, senza che sia richiesto alcun altro elemento, come il danno del rappresentato, il vantaggio del rappresentante o altro fatto che provi che il rappresentante abbia abusato del proprio potere; infatti, l'art. 1395 introduce proprio una *presunzione iuris tantum* di conflitto, che può essere vinta soltanto provando che ricorra uno dei due casi in presenza dei quali la norma espressamente esclude l'annullabilità.

11. Il contratto per conto di chi spetta.

Sin qui si sono sempre esaminate ipotesi di rappresentanza in cui il rappresentato è un soggetto determinato. Tuttavia esistono anche ipotesi di **rappresentanza *in incertam personam*,** in cui il rappresentato dichiara di stipulare per un soggetto che non è ancora determinato al momento della stipula, ma è individuato come colui che risulterà titolare di una determinata situazione giuridica. Uno dei più importanti esempi di contratto per conto di chi spetta è la vendita che il giudice ordini ex art. 1513 c.c., in caso di divergenza sulla qualità o condizione della cosa venduta. Anche nel caso in cui un vettore debba consegnare beni soggetti a rapido deterioramento e vi è controversia circa l'individuazione del destinatario, il giudice può ordinare la vendita (art. 1690, co. 2), che sarà per conto di chi spetta, cioè di chi risulterà essere il proprietario del bene e quindi destinatario della consegna Il contratto per conto di chi spetta si differenzia dal contratto per persona da nominare, perché rientra nell'istituto della rappresentanza, rispetto al quale si connota solo per l'**incertezza della persona del rappresentato. Ben diversamente, il contratto per persona da nominare,** che, secondo la migliore dottrina[259], resta estraneo al fenomeno della rappresentanza, **si connota per il fatto che una delle parti può riservarsi la facoltà di nominare una persona che gli subentri nel contratto,** assumendo i diritti e gli obblighi da questo nascenti (art. 1401 c.c.). **Chi stipula il contratto per**

---

[259]Catricalà, pag. 158 cit; Gazzoni, pag. 1067 cit.

conto di chi spetta è un mero rappresentante e non è parte del contratto. **Chi stipula il contratto per persona da nominare è parte del contratto** e non rappresenta nessuno, ma potrà avvalersi della facoltà di far subentrare altri nella propria posizione di parte.

Inoltre, mentre nel contratto per conto di chi spetta, la persona cui spettano i diritti e gli obblighi derivanti dal contratto sarà individuata alla stregua di criteri oggettivi e predeterminati (colui, tra i due contendenti di un bene, che ne risulterà proprietario all'esito di un giudizio), lo stipulante nel contratto per persona da nominare sceglierà liberamente e discrezionalmente la persona da nominare, secondo il proprio volere.

CAPITOLO XXV

IL CONTRATTO PER PERSONA DA NOMINARE

Sommario: 1. Definizione e funzione. – 2. Natura giuridica. – 3. Gli effetti. – 4. Il potere di nomina.

1. Definizione e funzione.

"Nel momento della conclusione del contratto **una parte può riservarsi la facoltà di nominare successivamente la persona che deve acquistare i diritti ed assumere gli obblighi nascenti dal contratto stesso**" (1401 c.c.). Il contratto per persona da nominare è già perfetto quando viene concluso tra stipulante e promittente. Dopo la conclusione possono darsi due ipotesi: 1) se lo stipulante procederà alla nomina (c.d. *electio amici*), il nominato subentrerà nella posizione dello stipulante, divenendo parte del contratto in suo luogo, con effetto retroattivo, cioè a far data dal momento della stipula (art. 1404 c.c.). (In concreto questo significa che se Tizio acquista un bene da Caio e poi nomina Sempronio, questi, che prende il posto di Tizio, acquista direttamente da Caio. Vuol dire che viene posto in essere **un unico trasferimento**. Se ci chiediamo chi sia il dante causa di Sempronio, dovremo individuarlo in Caio. Questo aspetto pratico è importante e spiega le ragioni per cui in genere si ricorre a questo contratto: da una parte, esso consente a chi non lo desideri di **non comparire in determinati affari**; dall'altra, se Tizio vende a Caio e questi a Sempronio, i due passaggi saranno soggetti a **doppia tassazione**, mentre con il contratto per persona da nominare, siccome il passaggio è uno, sarà una anche la tassazione. In tal caso però la legge richiede che la nomina avvenga nel termine di 3 giorni). Vi sono tuttavia delle condizioni che devono necessariamente ricorrere perché il terzo nominato possa subentrare in luogo dello stipulante. Esse sono: a) che la nomina sia **tempestiva**, cioè che avvenga entro il termine fissato dalle parti o, in mancanza, entro tre giorni (art. 1402, co.1); b) che la nomina sia accompagnata dall'**accettazione del nominato** o da una procura antecedente alla stipula (1402, co.2). In mancanza, dato il principio di relatività degli effetti del contratto, non si giustificherebbe la produzione di effetti non necessariamente e non esclusivamente favorevoli nel patrimonio del terzo; c) che **la nomina e l'accettazione o la procura** siano fatte nella **stessa forma che le parti hanno usato per il contratto**, anche se non è una forma imposta dalla legge (art. 1403, co.1); 2) Se lo stipulante non procede invece alla nomina, o non lo fa nel termine stabilito dalla legge o dalle parti, soccorre l'art. 1405 a stabilire che, in tal caso, "il contratto produce i suoi effetti tra i contraenti originari".

2. Natura giuridica.

Quanto alla natura giuridica del contratto per persona da nominare, l'art. 1401c.c. non descrive un autonomo tipo contrattuale (compravendita, locazione, mutuo etc.), ma **un particolare modo di atteggiarsi del contratto in generale.** La riserva di nomina potrebbe cioè essere apposta ad una compravendita, e allora avremmo una compravendita per persona da nominare, ad una locazione, e allora avremmo una locazione per persona da nominare e così via. L'unica caratteristica che viene modificata, quando il contratto è stipulato per persona da nominare, attiene alle modalità di individuazione di una delle parti del contratto.

Si è visto che, con la dichiarazione di nomina, il terzo subentra al posto dello stipulante e diviene parte del contratto. Sulla natura e sul funzionamento di questo meccanismo sono state elaborate non poche teorie, che hanno ravvisato nel contratto per persona da nominare ora un contratto con soggetto alternativo, ora un contratto con facoltà alternativa di sostituzione, ora ancora un contratto a formazione progressiva, mentre l'orientamento maggioritario lo riconduce ad una forma di rappresentanza *in incertam personam*, non dissimilmente da quanto avverrebbe per il contratto per conto di chi spetta. Particolare pregio presenta quell'orientamento dottrinario e giurisprudenziale, che, in contrapposizione a tale ultimo orientamento, afferma l'estraneità di questa figura all'istituto della rappresentanza[260], sulla scorta del dirimente rilievo che **lo stipulante contrae in nome proprio, ben diversamente dal rappresentante, che contrae in nome altrui.**

In questo modo appare anche più nitida, come si è avuto modo di vedere, la distinzione tra contratto per conto di chi spetta, che è un'ipotesi di rappresentanza *in incertam personam*, ed il contratto per persona da nominare, che è una figura del tutto eterogenea: nel contratto per conto di chi spetta chi stipula non è parte, ma un mero rappresentante e l'individuazione della parte deve necessariamente avvenire, benché in un momento successivo a quello della stipula; nel contratto **per persona da nominare**, invece, chi stipula è parte, **la nomina è solo eventuale** e si configura una vera e propria alternativa tra le figure dello stipulante e del terzo, le quali possono parimenti rivestire il ruolo di parte, secondo che avvenga o non avvenga la nomina.

3. Gli effetti.

Si è detto (par. 1) che il contratto per persona da nominare produce effetti nei confronti della persona nominata o, in mancanza di nomina, nei confronti dello stipulante. L'art. 1404 c.c. stabilisce infatti che "quando la dichiarazione di nomina è validamente fatta, la persona nominata acquista i

---

[260]Catricalà, pag. 158 cit.; Gazzoni, pag. 1067 cit.; Cass. civ., 21 giugno 1995, n. 9050.

diritti ed assume gli obblighi derivanti dal contratto con effetto dal momento in cui questo fu stipulato".

Si discute se, **dopo la sua conclusione e prima della dichiarazione di nomina**, il contratto sia improduttivo di effetti, o se la riserva di nomina non precluda né il perfezionamento né l'efficacia del contratto tra le parti originarie. L'orientamento maggioritario sposa la seconda delle opzioni ricostruttive prospettate, sulla scorta del rilievo che il codice, mentre prevede che la nomina avrà effetto retroattivo, non prevede che, mancando la nomina, sia retroattivo l'acquisto dello stipulante. Ciò si spiega – si è osservato proprio con l'**immediata efficacia del contratto** che quindi, appena concluso e fino ad eventuale nomina, spiega i propri effetti nei confronti dello stipulante. Il problema presenta non pochi riflessi applicativi: ad esempio, a chi appartengono i frutti del bene prima della nomina? Se Tizio, promittente, vende a Caio, stipulante, un bene immobile e al contratto accede una riserva di nomina, allora, secondo la tesi dell'efficacia immediata, Caio diverrà proprietario dopo la conclusione del contratto. Egli, pertanto, percepirà i frutti, potrà compiere atti di disposizione sul bene, subirà gli effetti del caso fortuito: in atri termini – notano alcuni autori – si verrebbe a creare **una sorta di inammissibile proprietà temporanea**[261]. Una volta poi nominato il terzo, gli effetti prodottisi nei confronti dello stipulante si caducherebbero *ex tunc* e si produrrebbero con effetto retroattivo nei confronti del terzo nominato.

Del problema si è discusso in merito a non poche fattispecie, ma una, in particolare, ha destato uno speciale interesse, ed è quella della **vendita di edificio da costruire**. Immaginiamo che intercorra tra Tizio, venditore, e Caio, costruttore, una vendita di edificio ancora da costruire e che il contratto contenga una riserva di nomina dell'acquirente. Secondo l'orientamento maggioritario, concluso il contratto, questo produce i propri effetti e quindi Caio dovrà iniziare a costruire, mentre Tizio dovrà versare gli anticipi eventualmente concordati. Si è allora osservato che le conseguenze pratiche che discendono da detto orientamento non sono delle migliori, sia per il designato, ove il contratto sia stato già in parte eseguito nelle more della nomina, sia per lo stipulante, vista l'irripetibilità delle prestazioni di fare che egli abbia eventualmente eseguito[262]. Questa soluzione, si è osservato, comporta non pochi problemi applicativi, perché ammette la produzione di effetti in capo ad un soggetto il cui acquisto rischia di essere caducato *ex tunc*, imponendo retrocessioni, complesse restituzioni, assieme all'incertezza di effetti forse temporanei, forse definitivi. Il problema diviene ancora più com-

---

[261] R. Caravaglios, Codice Civile Commentato, artt. 1401-1405, seconda edizione, p. 90.

[262] R. Caravaglios, Codice Civile Commentato, artt. 1401-1405, seconda edizione, pag. 90; Gazzoni, Manuale cit., pag. 1070.

plesso in caso di prestazioni di fare, per definizione irripetibili. Queste prestazioni, ove già eseguite *medio tempore* dal promittente nei confronti dello stipulante, non potrebbero nemmeno essere più pretese (una seconda volta) dal terzo nominato. L'orientamento in menzione conclude dunque nel senso dell'inefficacia del contratto fino a che il terzo sia nominato o fino a che la sua nomina non sia più possibile. La **giurisprudenza,** dal suo canto, accoglie l'orientamento espresso dalla dottrina maggioritaria, affermando che **quello dell'immediata efficacia del contratto è un principio generale, "che non può essere derogato dalle parti,** riflettendo esigenze di carattere generale che trascendono quelle, particolari, di cui esse sono portatrici" [263]. Per quanto riguarda la legittimazione all'impugnazione del contratto, l'orientamento maggioritario fa poi discendere dalla tesi dell'efficacia immediata, il corollario della immediata esperibilità delle azioni e delle eccezioni contrattuali. Per diverso orientamento, che nega l'immediata efficacia del contratto, solo il promittente potrebbe esperire immediatamente ogni azione nei confronti dello stipulante. Questi, non essendo titolare del diritto, non potrebbe agire in giudizio fino al consolidamento della propria posizione.

4. Il potere di nomina.

Secondo l'orientamento dominante, la posizione soggettiva in cui si trova lo stipulante circa il suo potere di nominare un terzo, è quella del **diritto potestativo.** Ad essa corrisponde una soggezione in capo allo stipulante. La dichiarazione di nomina è un atto unilaterale recettizio avente natura negoziale, che, secondo la giurisprudenza maggioritaria, integra il contratto,determinando l'identità della parte ancora ignota[264]
L'efficacia della nomina, ai sensi dell'art. 1402, co. 2, è subordinata all'accettazione da parte del nominato oppure all'esistenza di una procura anteriormente conferita. **Anche l'accettazione ha natura di negozio giuridico unilaterale recettizio.** Quanto alla forma, la dichiarazione di nomina, la procura e l'accettazione devono rivestire la stessa forma prevista per la stipulazione del contratto, anche se prescritta dalla volontà delle parti e non dalla legge. Se il contratto è soggetto a trascrizione, l'art. 1403, co. 2, prevede che sia resa pubblica, agli stessi effetti, anche la dichiarazione di nomina.

---

[263]Cass. 12 dicembre, 1995, n. 12733.
[264]Cass. 24 aprile 1993, n. 5073.

CAPITOLO XXVI

L'INTERPRETAZIONE DEL CONTRATTO

Sommario: 1. L'interpretazione del contratto. – 1.1 Criteri di interpretazione soggettiva. – 1.2 Criteri di interpretazione oggettiva.

1. L'interpretazione del contratto.

Nel caso in cui il testo del contratto risulti oscuro o ambiguo, il giudice procederà ad interpretarlo secondo le regole dettate dal codice civile agli artt. 1362 e segg. Questi criteri possono essere distinti in due tipi:

a) criteri di interpretazione soggettiva[265], volti ad accertare la comune intenzione delle parti (art. 1362, co.1., c.c.);

b) criteri di interpretazione oggettiva, che operano quando non sia possibile individuare con certezza la comune intenzione dei contraenti e che sono volti ad attribuire alle clausole oscure il significato che maggiormente risponda a valori di ragionevolezza, funzionalità ed equità .

Giova dunque esaminare distintamente i diversi criteri dettati dal codice.

1.1 Criteri di interpretazione soggettiva.

"Nell'interpretare il contratto si deve **indagare quale sia stata la comune intenzione delle parti e non limitarsi al senso letterale delle parole**" (art. 1362, co.1).

L'intenzione, in quanto "comune" non s'identifica con l'interno volere, ma con l'intento che emerge dall'accordo. La regola posta dalla norma impone quindi all'interprete di non limitarsi al "senso letterale delle parole", ma di cercare di cogliere l'effettivo volere delle parti. Al fine di individuare la comune intenzione delle parti, il giudice deve farsi guidare da due criteri. Il primo è dettato dall'art. 1362 co. 2, e consiste nel valutare il **comportamento complessivo delle parti anche posteriore alla conclusione del contratto**; il secondo è dettato dall'art. 1363 c.c., il quale dispone: "le clausole del contratto si interpretano le une per mezzo delle altre, attribuendo a ciascuna **il senso che risulta dal complesso dell'atto**".

Si tratta del criterio c.d. dell'**interpretazione contestuale**, in merito al quale la giurisprudenza ha chiarito che "la violazione del principio di interpretazione complessiva delle clausole contrattuali si configura non soltanto nell'ipotesi della loro omessa disamina, ma anche quando il giudice utilizza esclusivamente frammenti letterali della clausola da interpretare e ne fissa definitivamente il significato sulla base della sola lettura di questi, per poi esaminare "ex post" le altre clausole, onde ricondurle ad armonia con il

---

[265]Roppo, Diritto privato, pag. 418.

senso dato aprioristicamente alla parte letterale, oppure espungerle ove con esso risultino inconciliabili"[266].

1.2 Criteri di interpretazione oggettiva.

Quando non sia possibile individuare il comune intento delle parti, si fa ricorso ai criteri sussidiari di interpretazione oggettiva, volti ad attribuire al contratto, fra tutti i significati possibili, quello più corrispondente a criteri di ragionevolezza ed equità.

Tra questi in particolare:

a) il criterio dell'**interpretazione secondo buona fede**, che impone all'interprete di scegliere il significato che sarebbe fatto proprio da un contraente corretto e leale (art. 1366 c.c.);

b) il criterio della **conservazione del contratto**, per il quale va attribuito al contratto un significato che gli attribuisce qualche effetto, a preferenza di quello che lo rende privo di effetti (art. 1367 c.c.);

c) il criterio degli **usi interpretativi,** per il quale va prediletto il significato conforme a quanto si pratica nel luogo in cui il contratto è stato concluso (art. 1368, co1, c.c.);

d) il criterio dell'*interpretatio contra proferentem*, per il quale, secondo il dettato dell'art. 1370 c.c., il contratto predisposto unilateralmente da una delle parti va interpretato nel senso più favorevole all'altra;

b4) il criterio per cui il **contratto gratuito va inteso nel senso meno gravoso per l'obbligato, e quello oneroso in modo da bilanciare equamente gli interessi delle parti** (art. 1371 c.c).

[266]Cass. Civ., 4 maggio 2011, n. 9755.

CAPITOLO XXVII

LA SIMULAZIONE

Sommario: 1. Natura e funzione. – 2. Rapporti tra le parti. – 3. La simulazione rispetto ai terzi. 4. La simulazione rispetto ai terzi creditori. 5. La prova della simulazione. – 5.1.1 rapporti tra *rei vindicatio* e *condicio indebiti.*

1. Natura e funzione.

La simulazione è, letteralmente, finzione, **creazione di un'apparenza**: le parti ricorrono alla simulazione quando vogliono fingere di avere stipulato un contratto che invece non hanno stipulato, perché non ne hanno stipulato alcuno, o perché ne hanno stipulato uno diverso. Il contratto, però, ha una veste esterna, tramite la quale l'accordo si manifesta; ha, cioè, una forma. Per simulare la conclusione di un contratto esiste dunque una sola via: stipularlo realmente, ma stringere anche un accordo, c.d. simulatorio, con il quale si dichiari di non volere il negozio simulato. L'accordo simulatorio si estrinseca in una controdichiarazione. Vi sono quindi un contratto, che appare ai terzi e che contiene un **accordo simulato,** e una sorta di "contro contratto", cioè la **controdichiarazione**, che solo le parti conoscono e **che contiene l'accordo simulatorio.** Il negozio simulato appare quindi a terzi sotto le vesti di un regolare negozio, ma, per effetto dell'accordo simulatorio, non rileva tra le parti. Appare dunque chiaro che non può darsi simulazione senza accordo simulatorio. Da ciò discende che non può mai essere simulato il negozio unilaterale non recettizio. In tali negozi sarà possibile soltanto la riserva mentale[267].

L'accordo simulatorio può prevedere:

a) che le parti **non vogliano in realtà stipulare alcun negozio**, e in questo caso **la simulazione si dice assoluta** (le parti fingono di vendere, ma in realtà non vogliono porre in essere alcun tipo di negozio);

b) che le parti **vogliano un negozio diverso da quello simulato**, e allora **la simulazione si dice relativa** (le parti fingono di stipulare una vendita, ma in realtà vogliono fare una donazione).

Se la simulazione è relativa, cioè se le parti fingono di concludere un negozio ma ne concludono uno diverso, la diversità tra negozio simulato e negozio dissimulato può cadere su vari elementi del negozio. In particolare può essere simulata la causa, come nell'esempio appena fatto della vendita che dissimula una donazione; può essere simulato il prezzo, come nel caso delle parti che, per evadere parzialmente l'imposta dovuta, dichiarino di vendere

---

[267]Santoro Passarelli, Dottrine generali del diritto civile, Napoli, 2012, Pag. 152.

a cinquanta, ma in realtà vendano a cento; può essere simulato il soggetto, come nel caso ricorrente in cui si finga di vendere a Tizio, ma in realtà si venda a Caio, e possono in genere essere oggetto di simulazione diversi altri aspetti del negozio.

Onde non incorrere in confusione, occorre sempre tenere presente che nella simulazione relativa esistono due negozi, quello simulato e quello dissimulato, ma **i due documenti che le parti pongono in essere non corrispondono al contratto simulato e a quello dissimulato, bensì al contratto simulato e all'accordo simulatorio.** Dov'è allora il contratto dissimulato? La risposta risulterà più chiara con un esempio. Tizio vuole donare a Caio la sua casa, ma vuol far apparire che gliel'abbia venduta. Per simulare la vendita, Tizio e Caio stipulano un regolare contratto di vendita e, accanto ad esso, un accordo simulatorio con cui convengono che non intendono vendere, ma donare, quindi ad esempio che il venditore non chiederà realmente il prezzo al compratore. In questo caso, il contratto simulato è la vendita e il contratto dissimulato è la donazione. I documenti di cui le parti dispongono sono invece: il contratto di vendita e la controdichiarazione, che contiene l'accordo simulatorio. Quindi ora è chiaro che la donazione è celata nella vendita.

Questo però significa che, **per poter attuare una simulazione relativa, il negozio simulato ed il negozio dissimulato devono avere gli stessi requisiti di sostanza e di forma.** Ad esempio, com'è noto, la donazione richiede la forma dell'atto pubblico. Immaginiamo che le parti concludano la vendita simulata non per atto pubblico, ma per scrittura privata e poi, nella controdichiarazione, riversino l'accordo simulatorio con cui dichiarano di volere in realtà una donazione. Le parti fanno questo perché, nella loro intenzione, quella vendita tra di loro dovrebbe produrre l'effetto della donazione, ma l'ordinamento non può consentire che il loro programma negoziale si realizzi, perché per la validità della donazione è necessario l'atto pubblico e quella vendita simulata, stipulata a mezzo di scrittura privata, si risolverebbe in una donazione priva della forma dell'atto pubblico, cioè in una donazione nulla. Pertanto l'art. 1414, co. 2, prevede che per l'efficacia del negozio dissimulato fra le parti debbano sussisterne i requisiti di sostanza e di forma. Il fatto stesso che il codice preveda i requisiti del negozio dissimulato ci suggerisce che la simulazione non sempre persegue scopi illeciti, ben potendo essa essere attuata per scopi consentiti dall'ordinamento. Si pensi al caso di chi intenda fare una donazione ma non vuole che i parenti ne vengano a conoscenza, per non suscitare invidie o gelosie.

Ciò non toglie che le parti non di rado ricorrano alla simulazione anche per perseguire scopi illeciti, tra cui, di frequente, evadere il fisco o sottrarre i beni all'azione esecutiva dei creditori.

Occorre dunque indagare meglio il fenomeno, considerando distintamente:

a) i rapporti tra le parti;

b) i rapporti delle parti con i terzi e tra questi:

b1) i rapporti tra le parti e i terzi acquirenti;

b2) i rapporti tra le parti e i terzi creditori.

2. Rapporti tra le parti.

Vi è una prima regola cardine che governa la complessa materia della simulazione, ed è che **tra le parti prevale sempre la realtà**.

Tanto infatti stabilisce, ai suoi primi due commi, l'art. 1414 c.c., il quale in particolare dispone che "**il contratto simulato non produce effetto tra le parti**". (co.1). La ragione risiede nel fatto che, come le parti dichiarano nella controdichiarazione, quel contratto non è voluto. Se la simulazione è assoluta, essa dunque non produce alcun effetto tra le parti.

Il secondo co. dell'art. 1414 prende invece in considerazione la simulazione sia relativa e stabilisce che "se le parti hanno voluto concludere un contratto diverso da quello apparente, **ha effetto tra esse il contratto dissimulato,** purché ne sussistano i requisiti di sostanza e di forma". Se n'era già fatto cenno al paragrafo precedente: se sussistono tutti i requisiti, formali e sostanziali, che la legge richiede per la sua validità ed efficacia, tra le parti produce effetto il contratto dissimulato.

Se Tizio e Caio simulano una vendita, ma in realtà stabiliscono nell'accordo simulatorio che Tizio doni il bene a Caio invece di venderglielo, Tizio non potrà pretendere da Caio il pagamento del prezzo.

Se Tizio e Caio simulano una vendita per 1000, ma si accordano per il prezzo dissimulato di 2000, Caio dovrà pagare a Tizio 2000 e Tizio potrà sempre esigerli esibendo la controdichiarazione.

Ancora, se Tizio, Caio e Sempronio si accordano per porre in essere una vendita simulata di un certo bene da Tizio a Caio, ma in realtà nell'accordo simulatorio si stabilisce che Tizio vende a Sempronio, sarà Sempronio ad acquistare la proprietà del bene e a doverne corrispondere il prezzo. (In questo caso si verifica una figura nota come "**interposizione fittizia** di persona", che si contrappone all' "**interposizione reale**", perché Caio è un finto interposto, che non acquista mai la proprietà, mentre nell'interposizione reale, che si verifica ad esempio con il negozio fiduciario, l'interposto acquista realmente la proprietà, che s'impegna a ritrasferire su richiesta del fiduciante).

Si è detto però che il negozio dissimulato produce i propri effetti se il negozio simulato ne contiene i requisiti di sostanza e di forma. Circa i requisiti di forma si è già detto. Quanto ai **requisiti di sostanza,** il primo di essi è certamente la **validità del contratto: in questo modo l'ordinamento rifiuta anche la tutela a quelle operazioni che, tramite la simulazione, sono volte a violare o ad aggirare la legge**.

Tuttavia, quanto all' "aggirare la legge", cioè all'ipotesi di negozio fraudolento, occorre fare una precisazione. **Il negozio simulato** non può mai essere un negozio fraudolento, perché **è un negozio i cui effetti non sono voluti, mentre il negozio in frode alla legge è un negozio voluto, inficiato dalla** *fraus*. **Quello che può essere fraudolento è invece il negozio dissimulato**[268].

Il terzo co. dell'art. 1414 stabilisce che le disposizioni di cui ai precedenti commi "si applicano **anche agli atti unilaterali** destinati ad una persona determinata, che siano simulati per accordo tra il dichiarante e il destinatario" (ad esempio le parti potrebbero accordarsi per simulare un recesso). Abbiamo invece già visto che gli atti unilaterali non recettizi non consentono simulazioni.

Tutta la disciplina degli effetti della simulazione tra le parti è racchiusa nei tre commi dell'art. 1414 e si esaurisce in essi.

3. La simulazione rispetto ai terzi.

Si è visto che tra le parti prevale la realtà. **Circa i terzi, la regola generale è che, tra simulazione e realtà, essi possono, a determinate condizioni, far prevalere ciò che hanno convenienza a far prevalere.** In particolare:

a) i terzi pregiudicati dalla simulazione possono far valere la realtà, ove vi abbiano interesse;

b) i terzi di buona fede aventi causa dal simulato acquirente (cioè avvantaggiati dalla simulazione), **possono far valere l'apparenza,** prevalendo sul simulato alienante, sui suoi aventi causa e sui suoi creditori, **salvo che essi abbiano trascritto il proprio acquisto dopo la trascrizione della domanda di simulazione.**

I rapporti tra le parti e i terzi sono regolati dall'art. 1415, che si articola in due commi. Giova analizzarli distintamente.

I) In primo luogo viene in rilievo l'art. 1415, co. 1, a mente del quale "**la simulazione non può essere opposta né dalle parti contraenti, né dagli aventi causa o dai creditori del simulato alienante, ai terzi che in buona fede hanno acquistato diritti dal titolare apparente, salvi gli effetti della trascrizione della domanda di simulazione**".

Qui si considerano tre categorie di soggetti: a) parti contraenti; b) aventi causa del simulato alienante; c) creditori del simulato alienante.

Nuovamente scomponiamo le tre ipotesi che la norma disciplina (vedremo dopo il problema della trascrizione).

- La prima: la simulazione non può essere opposta **dalle parti contraenti** ai terzi che in buona fede hanno acquistato diritti dal titolare apparente. L'ipotesi è questa: Tizio vende simulatamente a Caio. Per farlo, Tizio e

[268]Santoro Passarelli, pag. 154 cit.

Caio, come abbiamo detto, devono stipulare un vero contratto di compravendita e poi fare a parte una controdichiarazione, che non rendono pubblica. Questo significa che agli occhi dei terzi, Caio risulta proprietario, pur non essendolo. Egli potrebbe dunque approfittare di questa apparenza, stipulando una compravendita con Sempronio, avente ad oggetto il bene che appare di sua proprietà.

Tizio, vero proprietario, potrebbe allora agire in giudizio nei confronti di Sempronio per recuperare il bene, ma in tal caso egli sarebbe destinato a soccombere, perché "**la simulazione non può essere opposta dalle parti ai terzi contraenti che hanno acquistato diritti dal titolare apparente**". La *ratio* della norma è chiara, e risiede nell'esigenza di proteggere la **certezza del diritto**, dando rilevanza all'apparenza. Mancando questa norma, infatti, chiunque acquistasse da chi apparisse proprietario, sarebbe sempre esposto al rischio di soccombere dinanzi ad un terzo che gli opponesse il carattere simulato dell'acquisto del suo dante causa. In questo caso, poi, anche la soccombenza di Tizio si spiega perché questi **ha contribuito a creare un'apparenza difforme dalla realtà, ed è quindi responsabile per gli affidamenti che crea nei terzi di buona fede**.

-La seconda ipotesi contemplata dall'art. 1415, prevede che non solo le parti, ma **nemmeno "gli aventi causa del simulato alienante" possano opporre la simulazione al terzo che abbia acquistato in buona fede diritti dal titolare apparente**. Infatti, nella nostra ipotesi Tizio vende simulatamente a Caio. Questo significa che Tizio, restando proprietario, ben potrebbe vendere a Mevio. Tra Mevio, che acquista da Tizio, vero proprietario, e Sempronio, che acquista da Caio, simulato acquirente, prevale ancora una volta Sempronio, cioè il terzo in buona fede che acquista diritti dal simulato acquirente, perché il contratto simulato, che non ha effetti tra le parti, li ha rispetto a terzi. Pertanto, per le parti il bene non è stato venduto, ma lo è stato rispetto ai terzi.

-La terza ipotesi disciplinata dall'art. 1415 co. 1 è quella del **conflitto tra i creditori del simulato alienante e il terzo di buona fede** che acquisti dal simulato acquirente, **il quale prevale ancora una volta**.

In conclusione, gli aventi causa del simulato acquirente prevalgono sia sul simulato alienante, sia sui suoi creditori, sia sui suoi aventi causa, perché prevale l'apparenza.

Tutto quanto abbiamo sin qui detto vale "**salvi gli effetti della trascrizione della domanda di simulazione**", come chiosa l'ultima parte del co. 1 in esame. Ad esempio: è vero che se Tizio (simulato alienante) agisce nei confronti di Sempronio (avente causa dal simulato acquirente), soccombe perché non può opporgli la simulazione, ma è fatto salvo il caso in cui Tizio **trascriva la domanda di simulazione prima che Sempronio abbia trascritto il proprio acquisto**.

Sin qui dunque abbiamo messo a raffronto l'avente causa dal simulato acquirente (Sempronio) con tre categorie di soggetti: a) il simulato alienante; b) l'avente causa dal simulato alienante; c) i creditori del simulato alienante. Chiamiamo "a, b, e c" "controinteressati" e sintetizziamo dicendo che **il terzo di buona fede che acquista dal simulato acquirente prevale sempre sui controinteressati, salvo che questi trascrivano la domanda di simulazione prima che egli abbia trascritto il proprio acquisto.** E in questo si risolve tutta la disciplina del primo comma.

Tutti questi casi hanno un aspetto che il accomuna, dato dal fatto che il terzo di buona fede che acquista dal simulato acquirente ha interesse a far valere l'apparenza.

Procedendo nella lettura della norma, il secondo co. dell'art. 1415, regola il caso – inverso a quello sin qui esaminato – in cui il terzo subacquirente di buona fede sia interessato a far valere la realtà. La norma dispone che "**i terzi possono far valere la simulazione in confronto delle parti, quando essa pregiudica i loro diritti**". Come si vede, il secondo co. non fa riferimento, come il primo, ai "terzi di buona fede aventi causa dal simulato acquirente", ma ai "terzi" tout court. Si tratta di soggetti diversi. Questi "terzi" sono in particolare tutti **i terzi che possano avere ricevuto pregiudizio dalla simulazione**[269]. Essi **possono far prevalere la realtà**, se vi hanno interesse. Tra detti terzi rientrano naturalmente anche i creditori del simulato alienante, i quali ben potrebbero essere pregiudicati dalla simulazione. Questa considerazione tornerà utile al paragrafo che segue.

4. La simulazione rispetto ai terzi creditori.

Quanto agli effetti della simulazione rispetto ai terzi creditori, il codice distingue tra creditori chirografari e creditori privilegiati:

a) creditori chirografari. Per comprendere la regola dettata dal codice, occorre, por mente al fatto che **i creditori del simulato alienante sono interessati a far prevalere la realtà**, cioè il fatto che il bene non è mai uscito dal patrimonio del loro creditore, onde potersi rivalere su esso. **L'opposto vale per i creditori del simulato acquirente.**

Ora, **i creditori del simulato alienante sono prima di tutto "terzi" ai sensi dell'art.1415, co.1.** Essi, come abbiamo visto, in quanto pregiudicati dalla simulazione, possono far valere la realtà.

Questa regola, però, incontra un'eccezione: **se entrano in conflitto con i creditori del simulato acquirente, al criterio della realtà si sostituisce quello cronologico**: se il credito verso il simulato alienante è anteriore alla simulazione, per l'art. 1416, co. 2, prevalgono i creditori del simulato alie-

---

[269]Cass. 30 marzo 2005, n. 6651.

nante (e in questo caso criterio cronologico e criterio della realtà vengono a coincidere); se i creditori del simulato alienante sono divenuti tali dopo la simulazione, quindi dopo che si è creata l'apparenza, prevalgono i creditori del simulato acquirente (e in questo caso il criterio cronologico coincide con quello dell'apparenza).

Giova raffrontare la soluzione che la legge dà al conflitto tra gli aventi causa delle parti del negozio simulato e quello che dà ai creditori del negozio simulato: tra avente causa del simulato alienante e avente causa del simulato acquirente, prevale quest'ultimo, salvi gli effetti della trascrizione della domanda di simulazione; tra creditore del simulato alienante e creditore del simulato acquirente prevale il primo se il suo credito era anteriore alla simulazione ed il secondo nel caso inverso.

Da ultimo: i creditori del simulato acquirente prevalgono anche nei confronti delle parti del contratto simulato, se in buona fede hanno compiuto atti di esecuzione sul bene oggetto di questa (art. 1416 co.1). Anche in questo caso, dunque, prevale l'apparenza.

5. La prova della simulazione.

Su chi voglia far prevalere la realtà, incombe l'onere di provarla in giudizio, provando cioè l'accordo simulatorio. Qui il legislatore opera una distinzione:

- se la domanda di simulazione è proposta dalle **parti,** vige la regola generale che limita il ricorso alla prova testimoniale e alle presunzioni semplici, con un'eccezione: le parti possono servirsi anche di tali mezzi quando vogliano far emergere l'illiceità del contratto dissimulato. Il legislatore quindi offre una maggiore facilità probatoria quando all'interesse delle parti si somma quello pubblico ad impedire la realizzazione del programma negoziale illecito.

-se la domanda è proposta dai **terzi,** occorre considerare che essi non hanno accesso alle controdichiarazioni, documenti che le parti tengono generalmente ben riservati. E' comprensibile dunque che la legge consenta loro di ricorrere liberamente a testimonianze e presunzioni.

CAPITOLO XXVIII

LE PROMESSE UNILATERALI

1. La natura delle promesse unilaterali. Problema dell'ammissibilità di promesse unilaterali atipiche.

La ricognizione delle fonti del diritto, come si è avuto modo di osservare, è affidata dal codice all'art. 1173, il quale statuisce che "**le obbligazioni derivano da contratto, da fatto illecito o da ogni altro atto o fatto idoneo a produrle in conformità dell'ordinamento giuridico**".

Si è già detto della disciplina del contratto, che è contenuta nel titolo II (dei contratti in generale) del libro quarto (Delle Obbligazioni). Dopo la disciplina del contratto in generale (Titolo II del libro IV) e dei singoli contratti (Titolo III del libro IV) il codice tratta, al Titolo IV, delle Promesse Unilaterali, le quali sono fonti delle obbligazioni e s'inquadrano tra gli "altri atti o fatti" contemplati dall'art. 1173 c.c.

La promessa unilaterale è la dichiarazione di volontà con cui il dichiarante assume unilateralmente un'obbligazione.Le promesse unilaterali quindi, diversamente dal contratto, sono atti unilaterali, ma, come il contratto, sono **negozi giuridici**, perché producono effetti sulla scorta del duplice requisito della volontarietà dell'atto e della volontà degli effetti.

La promessa unilaterale è dunque un negozio unilaterale che costituisce fonte di obbligazioni e, per il disposto dell'art. 1324 c.c., soggiace alla disciplina del contratto in quanto compatibile.

Alle promesse unilaterali il codice dedica in primo luogo l'art. 1987 c.c., il quale stabilisce che "**la promessa unilaterale di una prestazione non produce effetti obbligatori fuori dei casi ammessi dalla legge**".

Secondo l'interpretazione datane dalla dottrina tradizionale, la norma codifica la regola della **tipicità delle promesse unilaterali**, in contrapposizione all'atipicità del contratto (art. 1322, co. 2, c.c.). I "casi ammessi dalla legge" sono, secondo questo orientamento, le figure di promesse unilaterali specificamente contemplate e disciplinate dalla legge, cioè la promessa al pubblico, la promessa di pagamento, il riconoscimento del debito e i titoli di credito. Il principio di tipicità delle promesse unilaterali significherebbe quindi che le promesse unilaterali diverse da quelle elencate non producono effetti, e quindi non vincolano il promittente.

La dottrina tradizionale ritiene che alla base del principio di tipicità si collochino due fondamentali esigenze:

-    da un lato, quella di garantire il rispetto del **principio dell'accordo,** per cui nessuno può unilateralmente incidere la sfera giuridico patrimoniale di un altro senza il suo consenso. Obbligarsi verso un altro, infatti, significa far sorgere nel patrimonio del destinatario della promessa un diritto di credito,cioè produrre unilateralmente effetti nell'altrui sfera giuridica, fenomeno che non può essere consentito in modo generalizzato, ma soltanto nei rigorosi limiti stabiliti dalla legge.

-    dall'altro lato, quella di garantire il **principio di causalità** che sarebbe posto in crisi dal *"promitto quia promitto"* sotteso alla promessa unilaterale. La regola generale in tema di causa, secondo l'orientamento tradizionale, è quella dettata dall'art. 1325 c.c., che stabilisce la nullità del contratto privo di causa. Le norme in tema di promesse unilaterali, inquadrandosi come eccezioni al principio di necessaria causalità, devono essere dunque di stretta interpretazione. **Secondo la dottrina tradizionale, in conclusione, il contratto è l'unica categoria generale di negozio contemplata dal nostro ordinamento, mentre i negozi unilaterali si configurerebbero come eccezioni,** ammissibili solo se previste dalla legge.

A tali argomenti la dottrina più recente ha mosso obiezioni di non poco conto. In particolare, quanto al principio per cui non sarebbe consentito produrre effetti giuridici nella sfera di un altro soggetto senza il suo consenso, si è da lungo tempo sostenuto che esso avrebbe valore limitatamente agli effetti sfavorevoli, mentre **varrebbe, per gli effetti favorevoli, la regola della rifiutabilità:** il destinatario dell'atto unilaterale sarebbe tutelato dalla facoltà di rifiutare l'effetto favorevole non voluto. Secondo questo schema operano l'art. 1411c.c. (**contratto a favore di terzo**); l'art. 1333c.c. (**contratto con obbligazioni del solo proponente**); la remissione del debito e la **donazione obnuziale**.

Quanto al problema della mancanza di causa, si afferma che gli artt. 1321, 1322, 1324 e 1325 c.c. andrebbero letti in combinato disposto. Poiché l'art. 1324 estende la disciplina del contratto agli atti unilaterali tra vivi aventi contenuto patrimoniale, e poiché la disciplina del contratto include gli artt. 1325c.c., (che enuncia la regola della necessarietà della causa), e l'art. 1322 c.c., (che prevede la libertà di stipulare contratti atipici), queste due ultime norme andrebbero applicate anche alle promesse unilaterali, che potrebbero quindi essere anche atipiche e dovrebbero essere necessariamente causali. Secondo l'orientamento più recente, in conclusione, **la tipicità delle pro-**

messe unilaterali non va intesa come rinvio alle singole promesse tipiz-
zate dalla legge, ma come rinvio allo schema generale di formazione
della promessa, disciplinato dall'art. 1333, con la conseguenza che le
promesse possono essere atipiche, purché perseguano un interesse meritevole di tutela ex art. 1322 c.c.

Da tale assunto, poi, parte della dottrina fa discendere la necessità
dell'*expressio causae* nelle promesse unilaterali. Infatti – si osserva – nei
contratti ricorrono numerosi elementi sulla scorta dei quali stabilire una
presunzione di causalità (si pensi, in particolare, alla controprestazione e al
consenso della controparte), ma tali elementi mancano nella promessa unilaterale. Per questa ragione la causa dovrebbe essere indicata espressamente
dal promittente.

Tale orientamento non è condiviso da chi osserva che, in mancanza di una
norma che imponga al promittente di esplicitare la causa, un tale onere non
può essere addossato al suddetto promittente in via meramente interpretativa, perché le norme che regolano le promesse unilaterali, cioè quelle dei
contratti in quanto compatibili, impongono all'interprete di andare alla ricerca della causa, non già alle parti di enunciarla in modo esplicito.

2. L'astrazione processuale: promessa di pagamento e ricognizione di debito.

"**La promessa di pagamento o la ricognizione di un debito dispensa colui a favore del quale è stata fatta dall'onere di provare il rapporto fondamentale.** L'esistenza di questo si presume fino a prova contraria" (art.
1988 c.c.).

La promessa di pagamento è una **dichiarazione unilaterale a carattere
recettizio**, con la quale un soggetto promette un pagamento; la ricognizione
di debito è una dichiarazione unilaterale, anch'essa a carattere recettizio,
con la quale un soggetto riconosce di avere un debito nei confronti di qualcuno. In dottrina e in giurisprudenza non vi è concordia di opinioni circa la
natura negoziale o non negoziale della promessa di pagamento e della ricognizione di debito.

Giova dunque analizzare il dato legislativo. L'art. 1988 stabilisce che colui
al quale stata fatta la promessa di pagamento (o la ricognizione di debito) è
esonerato dal provare il rapporto fondamentale. Se Tizio promette a Caio di
pagare un certo debito nei suoi confronti, ciò implica che il debito esiste,
cioè, più esattamente, che si possa fondatamente presumerlo esistente, perché chi ne ha implicitamente riconosciuto l'esistenza è il debitore, cioè il
soggetto che avrebbe interesse ad affermare il contrario. Si tratta di una
dichiarazione *latu sensu* confessoria. Questa presunzione, stabilisce l'art.
1988, esonera Caio dal provare il rapporto fondamentale. Si verifica

un'inversione dell'onere della prova, cioè un fenomeno c.d. di "astrazione processuale".

Ci si chiede se la promessa di Tizio sia un negozio giuridico. Il negozio giuridico è, com'è noto, una manifestazione di volontà. Nella fattispecie contemplata dall'art. 1988 c.c., **il debitore non enuncia una volontà, ma riconosce un fatto, cioè l'esistenza di un debito**. Inoltre il negozio giuridico si caratterizza perché richiede la volontarietà dell'atto e la volontà dell'effetto. Allora dobbiamo chiederci se la volontà del promittente rilevi ai fini dell'inversione dell'onere probatorio, e, rileggendo la norma, nulla sembra giustificare l'idea che la produzione dell'effetto giuridico (inversione dell'onere della prova) si verifichi solo se voluta. L'onere della prova si inverte non perché qualcuno lo voglia, ma per una ragione di ordine logico: se riconosco di essere debitore, non vi è alcuna necessità che il mio creditore fornisca la prova di ciò che io stesso ho appena ammesso.

Il negozio giuridico, poi, è una manifestazione di volontà che è fonte di obbligazioni. L'art. 1988, invece, ricostruisce una situazione in cui **il debito è antecedente alla promessa**.

In considerazione di tali osservazioni, la giurisprudenza[270], nega che promessa di pagamento e ricognizione di debito siano autonome fonti di obbligazioni, attribuendo loro il valore di mere **dichiarazioni di scienza** con carattere latamente confessorio.

Occorre infine dar conto di un orientamento contrapposto che trova largo seguito in dottrina, e secondo il quale promessa di pagamento e ricognizione di debito devono considerarsi negozi di accertamento unilaterali recettizi. Da questo assunto la dottrina fa poi discendere le conseguenze dell'impugnabilità di tali atti nel caso di incapacità o di vizi della volontà del dichiarante. Se si accoglie la tesi della natura non negoziale, allora da un lato la dichiarazione posta in essere dal promittente segue la disciplina dell'invalidità degli atti in senso stretto, dall'altro, come la giurisprudenza tradizionalmente insegna, il promittente può sempre dimostrare che il rapporto fondamentale cui ha fatto (anche implicitamente) riferimento non esisteva o che era invalido.

3. La promessa al pubblico

"Colui che, rivolgendosi al pubblico, promette una prestazione a favore di chi si trovi in una determinata situazione, o compia una determinata azione, **è vincolato alla promessa   non appena questa è resa pubblica**" (art. 1989, co. 1).

La promessa al pubblico è una promessa unilaterale *in incertam personam*, con cui il promittente s'impegna ad eseguire una determinata prestazione a

---

[270]v. da ultimo Cass. civ., sez. I, 13 giugno 2014, n. 13506.

favore di chi si trovi in una certa situazione o compia una data azione. Chi compie la promessa, ne è vincolato "non appena questa è resa pubblica". Quindi, stando alla lettera della norma, **non è necessaria un' accettazione** ai fini della nascita dell'obbligazione. Ne discende che la promessa al pubblico è un **negozio unilaterale**, perché l'obbligazione del promittente nasce indipendentemente dall'accettazione del beneficiario della prestazione. Se l'obbligo nasce nel momento in cui la promessa è resa pubblica, ne consegue che essa da quel momento non può più essere revocata (se non per giusta causa e a condizione che la revoca sia resa pubblica nelle stesse forme usate per la promessa, come stabilisce l'art. 1990 c.c.).

Naturalmente, **se la promessa è resa pubblica, non per questo è già coercibile,** perché stando al contenuto della promessa, il promittente s'impegna a tenere la prestazione se e quando si verifica una determinata situazione o è compiuta una determinata azione, quindi anzitutto queste condizioni devono verificarsi e poi devono essere comunicate all'obbligato; solo allora saranno coercibili. La nascita dell'obbligo, quindi, non coincide con la sua coercibilità, ma solo con la sua irrevocabilità.

La fattispecie in esame è però ricostruita diversamente da una **contrapposta dottrina**, secondo la quale, quando **il beneficiario** comunica di essersi venuto a trovare nella situazione o di aver compiuto l'azione prevista nella promessa, con tale comunicazione non si limita a rendere note al promittente dette circostanze, ma implicitamente **accetta la promessa**. Perciò, accedendo a questa tesi, nel caso di specie non saremmo di fronte ad una promessa unilaterale, ma all'incontro di una promessa e di una accettazione e cioè ad un contratto.

Questa ricostruzione, però, poggia anche su ragioni più profonde, cioè sull'**esigenza**, avvertita ancora da parte della dottrina, **di ricondurre al contratto quelle figure che sono connotate da una naturale atipicità**. L'idea che, al di là degli argomenti contingenti, si vuole difendere, è quella della centralità del contratto, cioè dell'incontro dei consensi e dell'eccezionalità di ogni atto "invasivo" della sfera giuridica altrui, non basato sul consenso.

La promessa al pubblico va tenuta ben distinta dall'offerta al pubblico, contemplata dall'art. 1336 c.c. Benché entrambe le figure regolino dichiarazioni rivolte a destinatari indeterminati, infatti, **l'offerta al pubblico non è una promessa, ma una proposta, che dà luogo ad un'obbligazione solo a seguito dell'accettazione del destinatario**. Quindi la promessa al pubblico è, secondo l'orientamento dominante, una promessa unilaterale, mentre l'offerta al pubblico è una proposta contrattuale. Quanto al contenuto della promessa al pubblico, poi, l'art. 1989 fa riferimento alla generica promessa di "una prestazione", quindi secondo l'orientamento maggioritario, la promessa al pubblico è contenutisticamente atipica ed il controllo di meritevolezza è assicurato dall'applicabilità dell'art. 1322, secondo co., c.c., anche all'art. 1989 c.c., per effetto del disposto del più volte richiamato art. 1324 c.c.

Da ultimo il secondo co. dell'art. 1989 stabilisce che, poiché il promittente non può impegnarsi sine die, ove alla promessa non sia apposto un termine, il vincolo cessa trascorso un anno senza che venga comunicato l'avveramento della situazione o il compimento dell'azione.

4. La gestione di affari altrui.

"Chi, senza esservi obbligato, assume scientemente la gestione di un affare altrui, **è tenuto a continuarla e a condurla a termine finché l'interessato non sia in grado di provvedervi da se stesso** (1). L'obbligo di continuare la gestione sussiste anche se l'interessato muore prima che l'affare sia terminato, finché l'erede possa provvedere direttamente (2)" (art. 2028 c.c.). La norma è il retaggio dell'istituto romanistico della *negotiorum gestio*, del quale conserva integri i presupposti fondamentali, che sono quelli di seguito indicati.

4.1 presupposti della gestione

1) *l'absentia domini.*

L'art. 2028 c.c. stabilisce che il gestore debba continuare la gestione "finché l'interessato non sia in grado di provvedervi da se stesso". Pertanto, la gestione è iniziata quando l'interessato non è in grado di provvedervi da sé, cioè nell'*absentia domini*, intesa proprio non solo come assenza materiale, ma impossibilità momentanea di provvedere ai propri interessi. Incombe quindi sul gestore l'onere di verificare che l'inerzia del dominus sia dovuta alla sua assenza e non alla deliberata scelta di non agire. In tale ultimo caso, il contegno del gestore si risolverebbe in un'ammissibile ingerenza nella sfera giuridico- patrimoniale altrui.

2) **L'insussistenza della** *prohibitio domini*

La *prohibitio domini* è un requisito negativo, cioè che non deve sussistere perché possa darsi una valida gestione. Non si configura gestione d'affari, e quindi non si applica l'art. 2028 c.c., nel caso in cui taluno abbia gestito un affare altrui nonostante la proibizione del gerito. In tal caso il gestore non farà che violare la libertà di autodeterminazione del gerito e sarà chiamato quindi a rispondere delle conseguenze dannose della propria condotta.

3)**L'***utiliter coeptum.*

Questo requisito si desume dall'art. 2031 c.c., il quale richiede che la gestione sia **"utilmente iniziata"**. Per giustificare un'ingerenza nella sfera giuridica altrui, il legislatore non richiede solo che il gerito sia assente, ma anche che questa ingerenza presenti per lui un'effettiva utilità. Qui si comprende la funzione solidaristica dell'istituto, che vuole valorizzare l'attività gestoria per il valore etico ed anche pratico che essa presenta, giustificando l'eccezione al divieto di ingerirsi nella sfera altrui, a condizione che sia fatta realmente nell'interesse dell'altro e che presenti per questi un'effettiva utilità nel momento in cui viene iniziata, a riprova delle positive intenzioni e delle ragionevoli scelte compiute dal gestore nell'interesse del gerito. In ogni caso, ove l'attività gestoria si manifesti dannosa o inutile, il gestore è tenuto ad interromperla.

4) La consapevolezza.

L'art. 2028 richiede che la gestione sia assunta "**scientemente**": il possessore di buona fede di un bene altrui, che lo ripari credendo sia il proprio, non compie un'attività rientrante nella gestione d'affari. E' necessario dunque che il gestore sia consapevole di gestire un affare altrui nell'interesse altrui.

5) La spontaneità.

Il gestore deve poi agire "**spontaneamente**". Questo significa anzitutto che non vi è *negotiorum gestio* se si agisce su incarico del gerito, ma l'attività del gestore dovrà essere ricondotta sotto altra fattispecie. Inoltre, secondo parte della dottrina, nemmeno l'attività compiuta in adempimento di un'obbligazione naturale rientrerebbe nell'ambito della gestione, proprio per mancanza del requisito della "spontaneità" e quindi dell'intento solidaristico sotteso all'istituto.

4.2 Effetti della gestione.

Dalla gestione dell'affari altrui l'art. 2028 c.c. fa discendere l'obbligo, in capo al gestore, di continuare e condurre a termine la gestione fino a che il dominus non sia in grado di provvedervi da sé oppure, nel caso della sua morte, finché non sia in grado di provvedervi l'erede.

L'art. 2030 co. 1 c.c. specifica che "**il gestore è soggetto alle stesse obbligazioni che deriverebbero da un mandato**". L'inadempimento colposo delle obbligazioni del gestore ne può comportare dunque la responsabilità ex art. 1713 c. c. e ss., ma il giudice può moderare il risarcimento del danno, in considerazione della gratuità della gestione.

La gestione d'affari può essere rappresentativa o non rappresentativa. La **gestione rappresentativa**, cioè quella nella quale il gestore spende il nome del *dominus*, è contemplata dall'art. 2031 c.c., a mente del quale il dominus "deve adempiere le obbligazioni che il gestore ha assunto in nome di lui, deve tenere indenne il gestore da quelle assunte dal medesimo in nome proprio e rimborsargli tutte le spese necessarie o utili con gli interessi dal giorno in cui le spese stesse sono state fatte".

La **gestione non rappresentativa** ricorre invece quando il gestore assuma le obbligazioni in nome proprio, ma per conto del gerito, similmente a quanto avviene nel mandato senza rappresentanza. Si applica quindi il secondo co. dell'art. 1705 c.c., che consente al mandante di sostituirsi al mandatario senza rappresentanza nell'esercizio dei diritti di credito derivanti dal compimento dell'attività gestoria. Si applica altresì l'art. 1706 c.c., che consente al mandante di rivendicare le cose mobili acquistate per suo conto dal mandatario che abbia agito in nome proprio. In caso di immobili o di mobili registrati, si applica invece l'art. 1706, co. 2, che impone al mandatario- gestore di ritrasferire gli acquisti all'interessato.

4.3 La gestione illegittima.

Mancando i presupposti della gestione, precedentemente indicati, la gestione è illegittima e pertanto non produce gli effetti previsti dagli artt. 2028 ss. Delle obbligazioni assunte in suo nome verso i terzi il gestore risponderà in proprio, e dovrà risarcire al gerito i danni cagionatigli, detratti i vantaggi da questi conseguiti, secondo la regola della *compensatio lucri cum damno*. Può però accadere che il gestore agisca illegittimamente e, tuttavia, il gerito valuti utile e vantaggiosa tale gestione. In tal caso, egli può ratificarla, in modo non dissimile da quanto accade nel caso di atto compiuto dal rappresentante senza poteri ex art. 1339 c.c.

5. La ripetizione dell'indebito.

"Chi ha eseguito un pagamento non dovuto ha diritto di ripetere ciò che ha pagato. Ha inoltre diritto ai frutti e agli interessi dal giorno del pagamento, se chi lo ha ricevuto era in mala fede, oppure, se questi era in buona fede, dal giorno della domanda" (art. 2033 c.c.).

Questa norma trae un'importante conseguenza dal principio generale per il quale il nostro ordinamento non ammette spostamenti patrimoniali acausali. Ogni volta che un soggetto riceve beni o diritti da un altro, si arricchisce in danno di questo. Perché questo avvenga, deve esservi una causa che giustifichi lo spostamento patrimoniale. Ne discende che chi ha eseguito un pagamento non dovuto ha diritto di ripetere ciò che ha pagato. L'art. 2033 fa riferimento al "pagamento non dovuto".

-Un pagamento può dirsi non dovuto, in primo luogo, quando il debito che s'intendeva estinguere non esisteva (per esempio, perché il titolo dell'obbligazione era nullo; perché il debito era stato già pagato; perché era sottoposto a condizione sospensiva e quindi l'obbligo di pagare non esisteva ancora, o ancora perché il debito, originariamente esistente, era venuto meno in un momento successivo, per esempio, per l'annullamento del titolo). In questi casi l'indebito si definisce oggettivo.

-In secondo luogo, il pagamento può definirsi non dovuto se il debito invece esisteva, ma è stato pagato a chi non era creditore, oppure da chi non era debitore. In questi casi l'indebito si definisce soggettivo e si divide nei due casi dell'indebito soggettivo ex latere accipientis o ex latere solventis a seconda, come visto che il pagamento sia stato effettuato a persona diversa dal creditore o da persona diversa dal debitore.

5.1 L'indebito oggettivo.

L'art. 2033 c.c. è rubricato "indebito oggettivo", quindi si applica soltanto nel **caso in cui l'obbligazione adempiuta non esisteva.** (Un orientamento minoritario ritiene che la norma si applichi anche al caso di indebito soggettivo ex latere solventis, perché questo indebito è soggettivo solo in apparenza, ma di fatto, dal punto di vista del debitore che paga un debito non suo, esso si risolve in un indebito oggettivo, perché l'obbligazione sussiste tra soggetti terzi, ma non sussiste per il *solvens*). L'art. 2033 stabilisce che il pagamento debba essere restituito per il fatto che non era dovuto, cioè non era sorretto da una giustificazione causale, **senza che quindi rilevi l'errore del solvens** (come invece sostiene una dottrina isolata).

Rileva invece la buona o mala fede dell'*accipiens*, ma solo ai fini della restituzione dei frutti e degli interessi. Questi, stabilisce l'art. 2033, devono essere restituiti dal giorno del pagamento, se chi lo ha ricevuto era in mala fede, oppure dal giorno della domanda, se era in buona fede.

Vi sono tuttavia alcuni casi in cui il pagamento non è dovuto e tuttavia , se eseguito, non è ripetibile. Il più importante di essi, abbiamo visto, è il pagamento dell'obbligazione naturale (ma con esclusione del caso di incapacità del *solvens*: art. 2034 c.c.).

5.1.1 rapporti tra *rei vindicatio* e *condicio indebiti*.

Dal punto di vista sistematico, occorre definire i **rapporti tra l'azione di ripetizione dell'indebito e l'azione di rivendicazione,** disciplinata dall'art. 948 c.c. Le due azioni mirano allo stesso risultato pratico, cioè la restituzione di un bene che altri detenga illegittimamente, ma la prima ha a proprio fondamento l'esistenza, in capo al convenuto, di un obbligo restitutorio; la seconda presuppone, in capo all'attore, la titolarità del diritto di proprietà, la prima è quindi un'azione personale e relativa; la seconda è un'azione reale e assoluta.

Sui rapporti tra le due azioni si sono espresse con un importante *dictum* le Sezioni Unite[271], le quali hanno chiarito che, nel caso dell'assoluta iniziale insussistenza di qualsiasi titolo giustificativo della disponibilità materiale della cosa da parte del convenuto, l'azione con cui taluno miri ad ottenerne la restituzione deve qualificarsi come rivendicazione e non come restituzione, proprio perché la seconda delle due azioni presuppone l'esistenza di un'obbligazione restitutoria in capo al convenuto, mentre la prima ha a proprio fondamento la titolarità del diritto di proprietà.

---

[271] Cass., S. U. 28 marzo 2014, n. 7305

5.2 L'indebito soggettivo *ex latere accipientis*.

Si è visto che l'indebito soggettivo è un pagamento effettuato dal soggetto che non era tenuto ad effettuarlo (*indebito ex latere solventis*) o al soggetto che non era legittimato a riceverlo (*indebito ex latere accipientis*). Il pagamento a soggetto non legittimato a riceverlo, come si è già avuto modo di vedere, è disciplinato dagli art. 1188 e1189 c.c. L'art. 1188, co. 2, stabilisce che **"il pagamento fatto a chi non era legittimato a riceverlo libera il debitore, se il creditore lo ratifica o se ne ha approfittato"**. L'art. 1189 c.c. stabilisce invece che **"il debitore che esegue il pagamento a chi appare legittimato a riceverlo in base a circostanze univoche è liberato se prova di essere stato in buona fede.** Chi ha ricevuto il pagamento è tenuto alla **restituzione** verso il vero creditore secondo le regole stabilite per la ripetizione dell'indebito".

Si osservi che mentre nel caso di cui all'art. 1188 la liberazione del debitore consegue alla ratifica o all'approfittamento (che deve essere provato dal debitore), nel caso di cui all'art. 1189 c.c. essa avviene *ex lege*, ma il *solvens* deve provare la sua buona fede.

5.3 l'indebito soggettivo *ex latere solventis*.

L'art. 2036 disciplina l'indebito soggettivo *ex latere solventis*, stabilendo che **"chi ha pagato un debito altrui, credendosi debitore in base ad un errore scusabile, può ripetere ciò che ha pagato,** sempre che il creditore non si sia privato in buona fede del titolo e delle garanzie del credito".

La norma richiede la **scusabilità dell'errore**: mentre nel caso del pagamento di un debito inesistente non rileva la scusabilità, perché l'inesistenza oggettiva dell'obbligazione è un dato che prevale su altri aspetti e considerazioni e non può che comportare l'obbligo restitutorio, al contrario nel caso del pagamento del debito altrui, in base ad un principio di autoresponsabilità[272] , il debitore può chiedere la ripetizione solo in caso di scusabilità del suo errore, perché il legislatore si preoccupa anche di tutelare l'affidamento del creditore. Cosa accade allora **se l'errore del *solvens* non è scusabile** o se il creditore si sia liberato del titolo o delle garanzie del credito?

Come si è avuto modo di osservare nel trattare dei modi di estinzione dell'obbligazione, in questo come in ogni altro caso in cui non sia possibile ripetere quanto pagato, **l'obbligazione si estingue ex art. 1180 c.c.**, ma il *solvens* sarà surrogato nei diritti del creditore, come stabilito dall'art. 2036, co. 3 c.c.

---

[272]Breccia, Il pagamento dell'indebito, in Trattato di diritto privato diretto da Pietro Rescigno, I, Obbligazioni e contratti, 1986, 758 ss.; Chinè Fratini Zoppini, Manuale di diritto civile, 2015, pag. 1082.

5.4 Incapacità dell'*accipiens*.

L'art. 2039 cc. stabilisce che l'incapace che ha ricevuto l'indebito, anche in mala fede, è tento alla restituzione nei limiti in cui ciò che ha ricevuto è stato rivolto a suo vantaggio. La norma si applica sia per il caso di incapacità naturale che per quello di incapacità legale e sia per l'indebito oggettivo che per quello soggettivo.[273]

6. L'arricchimento senza causa.

"Chi, senza giusta causa, si è arricchito a danno di un'altra persona, è tenuto, nei limiti dell'arricchimento, ad indennizzare quest'ultima della correlativa diminuzione patrimoniale (1). Qualora l'arricchimento abbia per oggetto una cosa determinata, colui che l'ha ricevuta è tenuta a restituirla in natura, se sussiste al tempo della domanda" (art. 2041 c.c.).

La *ratio* sottesa a questa norma è la stessa che anima la disciplina dell'indebito, cioè la necessità che ogni spostamento patrimoniale sia sorretto da un'idonea giustificazione causale. L'art. 2041 è infatti una norma di chiusura, con cui l'ordinamento mira ad evitare che si verifichino arricchimenti ingiustificati (e quindi iniqui) e manchi un'azione per porvi rimedio. L'azione di arricchimento **ha quindi carattere sussidiario**: essa cioè è proponibile solo quando il danneggiato non possa esperire un'altra azione per rimuovere il pregiudizio subito[274] (art. 2042 c.c.).

Presupposti dell'azione di arricchimento sono:

a) **l'arricchimento di un soggetto**;

b) **la diminuzione patrimoniale** subita da un altro soggetto; (le Sezioni Unite della Cassazione hanno chiarito che nella nozione di "diminuzione patrimoniale" debba farsi rientrare il solo **danno emergente**, non anche il lucro cessante. [275]

c) **l'unicità del fatto causativo**, cioè la circostanza che l'arricchimento dell'uno e l'impoverimento dell'altro siano effetti di una medesima causa. (Questa regola conosce però alcune eccezioni enucleate dall'elaborazione pretoria).[276] Il fatto causativo dell'arricchimento e del depauperamento può essere sia naturale che umano, purché lecito, (perché in caso contrario il depaurato dovrebbe agire ex art. 2043 c.c.), e questo spiega perché l'art. 2041 prevede un'indennità e non un risarcimento del danno.

d) **l'assenza di causa giustificativa** dello spostamento patrimoniale;

e) **l'insussistenza di un'altra azione** idonea ad ottenere la reintegrazione patrimoniale.

---

[273]Gazzoni, Manuale cit. pag. 705.

[274]Cass. Sez. Un. 28 aprile 2011, n. 9441.

[275]Cass. civ., Sez. Un. 11 settembre 2008, n. 23385.

[276]V. Cass. 26 gennaio 2011, n. 2883; Cass. Sez. Un. 8 ottobre 2008, n. 24472.

Secondo parte della dottrina quest'ultimo requisito dovrebbe essere valutato in concreto, quindi sarebbe esperibile l'azione di arricchimento senza causa anche quando un'altra azione che il depauperato avrebbe potuto teoricamente esercitare, fosse nel caso concreto prescritta.

Con particolare riguardo all'azione di arricchimento nei confronti della p.a., la Cassazione, in una decisione a Sezioni Unite[277] ha stabilito che , poiché il riconoscimento dell'utilità da parte dell'arricchito non costituisce un requisito dell'azione di indebito arricchimento, **il privato attore ex art. 2041 nei confronti della p.a. deve provare il fatto oggettivo dell'arricchimento**, senza che l'amministrazione possa opporre il mancato riconoscimento dello stesso, potendo essa, piuttosto, eccepire e dimostrare che l'arricchimento non fu voluto o non fu consapevole.

7. I titoli di credito (brevi cenni).

Un'altra categoria di **atti unilaterali** che **fonti di obbligazioni** è costituita dai titoli di credito (artt. 1992 ss., c.c.), che si connotano perché una **promessa** o un **ordine di pagamento** sono incorporati in un documento e circolano con esso. Il titolo di credito è, in particolare, "un documento che esprime l'obbligo dell'emittente di eseguire la prestazione lì indicata", ma è anche "**il documento che attribuisce al suo legittimo possessorei diritto alla prestazione lì indicata**"[278].

Caratteristiche fondamentali dei titoli di credito sono: **l'incorporazione, la letteralità, l'autonomia e la legittimazione all'esercizio del diritto data dal possesso del documento che lo incorpora**.

I titoli di credito si distinguono poi in: **titoli al portatore** (che si trasferiscono con la semplice consegna)**, all'ordine** (che si trasferiscono mediante girata) **e nominativi** (che sono intestati ad un determinato soggetto, e si trasferiscono mediante doppia annotazione del nome del nuovo beneficiario sia sul titolo, sia sul registro dell'ente emittente, es. titoli azionari).

I titoli di credito possono poi essere **causali** (es. la cambiale), se nel testo del documento si fa riferimento al rapporto fondamentale, o **astratti**, se tale riferimento manca. Nel primo caso il rapporto fondamentale influenza il rapporto cartolare, e le eccezioni ad esso relative sono opponibili anche ai terzi; nel secondo caso accade l'inverso.

Proprio perché il diritto è incorporato nel titolo, chi lo possieda può farlo valere nei confronti del debitore, senza dover provare di averlo validamente acquistato. Il debitore tuttavia, può opporsi al pagamento, sollevando eccezioni reali o personali.

---

[277]Cass., Sez. Un. 26 maggio 2015 n. 10798.
[278]Roppo, Diritto privato 2014, p. 633.

CAPITOLO XIX

I FATTI ILLECITI

1. La clausola generale di responsabilità civile

Un'autorevole dottrina[279] definisce la **responsabilità extracontrattuale come "la soggezione alle sanzioni dell'illecito civile" e l'illecito civile come "il fatto lesivo di interessi giuridicamente tutelati nella vita di relazione"**. La responsabilità civile, in quanto regolata dal diritto privato, si contrappone a quella penale ed amministrativa ed è una responsabilità extracontrattuale[280], perché riguarda soggetti che non sono parti di un rapporto obbligatorio. Essa affonda le proprie radici nella *lex Aquilia de damno*, pervenuta quasi immutata, attraverso le codificazioni avvicendatesi nei secoli, sino all'art. 2043 del codice civile vigente.

L'art. 2043 scolpisce la nozione di illecito aquiliano, stabilendo che "**qualunque fatto doloso o colposo cagioni ad altri un danno ingiusto, obbliga colui che ha commesso il fatto a risarcire il danno**". Su tale regola poggia le proprie basi l'intero sistema della responsabilità civile o aquiliana. Si tratta di una clausola generale: a differenza dell'illecito penale, **l'illecito civile non è tipizzato**, potendo consistere in "**qualunque fatto**" presenti i requisiti richiesti dall'art. 2043 c.c.

Il principio codificato dalla norma è quello del *neminem laedere*, che impone ai consociati un dovere generale di astensione dall'ingerirsi nei diritti dei terzi.

Ad una prima lettura appare dunque nitida la distinzione tra responsabilità contrattuale, che presuppone la violazione di obblighi contrattuali, nascenti da contratto o da contatto sociale, e la responsabilità aquiliana, che integra il

---

[279]Bianca, La Responsabilità, Milano 1994, pag. 531.

[280] Sebbene sia responsabilità civile tanto la responsabilità contrattuale quanto quella extracontrattuale, non di rado con questa espressione si indica solo la seconda delle due forme di responsabilità.

fatto illecito, cioè la violazione del principio del *neminem laedere*. La fattispecie generale di responsabilità civile consta di elementi oggettivi e soggettivi.

Gli **elementi oggettivi sono: il fatto, il danno ingiusto e il nesso di causalità** tra il primo ed il secondo.; gli **elementi soggettivi sono il dolo o la colpa.**

In questa sede, la responsabilità civile rileva solo sotto un suo peculiare aspetto, e cioè quello che vede nell'illecito civile una fonte di obbligazioni. Ricordiamo infatti che, ai sensi dell'art. 1173 c.c., le obbligazioni derivano da contratto, da fatto illecito o da ogni altro atto o fatto idoneo a produrle in conformità dell'ordinamento giuridico. Il fatto illecito è dunque quello delineato dalla clausola generale di cui all' art. 2043 c.c. Esso costituisce fonte di obbligazioni risarcitorie.

2. Caratteri tradizionali e nuove prospettive dell'illecito aquiliano.

Della *lex Aquilia de damno*, la fattispecie generale di responsabilità civile conserva numerosi caratteri, primo tra i quali la **funzione sanzionatoria**. Esiste, come accennato, un principio base, cioè il *neminem ledere*. Ed esiste la possibilità che attraverso una vasta congerie di condotte atipiche, quel principio possa essere violato. La responsabilità aquiliana è la conseguenza che l'ordinamento fa discendere da quella violazione, ponendo a carico del danneggiante l'obbligo di risarcire il danno. Nella prospettiva romanistica, che è stata conservata **sino a tempi molto recenti**, l'art. 2043 codifica dunque una **norma "secondaria", volta a sanzionare la violazione di una norma primaria,** *aliunde* reperibile nell'ordinamento. L'art. 2043 c.c. si specificava poi nel divieto di ledere **i diritti assoluti** facenti capo a terzi, in un sistema nel quale la lesione dei diritti relativi si esauriva nell'inadempimento delle obbligazioni.

Si aveva dunque una nitida dicotomia: la responsabilità civile conseguiva alla lesione di diritti assoluti facenti capo a terzi e si situava quindi al di fuori di un rapporto contrattuale (da cui anche il *nomen* di responsabilità extracontrattuale); la responsabilità contrattuale conseguiva alla lesione di diritti di credito vantati da un soggetto (creditore) nei confronti di un altro (debitore) nell'ambito di un rapporto obbligatorio nascente da contratto. E' per questo che le due forma di responsabilità erano definite: contrattuale ed extracontrattuale.

Negli anni '60 e '70 questa prospettiva è stata completamente capovolta dalla **dottrina e giurisprudenza,** le quali **ritengono** ormai da tempo **che l'art. 2043 non sia una norma secondaria, ma primaria, avente funzione non sanzionatoria, ma precettiva,** perché non sanziona la violazione di diritti riconosciuti *aliunde*, ma **impone a coloro che cagionino danni ingiusti, l'obbligo di risarcirli.**

La prospettiva si sposta quindi dal danneggiato al danneggiante. Mentre in passato, accertato il comportamento doloso o colposo causativo di danno ingiusto, ci si chiedeva **quale fosse il diritto del danneggiante oggetto di lesione,** ora si ritiene che questa seconda parte del giudizio sia stata arbitrariamente aggiunta dagli interpreti alla valutazione della sussistenza di una responsabilità civile, in assenza di un idoneo addentellato normativo. Nulla, nell'art. 2043, impone di verificare quale sia il diritto soggettivo leso dal danneggiante. Più ancora: nulla impone, nell'art. 2043, di limitare il risarcimento ai soli fatti causativi di danni che ledano diritti soggettivi attribuiti ai danneggiati da specifiche norme di legge. E' lo stesso art. 2043 che attribuisce un diritto al danneggiato, ed il diritto è quello al risarcimento del danno.

La responsabilità civile viene accertata in una nuova prospettiva, di carattere vittimologico, che non mira a chiedersi se il fatto compiuto dal danneggiante sia illecito e quindi meritevole di una sanzione, ma se il danno subito dal danneggiato sia ingiusto e quindi meritevole di una riparazione. Si sottolinea che in passato, nonostante l'art. 2043 facesse espresso riferimento al danno ingiusto, **l'ingiustizia era stata arbitrariamente riferita in via interpretativa al fatto e non al danno.**

Infatti, a ben vedere, molte condotte possono essere allo stesso tempo lecite e dannose , perché diminuiscono l'altrui patrimonio, o privano taluno di qualche vantaggio od opportunità.

Se si ritiene che l'art. 2043 abbia una **funzione sanzionatoria**, e cioè che il risarcimento del danno sia una sanzione, allora **si presume implicitamente che il danneggiante abbia commesso un fatto illecito.** Infatti, solo se il fatto è illecito si giustifica la sanzione. La critica rivolta ai fautori della tesi della funzione sanzionatoria dell'art. 2043, mette quindi in rilievo anche una contraddizione ermeneutica: se il risarcimento dovuto ex art. 2043 c.c. è una sanzione, allora colui che deve corrisponderlo, cioè il danneggiante, deve aver commesso un qualche fatto illecito, **ma l'art. 2043 non richiede l'illiceità del fatto, bensì l'ingiustizia del danno.**

Dalle due diverse impostazioni discendono diversi ordini di conseguenze.
-Se il **fatto** deve essere ingiusto, cioè illecito, dovremmo identificare la norma con cui esso si pone in contrasto, e cioè, più precisamente, la norma che attribuisca un diritto al danneggiato e che sia violata dal fatto doloso o colposo del danneggiante. Se andiamo alla ricerca del diritto leso e non ci è possibile identificarne alcuno, allora, a ritroso, dobbiamo concludere che il fatto commesso dal danneggiante non è illecito e quindi non è sanzionabile. Ora spostiamoci nella nuova prospettiva ermeneutica illustrata. Se è il **danno** a dover essere ingiusto e se la funzione della norma è riparatoria, allora la mancanza di uno specifico diritto soggettivo che possa dirsi oggetto di lesione non è rilevante ai fini della sussistenza dell'obbligo risarcitorio.

Questo significa non solo che i danni risarcibili sono un numero grandemente maggiore, ma anche e soprattutto che **sono risarcibili danni atipici,** cioè danni che non sono lesioni di diritti specificamente contemplati da norme di legge.

Questa è la strada percorsa dalla giurisprudenza,[281] che ha a più riprese posto in rilievo l'inadeguatezza di una visione meramente patrimonialistica dei diritti protetti: le nuove visioni dell'illecito aquiliano consentono anche ai diritti della personalità un accesso generalizzato alla tutela risarcitoria ex art. 2043.

Nello stesso tempo, dal nuovo orientamento è nato un dibattito volto a perimetrare la **nozione di "danno ingiusto".** In particolare ci si chiede se debba dirsi ingiusto solo il danno che sia privo di una giustificazione (*sine iure*) oppure lesivo di una situazione soggettiva rilevante per l'ordinamento giuridico (*contra ius*). Si tratta di un dibattito ancora vivo ed irrisolto. Si opina in giurisprudenza che il danno debba essere **sia** *non iure* **che** *contra ius,* ma con un importante chiarimento: perché un danno possa dirsi *"contra ius"* **non è necessario che integri la lesione di un diritto soggettivo, ma solo che leda una situazione soggettiva rilevante per l'ordinamento giuridico.** La nozione di "posizione soggettiva giuridicamente rilevante" non solo è molto più ampia di quella di "diritti soggettivi riconosciuti dall'ordinamento giuridico", ma, soprattutto, delinea un novero potenzialmente indefinito e quindi atipico di posizioni giuridiche tutelabili. Essa, però, impone pur sempre il **riscontro dell'esistenza non già di un mero danno, ma di un danno che l'ordinamento non consente** e spiega quindi perché l'ordinamento stesso commini l'obbligo risarcitorio. Con l'accoglimento dell'accezione precettiva dell'art. 2043 c.c., l'enucleazione delle posizioni meritevoli di tutela e dei danni risarcibili è divenuta così, materia viva ed in continua evoluzione, grazie all'apporto della giurisprudenza, che ha selezionato diverse figure di rilievo. In questa sede ci limiteremo a citare la più importante, cioè il diritto di credito, che può essere oggetto di lesione aquiliana.

La lesione del credito ad opera di **un terzo consiste in una condotta con cui il terzo rende impossibile la realizzazione del diritto di credito da taluno vantata nei confronti del proprio debitore.**

Esiste quindi una chiara differenza tra la lesione del credito da parte del debitore, che si concreta nell'inadempimento di un'obbligazione e che dà luogo a responsabilità contrattuale, e la lesone del credito da parte del terzo, che si concreta in una lesione aquiliana del credito e quindi dà luogo a responsabilità extracontrattuale.

---

[281]Cass. Sez. Un. n. 500 del '99.

Uno dei casi più importanti della lesione aquiliana del credito è quello dell'**uccisione del debitore** (§ 2, Cap. I). Se la perdita così determinata è irreparabile, perché "si tratti di obbligazioni di fare rispetto alle quali vi è insostituibilità del debitore, nel senso che non sia possibile procurarsi, se non a condizioni più onerose, prestazioni uguali o equipollenti",[282] allora l'uccisione del debitore determina anche la lesione del diritto di credito in capo al creditore, che non potrà più soddisfare la propria pretesa. Anche il ferimento del debitore può determinare, in alcuni casi, la lesione aquiliana del credito.

3. La colpa.

Con l'abbandono della concezione sanzionatoria dell'art. 2043 c.c., si è progressivamente attribuito al risarcimento del danno extracontrattuale una **funzione eminentemente riparatoria**. In quest'ottica, cioè, la funzione del risarcimento del danno consiste nel porre rimedio al detrimento subito dal danneggiato. In tale ottica, la colpa assume una nuova funzione: essa, infatti, non rappresenta più la ragione per la quale si punisce, ma solo il **criterio di collegamento tra il danno ed il soggetto che deve rispondere delle sue conseguenze**. Se questo è vero, allora la colpa **non è più un criterio necessario** di imputazione della responsabilità, ma diviene uno dei criteri possibili. Naturalmente: se l'art. 2043 richiede la colpa, allora, nell'applicare tale norma non è possibile prescinderne, ma la conclusione cui siamo pervenuti modifica i rapporti sistematici tra l'art. 2043 ed una serie di altre fattispecie in cui è previsto che l'autore di un danno ne risponda pur in assenza di colpa. Tali figure, che prima apparivano come eccezioni al principio generale enunciato dall'art. 2043, ora si presentano come **criteri alternativi** che si affiancano ad esso. Di esse si dirà al paragrafo che segue.

4. Le responsabilità speciali codicistiche.

Nelle moderne società industriali, le modalità di produzione di beni e servizi, la distribuzione ed il commercio degli stessi, creano non infrequenti occasioni di danneggiamento. I grandi processi industriali non consentono il dominio e controllo capillare dell'uomo su ogni passaggio del processo produttivo. L'automatizzazione e la velocizzazione dei processi produttivi possono essere fonte di errori ed imprevisti che non di rado si risolvono il altrettante fonti di danno. Si verificano sempre più di frequente danni c.d. "autonomi", in relazione ai quali cioè non è possibile individuare un responsabile. D'altra parte, anche quando il responsabile sussiste, egli non di rado non possiede un patrimonio tanto vasto da poter risarcire i danni, talora incalcolabili, causati dalla moderna industria.

---

[282]Cass. sez. un. 26 gennaio 1971, n. 174.

Il vecchio brocardo "nessuna responsabilità senza colpa" sembra inadeguato a regolare i fatti di danneggiamento che si verificano in questi nuovi contesti. Il principio della responsabilità per colpa non è più l'unico criterio di imputazione della responsabilità civile, mentre si va piuttosto alla ricerca del soggetto che, in base a criteri equitativi, sia più giusto risponda di un danno. Si pensi, ad esempio, al criterio *"cuius commoda, eius incommoda"*, che attribuisce l'obbligo di risarcire i danni conseguenti ad una certa attività, a quei soggetti che da tale attività hanno tratto vantaggi. L'illecito extracontrattuale si declina in diverse figure, a seconda del criterio d'imputazione della responsabilità individuato dal legislatore.

4.1   La responsabilità dei genitori e degli insegnanti.

L'art. 2048, co. 1, c.c. stabilisce che **"il padre e la madre o il tutore sono responsabili del danno cagionato dal fatto illecito dei figli minori** non emancipati o delle persone soggette alla tutela, che abitano con essi. La stessa disposizione si applica all'affiliante".

La norma non si applica se il minore non era capace di intendere o di volere al momento del fatto, perché in tal caso il fatto rientra nell'ambito di applicazione dell'art. 2047 c.c. L'orientamento dominante ritiene che l'art. 2048 introduca non già una forma di responsabilità oggettiva, come sostiene una dottrina minoritaria, ma una **presunzione di colpa**. Per sottrarsi alla responsabilità conseguente a tale presunzione, i genitori devono dimostrare "di **non aver potuto impedire il fatto**", come stabilisce l'ultimo comma. La giurisprudenza in proposito ha chiarito che, per fornire tale dimostrazione, i genitori devono dare la prova positiva "di avere impartito al figlio una buona educazione e di aver esercitato su di lui una vigilanza adeguata"[283]. La dottrina, dal suo canto, pur condividendo l'assunto teoricamente enunciato dalla giurisprudenza, ne censura le concrete applicazioni in quei casi in cui la giurisprudenza deduce l'inadeguatezza dell'educazione impartita al minore o della sorveglianza su di lui esercitata, dal fatto stesso della commissione di un illecito di particolare gravità. In tal caso, infatti, si obietta che di fatto il principio di presunzione di colpa verrebbe trasformato in una responsabilità oggettiva.

Il secondo co. dell'art. 2048 c.c. stabilisce che i precettori o coloro che insegnano un mestiere o un'arte, sono responsabili del danno cagionato dal fatto illecito dei loro allievi e apprendisti nel tempo in cui sono sotto la loro sorveglianza. I precettori e maestri d'arte possono sottrarsi alla presunzione di colpa stabilita dalla norma fornendo prova analoga a quella richiesta ai genitori o al tutore, cioè provando di avere esercitato un'idonea vigilanza ed

---

[283]Cass. civ., sez. III, 18 novembre 2014, n. 24475.

impartito una buona educazione in relazione al proprio ruolo, alle circostanze e all'età e mansioni degli allievi.

4.2   La   responsabilità dei padroni e committenti

"I padroni e i committenti sono responsabili dei danni arrecati dal fatto illecito dei loro domestici e commessi nell'esercizio delle incombenze a cui
sono adibiti" (art. 2049 c.c.)

I padroni e i committenti, cioè coloro che si servono di altre persone vigi-
landone l'operato, sono responsabili solo se sussiste un **nesso di occasionalità necessaria**, cioè se le mansioni svolte dal commesso sono state tali da
agevolare o favorire la produzione dell'evento dannoso.

Il presupposto della responsabilità risiede nel rapporto di preposizione, che
è la *prepositio* del diritto romano, in base alla quale un soggetto utilizza e
dispone del lavoro altrui.

Secondo la dottrina prevalente l'art. 2049 c.c. delinea una responsabilità
oggettiva per fatto altrui e trova il proprio fondamento nel principio "cuius
commoda eius incommoda", in base al quale il rischio d'impresa deve gravare sul preponente, indipendentemente dalla colpa, perché questi si appropria dei vantaggi economici che l'impresa produce, e ne deve quindi sop-
portare gli svantaggi. Anche " la p.a. è responsabile per il fatto illecito dei
propri dipendenti, se sussiste un nesso di occasionalità necessaria tra la
condotta causativa del danno e le funzioni esercitate dal dipendente, che ricorre quando il dipendente non abbia agito quale privato, per fini esclusivamente personali ed estranei all'amministrazione di appartenenza, ponendo in essere una condotta ricollegabile, anche solo indirettamente, alle attribuzioni proprie dell'agente" [284].

4.3 Responsabilità per l'esercizio di attività pericolose.
"Chiunque ca-
giona un danno ad altri nello svolgimento di un'attività pericolosa, per sua
natura o per la natura dei mezzi adoperati, è tenuto al risarcimento se non
prova di avere adottato tutte le **misure idonee ad evitare il danno**" (art.
2050 c.c.).

L'attività pericolosa è quella intrinsecamente tale e non quella che diviene
pericolosa se posta in essere violando delle regole di cautela e diligenza. In
caso contrario, infatti, quasi ogni attività rientrerebbe nella nozione di "attività pericolose".

L'orientamento per lungo tempo prevalente ravvisava nella fattispecie in
esame una forma di responsabilità oggettiva dell'esercente l'attività pericolosa, che gli veniva imputata sulla scorta del mero nesso di causalità tra
colpa e danno.

---

[284]Cass. civ., Sez. III, 10 ottobre 2014, n. 2148 c.c.

Tuttavia, più recentemente la giurisprudenza di legittimità sembra aver aderito alla diversa tesi che ravvisa il criterio di imputazione della responsabilità per l'esercizio di attività pericolose nella **colpa presunta**. In particolare la Suprema Corte ha specificato che " in tema di responsabilità per l'esercizio di attività pericolosa, la presunzione di colpa a carico del danneggiante, posta dall'art. 2050 c.c., presuppone la sussistenza del nesso eziologico tra l'esercizio dell'attività e l'evento dannoso, la cui prova è a carico del danneggiato, sicché va esclusa ove sia ignota o incerta la causa dell'evento dannoso"[285].

4.4 Responsabilità per danno da cose in custodia. Ciascuno è responsabile del danno cagionato dalle cose che ha in custodia, salvo che provi il caso fortuito (art. 2051 c.c.). La norma si applica ai casi in cui il danno sia cagionato dalla cosa per la sua intrinseca natura e non a causa della condotta di chi la custodisce. Il custode risponde cioè, secondo l'orientamento oggi dominante, a titolo di **responsabilità oggettiva**, solo che sussista un **nesso di causalità tra la cosa custodita ed il danno**.

A sostegno di tale assunto si osserva che la prova liberatoria ammessa dal legislatore non consiste nel provare la diligenza del custode, o l'impossibilità di evitare il fatto, o l'aver adottato tutte le misure necessarie ad evitare il danno, come richiesto da altre norme fondate sul criterio della responsabilità per colpa. Nel caso in esame, la sola prova liberatoria è quella del caso fortuito ed essa deve essere fornita dal custode.

Si noti che questa norma sancisce il ripudio dell'idea che il proprietario debba essere sempre il responsabile dei danni derivanti dalla cosa. Qui il responsabile è il custode, perché è il custode il soggetto che, trovandosi in una relazione qualificata con la cosa, dispone di un potere d'uso della stessa. Sono quindi custodi tutti i soggetti che abbiano il possesso o la detenzione della cosa, oltre naturalmente ai proprietari, nei casi in cui il proprietario sia anche possessore e detentore.

Tuttavia, chi detiene il bene nell'ambito di mansioni espletate sotto la direzione e nell'interesse altrui, non disponendo di un potere d'uso sulla cosa, non può essere considerato custode ai sensi dell'art. 2050 c.c. [286].

Per lungo tempo si è ritenuto in dottrina e in giurisprudenza che la P.A. non rientrasse tra i soggetti che rispondono ex. art 2051 per danno da cose in custodia. L'orientamento è stato superato con un'importante decisione con cui la Suprema Corte ha affermato che la **p.a. risponde per incidenti causati da caratteristiche intrinseche dei beni da essa custoditi**. La prova liberatoria idonea a sollevare la p.a. da detta responsabilità deve tuttavia es-

---

[285]Cass. civ., Sez. III, 22 settembre 2014, n. 19872.
[286]Caringella Buffoni, Manuale di Diritto civile, 2009, pag. 1240 c.c.

sere valutata tenendo conto di quelle specifiche difficoltà di custodia che dipendono dalla fruizione collettiva del bene ed in particolare da comportamenti di terzi non immediatamente conoscibili o eliminabili dal custode, nemmeno con la più diligente attività di manutenzione.[287]

4.5 La responsabilità per danno da animali.

Il proprietario di un animale o chi se ne serve per il tempo in cui lo ha in uso, è responsabile dei danni cagionati dall'animale, sia che fosse sotto la sua custodia, sia che fosse smarrito o fuggito, salvo che provi il caso fortuito (art. 2052 c.c.) .

L'orientamento maggioritario in dottrina ed in giurisprudenza ravvisa nella fattispecie in commento una **responsabilità oggettiva,** per liberarsi dalla quale il proprietario dell'animale dovrà fornire la prova del caso fortuito, che deve essere imprevedibile, inevitabile eccezionale e può consistere anche nel comportamento di un soggetto terzo nella colpa del danneggiato. Poiché si tratta di caso fortuito, deve trattarsi di un fatto idoneo ad interrompere il nesso di causalità tra fatto e danno e non semplicemente ad escludere la colpa del proprietario. Secondo un orientamento minoritario, la norma codificherebbe invece soltanto una responsabilità aggravata del proprietario dell'animale, stabilendo a suo carico una presunzione di colpa.

4.6 La responsabilità per il danno da rovina di edificio.

Il proprietario di un edificio o di altra costruzione è responsabile dei danni cagionati dalla loro rovina, salvo che provi che questa non è dovuta a difetto di manutenzione o a vizio di costruzione (art. 2053 c.c.). La giurisprudenza ravvisa nella norma un'**ipotesi particolare di responsabilità per danno da cose in custodia.**

Secondo l'opinione prevalente, la norma delinea una **responsabilità oggettiva** e la prova liberatoria , benché la norma non ne faccia menzione, consiste sempre nella prova del caso fortuito, perché, come precedentemente osservato, esso recide il nesso di causalità tra fatto e danno e quindi esclude necessariamente anche la responsabilità oggettiva.

Il proprietario chiamato a risarcire il danno può poi rivalersi nei confronti del costruttore – appaltatore in base a quanto previsto dall'art. 1669 c.c., qualora abbia tempestivamente denunciato il vizio di costruzione e non siano trascorsi dieci anni dal compimento dell'opera.

---

[287]Cass. civ., 6 giugno 2008, n. 15042.

4.7 La responsabilità per i danni arrecati dalla circolazione di veicoli ex art. 2054 c.c.

"Il conducente di un veicolo senza giuda di rotaie è obbligato a risarcire il danno prodotto a persone o a cose dalla circolazione del veicolo, **se non prova di avere fatto tutto il possibile per evitare il danno**.

Nel caso di scontro tra veicoli si presume, fino a prova contraria, che ciascuno dei conducenti abbia concorso ugualmente a produrre il danno subito dai singoli veicoli.

Il proprietario del veicolo o, in sua vece, l'usufruttuario o l'acquirente con patto di riservato dominio, è responsabile in solido con il conducente, se non prova che la circolazione del veicolo è avvenuta contro la sua volontà.

In ogni caso le persone indicate dai commi precedenti sono responsabili dei danni derivati da vizi di costruzione o da difetto di manutenzione del veicolo" (art. 2054 c.c.).

La norma disciplina la responsabilità per i danni arrecati dalla circolazione di veicoli. Accanto ad essa si pongono le norme del Codice della strada (d. lg. 30 aprile 1992, n. 285), che regolano però soltanto le modalità di utilizzo della pubblica via da parte di pedoni e conducenti di veicolo a motore. L'art. 2054 ha quindi un ambito di applicazione ben più ampio, perché ha riguardo a qualsiasi tipo di veicolo e a danni arrecati su qualsiasi tipo di tracciato, anche privato ma soggetto a pubblico transito.

Il criterio d'imputazione della responsabilità è oggettivo, secondo la dottrina; **colposo , secondo la giurisprudenza dominante**.

Pertanto, secondo la dottrina, soltanto la prova del caso fortuito libera il proprietario dell'autoveicolo e il conducente dalla loro responsabilità. La presunzione di cui al secondo co. è sussidiaria, vale a dire che vi si ricorre solo in mancanza di prove idonee ad identificare in modo certo l'autore del danno. Le parti possono perciò sempre vincerla provando la diversa incidenza dei concorrenti fattori causali, ad esempio la colpa esclusiva di uno solo dei conducenti.

Il quarto co. sembra infine prevedere una responsabilità oggettiva, perché non contempla alcuna prova liberatoria.

Si ricordi che, per effetto dell'entrata in vigore del Codice delle assicurazioni (D. Lgs. 7 settembre 2005, n. 209), anche il terzo trasportato a qualsiasi titolo ha diritto all'indennizzo nei confronti dell'assicuratore del proprio vettore

CAPITOLO XIX
I FATTI ILLECITI

SOMMARIO

Lightning Source UK Ltd.
Milton Keynes UK
UKHW020803280921
391315UK00013B/733